Jeanne Hersch · Das philosophische Staunen
Einblicke in die Geschichte des Denkens

SERIE PIPER
Band 1059

Zu diesem Buch

Selten zuvor haben sich Menschen so dringlich nach dem Sinn ihres Lebens gefragt, haben sie angesichts der Entwicklungen der Gegenwart vor so schwerwiegenden Entscheidungen gestanden. Das Bedürfnis nach philosophisch-gedanklicher Durchdringung dieser Probleme ist weit verbreitet. Es fehlen jedoch die Ausdrucksmittel, die Kenntnis möglicher philosophischer Standpunkte; es fehlt vielleicht jene geistige Beweglichkeit, die aus der Beschäftigung mit den Gedanken und Einsichten der großen Denker herrührt. Diesem Mangel versucht die Genfer Philosophin Jeanne Hersch abzuhelfen. Ihr Buch, das sich bewußt an ein philosophisch interessiertes allgemeines Publikum wendet, verfolgt drei Ziele: Es möchte mit den großen Epochen der Philosophiegeschichte bekanntmachen, die Werkzeuge philosophischer Reflexion bereitstellen: Begriffe, Denkschemata, Problemstellungen. Vor allem aber möchte es den Leser dazu bringen, das schöpferische Staunen der großen Philosophen denkend nachzuvollziehen und die Gegenwartsfragen philosophierend aufzugreifen.

Dieses Buch strebt nicht enzyklopädische Vollständigkeit an. Kriterium für die Auswahl der Denker und der dargestellten Probleme war für Jeanne Hersch die Radikalität der Fragestellung, die Echtheit des Staunens, das sie hervorruft, die Neuartigkeit der vermittelten Einsicht und vor allem ihre bleibende Gültigkeit bis zum heutigen Tag.

Die Liste der dargestellten Philosophen umfaßt Thales von Milet, Heraklit, Parmenides, Zenon, Sokrates, Platon, Aristoteles, die Epikureer, die Stoiker, Augustin, Thomas von Aquin, Nicolaus Cusanus, René Descartes, Baruch de Spinoza, Gottfried Wilhelm von Leibniz, John Locke, George Berkeley, David Hume, Immanuel Kant, Friedrich Hegel, Auguste Comte, Karl Marx, Sigmund Freud, Henri Bergson, Sören Kierkegaard, Friedrich Nietzsche, Edmund Husserl, Martin Heidegger, Karl Jaspers.

Jeanne Hersch, 1910 in Genf geboren, war Schülerin von Karl Jaspers. Nach Lehrtätigkeit in Genf und den USA erhielt sie 1956 die Professur für Systematische Philosophie an der Universität Genf. Zweieinhalb Jahre leitete sie die Abteilung für Philosophie der UNESCO in Paris und vertrat die Schweiz in deren Exekutivrat. Jeanne Hersch bekam u. a. 1973 den Preis der Fondation pour les Droits de l'homme, 1979 den Montaigne-Preis und 1980 den Max-Schmidheiny-Freiheitspreis.

Jeanne Hersch

Das philosophische Staunen

Einblicke in die Geschichte
des Denkens

Aus dem Französischen von
Frieda Fischer und Cajetan Freund

Piper
München Zürich

Von Jeanne Hersch liegt in der Serie Piper außerdem vor:
Karl Jaspers (195)

ISBN 3-492-1059-2
Neuausgabe 1989
3. Auflage, 9.–14. Tausend Oktober 1989
(1. Auflage, 1.–6. Tausend dieser Ausgabe)
© by Jeanne Hersch 1981
Deutsche Ausgabe:
© Benziger Verlag, Zürich und
R. Piper & Co. Verlag, München 1981
Umschlag: Federico Luci
Gesamtherstellung: Clausen & Bosse, Leck
Printed in Germany

INHALT

Es soll hier keine Geschichte der Philosophie entwickelt werden. Vielmehr wollen wir an ausgewählten Beispielen aus mehr als zwei Jahrtausenden des Abendlandes zeigen, wie und worüber Menschen »gestaunt« haben. Aus diesem Staunen erwuchs die Philosophie. Wie haben diese Menschen »gestaunt«, was hat sie zum Staunen gebracht, wie haben sie ihr Staunen ausgedrückt?

Wir können das hier nicht fortlaufend oder vollständig darstellen. Wir geben bewußt eine Auswahl, einige Anhaltspunkte; keine Grenzpfosten, sondern Kreuzungspunkte des Denkens, Hinweise auf einige zentrale Fragen, die immer wieder auftauchen, sobald man nicht mit gängigen Antworten darüber hinwegredet.

Die Fähigkeit zu staunen gehört wesentlich zum Menschen. Es gilt dieses Staunen zu wecken. Mögen die Leser ihr eigenes Staunen im Staunen anderer wiederfinden oder neu erkennen: »Ja, das stimmt.« – »Wie kommt es, daß ich mich darüber noch nie gewundert habe?«

Dies gehört zum Schöpferischen im Menschen. Diesen schöpferischen Prozeß möge die Philosophie im Leser anregen. Wir hoffen auch, ihm ein Minimum an Mitteln zu bieten, damit er sein Staunen ausdrücken oder doch die Texte derer lesen kann, die vor ihm »gestaunt« haben.

Aber kann der Mensch des 20. Jahrhunderts noch »staunen«, »sich wundern«? Wir leben in einer wissenschaftsgesättigten Zeit. Wir glauben, bald alles zu wissen. Und doch wird es immer Staunende geben. Staunen gehört zum Menschsein. Dadurch, daß man gleichzeitig mit großen Gelehrten lebt, ist man nicht schon dem Unwissen entwachsen. Und unter den Physikern sind jene, die noch staunen können, nicht die »Halb-« oder »Viertelphysiker«, sondern es sind die ganz großen. Ihre Werke sind voll metaphysischen und philosophischen Staunens. Sie haben sich die Fähigkeit zu staunen bewahrt wie Kinder. »...wie die Kinder...« – nach der Bibel – müssen wir werden, um zu verstehen, worum es sich handelt. Wir müssen diese Arroganz der Erwachsenen ablegen, die alle Vergangenheit herablassend von der Höhe und Großartigkeit der heutigen Wissenschaft aus beurteilt.

Wir wollen zunächst über das Staunen von Menschen der frühen Antike sprechen. Über Staunende, die um das 6. Jahrhundert vor Christus in Griechenland, in Kleinasien, in Sizilien auftauchten. Wir wollen nicht schnell sagen: »Was für dumme Fragen sind das und was für dumme Antworten. Das interessiert uns doch heute nicht mehr.«

Wir wollen nicht über Philosophie im allgemeinen sprechen, sondern einzelnen Philosophen folgen, ihre Art des Staunens kennenlernen, um die Fremdheit der Philosophie zu überwinden. Jeder von uns kennt aber auch bei sich selbst eine Art philosophischen Verhaltens: Wenn wir vor einer echten Entscheidung stehen, fragen wir uns selbst auf philosophische Weise. Auch Kinder von ungefähr fünf Jahren stellen philosophische Fragen; junge Leute von sechzehn, siebzehn Jahren ebenfalls.

Darum noch einmal: Hüten wir uns vor Überheblichkeit den früheren Denkern gegenüber. In Wahrheit gibt dieses radikale Staunen, das am Ursprung der Philosophie völlig neu war, Zeugnis von der Schöpferkraft und Erfindungsgabe der Menschen, die diese ungewöhnlichen Fragen gestellt haben. Sie alle waren große Geister. Das müssen wir uns vor Augen halten. Es sind von Anfang an Philosophen, die des großen »Staunens« fähig sind, Menschen, die imstande sind, sich über das alltägliche »Das versteht sich von selbst« hinwegzusetzen und grundsätzliche Fragen zu stellen.

In den frühen Zeiten gab es keine Philosophie als Berufsstand, die Philosophen waren zugleich Gelehrte, Mathematiker, Geometer, Astronomen. Sie interessierten sich für Sonnen- und Mondfinsternisse, für Zahlen und Berechnungen, für geometrische Figuren usw. Daher kommt es, daß die älteste bekannte Philosophenschule, die Schule von Milet in Kleinasien, mit Thales beginnt, von dem der geometrische Lehrsatz über die Peripherie-Winkel im Kreis stammt.

Wir haben es also mit großen, für das Wissen jener Zeit universellen Geistern zu tun. Ihr erstes Staunen galt wohl dem Wandel. Wir leben in einer Welt, in der alles im Wandel begriffen ist. Wir haben ein Holzscheit vor uns, kurz darauf sehen wir eine Flamme, und nicht lange danach haben wir keine Flamme mehr, sondern nur noch ein Häufchen Asche. Dann kommt ein Windstoß, trägt die Asche fort. Und die Asche ist verschwunden. Und alles, was wir betrachten, alles, womit wir zu tun haben, auch die Lebewesen, auch die Menschen, auch wir selbst: Alles wandelt sich, alles geht vorüber.

Die erste Frage, die gestellt wurde, lautet – dem Sinne nach –: »Was ist es aber, was in allem Wandel bestehen bleibt?« Die erste philosophische Antwort heißt: die *Substanz*, das, was bestehen bleibt in all dem, was sich wandelt und vergeht. Denn es muß etwas geben, das sich im Sein erhält; sonst gäbe es schon lange nichts mehr.

Es gibt also den Wandel, alles, was vorübergeht, aber im Vorübergehenden bleibt etwas Beständiges erhalten. Der Wandel wird getragen von einem zugrundeliegenden Sein, das sich wandelt und doch selber das Sein *bleibt*. Die erste Frage der Schule von Milet war also: »Was ist die Substanz, die im Wandel bestehen bleibt?«

Ob sich die Leser Rechenschaft geben von der außerordentlichen Radikalität einer solchen Fragestellung? Wir können ja auch einfach inmitten der Dinge leben, die sich wandeln, und dennoch für das praktische Leben eine relative, für uns ausreichende Stabilität besitzen: Wenn wir ein Brot auf den Tisch legen, so finden wir später dieses Brot auf dem Tisch wieder – und damit können wir uns zufriedengeben. Da kommen nun diese Menschen und fragen. Sie sehen nicht das Brot, insofern es da liegt, solange sie es gerade brauchen, sondern den Wandel, das Vergehen – und zur gleichen Zeit stellen sie fest: Das Sein gibt es immer. Und sie fragen: Was ist das Zugrundeliegende, Tragende unter all diesem Vergehen?

Auf dieses erste Problem haben die Philosophen der Schule von Milet verschiedene Antworten gegeben. Thales zum Beispiel lehrte: Die Substanz, die allem zugrunde liegt und sich in alle Dinge verwandelt, ist das Wasser.

Ein anderer sagte: Es ist die Luft. Ein dritter sagte: Es ist das Feuer. Ein vierter sagte: Es ist das Unbegrenzte, Unendliche (apeiron).

Aber keiner von allen sagte: Es ist die Erde. Warum ist die Erde nie als Ursubstanz genannt worden, die alles trägt? Vielleicht ist sie zu schwer, zu massiv, für die Verwandlung aller Dinge nicht geeignet. Gewiß, wenn man sagt, Wasser, Luft, Feuer, sogar das Unbegrenzte, ist es ungewiß, ob darunter »materiell« das Wasser, die Luft, das Feuer – nämlich die Elemente zu verstehen sind. Wir sollten den frühen Philosophen nicht Probleme unterstellen, die sie so noch gar nicht hatten. Der Unterschied von Materiellem und Immateriellem war zum Beispiel noch gar nicht radikal gesehen. Was sie gesucht haben, sind flüchtigere, subtilere Elemente. Wir sehen, wie von der Luft zum Unbegrenzten übergegangen wurde.

Aber das Unbegrenzte war im Grunde auch noch materiell, es war nur etwas äußerst Feines, Subtiles. Nun mögen überhebliche moderne Zeitgenossen sagen: »Wasser, das ist doch einfach H_2O. Das hat doch keinen Sinn.«

Aber es ist gar nicht so sinnlos; wichtig dabei ist die Frage, *das Problem,* das gestellt ist, viel wichtiger als die Antwort darauf. Und in der Antwort wiederum ist das Interessante *die Richtung,* die Orientierung auf etwas Flüssiges, ein Fluidum, das sich in alle Dinge verwandeln kann, ohne zu verschwinden.

Also nicht die Erde als Symbol der Materie wird als die Ursubstanz, als das Bleibende gesehen. Sie ist zwar das Gegenteil des Zerfließenden, aber nicht das richtige Bild für die Beständigkeit des Seins. Das ist ja gerade das Interessante und für die Schule von Milet Bezeichnende, daß die Beständigkeit nicht auf der Seite des Festen, Massiven gesucht wird, sondern auf der Seite des Fließenden.

In dieser Zeit stellte man sich aber noch andere Fragen – so die Frage nach der Zeit, die vergeht. Diese Frage wird nicht direkt gestellt, aber im Zusammenhang der Weltzyklen, eines wohl orientalischen Gedankens. Mit der Annahme eines einzigen Beständigen, Bleibenden im Vergehen haben die frühen Philosophen auch den Gedanken von Weltzyklen gefaßt und den der ewigen Wiederkehr. Sie nannten es das »Große Jahr«, den großen Zyklus aller Wandlungen, die ablaufen; und da die Substanz beständig ist, da im ganzen nichts verloren geht, beginnt alles, ohne daß jene Denker dies ausdrücklich formulierten, wieder von neuem. So entstand ganz früh die Vorstellung der »ewigen Wiederkehr«. (Hier ist *Karl Jaspers* zu erwähnen, der tief betroffen war, als er erkannte, daß die meisten großen Gedanken der Menschheit an drei getrennten Brennpunkten und während der gleichen Groß-Epoche entstanden sind; ungefähr vom 8. bis 3. Jahrhundert vor Christus. Jaspers bestimmte *China, Indien* und eben *Griechenland* als die Orte, an denen sich dieses Hervorbrechen der Grundgedanken der Menschheit ereignete. Er nannte das die *Achsenzeit* der Menschheit.)

Wir wenden uns nun einer Schule zu, die ungefähr zur selben Zeit bestand, der *Ionischen Schule*. Mit ihr zusammen betrachten wir die *Eleatische Schule*. Wir behandeln sie zusammen, weil beide Schulen das Problem, das die Schule von Milet aufgeworfen hatte, wieder aufnehmen, aber auf verschiedene Weise. Hier wird ein neuer Schritt getan, ein außergewöhnlicher Schritt, der noch heute bei zeitgenössischen Geistern ein Echo findet. Der große Philosoph der Ionischen Schule ist *Heraklit*. Und der große Philosoph der Eleatischen Schule ist *Parmenides*.

Man kann sagen, daß Heraklit und Parmenides in der Geschichte der Philosophie so etwas wie zwei Bannerträger waren, mit deren Hilfe man immer wieder Wesentliches auszudrücken suchte.

Das zieht sich durch die Wandlungen des abendländischen Denkens als ein unvergängliches Denkschema. Noch heute gibt es Denker, deren Herz sozusagen »eleatisch«, und andere, deren Herz »heraklitisch« ist. *Spinoza* zum Beispiel im 17. Jahrhundert ist deutlich ein eleatischer, *Hegel* dagegen ein ionischer, heraklitischer Philosoph.

Beide Schulen stellten sich das Problem des Wandels und der Dauer, des Vergänglichen und des Bleibenden. Und gleichzeitig das Problem des Einen und des Vielen. Was heißt das, das Problem des Einen und des Vielen? In Wirklichkeit hängt es sehr eng mit dem Problem des Bleibenden und des Vergänglichen zusammen, denn das Vergängliche ist die Welt des Vielfachen, die Welt der Mehrzahl. Und wenn man etwas denken will, was bleibt, denkt man sogleich etwas, das Eines ist. Für unsere ganze westliche Tradition (eingeschlossen die jüdische) gilt dies: Wenn man das nennen will, was *ist*, was sich nicht ändert und nicht vergeht, spricht man vom *Ewigen* oder vom *Einen*. Das Eine und das Ewige ist das, was sich nicht wandelt. Die Beziehung zwischen dem Einen und dem Vielen und die Beziehung zwischen dem Wandelbaren und dem Unwandelbaren, das sind also zwei Probleme, die sehr nahe beieinanderliegen. Und sie werden von der Ionischen und von der Eleatischen Schule aufgeworfen.

Eine Zwischenbemerkung: Wenn wir unseren Verstand gebrauchen, in der Mathematik zum Beispiel Gleichungen aufstellen, wodurch wird die Gleichung gekennzeichnet? Dadurch, daß die beiden Seiten äquivalent sind. Zwischen die beiden Seiten setzen wir das Gleichheitszeichen. In der *Logik* müssen die beiden Seiten der Aussage, Subjekt und Prädikat, einander entsprechen. Unser Verstand wird durch ein Schema des Identischen beherrscht, das sogenannte *Identitätsprinzip*. Wenn zwei miteinander streiten, versucht jeder zu siegen, indem er dem andern zu zeigen sucht, daß dieser sich widerspricht, er selber aber nicht. Wer sich widerspricht, verletzt das Prinzip der Identität, das Prinzip der Widerspruchslosigkeit.

In der Erfahrung hingegen haben wir es immer mit *dem Wandel* zu tun. Der Wandel verstößt ständig gegen das Identitätsprinzip. Das ist sehr störend. In gewissem Sinn lassen sich die Menschen in zwei Gruppen einteilen, nämlich jene, die immer logisch im Recht sein wollen gegenüber dem, was geschieht, und jene, die im Gegenteil sich dem, was geschieht, völlig unterwerfen, indem sie sich sagen, daß der Verstand irrt.

Ohne diesen tiefen grundlegenden Gegensatz zwischen der Forderung nach Identität unseres Verstandes auf der einen Seite und der alltäglichen augenfälligen Erfahrung, in der wir es nur mit dem Wandel zu tun haben, gäbe es wohl keine Philosophie.

In den beiden Schulen, der Ionischen mit *Heraklit* und der Eleatischen mit *Parmenides,* hat sich dieser Gegensatz kristallisiert. Heraklit – er wirkte um 500 – nahm die Frage der Schule von Milet auf: Was bleibt im Wandel bestehen? Seine Antwort: Der Wandel selbst.

Der Wandel selbst ist das Sein der Dinge. Wir besitzen von Heraklit nur wenige und mysteriöse Fragmente. Er hieß schon im Altertum »der Dunkle«. Er legt den Akzent auf den Widerspruch und erklärt: Alles was existiert, existiert nur dank der Gegensätze. Es ist notwendig, daß Gegensätze vereinigt werden, damit etwas existiert. Zum Beispiel denken wir »das Kleine«. Wir haben keinen Gegenstand, der die Idee der Kleinheit verkörpert. Sogar ein Stecknadelkopf hat – verglichen mit etwas anderem mikroskopisch Kleinen – eine gewisse Größe, er ist eine Mischung von klein und groß. Sobald wir etwas haben, das vorhanden ist und nicht bloß gedacht wird, ist es eine Mischung von klein und groß. Sobald wir uns der Wirklichkeit zuwenden, erleben wir die Kombination der Gegensätze, die macht, daß etwas existiert, während der logisch Denkende, sobald er irgendwo einen Widerspruch aufzeigt, sofort folgert, daß es das Widersprüchliche nicht geben könne. Der eine folgert die Wirklichkeit aus dem Gegensatz, der andere schließt die Wirklichkeit aus, weil Widerspruch herrscht.

Wir werden später sehen, im 18. Jahrhundert, da wird *Leibniz* zum Beispiel sagen, die Bedingung, daß etwas existiere, sei, daß es mit-möglich sei, und mit-möglich sei es nur, wenn es nicht kontradiktorisch sei. Heraklit aber sagt: »Bedingung aller Dinge sind die Gegensätze.« Er redet zwar auf eine mehr mythische, bildhafte Weise: »Der Streit ist der Vater aller Dinge.« Das bedeutet nicht eine Rechtfertigung des Kampfes, sondern es heißt: Der Widerstreit ist der Vater aller Dinge; es ist die Spannung zwischen den Gegensätzen, welche die Wirklichkeit erzeugt. Wiederum finden wir nach Jahrhunderten, in der Neuzeit, seine Spur in der Philosophie, die auf dem Kampf der Gegensätze gründet, die Dialektik eines *Hegel,* eines *Marx.*

Bei Heraklit ist das ganz metaphysisch gedacht, im Sinn von »jenseits der Natur«. Es geht um den Ursprung: Die Natur, die physische

Wirklichkeit, verdankt ihre Existenz dem Gegeneinander jenseits des Physischen, jenseits der Gegensätze. Dieser Kampf erzeugt erst die Wirklichkeit. Diese ist also ein Kampf, ein Werden. Eine ständige Bewegung, der Wandel selber ist es, der die sich wandelnden Dinge trägt. Heraklit hat das Erleben des Wandels betont: »Alles fließt« ... »Man steigt nicht zweimal in denselben Fluß.« Warum? Weil, wenn man wieder hineinsteigt, das Wasser von einst weggeflossen ist; es ist ein anderer Fluß, ein anderes Wasser. Ewiges Fließen.

Trotzdem gibt es bei Heraklit auch ein Prinzip der Ordnung und des Gleichgewichts in diesem Kampf. Das Vergehen, die Bewegung ist nicht gänzlich sich selbst überlassen (wie es viel später aufgefaßt wurde, nachdem man den nackten Materialismus durchschritten hatte).

Es gibt bei ihm ein vorherrschendes Element, *das Feuer*. Wieder nicht nur ein materielles Feuer, das wir als Verbrennungsphänomen kennen, sondern jenes Feuer ist für ihn gleich dem Logos. *Logos* ist ein griechisches Wort. Es bedeutet »Vernunft«, »Logik«, »Sprache«, »Gesetz«. Durch den Logos herrscht eine Art Gleichgewicht. Der Logos wacht darüber, daß im Kampf der Gegensätze keiner endgültig über den andern siegt, weil es dann gar nichts mehr gäbe. Also ist der Kampf doch von einem Gesetz des Gleichgewichts regiert, welches bewirkt, daß die Dinge periodisch in das Feuer, das heißt in den Logos, zurückkehren – und hier tritt der Gedanke des »Großen Jahres« wieder hervor.

Halten wir also fest: Bei Heraklit liegt die Betonung auf dem Vielfältigen, Gegensätzlichen, auf dem Wandel, dem Streit, dem Fließen. Es gibt nur eine Substanz, den Wandel selbst; aber es gibt ein regulierendes Prinzip, den Logos.

Parmenides lebte zur gleichen Zeit wie Heraklit, er war der Gründer der Eleatischen Schule und war ein großer Gegner Heraklits. Während Heraklit vor allem von der Welt, die er vor seinen Augen hatte, ausgeht, von der Welt des Wandels, der Sinne, kurz von der natürlichen Welt, ist Parmenides ein Mensch, dessen Denken sich von Grund auf nach den Forderungen der *Logik* richtet. Parmenides setzt mit außerordentlichem Nachdruck das Prinzip der Identität, und er setzt es *in das Sein selber.* Er sagt: Ich kann sagen, »das Sein ist«, aber ich kann nicht sagen, »das Nicht-Sein ist«! Warum? Weil das ein Widerspruch wäre. Weil das hieße, daß ich mir widerspreche.

Ich kann nicht sagen: Das Nicht-Sein ist; folglich darf ich das Wort Nicht-Sein nicht einmal aussprechen, sonst gebe ich ihm in der Sprache etwas vom Sein, und das ist schon ein Widerspruch, ein Mißbrauch der Sprache. Wenn wir diesen Gedanken: »Das Nicht-Sein darf nicht genannt werden« unmittelbar vollziehen, so hat er eine Kraft, die dem genau entgegengesetzt ist, was wir bei Heraklit gefunden haben. Wir können auf diesen Gedanken und auf seine Kraft gar nicht verzichten, denn der Gedanke ist philosophisch wahr.

Er bleibt aktuell durch die ganze Geschichte der Philosophie. Wir finden noch im 20. Jahrhundert, in *Bergsons* ›Schöpferische Entwicklung‹ eine große Diskussion über die Möglichkeit oder Unmöglichkeit, das Nicht-Sein zu denken.

Darf man das als pure logische Abstraktion bezeichnen? Wohl kaum nach unserem zeitgenössischen Gebrauch von »Abstraktion«. Jene Menschen dachten logisch über das Sein selbst nach. Für Parmenides war die Unmöglichkeit des Nicht-Seins *eine Forderung im Sein selbst.* Wir müßten wohl eher *von einer ontologischen Forderung* sprechen.

Was heißt *Ontologie?* Das Wort ist griechisch und bedeutet Wissen vom Sein. Wenn wir von Ontologie sprechen, geht es um den Teil der Metaphysik, der sich nicht mit dem Sein des Menschen, der Lebewesen, der Planetensysteme, der logischen Zusammenhänge usw., sondern mit *dem Sein als Sein* beschäftigt.

Für Parmenides ist das Sein kein abstrakter Begriff, nicht das kleine »ist«, das ein Subjekt mit einem Prädikat in einem logischen Satz verbindet. Das Sein ist ein sehr reicher Name, sehr geheimnisvoll, ontologisch dicht, möchte man sagen. Aber Parmenides lebte auch in der gewöhnlichen Welt seiner Zeit, und er sah – wie Heraklit –, wie sie sich wandelt. Doch er unterschied verschiedene Geltungs-Ebenen. Er unterschied zwischen Wissenschaft, das heißt der wahren Erkenntnis des Seins in seiner unveränderlichen Identität einerseits, und der Erkenntnis andererseits, die wir von der äußeren Welt haben, in der wir leben. Diese nennt er *Doxa,* das heißt Meinung. Wir hören es noch in den Wörtern orthodox, heterodox, etc. Meinung bedeutet für die griechischen Philosophen etwas, das nicht die wirkliche Wahrheit, nicht die wahre Erkenntnis ist, das aber auch nicht nur Irrtum ist. Es ist eine Annäherung an die Wahrheit, mit der sich die Menschen praktischerweise begnügen, um zu leben, um miteinander zu reden oder um den Staat zu organisieren. Wenn man sich an die strengste Erkenntnis hielte, dachten die Griechen, könnte man sich auf diesem Niveau nicht so recht einrichten; man kann aber auch nicht einfach die andere Seite, die des Scheins, der Erscheinung, zur Wahrheit machen. Daher errichteten sie ein mittleres Niveau, das sie »Meinung« nannten.

Alles, was zur Kenntnis der Welt des Wandels gehört, so wie wir sie erleben, nennt Parmenides Meinung. Er ist infolgedessen ein sehr strenger Denker, wenn es um die Erkenntnis des Seins selber geht, da wo man nur sagen kann: »Das Sein ist.« Es ist ein Irrtum, das Nicht-Sein einzuführen und, wie Heraklit es tat, vom Sein zum Nicht-Sein und vom Nicht-Sein zum Sein überzugehen, weil das Gegensätze sind, die den Wandel schaffen, der die rechte Wirklichkeit ist. Für Parmenides ist das auf der Ebene der Erkenntnis undenkbar. Ist aber das Nicht-Sein für den Menschen logisch undenkbar, so gibt es für ihn die Ebene der Meinung, der Erfahrung, in der man sich irgendwie einrichten muß.

Bei Parmenides gibt es jedoch einen deutlichen Vorrang der logischen Wahrheit vor der empirischen, der Rationalität vor der Erfahrung.

Wie kann man sich das Sein in seiner Fülle vorstellen? Parmenides faßt es auf als ungeschaffen, unwandelbar. Was könnte sich im Sein wandeln, das ein volles, einheitliches Sein ist? Wandel setzt Spielraum voraus, eine Leere, ein anderes. Aber es gibt kein anderes im Sein. Wenn wir einen Koffer packen, müssen wir ihn ganz füllen, dann bewegt sich kein Stück in dem Koffer. Wenn also das Sein voll ist, kann sich nichts darin ändern: Es ist völlig unwandelbar (ruhig), ewig, unerschaffen; es hat seine Ganzheit als Vollkommenheit. Und diese Ganzheit stellten sich die Griechen als Kugel vor. Hier müssen wir unterscheiden: Uns Modernen, wenn wir die Begriffe »endlich« und »unendlich«, »begrenzt« und »unbegrenzt« vergleichen, erscheint der Begriff »unendlich« oder »unbegrenzt« höher als der Begriff »endlich« oder »begrenzt«. Wir sagen zum Beispiel: Der Mensch ist endlich, Gott ist unendlich. Nicht so die Griechen. Für sie ist das Höhere das, was eine Form hat. Was unbegrenzt ist, hat keine Form, hat für die Griechen etwas Unvollendetes an sich, das nicht völlig zum Sein gelangt ist. Das mag uns fremd erscheinen. Doch finden wir wiederum bei Hegel zwei Begriffe: die »gute« Unendlichkeit und die »schlechte« Unendlichkeit. Die »gute« wird bei ihm durch eine Kugel oder einen Kreis, die »schlechte« durch eine gerade Linie ohne Anfang und Ende dargestellt.

Wenn Parmenides von einer Kugel spricht, so ist das ein Bild; man darf sich das nicht vorstellen wie die Erdkugel oder wie ein Gestirn; sowenig wie man sich Wasser oder Feuer als rein materielle Elemente vorstellen darf, wie wir früher gesehen haben. Die Kugel ist das vollendete, selbstgenügsame Sein. Spätere Philosophen werden sagen: »Ursache seiner selbst«, »durch sich selbst, an sich selbst, in sich selbst« usw. Das heißt: das, was ist und sich selbst genügt. Das ist der Grundgedanke des Parmenides über das Sein und über die Vollkommenheit des Ganzen.

Im Sein des Parmenides ist etwas zutiefst Göttliches. Keine Personifizierung, weit von der Idee eines personifizierten Gottes, weit auch von einem Schöpfergott.

Doch zieht sich diese Ader durch unser ganzes abendländisches Denken. Es ist ein Gott, der jede Vorstellung, jeden Anthropomorphismus transzendiert, der wesenhaft transzendent ist. Aber er ist es gerade nicht, indem er ins Unendliche geht, sondern durch seine vollkommene Fülle, von der wir uns keine Vorstellung machen können.

Mit Heraklit: Wir können Vollkommenheit nur mit Hilfe von Unvollkommenheit denken. Hier nun bei Parmenides wird die Vollkommenheit an sich gedacht. Ein solches Denken nennt man monistisch (von griechisch *monos* = eins. – Descartes dagegen führt das Sein auf *zwei* unreduzierbare Elemente zurück: Ausdehnung und Denken. Also ein dualistisches System).

Parmenides ist ein monistischer Denker. Ein weiteres Zitat: »Nötig ist zu sagen und zu denken, daß nur das Seiende ist, ein Nichts dagegen ist nicht, das heiße ich dich wohl beherzigen.«

Zenon von Elea war ein berühmter Schüler des Parmenides. Er hat Sophismen oder Paradoxien entwickelt. Griechisch *sophos* bedeutet ›weise‹, Sophismen sind Denkzusammenhänge, die evident aussehen und doch offensichtlich unwahr sind. Es gibt ein Scheinelement in ihnen. Zenon wollte damit seinem Meister zu Hilfe kommen. Es ist ja klar: Wenn Parmenides uns sagt, es gibt nur das Sein, es gibt kein Nicht-Sein; das Werden, das Flüchtige usw. gehört in den Bereich der bloßen Meinung und ist nicht die wahre Realität, so widerspricht das doch zu sehr unseren Erfahrungen im täglichen Leben. Zenon will uns zeigen, daß wir Bewegung und Wandel, obwohl sie unserer Erfahrung nach tatsächlich existieren, doch nicht denken können.

Das versucht er durch verschiedene Sophismen zu beweisen. Besonders schön ist der folgende:

Da ist ein Bogenschütze, der mit seinem Bogen einen Pfeil abschießt. Dieser Pfeil legt in der Luft eine bestimmte Flugbahn zurück. Zenon sagt nun folgendes: Ihr seht diesen Pfeil. In einem bestimmten Augenblick befindet er sich an einem Punkt A seiner Flugbahn. Ein wenig später befindet er sich am Punkt B. Dazwischen, zwischen den beiden, befindet er sich an einem Punkt A' und wieder zwischen diesen beiden an einem Punkt A'', usw., usw.; das heißt, Ihr könnt in jedem noch so kurzen Zeitabschnitt feststellen, daß der Pfeil an einem bestimmten Punkt im Raum *ist*.

Zur Verdeutlichung machen wir einen Sprung in die Gegenwart. Hätten wir einen Fotoapparat und wollten unsern Pfeil aufnehmen, so könnten wir ihn in jedem Augenblick fotografieren, und er erschiene in jedem Augenblick an dem Punkt im Raum, auf den der Apparat gerichtet ist.

Und so sagt Zenon: So klein auch der Zwischenraum zwischen zwei Positionen sein mag, es läßt sich immer noch eine Zwischenstellung einfügen, wo der Pfeil ruht. *Wann also bewegt sich der Pfeil* von einer Position zur andern? Wann bewegt er sich überhaupt, da er ja doch jederzeit irgendwo *ist?* Zenon trifft mit diesem Spruch eigentlich den Kern der Problematik der Bewegung.

Fünfundzwanzig Jahrhunderte später hat Bergson gezeigt, daß wir Bewegung immer mit Hilfe von Unbeweglichkeiten denken. Wir kennen Bewegung, weil wir uns bewegen; wir bewegen Hand und Fuß, uns selber. Wir wissen innerlich, was Bewegung ist, aber wenn wir Bewegung denken, Bewegung messen, nehmen wir feste Anhaltspunkte. Eben das zeigt uns Zenon von Elea, daß wir, alles in allem – Bewegung nicht denken. Natürlich *sehen* wir den Pfeil fliegen, aber *denken* können wir seine Bewegung nicht, weil unser Geist auf das Unwandelbare, das Identische, das Ewige gerichtet ist; und doch sind wir in dieser Welt des Vergänglichen und mühen uns in ihr.

Natürlich wurde schon in der Antike versucht, die beiden Denkweisen, die des Heraklit und die des Parmenides, zusammenzubringen. Denn man kann sich eigentlich weder mit der einen noch mit der anderen zufriedengeben. Niemand kann so einfach sagen: Gut, ich widerspreche mir, aber das macht nichts. Und niemand kann ruhig sagen: Der Gedanke ist logisch; und folglich ist die Realität der Erfahrung nur eine Scheinwahrheit, deren echte Natur man nicht kennt.

Es gibt eine Schule, von der man sagen kann, sie sei eine Art Synthese der beiden Denker: *die atomistische Schule*. Worin besteht diese Synthese? Sie ist im philosophischen Sinn nicht besonders tiefgründig. Aber sie brachte eine Hypothese hervor, die ein ungeahntes Schicksal in der späteren Wissenschaft haben sollte.

Diese Schule versuchte, sich die Wirklichkeit vorzustellen, indem sie einerseits die dauernde Unzerstörbarkeit, Dichte ohne Nicht-Sein des Parmenides einführte, andrerseits die Erklärung des Wandels, der Umwandlung der Körper in andere Körper, wie es Heraklit lehrte.

In der Lehre der Atomisten suchte man, anstelle des einen Seins im großen metaphysischen Sinn des Wortes, sich kleine Einheiten von Seiendem vorzustellen, kleine unteilbare Einzelwesen, unwandelbar, unzerteilbar, in die das Nicht-Sein nicht eindringen kann; kleine Einheiten, die vollkommen dicht und unzerstörbar sind; die sozusagen Miniaturausgaben des Seins darstellen; des großen metaphysischen Seins des Parmenides – um Unvergleichbares zu vergleichen.

Und weil diese Einheiten weder zerschnitten, noch aufgelöst werden können, weil sie unveränderlich und ewig sind, nannte man sie »*Atome*«. Griechisch heißt das »unteilbar«, »unzerschneidbar«. Daher der Name der Schule. Die Atome haben die Dichte des Seins, seine Unzerstörbarkeit und bilden das bleibende Element; aber diese Atome verbinden sich und hängen sich aneinander auf sehr verschiedene und flüchtige Weise, und damit haben wir die sich verändernde Welt, wie wir sie in der Erfahrung kennen.

Die Theorie ist auf einer bestimmten Ebene bestehend, aber es ist klar, daß diese kleinen Atome aus Materie – philosophisch gesprochen – niemals die Stelle der transzendenten Einheit einnehmen können, von der Parmenides sprach.

Es ist eine Lösung auf naturalistischer Ebene. Die Atomisten haben das große metaphysische Problem, von dem wir bisher gesprochen haben, von der philosophischen Ebene auf die Naturebene, auf die Ebene der Physik verlegt. Gewiß, diese Theorie der Atome bot die Möglichkeit, die natürlichen Phänomene, wie sie vor unseren Augen ablaufen, zu erklären und eine Antwort zu geben auf die Frage des Einen und des Vielen, auf die Frage der Beständigkeit des Seins und der Flüchtigkeit des Seienden. Und so wurde diese Theorie zum Ausgangspunkt einer ganzen Tradition, einer naturalistischen Tradition. In ihr wird die Existenz von Atomen angenommen, in denen es kein Nicht-Sein (Nichts) gibt, die sich aber *in einem Leeren* befinden. Die Leere um sie herum ist das Medium, in dem die Atome sich bewegen, nach mechanischen Gesetzen hängen sie sich aneinander, bilden durch Zufall einmal haltbare, einmal unhaltbare Verbindungen. Der atomistische Erklärungsversuch bringt Zufall und Notwendigkeit ins Spiel. Zufällig bilden sich verschiedene Mini-Kombinationen, stabile und unstabile, und die Notwendigkeit herrscht in Form von einfachem mechanischem Aufeinanderprallen, das von niemandem veranlaßt oder gewollt wird, durch das aber die Atome sich stoßen, wieder aufeinandertreffen, sich abstoßen und mehr oder weniger dauerhafte Wesen bilden.

Der Atomismus sucht nach mechanischen Erklärungen. Die ganze Naturwissenschaft hat in der Folge die Tendenz zu mechanischer Erklärung. Sie ist wissenschaftlich einfacher als eine transzendente oder finalistische, und sie ermöglicht Experiment, Wiederholung und Verifizierung.

Immerhin zeigt die zeitgenössische Diskussion um das Atom, daß seine Natur problematisch ist. Die große Frage Heisenbergs und anderer ist im Grunde die: »Das Atom, was ist das eigentlich?« Heisenberg sagte auch: »Vielleicht werden wir eines Tages verstehen, was das Atom ist, aber dann werden wir auch verstehen, was ›verstehen‹ bedeutet.« Aber das führt uns weit in der Begegnung von Wissenschaft und Philosophie.

In demselben 5. Jahrhundert wie die Atomisten erscheint auch Sokrates. Wir wissen, daß er aus bescheidenen Verhältnissen stammte. Oft wird er mit Platon verglichen. Platon, schön wie ein Gott, Sokrates schwerfällig und häßlich. Auch kein besonders guter Redner. Er hat nie etwas geschrieben – als einziger in unserer ganzen Überlieferung –, und doch hat dieser Philosoph wie kein zweiter durch die Jahrhunderte gewirkt. Warum hat er nicht geschrieben? Wohl, weil er nicht an eine Wahrheit glaubte, die von dem, der sie ausspricht, und von dem Augenblick, in dem sie ausgesprochen wird, losgelöst werden könnte.

Für ihn gibt es keine »Wahrheiten«, wie es Dinge gibt, sondern nur wahrhaft *philosophische Wahrheiten*. Was ist das? Eine philosophische Wahrheit ist nicht einfach eine adäquate Aussage in bezug auf einen objektiven Sachverhalt, unabhängig und unpersönlich; sondern eine Aussage, durch die ein verantwortlicher, freier Mensch eine Wahrheit auf sich nimmt, in sich aufnimmt, sich zu eigen und wahr macht, durch die Art, wie er ihr anhängt. Das heißt, bei Sokrates ist eine sogenannte *theoretische* Wahrheit zugleich immer eine *praktische* Wahrheit, eine, die von dem, der sie erfaßt, abhängt – und davon, wie sie auf ihn wirkt, was sie aus ihm macht. Heute würde man dies eine existentielle Wahrheit nennen.

Sokrates sucht vor allem den Sinn für das Wahre zu schärfen. Wie das? Der Gesprächspartner soll selbst entdecken, daß das, was er für wahr hielt, nicht genügt und also noch nicht das eigentliche Wahre ist.

»Ich weiß, daß ich nichts weiß«, dies berühmte Wort des Sokrates, auf das die Pythia entgegnete, er sei der weiseste Mann in Athen, ist nicht falsche Bescheidenheit.

Es will heißen: Ich habe meinen Sinn für das Wahre so geschärft, daß mein Anspruch an das Wahre sich mit den Schein-Wahrheiten, die ich zuweilen für echte Wahrheiten halte, nicht begnügt. Es ist der Anspruch an höhere Wahrheit als die Wahrheit, die ich besitze.

Nun sehen wir sofort den radikalen Unterschied zu den vorhergehenden Philosophen: Der Ansporn des Suchens gilt nicht mehr der Erklärung der Welt oder auch dem Verstehen des Seins an sich, sondern der Ansporn richtet sich auf den suchenden Menschen selbst. *Das Bewußtsein befragt sich selber,* besser: »mein« Bewußtsein. Darunter ist das Organ zu verstehen, mit dessen Hilfe ich mir einer Sache bewußt werde. Ich befrage mich über mein eigenes Wissen, meine eigenen Gedanken und entdecke, daß mein Wissen in großem Ausmaß ein Nicht-Wissen ist, immer wenn mein Anspruch groß genug wird. Wir haben also bei Sokrates eine Pädagogik des schöpferischen Wissens, eine Aufdeckung des Nicht-Wissens, die beim Schüler das wirkliche, wahre Bewußtsein erschafft.

Sokrates war der Sohn einer Hebamme. Er sagte von sich, er übe denselben Beruf aus wie seine Mutter: *Maieutik,* Kunst des Entbindens. Er entbindet den Geist, belehrt nicht von außen, sondern läßt im anderen den Sinn für das Wahre, den er schon in sich hat, frei werden, hervorkommen. Er regt ihn an, weckt ihn.

Sein Vorgehen verrät ein großes Zutrauen zu den Menschen. Der andere ist ein Mensch, also hat er den Sinn für das Wahre in sich. Sokrates vertraut darauf, im andern diesen Sinn für das Wahre wecken zu können. Das ist die Maieutik.

Sein Vertrauen wurzelt im Bewußtsein von sich selbst und in seinem eigenen Mut. Sokrates wurde zum Tode verurteilt, »weil er die Jugend verderbe«. Aber im Grunde geschah es, weil er alles in Frage stellte: die Natur der Macht, das Recht der Macht, die Autorität, die Religion, die Auffassungen über die Götter, über die Tugend, über das, was gut und was gerecht, was nicht gut, nicht gerecht ist. Sein Fragen ist umfassend und von politischer Tragweite. Infolgedessen galt er als gefährlich. Er wurde gefangengenommen und zum Tode verurteilt. Seine Schüler wollten ihm zur Flucht verhelfen. Sokrates lehnt ab. Nicht daß er sich schuldig fühlt. Er fühlt sich ganz zu Unrecht verurteilt. Er hat die Gewißheit, daß sein Handeln nützlich ist und daß der Staat ihn belohnen sollte. Aber seine Antwort lautet: Er sei nach den Gesetzen verurteilt worden. Durch die Gesetze besteht die *Polis,* der Staat. Dank ihnen sei er selbst geworden, der er sei. Der Polis und den Gesetzen verdanke er sein Dasein; und durch Flucht würde er alles verleugnen, was er gelehrt habe. Darum wollte Sokrates nicht fliehen. Wir tun gut, uns dieser Geschichte zu erinnern, heute, wo der Sinn für die Gesetze und das Recht, auch der Sinn für den Staat so oft verdunkelt werden durch gefühlsmäßige Auflehnung, die tiefer und edler sein soll als das Recht und die Gesetze. So dachte Sokrates nicht. Er will nicht fliehen; obschon er sich zu Unrecht verurteilt weiß, gehorcht er den Gesetzen der Polis. Er sagt an einer anderen Stelle: Die Gesetze sind mein Vater und meine Mutter.

Können wir das Wesentliche des sokratischen Philosophierens auf eine prägnante Formel bringen, ohne allzusehr zu vereinfachen? Die Hauptfrage, die Sokrates sich stellt, lautet: Wie soll man leben, um richtig zu leben? Wie soll man leben, um auf das Gute hin zu leben? Wir sehen, diese Problemstellung unterscheidet sich deutlich von den zentralen Anliegen früherer Denker. Sokrates ist der erste, der diese Frage zum Zentrum seines Nachdenkens macht. »Wie soll ich leben, um auf das Gute hin zu leben?«

Er entwickelt folgende Überlegung: Wenn ein Mensch etwas tut, tut er es immer, weil er etwas erreichen will, das er als gut betrachtet. Nehmen wir gar den schlimmsten Fall an, einen Verbrecher: auch er will etwas Gutes für sich. Nur ein geistig Unzurechnungsfähiger ist nicht verantwortlich für sein Tun. Ein gesunder Mensch jedoch setzt sich ein Ziel, das in seinen Augen gut ist. So sagt Sokrates: »Wenn ein Mensch handelt, nimmt er sich immer etwas Gutes als Ziel vor ...«

Woher kommt dann aber das Schlechte? »Das Schlechte rührt daher«, sagt Sokrates, »daß der Mensch sich über das Gute irrt.« Er hält ein falsches Gutes für ein wahres Gutes, und er hält ein kleineres Gutes für ein viel größeres Gutes, oder er opfert ein größeres Gutes für ein kleineres. Er irrt sich in bezug auf das Gute. Das Schlechte kommt vom Unwissen. Den Sinn für das Gute beim Menschen zu entwickeln, das ist für Sokrates das Kernproblem. Darin besteht seine Maieutik, seine Hebammenkunst.

Hier rühren wir an ein zentrales Thema aller Philosophie, nämlich an folgendes Problem: Wenn man sagt, daß einer schlecht nur aus Unwissen handelt, könnte man daraus folgern, das bedeute nur, er sei nicht gut informiert worden. Darum geht es aber gar nicht. Es ist vielmehr so, daß man sich innerlich wandeln muß, um das wahre Gute zu entdecken. Wenn man also sagt, das Schlechte werde nur aus Unwissen getan, so ist das kein objektives Nicht-Wissen, das durch äußeres Lernen behoben werden könnte. Das Unwissen liegt viel tiefer. Es ist eine tiefe innere Unfähigkeit, das wahre Gute zu erkennen. Das wahre Gute *erkennen*, das ist auch ein moralisches *Tun*. Man muß es wirklich *wollen*. Und hier sind wir an einem philosophischen Zentralpunkt. Denn je mehr man die abendländische Philosophie in ihrer Entwicklung verfolgt, entdeckt man als ihren Kern, daß die theoretischen Wahrheiten nie nur theoretische sind und daß die Gebote der praktischen Moral, die sich aus einer Lehre ergeben mögen, nie ein bloßer moralischer Sermon sind. In der Philosophie ist das Theoretische immer mit dem Praktischen, das Praktische mit dem Theoretischen verknüpft.

Aus diesem Grund verband Platon zum Beispiel die Philosophie mit Übungen zur seelischen Läuterung, mit religiösen, ja auch mit mathematischen Übungen. Um zu erkennen, muß man lauter sein, sich innerlich wandeln. Man muß fähig werden, das wahre Gute zu erkennen. Und das ist ein moralisches Tun. Sokrates unterscheidet sich hier von den früheren Philosophen, den sogenannten Vorsokratikern, die vor allem über das Wesen des Seins und der Dinge nachdachten; er dagegen macht sich Gedanken über das richtige Handeln.

Man darf aber nicht glauben, Sokrates sei der Ansicht, man könne sich ein Lehrbuch der Moral einverleiben und sei dann fähig, das Gute zu tun. So ist es nicht. Es geht vielmehr darum, den tiefen Sinn für das Wahre zu wecken und zu üben. Man denkt zu wenig daran, daß der Sinn für das Wahre selbst moralisch ist. Die Wurzel der Wissenschaft ist moralisch, auch die unserer modernen Wissenschaft. Wenn die Wissenschaftler ihre Hypothesen so vielen strengen Nachprüfungen unterziehen, so darum, weil sie moralisch zu einer bestimmten Qualität von wirklicher Gewißheit über das Wahre verpflichtet sind.

Wir sehen: Philosophie hat ihren Platz hier, am *Gelenk* zwischen dem Theoretischen und Praktischen, zwischen Erkennen und Tun. Das Erkennen ist auch ein Tun. Und das Tun ist auch ein Erkennen. Man kann die beiden nicht trennen. In Sokrates' Leben und Gegenwart ist diese Verknüpfung im Menschsein zum erstenmal faßbar für uns.

(Man hört ab und zu, daß erst im Gefolge des Marxismus die *Praxis* erfunden worden sei, im Sinne der Einheit von Theoretischem und Praktischem. In Wirklichkeit aber geschieht alle Philosophie an diesem Gelenk.)

Das Unrecht tun wir also nach Sokrates aus Unwissenheit. Folglich müssen wir, um das Wahre zu finden und in uns den Sinn für das Wahre zu entwickeln, an uns selber arbeiten. Daher die berühmte Maxime des Sokrates: »*Erkenne dich selbst*«. »Erkenne dich selbst«, das hat mit psychoanalytischen Vorstellungen, mit Introspektion, mit Innenschau, nichts zu tun.

Sich selber erkennen, das heißt in sich selbst die tiefste Wurzel des Sinns für das Wahre zu entdecken, aber auch das Fehlen dieser Wurzel. Auch das Nicht-Wissen, das in uns ist; auch die Neigung zur Illusion; auch die Neigung, sich selbst zu täuschen. All das ist enthalten in: »Erkenne dich selbst«.

Da geht es nicht um ein bloßes »Spiegeln« oder »Schauen«, es geht darum, sich ans Handeln zu machen. Und wieder ist hier – als das Herzstück von Sokrates' Wirken – das Theoretische mit dem Praktischen verbunden.

Er fragt. Er redet und hört zu. Gewöhnlich geht er so vor: Er stellt eine Frage: »Sag mir, was glaubst du, ist das Schöne?« Oder: »das Gute?« Oder: »Was glaubst du, ist die Gerechtigkeit?«

Der andere antwortet darauf. Die sokratische Methode besteht zunächst darin, daß die Antwort aufgenommen wird.

»Ach ja, das sagst du, gut! Wollen wir davon ausgehen und sehen, wohin uns das führt. Wenn es so ist, wie du sagst, dann folgt darauf doch wohl das . . .«

»Ja«, sagt der andere, »gewiß!«

»Und wenn es so ist, wie du sagst, dann folgt daraus auch noch jenes . . .« – »Ja, gewiß . . .«

Und eins ums andere verfolgt man ein Stück Dialog und kommt zu einem gewissen Ergebnis. Dann kehrt man zur ersten Aussage zurück: »Aber halt . . . wir sagten doch . . . etc. Folgt daraus nicht auch, daß . . .?« Und es folgt eine weitere Aussage. – »Ja, sicher . . .« – »Und daraus folgt auch noch dies . . .«

Ein anderer Faden wird also von der ersten Antwort hier aufgenommen, und er führt anderswo hin. Bis Sokrates schließlich sagt: »Aber, wir sagten doch vorhin, das Ergebnis sei dies. Und jetzt sagen wir, das Ergebnis sei jenes . . . Wie können wir die beiden Aussagen zusammenbringen?«

Darauf folgt Verlegenheit, Nicht-Wissen. Dieses Vorgehen nennt man *die sokratische Ironie*. Sie besteht darin, daß man dem Gedankengang des anderen folgt, die Dinge aber so weit treibt, bis der andere merkt, daß er mit sich selbst uneins ist, und bis er nicht mehr weiß, was er eigentlich wollte. Er glaubte es zu wissen und muß nun einsehen, daß er es nicht weiß. Und so ist er auf den Anfang zurückgeworfen.

Sokratische Ironie, Entdeckung des Nicht-Wissens, Zurückverwiesensein auf sich selbst, und man beginnt von neuem.

Manche Dialoge Platons folgen getreu diesem Muster, zum Beispiel der ›Theätet‹, der von der Mathematik handelt. Nachdem man sich so angestrengt hat, muß man am Ende des Dialogs wieder von vorne beginnen.

Wir finden hier aber auch manches wieder, was Sokrates mit den Vorsokratikern verbindet. Das Prinzip der Identität zum Beispiel (das wir früher kennenlernten). Aber hier handelt es sich nicht um die Identität des Gegenstandes mit sich selbst oder im logischen Zusammenhang, sondern um den Einklang des Denkenden mit sich selbst. »Bist du mit dir selbst einig? Sieh, du glaubtest es zu sein, aber das stellst du selbst fest: du bist es nicht. Wir müssen also weitersuchen.«

Sokrates glaubte nicht, daß es eine absolute Wahrheit gebe oder daß sie von Bedeutung sei, wenn sie losgelöst von mir selbst, der ich sie denke, bestehen könne. Darum sagte er: »Das Wissen ist ein Tun der ganzen Seele«. Oder auch: selbst wenn, was ich mit meinem Munde ausspreche, zutrifft, so ist das Nicht-Wissen, Nicht-Wahrheit, weil es nur dann Wissen und Wahrheit ist, wenn es dieser tiefsten Forderung entspricht, die die ganze Seele verpflichtet.

Es ist kaum auszumachen, welches der Anteil des Sokrates und welches der Anteil Platons in den Aussagen des Sokrates ist, den Platon in seinen Dialogen uns darstellt. Vielleicht weisen wir einen Teil der Gedanken Platons Sokrates zu, vielleicht weisen wir umgekehrt einen Teil der Lehre des Sokrates Platon zu; auf jeden Fall aber ist es eines der schönsten Bilder der Philosophiegeschichte: der junge Platon zu Füßen des sterbenden Sokrates.

Platon erzählt im ›Phaidon‹ das letzte Gespräch des Sokrates mit seinen Schülern. Sokrates bringt eine Reihe von Beweisen für die Unsterblichkeit der Seele. Wozu mehrere Beweise? Keiner von ihnen ist zureichend. Könnte man die Unsterblichkeit der Seele objektiv dartun, würde dies eine genügen. Ein solcher Beweis aber stünde im Gegensatz zur Natur der Seele. Kein einzelner Beweis ist hinreichend, höchstens könnte man sagen, der wahre Beweis sei die Art, wie Sokrates starb. Dieser Beweis wird ganz zuletzt gegeben. Sokrates nimmt den Schierlingsbecher, dankt dem Gefängniswächter, der das Gift gebracht hat, freundlich. Ohne Aufschub trinkt er es in einem Zug. Die Kälte steigt von seinen Füßen immer höher, er legt sich nieder, spricht weiter mit seinen

Schülern. Sein letzter Satz: »Wir müssen dem Asklepios einen Hahn opfern...« Asklepios ist der Gott der Heilkunst. Der Ausspruch bedeutet also, daß Sokrates den Tod als eine Heilung ansieht. Seine Seele wird nun ihre Freiheit erlangen.

Und diese Idee von der Seele in ihrer Freiheit, in ihrer eigenen Verantwortlichkeit, in ihrer Unabhängigkeit werden wir später bei Platon immer wieder finden. Platon, der in diesem Augenblick zu Sokrates' Füßen saß; der daraufhin Athen verließ. Er mochte diese Stadt nicht mehr sehen, ihre Obrigkeit nicht mehr ertragen. Es mußte viel Zeit vergehen, bevor er wieder nach Athen zurückkehrte, um seine Schule zu gründen, die Akademie.

Platon war Schüler des Sokrates. Er hat ihn sterben sehen. Er verließ Athen, reiste weit umher, kam schließlich nach Sizilien. Dort befreundete er sich mit Dion, der zur Familie des Tyrannen Dionysios I. gehörte. (Tyrann bedeutete Herrscher aus eigenem Recht, nicht aber Tyrann im heutigen Sinn.) Platon hoffte, in dem jungen Prinzen Dion den Philosophen-Fürsten seiner Träume zu erziehen. Diesen Traum finden wir immer wieder in der Geschichte der Philosophie. Die Philosophen wollten wohl nicht selbst regieren, aber die Sorge um die Polis war vielen von ihnen zentrales Anliegen.

Wie ist das Zusammenleben der Menschen zu organisieren? Eine der Grundfragen der Philosophie lautet: »Wie kann man dem Guten gemäß leben?« Man lebt ja aber nicht allein. Die Frage nach der Polis, nach der Ordnung des Staates ist ein empfindlicher und zentraler Punkt im philosophischen Denken – und nicht erst von heute. In der Philosophie besteht eine erzieherische Grundtendenz, und so haben Philosophen geträumt, einen Philosophen-Prinzen, einen Philosophen-König heranzubilden, welcher in seiner Person die Weisheit und die Macht zugleich verkörpern sollte. Mit Dion gelang es nicht. Es endete mit einem Zerwürfnis, vor allem mit dem Tyrannen Dionys. Platon mußte gehen. Er erlitt Schiffbruch, wurde als Sklave verkauft... Es gibt darüber allerhand Geschichten, auch Legenden. Bei einer Persönlichkeit wie Platon wird aber auch Legendäres endlich fast so wirklich wie die Wirklichkeit, indem es auf die Nachwelt einwirkt. Schließlich wurde er losgekauft und kehrte nach Athen zurück. Er war 40 Jahre alt. Er gründete in Athen eine berühmte philosophische Schule, *die Akademie*. Von da an lehrte er. Er unternahm noch mehrere Reisen, lebte lange genug, um vom Tod Dions zu erfahren, der ihn tief traf. Er hatte ihn sehr geliebt. Er selber starb mit achtzig Jahren. Seine Berühmtheit hatte zur Folge, daß seine Werke sorgfältig aufbewahrt wurden.

Platon entstammte einer adligen Familie, und er hätte ein hohes Amt ausüben können. So war bei Platon die Sorge um die Polis von einer Art Wehmut über eine verlorene Macht begleitet. Darum auch spielt die politische Problematik bei ihm eine sehr große Rolle. Darum erörtert er mit besonderer Energie, Klarsicht und Tiefe die Probleme, die sich ergeben aus der Konfrontation der ethischen Forderungen einerseits und der politischen Forderungen andererseits, in denen es um Erfolg und Macht geht. Es geht immer noch darum zu erkennen, was das »wahrhaft Gute« ist.

Was wir vor allem verstehen müssen: Bei Platon ist die Übung im philosophischen Denken zugleich eine Übung in der eigenen, geistigen Formung. Der Prozeß des Denkens selber formt die Seele. Platon hat viel mit den Pythagoräern gearbeitet. Bei ihnen ging das Bemühen um die Mathematik mit dem Bemühen um die Läuterung der Seele Hand in Hand. Für sie war die mathematische Beweisführung ein läuterndes Tun. Man denkt heutzutage nicht genug an diesen Zusammenhang. Viele Leute beklagen sich über die heutigen Lernprogramme, nach denen man eine Menge Stoff bewältigen muß, nach denen aber das ethische Bewußtsein, der Sinn für das Geistige und für echte Freiheit nicht entwickelt werde. Diese Meinung stimmt bei schlechten Lehrern, nicht aber bei guten. Es gilt gerade bei Platon zu verstehen: Der Versuch, recht zu denken, die vorherige Meinung aufzugeben, weil man erkannt hat, daß sie falsch oder unvollständig oder nur teilweise richtig ist, führt dazu, daß man sich ergibt und bereit wird, den Gedanken eines anderen zu erfassen. Durch solche Übung läutert sich die Seele, weil sie das Wahre jeweils dem eigenen Standpunkt vorzieht. In diesem Sinn kann auch das Labor-Experiment zutiefst erzieherisch auf die Seele wirken. Ein Versuch, der eine Theorie testen soll, kann einem unter Umständen sagen: nein. Und sagt er nein, beugt sich der Forschende. Mehr noch: Er sucht gerade ein Experiment, das die zu prüfende Theorie unter die härteste Probe setzt. Denn das Wahre, nach dem er strebt, ist ihm wichtiger als der Erfolg seiner Theorie.

Das Wahre dem eigenen Standpunkt vorziehen: Die ganze Philosophie Platons ist mehr als eine Lehre: ist *eine Übung* in diesem Sinn.

Durch jedes vermeintliche Wissen, durch jeden Besitz hindurch den Sinn für das Wahre, für das Gute zu schärfen, das zielt direkt in die Mitte des platonischen Denkens. Das Herz des Denkens ist die Lehre von den Ideen. Platon ist der *Philosoph der Ideen.* Was sind die Ideen?

Man könnte sagen, daß Platon das alte Problem der *Schule von Milet* wieder aufgreift: Was bleibt im Werden und Vergehen bestehen? Die Dinge vergehen, alles was sich uns durch die Sinne zeigt, vergeht. Was ist das Bleibende unter dem Vergehenden? Es sind die Ideen. Was sind die Ideen? Die Ideen sind die wahre Wirklichkeit, die Quelle des Seins der Dinge in der Welt.

Die Ideen sind nicht im selben Sinne wirklich wie die Dinge. Sie verbinden bei Platon Sein und Wert. Sie sind die Quelle des Seins der Dinge und die Quelle des Guten. Sein ist zugleich werthaft. Sein ist ein Wert. Sein, das ist wert sein.

Hier befinden wir uns am direkt entgegengesetzten Pol zu allem modernen Nihilismus mit seiner Tendenz, das Nicht-Seiende für reiner und besser zu halten als das Seiende, weil das Seiende Grausames mit sich bringt. Bei Platon ist eben das Seiende werthaft, da es sein Sein seiner Teilnahme an den Ideen verdankt.

Auf der Ebene der Dinge der Welt ist alles nicht nur vergänglich, sondern auch zusammengesetzt und relativ (mehr oder weniger so oder so). Die Ideen aber, durch die diese Dinge ihr Sein besitzen, sind ewig, einfach, absolut.

Ein Beispiel: Wir haben zwei Ahornblätter vor uns und sagen, sie seien gleich. Wir meinen damit, daß sie einander sehr ähnlich sind. In Wirklichkeit gibt es aber nicht zwei Ahornblätter, die völlig gleich sind. Sie sind nur annähernd gleich. Wieso weiß ich aber, daß sie nur *fast* gleich sind, da ich in der Welt keine Dinge kenne, die absolut gleich wären? Wir können sogar mit geometrischen Instrumenten nicht zwei Dreiecke zeichnen, die absolut gleich sind. Aber *denken* können wir uns absolut gleiche Dreiecke, und das tun wir in der Geometrie. Wenn wir sagen, die Dinge der Erfahrung, z. B. die Ahornblätter, sind fast, aber nicht absolut gleich, so beziehen wir uns auf ein Wissen, das nicht aus der Erfahrung stammt. Denn wenn wir nur die Erfahrung hätten, wüßten wir gar nicht, was »fast« oder »ungefähr« heißt. Den Sinn von »fast« oder »ungefähr« erhalten wir nur, wenn wir diese Begriffe mit

»vollkommen« oder »absolut« vergleichen. Das Absolute ist aber nicht durch die Erfahrung gegeben. Daher enthält unsere ganze Art, das Experiment zu erleben, eine Beziehung zu einer Ebene, die nicht die des Experiments ist, von der uns die Erfahrung im Experiment keinen Begriff geben könnte. Wir haben eben *die Idee der Gleichheit*. Und die Idee der Gleichheit, das ist die reine Gleichheit, in ihrer absoluten Vollkommenheit, nicht in ihrem Ungefähr. Und nur aufgrund dieser Idee der Gleichheit in ihrer absoluten Vollkommenheit können wir von der ungefähren, annähernden Gleichheit der Dinge in der Erfahrung sprechen.

Die Ideen sind das Absolute. Aber machen wir da nicht einen Sprung? Wir müssen verstehen, daß es bei Platon eine Vielzahl von Ideen gibt. Wir haben die Idee der Gleichheit herausgegriffen. Es hätte auch die Idee der Gerechtigkeit, die Idee der Schönheit, die Idee der Größe, die Idee der Kleinheit sein können, usw.

Worin besteht nun der Unterschied zwischen der Idee der Größe und einem großen Gegenstand? Ein Elefant zum Beispiel ist groß, verglichen mit einer Maus. Verglichen mit dem Himalaya, ist er klein. Bei den mit unseren Sinnen erfahrbaren Dingen haben wir immer eine Mischung, nicht die Idee im Reinzustand, nicht das Absolute der Idee. Platon würde sagen: Der Elefant hat zugleich teil an der Idee der Größe und an der Idee der Kleinheit. Die Idee der Größe ist absolut. Das heißt nicht absolute Größe, sondern die Idee der Größe im absoluten Zustand ist es, die jede Beimischung von Kleinheit ausschließt.

Platon will uns so zeigen, daß in unserem Denken (ob wir das anerkennen oder nicht) eine Ebene besteht, die nicht aus der Erfahrung stammt, von der aber unser Bezug zur Erfahrung abhängt. Dank dieser Ebene der Ideen wird das Absolute miteinbezogen, indem wir uns auf das Absolute berufen, um das Relative der Dinge zu erkennen. Diese Ebene des Absoluten besteht in der Wahrheit, während das Relative zum Bereich des Gemischten, Approximativen gehört.

Woher kennen wir die Ideen? Sokrates, soviel wir wissen, sprach von angeborenen Ideen. Platon spricht von *Wiedererinnerung*.
Platon fragt: Da wir doch in der Sinneserfahrung nichts Absolutes antreffen, woher haben wir denn die Idee? Der Gedanke der Angeborenheit genügt nicht. Wir müssen annehmen, daß wir die Ideen *vor*

unserer Geburt geschaut haben. Die Seele verliert bei der Geburt die klare Erinnerung an die Ideen, behält aber eine Art Heimweh, das macht, daß sie sich darauf bezieht, daß sie danach sucht. Aus der Maieutik des Sokrates wird bei Platon ein Vorgang des Sich-wieder-Erinnerns. Erziehung versucht diese Erinnerung an die Schau der Ideen vor der Geburt wachzurufen und wirksam zu machen.

Dieses »vor der Geburt« wirkt auf uns heute vielleicht befremdend. Es bedeutet »vor der Zeit«. Darin liegt ein logischer Widerspruch. Das Wort »vor« hat nur in der Zeit einen Sinn. Wir Menschen sind so in die Zeit eingetaucht, daß wir nicht von ihr loskommen. Wenn wir vernehmen: »Die Seele hat die Ideen vor der Geburt geschaut«, so soll dieses »vor« uns anspornen, die Mauer der Zeitlichkeit zu durchstoßen. Zu versuchen, etwas wahrzunehmen, das jenseits der Zeit ist – auch wenn wir nicht fähig sind, es uns vorzustellen. Es geht darum, an die Grenzen unseres Denkens zu stoßen, an die Grenzen dessen zu stoßen, was wir verstehen; zu versuchen, wahrzunehmen – wenigstens in negativer Form –, was wir nicht zu denken vermögen. In diesem Sinn ist von einigen berühmten religiösen Bekehrungen der christlichen Epoche gesagt worden – von denen, die sie durchlebten –, sie seien auf Platon zurückzuführen.

Platon ist jedenfalls ein Philosoph, der uns zwingt, an die Grenzen unseres Denkens zu stoßen. Innerhalb unseres normalen Denkens, auf der Ebene der sinnlich wahrnehmbaren Dinge, können wir ihn nicht verstehen.

Er appelliert an die wesensmäßige Freiheit des Menschen, sich selbst zu übersteigen. Es ist eine neue Form des sokratischen »Ich weiß, daß ich nichts weiß.« Es heißt: »Ich weiß, daß ich vergessen habe.« Ich muß also versuchen, mich zu erinnern – mich an die Ideen zu erinnern, ohne die es keine Erkenntnis gibt.

Auf der Ebene der sinnlich faßbaren Dinge können wir nach Platon nur Meinungen haben, mehr oder weniger wahrscheinliche; die empirische Wirklichkeit selber gehört in diesen Bereich des Ungefähren. Wahre Erkenntnis gibt es nur auf der Ebene der Ideen. Der Mensch steht zwischen den sinnlich erfaßbaren Dingen und den Ideen. Er ist ein Wesen der Mitte. Er kann nicht auf die Ideen verzichten, weil sie – wohl oder übel – zu seinem Wesen gehören, er kann aber auch nicht von den Sinnendingen absehen, weil er – wohl oder übel – durch sie hindurch auf die Ideen hinblickt.

Wenn Platon uns dahin führen will, wohin das rationale Denken nicht mehr reicht, führt er einen Mythos ein, um das Durchstoßen der Mauer zu erleichtern.

Die Höhle

Der Mythos von der Höhle, das Höhlengleichnis, ist der berühmteste und schönste dieser Mythen. Platon stellt sich eine tiefe Höhle vor, auf deren Grund Gefangene gefesselt sind. Ihre Gesichter sind dem Hintergrund der Höhle zugewandt, und hinter ihnen verläuft ein steiler Weg, auf dem sich Menschen bewegen und Gegenstände tragen. Hinter diesem Weg brennt ein großes Feuer, und dahinter wieder liegt der Eingang der Höhle, vor der draußen die Sonne scheint.

Die Gefangenen können nicht einmal den Kopf wenden, sie können nur den Hintergrund der Höhle betrachten. Dort sehen sie die Schatten, die von den auf dem steilen Weg vorbeiziehenden Leuten nacheinander auf den Hintergrund der Höhle geworfen werden. Und da die Gefangenen nichts anderes wahrnehmen können, halten sie die Schatten für die Wirklichkeit und widmen ihre ganze Aufmerksamkeit dieser Prozession. Einige von ihnen werden sehr geschickt, im Vorbeiziehen dieser Schatten eine gewisse Regelmäßigkeit festzustellen; manchmal können sie voraussagen, wann diese oder jene Silhouette wiederkehren wird.

Nun wird einer der Gefangenen losgebunden. Er steht mühsam auf, dreht sich und sieht die Menschen und Gegenstände und das Feuer. Er geht unter Schmerzen zum Ausgang der Höhle, verläßt sie schließlich mit großer Anstrengung. Draußen ist er so geblendet, daß er überhaupt nichts sieht. Er muß sich erst an die neue Situation gewöhnen, sagt Platon, indem er die Schatten der Dinge draußen oder ihre Spiegelungen im Wasser anschaut. Langsam gewöhnt er sich, und es kommt der Augenblick, wo er fähig wird, die Sonne selbst anzublicken.

Nun aber hat er eine so außergewöhnliche, wunderbare Welt entdeckt, daß er das nicht für sich behalten kann. Er muß es seinen Gefährten sagen: Sie seien töricht, dort unten zu bleiben, gefesselt und durch die Schatten betrogen. So kehrt er in die Höhle zurück.

Dort sieht er jedoch nichts mehr, weil es so dunkel ist. Er ist der Welt der Schatten entwöhnt, benimmt sich ungeschickter als alle anderen und wird von ihnen ausgelacht.

Was bedeutet dieses Gleichnis? Für Platon sind die Schatten in der Tiefe der Höhle die sinnlich wahrnehmbaren Dinge, an die wir im Alltag gewöhnt sind, die wir für die ganze Wirklichkeit halten, da wir ja nichts anderes kennen. Wir merken nicht einmal, daß wir auch diese wahrnehmbaren Dinge nicht wahrnähmen, wenn nicht das Feuer, das wir nicht bemerken, dahinter brennen würde. Das Feuer steht für die Kraft des Denkvermögens, mit dessen Hilfe wir die Welt der sinnlichen Dinge erfassen. Das, was man heute Naturwissenschaft nennt. Platon braucht zwar das Wort nicht. Gemeint aber ist das Wissen von der Regelmäßigkeit der Erscheinungen. Die Wissenschaft gestattet uns vorauszusehen, befähigt uns, in der Welt der Sinnendinge uns zurechtzufinden.

Und die Dinge und Wesen, die dort vorbeiziehen und offensichtlich mehr Wirklichkeit haben als ihre Schatten, die wir sehen, sie entsprechen wohl im platonischen Denken den Verstandesbegriffen; und insbesondere den mathematischen Begriffen, die schon viel mehr Wirklichkeit haben und die die Strukturen bestimmen, mit denen wir die sinnlich erfahrbare Welt erklären und deuten.

Die Welt außerhalb der Höhle ist die Welt der Ideen. Aber die ganze herrliche Welt der Ideen, die vor ihm liegt, kann der Gefangene zunächst nicht sehen. Warum nicht? Weil er zu dieser Sicht erst fähig werden muß. Jedes philosophische, intellektuelle Suchen ist Übung in der Fähigkeit zu erkennen, was man zunächst nicht erkennen konnte. Man muß seinen Geist üben, ihn läutern, bis er imstande ist, die Ideen zu schauen. Die Sonne in Platons Höhlengleichnis ist die Idee der Ideen, das höchste Gut, die Idee des Guten selbst.

Die Ideen verbinden in sich Sein und Wert; die Quelle allen Wertes ist die Idee des höchsten Gutes. Wenn die anderen Ideen Wert haben, dann darum, weil das Gute der höchste Wert ist. Ohne das höchste Gut wäre die Gleichheit ohne Wert, die Gerechtigkeit ohne Wert. Nur durch das höchste Gut, von ihm her, strahlt Werthaftigkeit aus auf alle anderen Ideen.

Wer dieses höchste Gut geschaut hat, kann die Erfahrung nicht für sich allein behalten. Und dies ist gerade die *conditio humana*. Der Mensch kann nicht über sich hinaus in ein nicht mehr menschliches Jenseits fliehen, er muß ins Hier und Jetzt zurück, und nur aus diesen Schranken kann er auf das Jenseitige hinblicken.

Die Seele

Für Platon ist die Seele *unsterblich*. Im Buch ›Phaidon‹, in dem der Tod des Sokrates erzählt wird, legt er Sokrates »Beweise« der Unsterblichkeit in den Mund. Einmal: Da die Seele sich an einen Zustand vor der Geburt erinnert, ist zu vermuten, daß sie auch mit dem Tod nicht stirbt. Ist die Seele vielleicht eine Idee? Nein, sagt Platon, die Seele ist keine Idee, sie ist aber auch kein sinnlich erfahrbarer Gegenstand. Die Seele *gleicht* der Idee, weil sie einfach ist, unvermischt mit anderen Dingen, außerhalb ihrer selbst und ewig. Aber sie ist nicht Idee. Warum? Weil die Idee ewig und einfach und darum unwandelbar ist.

Die Seele dagegen hat eine Geschichte. Hätte die Seele keine Geschichte, wäre der Mensch nicht frei, und auch das Gute hätte keinen Sinn. Gäbe es nur das statische Universum der Ideen, und wäre der Mensch eine Idee, fiele jede Willensfreiheit dahin. Es gäbe dann kein Gut und Böse. Die Seele kann das Böse wählen. Sie kann wählen, sich zu erniedrigen. Nach Platon kann sie hingegen nicht wählen zu sterben. Sogar das Laster vermag nicht, sie zu töten. Und die Seele bewegt sich selbst, sie ist frei, das heißt, sie ist, wozu sie sich entschließt, und insofern ist sie unzerstörbar.

Das sind nun keine Beweise im strengeren Sinn des Wortes. *Der* Beweis für die Unsterblichkeit der Seele ist eben die Art, wie Sokrates stirbt, wie er durch sein Sterben für ein Jenseits des Zeitlichen zeugt.

Der Tod als Erlösung, Heilung, das führt uns in die Nähe christlichen und östlichen Denkens. Es ist aber bei Platon keine wunderbare Erleuchtung vom Jenseits her, sondern eine eigene Arbeit des Menschen, der nicht danach trachtet, aus dem Gefängnis des Körpers zu entfliehen. Es ist eine Tätigkeit anderer Art, die der Mensch gewissermaßen unter der Pflugschar der Vernunft verrichtet. Die Pflugschar ist die Vernunft, und sie bearbeitet den Geist, die Seele. Im abendländischen Denken werden die Grundbedingungen menschlicher Existenz, der *conditio humana*, meist akzeptiert. Es ist der Weg der Inkarnation. Die Fleischwerdung wird akzeptiert. Der Gefangene, der die Ideen geschaut hat, kehrt zurück in die Höhle. Es geschieht in der abendländischen Philosophie ein Hin und Her zwischen den Ideen und der Welt der sinnlichen Erfahrung. Platonische Dialektik. Das ist für die ganze abendländische Entwicklung grundlegend.

Der Dialog ›Symposion‹ ist ganz dem Wesen der Liebe gewidmet. Freunde sind zum Symposion, zum Festmahl, versammelt, und jeder hält der Reihe nach im Wettbewerb eine Rede zum Lob des Eros. Diese Betrachtungen folgen einer wunderbar aufsteigenden Linie. Zum Schluß spricht Sokrates, aber sozusagen nicht im eigenen Namen, sondern er macht sich zum Sprachrohr einer Frau, die später immer wieder aufgerufen wurde in der europäischen Geistesgeschichte, besonders aber in der deutschen Dichtung durch Hölderlin: Diotima. Sie sagt über die Liebe das Erhabenste.

Zwischen Anfang und Ende des Symposions geschieht so etwas wie eine Umkehrung des Sinnes von *Eros.* Nicht, daß die sinnliche Liebe auf eine niedrige Ebene zurückgedrängt würde, aber diese Umkehrung durchdringt und verklärt sie.

Zunächst ist Eros bei Platon Begierde, wohl in einem weiteren Sinn als unser Begriff von Erotik in der romantischen oder romanhaften Auffassung. Begierde zunächst nach etwas, das man nicht hat und nach dem man sich sehnt. Am Ende ist Eros die Philosophie selbst.

Hier ist etwas Entscheidendes zu verstehen. Eros ist, nach Platon, als Begierde, als Sehnsucht, Sohn von Reichtum und Armut. Seine Armut gehört zu seinem Wesen, denn wonach man sich sehnt, das besitzt man offensichtlich nicht. Sein Reichtum besteht aber gerade darin, daß er die Fähigkeit hat, das, was er nicht besitzt, als Sehnsucht in sich zu tragen. Eros ist also ein *Mittleres.* Ähnlich ist Eros ein Mittleres zwischen Wissen und Nicht-Wissen. Er sehnt sich nach dem Wissen von der Wahrheit, und also besitzt er es nicht; aber seine Sehnsucht nach diesem Wissen wäre nicht möglich ohne ein bestimmtes vorgreifendes Wissen von dem, wonach er sich sehnt.

Nur ein Mittleres kann Liebe sein, und als Mittleres ist Liebe Philosophie. Wir wissen es ja: Philosophie ist ein sehnsüchtiges Wort, das bedeutet »Liebe zur Weisheit«. Philosophie weiß von Weisheit genug, um sich danach zu sehnen; aber nicht genug, um sie zu besitzen. Ganz tief sehen wir hier, welche unentbehrliche Funktion »die Armut«, also der Mangel, im Menschsein hat. Erst durch den Bezug auf die unerreichbaren Ideen und durch die Sehnsucht nach ihnen werden für den Menschen Ziel und Freiheit möglich. Die höchste Ebene der Liebe, die Liebe zu den Ideen und zum höchsten Guten, hebt auf, verklärt alle tieferen Stufen der Liebe. Platons Eros hat einen zwiefachen Charakter, einen besitzergreifenden und einen hingebenden. Anstatt die beiden einander entgegenzusetzen, den einen schlecht und den andern gut zu nennen, wird bei Platon der erste Aspekt des Eros mit dem zweiten eins.

Der Staat

Das Thema der Politik, der Polis, ist im Denken Platons immer gegenwärtig. Er hat ihm zwei große Werke gewidmet, den ›Staat‹ und die ›Gesetze‹. Die ›Gesetze‹ sind ein späteres Werk.

Platons ›Staat‹ wird verschieden aufgefaßt. Die einen sehen in ihm ein Modell des Idealstaats; und die Vergleiche Platons zwischen Staat und Einzelmensch sind für sie nichts als Beispiele für das, was er für die Polis aussagen wollte. Oder aber, der Staat stelle eine Art von vergrößertem Menschen dar, um mit dieser Analogie besser zu erklären, wie der Mensch sein solle.

Vielleicht hat Platon die Frage offenlassen wollen. Man kann das Werk auch auf beide Seiten hin interpretieren. Nach Platon gibt es in der Seele drei Ebenen: die begehrende Seele, in der Magengegend gelegen; dann die mutartige Seele, mit dem Impuls, zu bekämpfen, zu erobern, sich einzusetzen für dies oder das, sie liegt in der Zwerchfellgegend; die vernünftige Seele, im Kopf gelegen. Jede der drei Ebenen ist unerläßlich. Sie stehen aber in einer Stufenordnung zueinander. So auch in der Polis die Bürger. Es gibt die Bauern und Handwerker auf der Ebene des Begehrens; auf der Ebene des Mutes die Krieger; auf der Ebene der Vernunftseele die Herrscher.

Jede dieser drei Ebenen der Seele muß je eine entsprechende Tugend besitzen: Die begehrende braucht die Tugend der Mäßigung; die mutige braucht die Tugend des Mutes; der Vernunftseele entspricht die Tugend der Weisheit. Wenn jede dieser Tugenden in dem Seelenteil ausgeübt wird, dem sie entspricht, dann erlangt das Ganze, sei es als Mensch, sei es als Staat, die höchste Tugend, die Gerechtigkeit.

Gerechtigkeit bedeutet also für Platon etwas ganz anderes als für uns heute. Sie hat mit Gleichheit wenig gemeinsam – Platon erklärt selbst: Gerechtigkeit bedeutet »Harmonie«.

Die Seele ist harmonisch, und der Staat ist harmonisch, wenn der

37

begehrende Seelenteil mäßig ist, wenn die Bauern und Handwerker sich mäßigen; wenn der mutige Seelenteil mutig ist, wenn die Krieger mutig sind; schließlich, wenn der denkende, vernunftbegabte Seelenteil, wenn die Herrscher vernünftig sind: ist all dies der Fall, dann haben wir Harmonie der Seele, Harmonie der *Polis* – das heißt: *Gerechtigkeit.* Alles ist an seinem rechten Platz. Die Tugenden werden nicht vermischt. Eine harmonische Stufenordnung herrscht. Mäßigung ist vor allem auf der Ebene des begehrenden Teils nötig; das Begehren muß maßvoll gehalten werden. Im Mutartigen ist, nach Platon, nicht dieselbe Mäßigung nötig; erst recht nicht in der Weisheit. Im Gegenteil, die Weisheit bewirkt eben auch, daß das Begehren gemäßigt, gedämpft wird.

Es ist eine konservative Staatsmaxime. Man hat Platon in moderner Zeit vorgeworfen, seine Staatsphilosophie komme aus seiner Zugehörigkeit zur Aristokratie Athens und sei eine Klassenphilosophie. Damit wollte man diese Philosophie als »überholt« erledigen.

Gewiß zielt Platons Staatsphilosophie grundsätzlich auf Stabilität des Staates hin. Die Vorstellung eines »harmonischen« oder »gerechten« Staates ist die eines stabilen Staates. Man muß aber in Rechnung stellen, daß die niederen Tugenden den höheren Klassen nicht fremd sein dürfen. Die Bauern und die Handwerker haben nicht die Pflicht, nach Mut oder Weisheit zu streben, umgekehrt aber sollen die Krieger auch, wie die Bauern und Handwerker, nach der Mäßigung ihrer Begierde trachten, und von den Herrschern wird erwartet, daß sie die Mäßigung der Bauern und Handwerker, den Mut der Krieger und dazu die Tugend der Weisheit besitzen.

In mehreren Dialogen, wie im ›Staat‹, bekämpft Platon entschieden, und vor allem für die Politik, die Lehre, die glauben machen will, daß die Räson des Stärkeren die bessere sei, daß Erfolg das einzige Kriterium, die einzige Quelle des Glücks sei. Das Gegenteil steht für ihn fest: Die Politik muß von der Moral bestimmt sein. Der täuscht sich, der glaubt, ein durch unehrliche Mittel erzielter Erfolg könne zu guten Ergebnissen führen.

Hier ist der Vergleich des Staatswesens mit dem Einzelmenschen wesentlich. Platon sagt: Man kann sich im Guten täuschen. Ein Zyniker diskutiert mit ihm und vertritt zum Beispiel die Ansicht, in der Politik seien alle Mittel recht, wenn man damit zum Ziel komme. Platon fragt dagegen: Ist es in bezug auf die Seele auch so? Der andere sagt vielleicht: Ja. Und Platon antwortet: Siehst du nicht, daß eine Entscheidung für die Lüge oder die Täuschung oder das Laster bedeutet, für die Seele die Krankheit statt der Gesundheit zu wählen? Wer möchte denn Kranksein wählen?

Und für den Staat gilt das gleiche. Es ist Krankheit, wenn die Politik korrupt wird um eines erstrebten Zieles willen, das – für sich genommen – vielleicht vorteilhaft wäre. Man kann sich also im Guten täuschen.

Auch Platons politische Lehre – wie die des Sokrates – ist eine Theorie, die über das rein politische Niveau hinausgeht. Auch er war vom politischen Denken seiner Zeit geprägt. Er war kein Moderner. Aber wie alles bei ihm gleichzeitig eine geistige Einübung ist, so wird der Mensch von heute, der Platon, auch den politischen liest, zwar nicht zu seiner Staatslehre bekehrt, aber er wird vielleicht *politische Tugend* verstehen lernen und in sich aufnehmen. Er wird sich in ihr üben und sie auf die Gegebenheiten und Erfordernisse unserer Epoche anwenden. Er kann zum Beispiel, dank der Übung im platonischen Denken, im modernen Sinn ein besserer Demokrat werden.

Für Platon ist, im Staat wie für den einzelnen, *Erziehung* eine zentrale Angelegenheit. Es gilt, Bürger zu erziehen, die aufrichtig und zugleich imstande sind, sich gerade im Guten nicht zu täuschen; sich an der Welt der Ideen zu orientieren; fähig, einer absoluten Forderung zu folgen, die von den Ideen stammt und nicht aus den Fakten. Mit anderen Worten: Es geht um Bürger, die imstande sind, jede Reduzierung politischen Tuns auf bloße Erfolgstechniken zurückzuweisen, indem sie den Bezug auf die Ideen jederzeit lebendig erhalten.

ARISTOTELES (384–322 v. Chr.)

Er war fast zwanzig Jahre lang Platons Schüler und lehrte selbst an der Akademie. Philipp von Makedonien berief ihn zum Lehrer seines Sohnes. Ähnlich wie Platon Lehrer des jungen Dion, war er Lehrer des jungen Prinzen Alexander; jedesmal ein Philosoph Lehrer eines jungen Prinzen, von dem er hoffte, er würde später seine Lehren in die politische Tat umsetzen. Aber Platon mußte den Tod Dions erleben, ohne daß von seiner Hoffnung sich etwas erfüllte, während Aristoteles seinen Zögling aufsteigen sah. Alexander wird zu Alexander dem Großen. Aristoteles kehrt nach Athen zurück und gründet seine eigene Schule, die »peripatetische« oder das Lyceum. Im »Umhergehen« in den Säulengängen übte man sich im Philosophieren.

Gegen das Ende seines Lebens, nach Alexanders Tod, mußte Aristoteles aus Athen fliehen, weil die Patriotenpartei ihm seine Verbindung mit dem makedonischen Herrscherhaus verübelte. Hier besteht eine gewisse Parallele zu Platon. Aristoteles floh nach Euböa, und dort – im Exil – ist er gestorben.

Aristoteles' System stellt einen Gipfel dar, aber einen ganz anderer Art als das Werk Platons. Platons Werk ist wesentlich ein Gipfel an philosophischer Intensität und Tiefe. Bei ihm führt das philosophische Denken als seelische Übung zur allseitigen Reifung des Geistes.

Bei Aristoteles hingegen finden wir eine der drei großen Synthesen, die uns die Philosophiegeschichte bietet. Im Altertum, im Mittelalter und in der Neuzeit gab es jedesmal einen Philosophen, der versuchte, das gesamte Wissen seiner Zeit in einem System zu vereinigen: *Aristoteles*, *Thomas von Aquin* und *Hegel*; in ihren Werken finden wir *die drei großen Systeme* der Philosophiegeschichte.

Keine dieser Synthesen darf man sich aber wie ein bloßes Sammeln vorstellen, auch nicht wie ein bloßes Versorgen, so wie man Dinge in einen Schrank einräumt. Ein System ist etwas anderes. Der Begriff System in der Philosophie ist ziemlich schwierig zu fassen. Es gibt Philosophen, die jedes System als solches verabscheuen, sie finden es von Natur aus lügnerisch, weil es eine Darstellung bietet, die als geschlossene Einheit dem Wesen des philosophischen Denkens nicht entspricht. Der Philosoph *Jean Wahl* zum Beispiel, der vor wenigen Jahren gestorben ist, hat das Buch von Jaspers ›Von der Wahrheit‹ zwar sehr bewundert, ihm aber den grundsätzlichen Vorwurf gemacht, es sei »zu systematisch«. Ihm war das Systematische in der Philosophie unecht, etwas dem Aufblitzen aus der Tiefe des philosophischen Denkens Entgegengesetztes. Umgekehrt gibt es Denker, die wie Aristoteles sich nicht mit einem Teilproblem zufriedengeben, sie müssen sich in einem Ganzen vollenden. Es sei die Aufgabe philosophischen Denkens, in seinem Vollzug einer Totalität Form zu verleihen. Der Begriff Totalität wird heute zwar häufig mißbraucht, aber er hat in der Philosophie – richtig angewandt – durchaus seinen Platz. Der philosophische Geist entspringt der Einheit einer Person, er zeugt von der Einheit eines Denkweges. Das äußere Zeichen der Einheit eines Geistes liegt in der einheitlichen Form dessen, was er uns vorlegt. Was er uns als Einheit bietet, ist ein System. Ein System ist eine Erfindung, eine Schöpfung. Für einen systematischen Denker ist das ganze Wissen seiner Zeit, das er ins System bringt, wie der Rohstoff, dessen ein Künstler sich bedient. Er gibt ihm Form im System. Es ist auch seine Interpretation des Rohmaterials. Aber mehr als das, das System durchdringt die ganze Materie, die in das System eingebracht wird.

Es ist sehr aufschlußreich, sich in den Charakter des Systematischen der großen systematischen Werke zu vertiefen. In ihm erkennen wir – mehr noch als in den Einzelaussagen – die wesentliche Gestalt, den grundlegenden Gestus, der ihnen – philosophisch gesprochen – eigentümlich ist.
Philosophie ist immer unterwegs, nie angelangt. Dem scheint die geschlossene Einheit des Systems zu widersprechen. Wir müssen richtig zu lesen verstehen. Es gibt Philosophien – wir werden es bei Kant

deutlich sehen –, die sozusagen systematisch systemdurchbrechend sind: Das Wesentliche liegt im Nicht-Reduzierbaren, in dem, was das System sprengt oder sich ihm entzieht. Sie brauchen das Scheitern, die Unfertigkeit. Sie zeigen den Weg auf zum Ganzen, jedoch das Scheitern auf diesem Weg. Andere versuchen, die Totalität zu vermitteln; meist aber kann man im Innern dieser Totalität beim näheren Zusehen das Scheitern erblicken. Es ist gewissermaßen in die totale Form des Systems eingehüllt.

Das Werk des Aristoteles ist sehr vielfältig: Logik, Naturwissenschaft einschließlich Physik, Astronomie, Biologie, Psychologie; Metaphysik, Ethik, Politik usw.; und auch noch eine Rhetorik und eine berühmte Poetik.

Sein Einfluß ist ungeheuer groß gewesen. Ebenso ungewöhnlich ist die Geschichte seines Werkes. Hochberühmt in der Antike, ging seine Kenntnis in Europa infolge der Wirren der Völkerwanderung fast verloren. Es kehrte auf dem Umweg über arabische Gelehrte durch Nordafrika, Spanien, Gallien zurück. Und so wurde im Mittelalter das Denken des Aristoteles erneut hochwirksam, geriet zunächst mit dem christlichen Denken in Konflikt, wurde später darin integriert. In der katholischen Kirche, in den Werken des heiligen Thomas, des Doctor Angelicus, wird er als Autorität zitiert.

Aristoteles ist ein Meister rationalen Denkens gewesen: Logik, Kategorien, allgemeine Begriffe, Syllogismen. Gleichzeitig hat er sich leidenschaftlich für das Konkrete interessiert, für das Besondere, für Einzelwesen, für alles Empirische. Diese äußerste Polarität wirkt überall in seinen Werken und bewegt von daher die Geschichte der Philosophie durch das Problem des Verhältnisses des Einzelnen zum Allgemeinen. Es handelt sich nicht um einen Dualismus wie bei Platon. Bei Platon haben wir die sinnlich wahrnehmbaren Dinge, die durch Teilnahme an der Wirklichkeit der Ideen existieren, und dann haben wir die Welt der Ideen. Zwischen den beiden, in dramatischer Situation: der Mensch. Dies nennt man den platonischen Dualismus. Für ihn bestand das Problem in der Beziehung zwischen sinnlichen Dingen und Ideen. Nicht so bei Aristoteles. Dafür finden wir bei diesem eine andere Dualität, die des Einzelnen und des Universalen; des Konkreten und des Allgemeinen; das Allgemeine ist nämlich das Abstrakte. Diese Dualität tritt bei ihm besonders wirksam und machtvoll auf.

Neue Begriffe

Nach Aristoteles untersuchen die Gelehrten die Quantität und Qualität des Seienden vermittels der Kategorien, deren wir uns zum Denken bedienen. Diese »Kategorien« sind *Begriffe,* die Aristoteles zum größten Teil in die Fachsprache der Philosophie eingeführt hat. Begriffe wie »Substanz«, »Sein«, »Qualität«, »Relation« etc. erscheinen uns heute banal und gewöhnlich; bei Aristoteles treten sie ganz neu auf, fast abenteuerlich in einem Gebiet, in dem die Dinge noch keinen Namen hatten. Man spürt, wie er tastet, wie er sich seine Instrumente erst erarbeitet, die vorher noch nicht da sind; das ist eine der faszinierenden Seiten dieses Denkens; wir folgen ihm, wie er schrittweise diese Begriffe, diese Beziehungen aufdeckt, die dann in der Geschichte der Philosophie einen so großen Einfluß haben sollten.

Die Wissenschaften befassen sich mit Quantität und Qualität des Seienden vermittels der Kategorien, während die Philosophie die Wissenschaft von den ersten Ursachen, vom *Sein als Sein* darstellen soll.

Diese wichtige Formulierung wollen wir zu klären versuchen. Was sind die ersten Ursachen? Beispiel: Was ist die Ursache der Ausdehnung von Metall? Die Wärme. Was ist die Ursache von Wärme? Das Feuer. Und so kann man zurückgehen ins Unendliche, keine dieser Ursachen ist die erste. Was ist aber die Ursache dieser ganzen Kette? In bezug auf Ursache kann so nicht gefragt werden. Ursache gibt es nur in der Verkettung, in der Abfolge.

Für Aristoteles aber gibt es eine erste Ursache, wenn auch nicht für die Wissenschaft, so doch für die Philosophie. Was ist das nun, die erste Ursache? Das ist Sein als Sein.

Wir kennen Sein nur als dies oder das. Wir haben niemals Sein als Sein angetroffen. Wir kennen es als dieses Seiende oder als jenes Seiende, Menschen, Lebewesen, Vögel, Gegenstände, Ideen etc.

Die Philosophie, sagt Aristoteles, muß fragen nach dem Sein als Sein. Wir sehen die Spannweite dieses Geistes zwischen dem leidenschaftlichen Interesse für die Einzeldinge einerseits und andererseits für die philosophische Forderung nach Erkenntnis der ersten Ursache, des Seins als Sein an sich.

Schon bei Parmenides lernten wir dieses Fragen kennen. Die Lehre vom Sein heißt Ontologie. Nach dem Wesen des Seins fragen ist eine ontologische Fragestellung.

Aristoteles nennt das Sein als solches *Substanz*. Wir kennen den Begriff von unserer Betrachtung der *Schule von Milet* her. Aristoteles ist nicht der erste, der so fragt; wir haben vor ihm Parmenides so fragen sehen. Aber Aristoteles hat die Frage nach dem Sein als solchem deutlich gestellt. Substanz, das Sein, das bewirkt, daß irgend etwas *ist,* wird nun für sich selbst betrachtet. Philosophie wird das Wissen von der Substanz, im wesentlichen eine Ontologie.

Die Wissenschaft hat das Studium des Seienden zum Gegenstand, insofern es in Bewegung ist, insofern es vergeht, insofern es sinnlich wahrnehmbar ist. Die Philosophie hingegen, als Ontologie, als Metaphysik – hier kann man fast ein Wort für das andere brauchen –, ist auf das Sein gerichtet, das unwandelbar ist. Nicht unwandelbar im Sinn von ohne Werden und ohne Vergehen, sondern insofern es das Sein bleibt durch alle Veränderungen hindurch. Die Veränderungen berühren das Sein nicht. Das Sein trägt die Veränderungen, indem es selbst als Sein unwandelbar ist, insofern es das Sein ist und sonst nichts.

Hier muß ich einem Mißverständnis vorbeugen, das sich vielleicht einschleichen könnte. Die erste Ursache, von der Aristoteles spricht, darf nicht als Anfang der Welt verstanden werden. Es geht nicht um den Anfang der Welt. Es geht um die fundamentale erste tragende Ursache, die allem anderen zugrunde liegt.

Hier bei Aristoteles werde ich nun einige Begriffe einführen, die nötig sind, um eine Vorstellung seines Denkens zu bekommen. Zunächst die zwei Begriffe: *Materie* und *Form*. Aristoteles stellt sie folgendermaßen gegenüber: Materie ist *potentielles Sein.* Was heißt das? Sein in Potenz, das heißt nicht »besonders mächtig« sein, im Gegenteil. Potentielles Sein oder Materie, das ist Sein, das noch nicht ganz bestimmt ist als dieses oder jenes; es ist Sein im Zustand der Unbestimmtheit, wo es noch dieses oder jenes werden kann. Stellen wir uns zum Beispiel einen Marmorblock in der Werkstatt eines Bildhauers vor. Solange der Bildhauer ihn noch nicht mit dem Meißel bearbeitet hat, könnte er zu Bodenfliesen, zu einem jungen Mädchen, zu einem Tier, zu einem siegreichen Feldherrn zu Pferde werden, kurz: der Möglichkeit nach stecken eine Menge Dinge in ihm. Der Marmorblock ist als Marmor bestimmt; unbestimmt aber ist, was aus ihm wird, wenn er durch die Hände des Bildhauers geht. In dieser Hinsicht ist er erst unbestimmte Materie, potentiell ist er alles Mögliche, woraus später eine Möglichkeit aktuell sein wird. Das ist – grob gesprochen – der Sinn von Materie.

Materie ist eine Stufe des Seins, das erst als Möglichkeit oder potentiell ist, wie der Marmorblock; es ist aber nicht aktuell, weil es noch nicht bestimmt ist als das, was es werden soll, und insofern es noch potentiell dies oder auch jenes werden kann. Es ist als Möglichkeit.

»Form«, das ist der Gegenbegriff. Die Form ist das, was die Materie bestimmt. Sie gibt ihr ein bestimmtes Sein. Nicht dies oder jenes, sondern die Form macht aus ihr dieses Bestimmte unter Ausschluß alles andern. Wenn wir also von der Materie zur Form übergehen, so vermindert sich die *Potentialität,* die in der Materie noch groß ist, weil die Form bestimmt ist. Umgekehrt ist die *Aktualität* viel größer in der Form als in der Materie. Das sind die beiden Pole. Materie ist für Aristoteles Sein *in potentia,* und Form ist für Aristoteles Sein *in actu.* Wir müssen das Wort aktuell im Sinn von »wirklich« und »verwirklichend« verstehen; es meint Wirklichkeit und Wirksamkeit. Potentielles Sein – aktuelles Sein; Materie – Form. Diese Wortpaare müssen verstanden werden.

Es wäre irreführend, sich auf einer Seite die Materie, auf der anderen die Form vorzustellen. Nein, bei Aristoteles hat alles, was ist, in verschiedenem Grad potentielles und aktuelles Sein. Alles, was wir in der Erfahrungswelt antreffen, ist partiell bestimmt und partiell unbestimmt, das heißt zum Teil aktualisiert und zum Teil noch potentiell; allerdings in unterschiedlichen Graden.

Hier kommen wir zur Grundidee von Aristoteles. Sie flößt seinem ganzen System Leben ein und gibt ihm seine dynamische Einheit. Alles, was potentielles Sein hat, strebt danach, aktuelles Sein zu haben. Alles, was Möglichkeit hat, möchte diese aktualisieren. Alles strebt danach, in sich weniger Unbestimmtheit der Materie und mehr Aktualisierung der Form zu haben. Alle Wesen streben nach mehr Aktualität, mehr Bestimmtheit, mehr aktuellem Sein, mehr Form.

Wie bei Platon sind bei Aristoteles alle Wesen vom Eros beseelt. Nur das Klima ist anders, hier handelt es sich um die Welt, bei Platon mehr um den Menschen in der Welt.

Wir gehen zurück zum Begriff der Ursache. Er hat für Aristoteles große Bedeutung. Ursache ist nicht im modernen Sinn zu verstehen, wo jedes

Ding Folge eines vorherigen und Ursache eines nachherigen ist – im Sinn der Kausalität.

Was Aristoteles Ursache nennt, ist im Grunde eine Bedingung für die Wirklichkeit von irgend etwas. Alle Bedingungen der Wirklichkeit von etwas heißen Ursachen. Er unterscheidet vier Ursachen: materielle Ursache, formale Ursache, Wirkursache und – für ihn wohl die wichtigste – die finale oder Zweckursache.

Nehmen wir noch einmal den Marmorblock und die Statue als Beispiel. Wir dürfen das Beispiel nicht wörtlich nehmen, sonst verstehen wir nicht mehr. Es soll nur unserer Einbildungskraft zu Hilfe kommen. Eine Reiterstatue also: Was ist ihre *materielle Ursache?* Das heißt: die Materie, die die Bedingung ihrer Existenz ist? Die materielle Ursache ihrer Existenz ist der Marmor. Wenn dieses Material fehlte und alles andere da wäre, gäbe es keine Statue. Eine Bedingung ihrer Existenz, eine Ursache *(causa)* also im aristotelischen Sinn, ist der Marmor, aus dem die Statue besteht; er ist die materielle Ursache. Die zweite ist *die formale Ursache,* die aus dem Marmor (der materiellen Ursache) die Reiterstatue macht; das heißt, die Form hat sich des Materials bemächtigt und es als Reiterstatue bestimmt, während sie als Materie irgend etwas Beliebiges werden konnte. Die Form hat die Potentialität, die Möglichkeit reduziert, sie hat dafür aber eine Reiterstatue aktualisiert; es gibt jetzt eine Reiterstatue. Das ist die formale Ursache. Was ist nun *die Wirkursache?* Die bewirkende Ursache ist der Meißel, das Werkzeug, das der Materie erlaubt, diese Form anzunehmen und sich durch sie zu aktualisieren. Das Werkzeug macht, daß die Form sich der Materie bemächtigt. Die wirkende Bedingung, die aristotelische Wirkursache, kommt vielleicht dem modernen Begriff der Ursache am nächsten.

Zuletzt die *finale* oder *Zweckursache:* Das ist das Ziel, insofern es Ursache des ganzen Prozesses ist. Zum Beispiel der Wunsch, etwas Schönes zu schaffen, bei der Reiterstatue im besonderen, ein Ereignis zu feiern, es in das Gedächtnis der Menschen zurückzurufen.

Zu diesem Ziel oder Zweck hat sich eines Tages ein Marmorblock gefunden; hat der Bildhauer sich die Form vorgestellt, haben seine Hand und sein Meißel die Materie bearbeitet, bis die Form sich der Materie bemächtigte; dieses Ziel, dieser Zweck also ist die Ursache des ganzen Vorgangs. Was man sich zu erreichen vorgenommen hatte, das hat den ganzen Prozeß ausgelöst.

Heute würden die Soziologen die Motivation an den Anfang stellen, im Sinne psychologischen Denkens. Ihre Art des Vorgehens ist reduktiv. Für Aristoteles aber geht es nicht nur um das Handeln des Menschen, sondern um die Struktur der Welt und des Seins selbst. Für ihn sind die vier Ursachen in gewissem Sinn ontologisch konstitutiv für das Sein.

Form, bei Aristoteles, heißt *eidos*. Das ist das gleiche Wort, das bei Platon die Idee bezeichnet. Es besteht eine gewisse Verwandtschaft zwischen der Form bei Aristoteles und der Idee bei Platon. Wir sehen aber auch sofort einen grundlegenden Unterschied: Bei beiden handelt es sich um eine Wesenheit (*ousia*, Essenz), um ein intelligibles Prinzip. Aber bei Platon ist die Idee ewig, unwandelbar, transzendent, sie existiert gewissermaßen in sich selbst, während der Terminus *eidos* bei Aristoteles die funktionale Bedeutung der Aktualisierung hat.

Man trifft wiederholt in der Philosophie auf solche Philosophenpaare. Man kann sie vergleichen, Ähnlichkeiten und Verschiedenheiten feststellen, um zuletzt zu finden, je näher sie einander scheinen, desto mehr entfernen sie sich. Am Ende entfernen sie sich zutiefst, an der Wurzel. So daß man sie nicht mehr zusammen denken kann; man denkt mit dem einen und dann mit dem andern, kann aber nicht *zugleich* in beide Denkgebäude eintreten.

Das rührt auch daher, daß die großen Philosophen für spätere Denker zu Ausdrucksmitteln, zu Denkinstrumenten werden. Alle Philosophen haben sich an den großen alten Philosophen geschult. Wenn sie sie dann zurückweisen, geht es nicht ums Widerlegen. Sie versuchen im Zurückweisen, mit Hilfe der früheren Sprache etwas Eigenes zu sagen. Die großen Philosophen wurden mißverstanden, angegriffen, aber in fruchtbarer Weise. Die Geschichte der Philosophie könnte man gewissermaßen eine Geschichte von Mißverständnissen nennen. Es gibt aber sterile und fruchtbare Mißverständnisse. Manche maßen sich an, die großen Philosophen der Vergangenheit schulmeisterlich zu korrigieren. Wer aber selber Philosoph ist, versucht durch seine Angriffe, eine neue, ihm eigene philosophische Sicht zu formulieren. Dann ist der Angriff nur ein Mittel des Ausdrucks.

Um den Vergleich mit Platon weiterzuführen: Bei Aristoteles ist die Form *immanent*, das heißt, sie wirkt, sie prägt sich in gewissem Sinn der Materie ein. Sie formt als aktives Prinzip die Materie. Dagegen ist die platonische Idee von der Materie getrennt, transzendent, und die sinnlichen Dinge können an ihr nur teilhaben. Das hat weitreichende

Folgen, die auch das Menschsein berühren. Bei Platon nämlich ist das Leib-Seele-Problem ziemlich schwer zu lösen. Körper und Seele sind bei ihm einander wesensfremd. Der Leib ist das Gefängnis der Seele.

Anders bei Aristoteles. Da die Form der Materie immanent ist, leitet er eine Theorie der Einheit von Leib und Seele ab: Die Seele ist »die Form« des Körpers.

Wir kommen zu den vier Ursachen zurück und treffen wieder auf das Thema der Sehnsucht, des Strebens. Durch die vier Ursachen verwirklicht sich das Streben, aktualisiert sich, läßt das Seiende von Unbestimmtheit zu Bestimmtheit, von Potentialität zu mehr Aktualität übergehen. Aristoteles entwickelt *eine dynamische und finalistische Auffassung der Natur.* Die Natur strebt nach..., sehnt sich nach..., sie ist ganz und gar von Eros beseelt. Eros bedeutet Liebe, Begierde. In der Natur wirkt eine Kunst im Sinne einer technischen, zielgerichteten Fähigkeit, die von innen in der Materie arbeitet. Das gerade ist die Natur. Die Natur gehört derselben Ordnung an wie die Intelligenz. Es gibt keinen Bruch zwischen Natur und Intelligenz.

Hier begegnen wir einem andern Denkmodell als bei Platon. Wenn wir Platons Denkmodell suchen, finden wir es am ehesten in der Mathematik. Die vollkommene mathematische Gleichung entspricht der vollkommenen Idee. Aristoteles' Denkvorbild entspricht eher dem der Biologie, der Wissenschaft vom Leben, wo Begierde und Zweck herrschen.

Platons Dualismus: sinnlich wahrnehmbare Dinge/Ideen. *Zwei* entgegengesetzte *Ebenen* des Seins, deren Bruch es dann philosophisch zu überbrücken gilt. Bei Aristoteles haben wir *eine Stufenleiter des Seienden,* eine hierarchische Interpretation der Natur. Die leblose Materie; die organische Materie; der Organismus; im Organismus die Organe. Die Form bewirkt, daß die Organe zur Einheit eines lebendigen Wesens werden; und diese Form nennt Aristoteles die Seele. Das ist nicht im menschlich-geistigen Sinne gemeint, sondern als Prinzip des Lebens, das die Einheit des lebendigen Körpers bewirkt.

In der ganzen Hierarchie der Lebewesen sehen wir immer mehr Aktualität und immer weniger Potentialität. Diese Skala der Lebewesen ist zielgerichtet auf *wachsende Autonomie* hin. Je höher der Grad von Organisation ist, also die Einheit der Vielheit, desto stärker ist die Seele.

Die Form bemächtigt sich der formlosen Materie, sie siegt über deren Unbestimmtheit.

Unter den Lebewesen sind da zuerst die Pflanzen. Sie besitzen die Funktion der Ernährung. Sie nehmen Materie aus ihrer Umgebung auf und verleiben sie sich ein. Sie nehmen in ihre Form Materie auf, noch leblose, die aber lebend werden kann. Sie aktualisieren das Leben der Materie in der Einheit der Pflanzenkörper.

Darüber steht das *Tier*. Es hat Sinneswahrnehmung und Bewegungsfähigkeit (Motorik). Aristoteles stellt sich hier die Frage nach dem Übergang, *der Kontinuität*, zwischen Pflanze und Tier. Er antwortet: Das Tier ist eine Pflanze, die ihre Wurzeln in ihr Inneres gezogen hat, um daraus Verdauungsorgane zu machen.

Diese Aussage hat wohl, von der modernen Biologie aus gesehen, wenig Sinn. Nicht so für die Sicht des Philosophen. Sie ist sehr tiefgründig, weil sie uns zeigt, wie Aristoteles dachte. Die Pflanze ist durch die Wurzeln noch ganz von der unbestimmten Materie ringsum abhängig. Sie entnimmt ihr die Nahrung, bleibt aber fixiert. In der Tierwerdung sieht Aristoteles *eine Aktualisierung der Form in Unabhängigkeit und Bestimmung:* Die Wurzeln werden interiorisiert, werden zu Eingeweiden; so erhält das Pflanzenhafte Bewegungsfreiheit: Das Tier hat Sinneswahrnehmung und Beweglichkeit. Ein sehr großer Gewinn der Form.

Der Mensch schließlich hat die Fähigkeit des Denkens. Er ist nicht nur imstande, seine Wurzeln zu verinnerlichen, er kann außerdem in seinem Geist, durch sein Denken, all das zur Einheit versammeln, was er sich aneignet. Er vermag denkend allem »Form« und »Einheit« zu geben.

In dieser Hierarchie, die von der Materie zur Form übergeht, von der Pflanze über das Tier zum Menschen, sehen wir den Weg dieses Eros, dieser Zweckursache *(causa finalis),* die dahin strebt, anstelle der unbestimmten passiven Materie den Akt zu setzen.

Das Denken des Aristoteles ist zutiefst finalistisch. Die Zweckursache ist die entscheidendste: die universelle Begierde nach Form, Akt, Unabhängigkeit. Sein System ist keine totale und definitive Erklärung. Er bietet Schemata an, innerhalb derer bis ins Endlose weitergeforscht werden könnte. In diesem Sinn handelt es sich nicht um etwas Abgeschlossenes. Eher um eine Aufforderung zu forschen.

Ethik

Wir wenden uns nun der Ethik des Aristoteles zu. Während bei Platon der Gegensatz von Leib und Seele besteht, betont Aristoteles die Einheit von Leib und Seele. Aber wieder gibt es Stufen. Je mehr sich die Seele in bezug auf die Materie befreit, desto höher steigt sie. Je mehr sie *in actu,* aktiv ist, desto weniger unterliegt sie passiv der Beherrschung durch die Materie, der Unbestimmtheit. Je mehr sie sich als aktive Freiheit bestimmt, desto mehr ist sie *in actu.* Es sind also verschiedene Stufen in der Aktualisierung der Seele. Zuletzt gelangt man auf das höhere Niveau des Intellekts, des Geistes. Auch hier gibt es noch Grade: passiver und aktiver Geist. Passiv wäre der Geist der Gefangenen im Höhlengleichnis Platons. Sie brauchen die Schatten, um sich zu orientieren, hängen also von der Materie ab. Der aktive Geist dagegen betont seine Selbständigkeit, entreißt sich der Materie. In dem Maße ist er unsterblich.

Es gibt bei Aristoteles zwar keine Unsterblichkeit der individuellen Seele. Nur der Teil des Geistes, des aktiven Intellekts, der sich völlig von der Materie gelöst hat, ist unsterblich. Auf dieser Ebene ist der Geist aber unpersönlich.

Wir Menschen sind mittlere Wesen, uns gebührt das rechte Maß. Dies ist ein Hauptgedanke in der Lehre des Aristoteles, gültig für alle Gebiete, namentlich für die Ethik. Und als Menschen kommt es uns zu, das zu tun, wozu wir als Menschen befähigt sind; auszuführen, wozu wir bestimmt sind. Wozu sind wir als Menschen bestimmt? Es ist unsere menschliche Bestimmung, eine aktive Seele zu haben, die dem Geist, dem aktiven Intellekt, entspricht; und danach strebt die Tugend immer. Menschliche Tugend jedoch ist nichts Absolutes. Sie weist zwar hin auf das Absolute, aber wir müssen uns *auf das rechte Maß beschränken,* das menschliche Maß. Das ist bei Aristoteles *die Goldene Regel.*

Der Glückliche – und für Aristoteles gilt Glückseligkeit als höchstes Gut – stürzt sich nicht in Extreme, auch wenn es die erhabensten sind. Glücklich ist ein Mensch, der der Tugend gemäß handelt, die ihm als Menschen zukommt. Die ist für ihn die beste. Er muß auch mit äußeren Gütern ausreichend versehen sein. Hier hält sich nicht mehr der Sterbende, der das irdische Gefängnis seines Körpers verlassen darf, für glücklich. Es geht nicht darum, dem höchsten Eros zu folgen, sondern sich an die goldene Mitte zu halten.

Wie für Platon so ist für Aristoteles *die Politik,* die Ordnung des Staatswesens, von großer Wichtigkeit. Aber bei Aristoteles finden wir eine Fülle von Beispielen aus der konkreten Wirklichkeit: was man tun soll in dieser oder jener Lage, vor dem oder jenem Problem.

Er analysiert die verschiedenen Staatsstrukturen und Regierungsformen mit ihren Möglichkeiten, Vorzügen, Nachteilen. Sein politisches Denken ist bis heute bedeutsam geblieben.

Nach Aristoteles ist der Mensch ein *zóon politikón,* ein »politisches« Lebewesen. Deswegen muß nicht jeder Mensch Politiker werden. Sondern es heißt: Der Mensch ist wesensmäßig Glied einer organisierten Gesellschaft, einer *Polis.* Polis heißt Stadt-Staat. Der Mensch ist nicht zufällig, sondern wesensmäßig ein Staatsbürger. Daher sind die Probleme des Staates für ihn nicht peripher oder zufällig, sondern sie betreffen ihn als menschliches Wesen, in seinem Wesen als Mensch.

Daraus folgt, daß für Aristoteles nicht der Individualist, für den der Staat nichts bedeutet, das Ideal darstellt; auch nicht der Anarchist, der keine Bindung, Regel oder Verpflichtung anerkennt und seine Willkür Autonomie nennt.

Der Mensch ist ein *zóon politikón,* und die Bande eines Staates sind für sein Wesen konstitutiv. Die *Polis* ist aber nicht einfach eine Naturgegebenheit. Mit ihr kommt auch die ganze politische Problematik ins Spiel. In der Polis muß alles berücksichtigt werden, was zum Wesen des Menschen gehört. Also stellen sich in ihr alle politisch-ethischen Fragen auf einer realen Ebene, im vorhandenen Staat, mit wirklichen, durchschnittlichen Menschen, und es muß ein Gleichgewicht der verschiedenen Erfordernisse gesucht werden. Die Idee des Gleichgewichts ist entscheidend bei Aristoteles.

Beide Forderungen: Gleichgewicht und Streben nach..., sind für ihn zentral. Es gibt daher kein statisches Niveau, ein für allemal, weder für Ethik noch für Politik. Wir müssen immer streben, die finale Ursache zu erfüllen, immer trachten, mehr *in actu* zu sein, aber zugleich gibt es das stabilisierende und mäßigende Element, die Goldene Regel, das Gleichgewicht. Es bleibt also eine Spannung zwischen beiden, und in dieser Spannung besteht der moralische Zustand.

Für Aristoteles ist auch der Gedanke der Läuterung der Seele wichtig. Sie vollzieht sich nach ihm besonders durch die Dichtung – im

Gegensatz zu Platon, der – selber ein Dichter – der Dichtung mißtraute und die Dichter aus seinem Staat verjagen wollte. Aristoteles räumt vor allem der Tragödie einen wichtigen Platz ein. Die Tragödie erfüllt eine Aufgabe im Staat. Die großen Tragödien sind nach ihm Schauspiele der Läuterung, der *Katharsis*.

Das miterlebende Publikum erfährt in der Tragödie – in der Schlußkatastrophe – die Größe und die Kleinheit des Menschen; und durch die tragische Krise erlebt der Mensch eine Art Reinigung von bestimmten maßlosen Affekten, die seine Seele verwirren wollten.

Es handelt sich hier um eine Reinigung auf geistiger, nicht auf psychologischer Ebene. Mehr Kult als Enthemmung. Der Mensch geht durch die Krise, wird durch sie reingefegt, beugt sich der Gottheit. Er wird dadurch nicht vernichtet: Er ist das Wesen, das sich der göttlichen Macht zu beugen vermag.

In der Krise erlebt der Zuschauer der Tragödie gewissermaßen das Zusammentreffen äußerster Aktivität und äußerster Ruhe, und da gelangt er – für einen Augenblick – zu göttlicher Heiterkeit, nachdem er die Wirrnis der menschlichen Leidenschaften hinter sich gelassen hat.

Streben und Lust

Wir müssen auf Aristoteles' Begriff der Bewegung zurückkommen. Wir haben von der Hierarchie der Wesen gesprochen, die von Begehren nach mehr Bestimmtheit, nach mehr Akt erfüllt sind, von dem Streben der Wesen, die überwiegend potentiell sind, um mehr Aktualität zu gewinnen. Es ist ein Streben eines jeden, das auszuführen, wozu ihm die Fähigkeit gegeben ist – von der Potentialität also zum Akt. Und Aristoteles erklärt, daß dieses Streben, durch die ganze Stufenleiter der Wesen, von Lust gekrönt wird. Lust empfindet ein Wesen, das zum Akt gelangt, zu dem es befähigt ist. Begehren, Lust, Akt sind ständige Themen bei Aristoteles. Eine ewige Begierde beseelt die ganze Natur.

Diese ewige Begierde erzeugt in der aristotelischen Philosophie eine tiefgründige Idee, die Idee einer ewigen Zeit. Man könnte sagen: Ewigkeit geht nicht zusammen mit Zeit, Ewigkeit ist zeitlos. Mathematik und geometrische Figuren sind zeitlos, der Zeit nicht unterworfen. Anders Aristoteles; in diesem Werden aller Wesen ohne Anfang und

Ende läßt er die Idee der ewigen Zeit erscheinen. Es ist nicht eine Zeit, die sich nach der Vergangenheit und Zukunft endlos erstreckt. Diese Zeit hat eine andere Natur, weil sie im Grunde an den ersten Beweger gebunden ist. Noch einmal: Aristoteles ist nicht, wie man ihn manchmal darstellt, ein statischer Klassifikator. Alles ist von Bewegung durchdrungen. Schließlich muß es *einen ersten Beweger* geben.

Im griechischen Denken gibt es keinen Schöpfer, und die Frage nach dem Anfang der Welt taucht nicht auf. Auch Aristoteles fragt nicht danach. Keine Schöpfung aus dem Nichts. Aber es gibt bei ihm die Vorstellung vom Ursprung der Bewegung, vom ersten Beweger.

Hier ist der Punkt, das Gelenk, wo später das christliche Denken einhaken wird.

Erster Beweger und *actus purus*

Dieser erste Beweger ist eines der Grenzprobleme, an die der menschliche Geist stößt. Was ist das: dieser erste Beweger, der die anderen Bewegungen auslöst, ohne selbst bewegt zu werden, da er ja von nichts anderem abgeleitet werden kann?

Aristoteles sagt uns, er sei ewig; also nicht irgendwann in früher Zeit entstanden. Ewig: das heißt auch: In jeder Bewegung ist er, und er transzendiert sie zugleich alle.

Daher ist die Philosophie des Aristoteles zugleich eine Philosophie der *Immanenz* und der *Transzendenz*.

Der erste Beweger ist in der Zeit, aber er ist nicht die Zeit. Er ist eins, er ist unteilbar, er ist ohne Ausdehnung, ohne Größe. Warum? Weil man ihn nicht begrenzt denken kann. Wäre er begrenzt, könnte er nicht eine unendliche Bewegung in Gang setzen. Wäre er aber unbegrenzt, so könnte er nicht völlig *in actu* sein. Wir müssen uns hier wieder an die Vorstellung der Unvollkommenheit erinnern, die bei den Griechen die Vorstellung des Unendlichen begleitet.

Man kann den *actus purus* zu recht Gott nennen, dann ist alles in der Natur von dem »Streben nach Gott« beseelt. Aber das ist nicht der Gott, der liebt, die Wesen liebt und an sich zieht; sondern es sind die Wesen, die nach dem reinen Akt streben. Das ganze Universum ist gewissermaßen an den reinen Akt durch Begehren angehängt. Der reine Akt ist das höchste Gut. Das reine Intelligible, Gott.

Der reine Akt ist bei Aristoteles die höchste Aktivität, die ihr Ziel in sich selbst hat. Er kann nicht nach etwas Höherem streben. Er hat sich selbst zum Ziel. Er ist Denken, aber ein Denken *in actu*, ohne irgendwelche Materie, ohne einen Rest von Potentialität. Dieses Denken denkt nur sich selbst.

Das ist – wie Jaspers es ausdrückt – eine Chiffre, eine symbolische Art des Ausdrucks. Eine Art philosophischer Mythos; das Denken, rein als Akt, das sich selber denkt und seine Vollendung in diesem Sich-selbst-Denken findet.

Hier läßt sich etwas Wichtiges beobachten: Aristoteles sagt, daß die beiden äußersten Enden der ontologischen Hierarchie sich uns entziehen. Wir können uns weder die Materie als reine Potentialität noch den reinen Akt vorstellen. Warum? Wenn wir Materie denken, zum Beispiel »Marmorblock«, so sind da schon viele bestimmte Eigenschaften da. Als bloße Potentialität aber können wir die Materie nicht denken. Und Gott als reinen *actus* können wir auch nicht denken. Doch irgendwo, in unserer Blickrichtung, können wir erblicken, wohin der Ausdruck zielt: diese höchste Freiheit, höchste Wahrheit, höchste Vollendung des Denkens, das nicht mehr mit sich selbst im Streit liegt – wie bei uns immer –, das sich in sich schließt.

Das göttliche Denken, sagt Aristoteles, ist das Denken des Denkens. Es ist aktiv und zugleich Vollendung, wir können es nicht nachvollziehen. Der Mensch ist aktiv wegen eines Mangels, einer Sehnsucht, eines Strebens. Der *actus purus* ist vollendet in seinem Akt selbst.

Aristoteles entziffert das Abbild dieser Vollkommenheit gewissermaßen im Kreisen des Universums. Das Universum stellt in seiner Ausdehnung durch Raum und Zeit die Vollkommenheit des reinen Aktes dar. Zirkuläre Form, das heißt die Form, die sich in sich selbst schließt.

Auf diese Weise, in menschlicher Sprache, in Chiffren, drückt Aristoteles so etwas wie Gottheit aus.

Und was soll der Mensch im Universum? Er soll auf seiner Stufe seinen richtigen Platz finden. Der rechte Platz ist nie extrem bei Aristoteles. Der Mensch kann nicht wirklich die Materie denken, sie ist zu ungestalt; er kann auch nicht den reinen Akt denken, das Denken des Denkens; er wird geblendet. Die Extreme entziehen sich ihm. Der Mensch ist das Wesen des rechten Maßes. Die menschliche Tugend soll nicht das äußerste Absolute anstreben, sondern das rechte Maß lernen. So lehrt

Aristoteles. Das rechte Maß ist nicht das Mittelmäßige, sondern bei Aristoteles das, was sich für den Geist ergibt, der die Unerreichbarkeit der Extreme erfährt. Er ist zwar zu transzendierender Bewegung fähig und bestimmt, weiß aber, daß nicht im Extremen sein Platz ist. Er vermag sein Leben im Gleichgewicht zu halten, als menschliches, humanes Leben, in der rechten Mitte seiner Bestimmung.

Aus dieser Auffassung kommt die große Bewunderung des Aristoteles für die griechischen Tragiker. Im Tragischen erscheint das Maßlose des Menschen, die »hybris«. Der Mensch verläßt die rechte Mitte, die ihm zukommt. Aristoteles zeigt, wie durch die tragischen Folgen der Menschengeist sich, mitten in der Katastrophe, reinigt und durch die Erfahrung des Tragischen hindurch zum Sinn für das Maß und zur Demut vor dem Absoluten zurückgeführt wird.

Zuvor – zur Wiederholung: Hier wird keine fortlaufende Philosophiegeschichte geboten. Ich versuche nur, die entscheidenden Gedanken, die
jeweils neu aus dem philosophischen Staunen entstanden sind, hell zu
beleuchten, damit die Probleme und Begriffe der Philosophiegeschichte
dadurch an Lebendigkeit und Prägnanz gewinnen.

Wir wenden uns nun der epikureischen, später der stoischen Schule zu.
Im Gegensatz zu den früheren Schulen, die vom Denken großer
Philosophen beherrscht waren, handelt es sich hier eher um philosophische Traditionen über längere Zeit hin. Diese Schulen haben einen mehr
volkstümlichen Charakter. Sie sind natürlich von Philosophen begründet und entfaltet worden, haben sich aber schnell im Volk ausgebreitet.
Sie haben zum Beispiel Volksbildungsbestrebungen mit Argumenten
versehen; es waren Leute, die – in Rom zum Beispiel – auf einen Schemel
stiegen und philosophische Grundsätze predigten, nicht in Frageform
wie Sokrates, sondern indem sie Weltanschauungen und Lehren
verbreiteten, in der Art von Hydepark-Predigern etwa.

Woher kommt der volkstümliche Charakter der beiden Schulen? Sie
wollten nicht in erster Linie Erkenntnis finden – was eher eine
aristokratische Angelegenheit, eine Angelegenheit von wenigen ist,
sondern sie wollten den Leuten Lebenshilfe geben, ihnen ihre Ängste
nehmen, die sie am Leben hinderten.

So steht die Theorie in beiden Schulen im Dienste der Moral (Ethik), der
praktischen Einstellung angesichts des Leides und des Todes. Sie
begründen konkrete Ratschläge, mit denen Menschen besser leben
können.

Beide Schulen haben – in verschiedenen Formen, mit Varianten und
Verzweigungen – mehrere Jahrhunderte überdauert.

Epikur lebte am Ende des vierten und im dritten Jahrhundert vor
Christus. Seine Gedanken wurden wiedergegeben und entwickelt in der
berühmten Dichtung ›De rerum natura‹ von *Lukrez*, der in Rom im
ersten Jahrhundert vor Christus lebte.

Die epikureische Schule gliedert ihre Lehre in drei Teile. Erstens die

Kanonik oder Logik: Sie umfaßt die Gesamtheit der Normen und Regeln: das Studium der Mittel zur Wahrheitsfindung. Zweitens die Physik, das heißt die Theorie der Natur, in der die Mittel zur Wahrheitsfindung eingesetzt werden. Drittens der Hauptteil, um dessentwillen die beiden anderen da sind: die Moral. Sie setzt das Lebensziel und gibt uns die Mittel, es zu erreichen.

Für die Epikureer ist es das Ziel der Philosophie – der Kanonik und der Physik –, den Menschen zum Glück zu verhelfen. Was aber die Epikureer der Antike Glück nannten, das war vor allem die Heiterkeit der Seele. Es geht darum, einen Zustand innerer Ruhe, innerer Stille zu erreichen, den die Epikureer *Ataraxie*, Gemütsruhe, nannten. Fundament dieser Ataraxie ist eine innere Unabhängigkeit, also gerade das Gegenteil irgendeiner genießenden Abhängigkeit von der äußeren Welt. Es ist die Weigerung, von irgend etwas versklavt zu werden. Wenn wir von irgendeinem Genuß abhängig werden – nicht nur von der Droge –, werden wir verwundbar von außen, und der innere Friede, also das Glück, ist bedroht; denn alles Äußere, dem wir uns unterwerfen, kann uns genommen werden.

Um die innere Heiterkeit zu gewinnen, das »Glück«, müssen wir die rechte Vorstellung von der Natur, in der wir leben, und von den Gesetzen, die sie regieren, erwerben.

Was hindert uns am meisten daran, in Ruhe zu leben? Glücklich zu sein? Wir haben Angst. Welches sind die Grundängste, die die Menschen am Glücklichsein hindern? Die Epikureer antworten: *Angst vor den Göttern und Angst vor dem Tod.*

Mit Hilfe der Kanonik muß eine Physik ausgearbeitet werden, die die Angst vor den Göttern und die Angst vor dem Tode besiegt.

Die Epikureer haben also ein System geschaffen, eine Theorie des Universums, der Welt und der Natur, die auf einem doppelten Prinzip gegründet ist: Nichts kommt von nichts, nichts löst sich in nichts auf. Es gibt ein Prinzip der Erhaltung des Seins. Nichts kommt von nichts: Wenn nämlich irgend etwas von nichts kommen könnte, dann könnte auch irgend etwas Beliebiges von irgend etwas Beliebigem herkommen. Warum? Weil es nichts Gegensätzlicheres zu irgend etwas, das ist, geben kann als nichts. Weiter: nichts verliert sich im Nichts. Wenn es nämlich Dinge gäbe, die sich in nichts auflösen, dann gäbe es – weil nichts von nichts kommt – nach einer gewissen Zeit gar nichts mehr. Folglich gibt es eine gewisse Konstanz des Universums, die zunächst die Angst vor einem Weltuntergang beseitigen kann. Das Universum ist eine Art unendlicher Totalität, ewig, es kann nicht untergehen. Woraus besteht es denn? Die Epikureer folgen hier den Atomisten: Es gibt Körper, und es gibt Bewegung. Es gibt auch den leeren Raum, in dem die Körper sind, sonst könnten sie sich ja nicht bewegen.

Wir sind bei der Auffassung der Atomisten: Die Körper sind Zusammenballungen von *Atomen*; ein jedes Atom ist unzerschneidbar, unveränderlich, weil nicht zusammengesetzt. Dank seiner Einfachheit kann es in seiner Natur nicht verändert werden. Die Atome haben verschiedene Gestalt, verschiedene Maße, befinden sich in ewiger Bewegung.

Und hier sprechen die Epikureer von zweifacher Bewegung. Die erste geht von oben nach unten, eine Art ursprünglicher Regen der Atome. Wenn nun die Atome senkrecht abwärts ins Leere fielen, würde nichts geschehen, sie würden sich nie berühren. Die Epikureer stellten sich vor, jedes Atom habe im Fallen eine gewisse eigene Unbestimmtheit, so daß es nicht nur senkrecht zu fallen brauche, sondern ein wenig schräg, in einem Winkel zur Senkrechten. Sie nannten den Winkel *klinamen*, Abweichung des Atoms in seinem Fall von der Senkrechten. Das Klinamen erfüllt einen doppelten Zweck. Es soll einerseits erklären, wie es kommt, daß die Atome einander stoßen. Andererseits soll damit eine Unbestimmtheit in den Determinismus der Atomwelt eingeführt werden, aus der dann eine bestimmte Freiheit des Menschen ableitbar wird.

Da jedes Atom ein anderes Klinamen hat, treffen sich die schräg fallenden Atome, stoßen aneinander; so entsteht eine zweite Bewegung, die den senkrechten Fall der Atome durcheinanderbringt, nämlich ein Zurückprallen der Atome in alle Richtungen. Es geschehen viele Zusammenstöße im Raum, manche Atome hängen sich aneinander, bilden Verbindungen, unstabile und stabile, die immer mehr Atome an sich ziehen und so die wirklichen Gebilde der Welt hervorbringen, wie wir sie kennen.

Das ist – in großen Zügen – die Naturlehre der Epikureer. Dieses Weltbild ist ganz *mechanistisch*. Mechanistisch, weil alles aus Bewegung und Zusammenstoß hervorgeht, ohne eigene Absicht oder Spontaneität der Atome. Eine Zweckbestimmung, eine finale Ursache – wie bei Aristoteles – gibt es nicht.

Wie erklärt sich in einem solch mechanistischen System aber die Sinneswahrnehmung? Wir sehen in ein paar Metern Entfernung zum Beispiel ein rotes Tuch. Das Rot ist dort, unser Auge hier. Wie kann die Distanz überbrückt werden? Solche Probleme stellen sich bei weniger mechanistischen Systemen nicht. Aber hier ist das ein Problem, denn Atome können nur in unmittelbarem Kontakt aufeinander wirken. Die Epikureer nahmen an, es gebe *Emanationen*, die von allen Körpern ausstrahlen. Sie nannten sie Abbilder, eine Art Bild des Körpers, aber viel feiner als der Körper selbst, weil sie aus runderen, glatteren, kleineren, beweglicheren Atomen bestehen. Dieses feinere Bild des Körpers, auch Ausfluß genannt, schwebt gewissermaßen im Raum, von den Körpern ausgehend, und berührt unsere Sinnesorgane. (Es ist beachtlich, wie nahe dieses Erklärungsschema der Erklärung durch Berührung des Sehnervs durch die Lichtstrahlen kommt.)

Nach den Epikureern treffen diese verkleinerten Bilder, die Emanationen, die vom Objekt ausgehen, unsere Sinnesorgane, und so haben wir Vorstellungen, die der Wirklichkeit entsprechen. Der Ausfluß aus dem Objekt hat dieselbe Natur wie das Objekt, von dem er ausgeht. Wir verbinden diese Bilder untereinander und machen uns so ein Bild des Universums.

Wir überspringen nun vieles, um zum Hauptzweck dieser physikalischen Konzeption, nämlich zu der Absicht zu kommen, die Furcht vor den Göttern und vor dem Tode auszuschalten.

Angesichts einer solchen Physik leuchtet es ein, daß man die Götter nicht mehr zu fürchten braucht: Alles in der Welt geschieht ja mechanisch. Es gibt keinerlei Absicht in ihr, also auch keine schützende. Ebensowenig gibt es Strafen, Launen, Zorn der Götter. Das Universum ist eben mechanisch. Was in ihm vorgeht, geschieht ohne jede Aggressivität gegen uns. Also sind Götter nicht zu fürchten. Manche Epikureer haben eine Art Göttermythos. Danach hausen die Götter irgendwo in den Wolken, weit weg, unter den Sternen, und dort, losgelöst und heiter, mischen sie sich nicht in menschliche Dinge, sondern amüsieren sich nur zuweilen damit, den Menschen, die sich da unten herumschlagen, zuzusehen. Wir spielen ihnen etwas vor, aber sie mischen sich nicht ein, es gibt von ihnen nichts zu fürchten noch zu hoffen.

Auch den Tod brauchen wir nicht zu fürchten. Da alles aus Atomen besteht, was ist dann der Tod? Das sind unsere Atome, die nach allen

Seiten auseinandergehen. Auch die Seele besteht aus besonders feinen Atomen. Folglich ist die Seele nicht unsterblich. Die Seelenatome zerstreuen sich. Wir brauchen also den Tod ebensowenig zu fürchten, wie wir die Zeit vor unserer Geburt fürchten. Einer sagte: Solange wir sind, ist der Tod nicht; wenn der Tod ist, sind wir nicht mehr. So kann uns der Tod gewissermaßen gar nicht erreichen.

Dieses ungewöhnliche Denk- und Gefühlsschema sucht eine Art Zuflucht vor dem Tod – nicht durch Leugnen des Todes oder gar durch den Sieg über ihn, in einem ewigen oder unsterblichen Leben. Sondern im Gegenteil: Die Hilfe gegen den Tod wird gerade in seiner Radikalität gesucht. *Weil* der Tod so radikal ist, brauchen wir ihn nicht zu fürchten.

Immerhin findet sich Hoffnung, Erwartung von etwas Besserem im Lehrgedicht von Lukrez. Nur ist sie weder religiös noch metaphysisch. Überraschend begegnet uns in dieser ersten mechanistischen Naturphilosophie eine Theorie der Evolution und des menschlichen Fortschritts. Nicht dank einer Vorsehung oder einer Gottheit, die der reine Akt ist, nicht durch Transzendenz der Welt zur Ideenschau, sondern aufgrund der Vorstellung, daß in einer Welt, wo reine Mechanik herrscht, der Mensch des Fortschritts fähig ist. Im 5. Buch seines Werkes ›Von der Natur‹ berichtet Lukrez von der Entwicklung des Menschen, angefangen beim rauhen und beschwerlichen Zeitalter der ›Primitiven‹ bis hin zur Zivilisation. Und diese Zivilisation erscheint als etwas Positives, Wertvolles, das befreit und weiter befreien wird. Das steht in scharfem Gegensatz zur üblichen Denkrichtung der Antike, für die das Goldene Zeitalter hinter uns in einer fernen Vergangenheit, in einem sagenhaften Ursprung, liegt, von dem an es dann immer weiter abwärts gegangen sein soll.

Hier haben wir, bei Lukrez, einen Mythos vom Fortschritt: Die Welt ist zwar nicht für uns geschaffen. Aber wir können sie nutzen, und wir haben gelernt, uns ihrer zu bedienen.

Geboren zu werden ist kein besonderes Glück. Das Kind schreit, wenn es zur Welt kommt. Aber dann lernt der Mensch zu leben und sich der Dinge dieser Welt zu bedienen, und er versucht, jene innere unabhängige Heiterkeit zu erringen, die seine Würde und sein Glück ist.

Damit aber Fortschritt und Glück die Seelenruhe bringen, darf der Mensch nicht Lüsten verfallen, die sich an uns rächen und uns versklaven. Es gilt, Herr seiner Lüste zu bleiben. Nicht indem wir uns ihrer enthalten, nicht indem wir sie aus moralischen Gründen verwerfen, sondern indem wir lernen, sie zu bezähmen, über sie zu herrschen, eine Wahl zu treffen; die zu wählen, die nicht zu ausgefallen und kompliziert sind, weil solche zu viel Schmerzen mit sich bringen; dafür jene zu bevorzugen, die uns lehren, uns immer mehr selbst zu genügen und zufrieden zu sein. Für die Epikureer ist es schließlich die höchste Lust, ohne Schmerz zu leben.

Der Weise ist glücklich, seines Glückes gewiß, weil er keinerlei Verlust fürchtet; weil er weder vor dem Weltuntergang noch vor dem Tod, noch vor den Göttern Angst empfindet.

Das ist die epikureische Schule. Wie wir noch sehen werden, stimmt sie in gewisser Weise, trotz eines tiefgehenden Gegensatzes, mit der stoischen Schule überein. Denn für den Epikureer ist das Entscheidende, durch eine Art Askese, die keine Entbehrung bedeutet, durch eine subtile, intelligente und ausgewogene, gewissermaßen zivilisierte Askese, zur Heiterkeit zu gelangen.

Der Name Stoa stammt von der Halle in Athen, der Stoa, wo sich diese Philosophen versammelten.

Die Stoa hat in der Antike einen sehr starken Einfluß gehabt, und in gewissem Sinn hat sie für den Verlauf unserer ganzen Kultur entscheidende Bedeutung behalten. Noch heute brauchen wir das Adjektiv »stoisch«, ohne von der Lehre der Stoa viel zu wissen. Wenn wir von *Stoikern* sprechen, meinen wir eine bestimmte Art zu denken, eine umfassende, ausdrücklich formulierte philosophische Tradition. *Stoisch* dagegen bezeichnet für uns eine bestimmte Haltung, was anzeigt, wie stark sich das stoische Denken im allgemeinen Bewußtsein ausgebreitet hat.

Die stoische Schule hat die epikuräische überdauert; wir begegnen großen Vertretern der Stoa noch im zweiten Jahrhundert nach Christus, und sie hat noch viel länger weitergewirkt. Sie kam von Griechenland nach Rom und hat sich da ausgebreitet. Männer wie Poseidonios, Cicero, Seneca, Epiktet, Marc Aurel wurden von ihr beeinflußt.

Die Lehre der Stoa ist ähnlich aufgebaut wie die epikuräische. Auch sie ist dreigeteilt. Sie hat dasselbe Ziel, will lehren, wie man leben soll; was in ihr nicht Ethik ist, will in Wirklichkeit auf diese vorbereiten. Die Ethik (Moral) ist das Wesentliche. Auch hier gibt es eine Logik oder Erkenntnistheorie, eine Physik oder Theorie der Natur, und schließlich zieht man daraus Schlüsse für das richtige Verhalten des Menschen.

Aus der Logik wollen wir nun einen Begriff herausstellen, das, was verstehende Apperzeption genannt wurde. Das ist eine Art von ganz klarem, evidentem Eindruck, den die Dinge in die Seele prägen. Dieser Eindruck bringt die Zustimmung der Seele mit sich und damit das Wissen und damit die Wissenschaft. Im Grunde ist die verstehende Apperzeption eine besondere Form der Evidenz-Erfahrung. Die Evidenz-Erfahrung ist die Erfahrung einer synthetischen Vorstellung, in der mehrere Elemente als zusammenhängend erscheinen, so daß sie ein Ganzes bilden.

Wenn wir sagen: ich erfasse, ich begreife, heißt das, daß eine Evidenz unserem Geist einleuchtet. Wir sehen einen gewissen Zusammenhang zwischen verschiedenen Elementen auf eine Weise, die jeden Zweifel ausschließt. Eine solche umgreifende Apperzeption besitzt, durch die Klarheit, mit der ihre synthetische Einheit erfahren wird, die Macht der Evidenz.

Bei den Stoikern finden wir weder die Ideen Platons noch die Vorstellung der den Dingen anhaftenden Formen wie bei Aristoteles. Für sie sind die Sinneswahrnehmungen die Quelle aller Erkenntnis. Und hier stoßen wir auf einen Begriff, der sehr wichtig ist und auf den wir in der Folge zurückkommen werden: den *Nominalismus.* Nominalismus bezeichnet eine philosophische Auffassung, nach der ein allgemeiner Begriff nur eine Abstraktion, nur ein Name, ein Wort sein kann und nie eine Realität. Nur das konkret Einzelne ist wirklich.

Die Stoiker sagten: Ich sehe das Pferd, aber nicht die Pferdheit. Das heißt, daß der allgemeine Gesamtbegriff des Pferdes nur ein erfundener Name ist, dem in der Natur nichts entspricht. In der Natur treffen wir immer nur ein bestimmtes Pferd, eben lauter Einzelwesen, nicht dagegen eine Allgemeinheit Pferd, oder die Idee des Pferdes, nach Platon. Das ist also Nominalismus: Allgemeinbegriffe sind nur Namen. Wie wir bei der Besprechung der Philosophie des Mittelalters sehen werden, wird der Gegenbegriff, *Realismus,* auftauchen: nach dieser letzten Auffassung ist gerade der allgemeine Begriff *die eigentliche* Wirklichkeit.

Die Stoiker sind also in ihrer Logik Nominalisten. Wie steht es mit ihrer Physik? Sie ist derjenigen der Epikuräer entgegengesetzt. Während die Epikuräer sich ein mechanistisches Weltbild vorstellten, indem alles sich aus Stoß und Gegenstoß von unveränderlichen Atomen erklärt, ohne eine Gesamtschau, ohne Intervention eines Göttlichen, nehmen die Stoiker den Gedanken wieder auf, daß das ganze Universum von einer göttlichen Vernunft gelenkt und durchdrungen ist – einer göttlichen Vernunft oder *Weltseele,* die in der Natur aktiv am Werk ist. Das Universum ist gewissermaßen der passive Leib dieser göttlichen Vernunft oder Weltseele. Wir begegnen dem Gedanken Heraklits wieder, Heraklits universellem Logos, der das Weltall im Gleichgewicht hält. Eine Art Weltseele, mit der die feurige Seele des Menschen (das innere Feuer) verbunden ist.

Wie bei Heraklit ist die Menschenseele Teil des schöpferischen Feuers, und sie durchdringt den ganzen Körper, wie die göttliche Seele im ganzen Körper des Weltalls sich ausbreitet.

Alles ist Gott, und Gott ist alles: *Pantheismus.* Gott ist nicht außerhalb der Wirklichkeit, und in der Wirklichkeit gibt es nichts, was nicht zu Gott gehört. Gott und Welt sind dasselbe. Das Wesen der Dinge und das ordnende Band zwischen ihnen sind göttlicher Natur. Daher sind Ordnung und Folge der Ursachen nicht zufällig, sondern göttlich.

In dieser Philosophie finden wir also eine Art Anbetung der Naturordnung oder des Schicksals. Schicksal und göttliche Naturordnung sind dasselbe. Deshalb sind Schicksal und Vorsehung nichts Entgegengesetztes. Sie sind identisch. Alles ist gelenkt von dieser göttlichen immanenten Vernunft, die eine *Zweckursache* ist. Der Endzweck also ruft die einzelnen Ursachen ins Sein. Vorsehung und Zweckursache sind eins.

Wo bleibt in diesem Denken *Freiheit?* Hier besteht eine gewisse Zweideutigkeit. Wie weit ist der Mensch frei zu handeln, wie weit nicht? Die Stoiker sagen: Da die Welt vernünftig, göttlich ist, gibt es menschliche Freiheit – ähnlich wie bei Heraklit –: Der Mensch kann den Kontakt des inneren Feuers mit dem Weltfeuer bewahren, sich in die kosmische Vernunft einfügen. Freiheit und Unterordnung berühren sich in der freien Anerkennung des Besseren. Das werden wir, mehr oder weniger betont, bei großen Philosophen häufig wiederfinden.

Die Freiheit ist eben nicht willkürliche Wahl. Schließlich wird sie zur Anerkennung einer vollkommenen Notwendigkeit, der sie sich hingibt.

Bevor wir uns mit der stoischen Ethik befassen, wollen wir ein Problem streifen, das sich hier aufdrängt: *das Problem des Bösen.* In einer Philosophie wie der Epikurs stellt sich das Problem des Bösen nicht. Alles ist vom Zufall (oder von der mechanischen Notwendigkeit) regiert und vom Zusammenprall der Atome bestimmt. Wenn es Übel gibt oder Leiden, wenn etwas verkehrt herauskommt, so gehört das einfach zur Wirklichkeit selber.

In einer Lehre dagegen, in der eine Weltvernunft herrscht, sei diese immanent oder transzendent, stellt sich die Frage des Übels. Der Mensch steht betroffen vor der Tatsache des Bösen. Wir erleben es, es wird zum erlebten Problem. Woher kommt es, wenn doch die göttliche Seele die Welt durchwaltet? Das Problem stellt sich in aller Schärfe im Stoizismus. Die Stoiker identifizieren das Göttliche mit der Welt. Gott ist der Grund von allem – im Sinn der Ursachen des Aristoteles –: als

Bedingung aller Existenz. Er ist also auch die Ursache des Bösen. Wie das? Das Böse ist ein Korrelativ des Guten. Das Gute hätte keinen Sinn, wenn es das Böse nicht gäbe. Also ist das Böse notwendig. Ohne das Böse wäre keine Qualität, kein Wert möglich. Die Frage nach dem Wert, der Qualität der Welt wäre sinnlos. Also ist das Böse für das Gute notwendig.

Zweitens, sagen die Stoiker, was wir das Böse nennen, ist tatsächlich das Böse, aber nur für unseren Bereich. Im Ganzen hingegen, in der Totalität der Welt, wird es ein Gutes. Die Vollkommenheit ist da, und das göttliche Gesetz ist überall in der Welt vorhanden. Der Mensch nun erringt den Sieg über das Böse in dem Maße, als er fähig wird, seinen Teilbereich zu übersteigen. In seinem Teilbereich begegnet er dem Bösen; er ist aber auch fähig, das göttliche Weltgesetz zu fassen, für welches das Böse nurmehr ein unerläßliches Element ist.

Ist das für den Menschen eine Einladung zur totalen Passivität? Soll sich der Mensch einfach dem unterwerfen, was eben geschieht? Durchaus nicht. Die stoische Ethik ist eine aktive Ethik, *eine heroische Ethik*.

Der Stoiker lebt seine Weltsicht, indem er tätig eingreift. Darin liegt die Größe der stoischen Lehre.

Wir wollen uns die Ethik der Stoa genauer ansehen. Das höchste Gut ist die Übereinstimmung mit sich selbst, danach die Übereinstimmung mit der Vernunft und die Übereinstimmung mit dem göttlichen Weltgesetz, das heißt mit der universellen Vernunft. Diese Übereinstimmung ist gleichzeitig in einem das Gute, die Tugend und das Glück. Es gibt kein anderes Glück, keine andere Tugend, kein anderes Gutes als diese Übereinstimmung. Äußere Güter, die man besitzen, über die man verfügen oder nicht verfügen kann, müssen einem nach und nach gleichgültig werden. Die Stoiker sagen: Wer etwas begehrt, was nicht von ihm abhängt, ist ein Sklave.

Sie fordern vom Menschen, am sozialen Leben teilzunehmen, politisch tätig zu sein, Verantwortung zu übernehmen und sie gut auszuüben, den Staat in Ordnung zu halten – und nicht von ungefähr sind es die Stoiker, die zum Beispiel an der Schaffung des römischen Rechtes beteiligt sind, das durch die Jahrhunderte hindurch bis heute von Bedeutung geblieben ist. Die Ordnung des Staates, seine auf Vernunft gegründete Struktur, soll der universellen Vernunft entsprechen. Das ist der Grundanspruch des römischen Rechtes: eine Ordnung zu schaffen, die der Idee der Ordnung gemäß, also auch vernunftgemäß ist. Für den Stoiker gilt es, politisch tätig zu sein, an den öffentlichen Auseinandersetzungen teilzunehmen, ein aktiver Mensch und Bürger zu sein.

Die Epikureer sagten: Die Beschäftigung mit Staatsangelegenheiten sät Unruhe ins Herz: um glücklich zu leben, muß man im Verborgenen leben. Ein paar Freunde, ja; aber im Privatleben soll man bleiben, um den inneren Frieden zu wahren. Während aber der Stoiker sich im Staat engagiert, ist er innerlich im Einklang mit der ewigen Vernunft, die die Welt regiert, die die Welt ist. Und dies wiederum bedeutet, daß alle seine Erfahrungen, Erfolge und Mißerfolge für ihn nicht die letzte Wirklichkeit sind. Für ihn gibt es immer noch ein Darüberhinaus in unerschütterlicher Heiterkeit der Seele, die ihm im äußersten Kampf eine innere Distanz gibt.

Und das ist wohl die Größe des stoischen Gedankens. Seine Auffassung von Ethik bindet den Stoiker an die ganze Welt, sie läßt ihn zusammenarbeiten mit den Menschen ringsum und gibt ihm dennoch Distanz, so daß er dabei ist und doch nicht nur dabei, daß er das Handeln des Augenblicks in Richtung auf das Wesentliche ständig überschreitet.

Um nochmals die beiden Schulen zu vergleichen: Trotz völlig entgegengesetzter Erklärung der Welt und unterschiedlicher Einstellung dem Staat gegenüber finden wir in ihrer Ethik eine tiefe Ähnlichkeit. Zwar empfehlen die Epikureer das ruhige Privatleben, die Stoiker die aktive Teilnahme am öffentlichen Geschehen; die einen empfehlen die Suche nach Lust, wenn auch mit kluger Unterscheidung und Bewegung, die anderen die Fähigkeit zur Tat, Entscheidung und Unerschütterlichkeit. Sie treffen sich aber schlußendlich in bezug auf das zugrundeliegende Menschenbild, das bestimmt ist durch innere Unabhängigkeit, Unverletzlichkeit durch äußere Zufälle. Da wo der Mensch über all das, was ihm gegeben oder genommen werden kann, hinauswächst, besteht eine Konvergenz zwischen den beiden Schulen.

Wenn wir dies mit unserem Empfinden heute vergleichen, so gibt es wohl weder Epikureer noch Stoiker. Und doch hat vielleicht jeder noch etwas von dem einen oder dem anderen in sich.

Wir können nicht mehr Epikureer sein, weil unsere Zivilisation zu aktiv und in ihrem Gewebe viel zu verflochten geworden ist, mit zu großen Möglichkeiten und Drohungen, als daß wir uns mit diesem begrenzten gutgeführten Haushalt von Lust und Schmerz zufriedengeben können. Andererseits sind wir durch die Jahrhunderte geschichtlicher Grausamkeit und schmerzlicher Vertiefung zu verwundbar geworden – und auch von unserer Verletzlichkeit zu sehr angetan –, um noch Stoiker im heroischen Sinn sein zu können.

Überspitzt gesagt: Wir können nach Dostojewski nicht mehr Stoiker sein. Er hat unseren Sinn für Verwundbarkeit als Wert entwickelt – als etwas, das zum Wesen des Menschen gehört, ohne das man nicht wahrhaft Mensch sein kann. Wir können dieses Erbe auch nicht verleugnen. Wenn wir aber auch nicht mehr Stoiker sein können, können wir uns doch von ihnen immer wieder zeigen lassen, wie menschliche Größe gedacht und gefordert und zur Richtschnur genommen werden kann und soll.

Nun noch ein kurzer Blick auf die *skeptische Schule,* nach der epikureischen und der stoischen Schule. Nach der Philosophie Platons und der Aristoteles', nach diesem ganzen Fächer von Philosophien, mit ihren Verschiedenheiten und Gegensätzen, kam eine Zeit, wo Philosophen zu *zweifeln* anfingen: Können wir überhaupt etwas wissen? So entstand die Skepsis als Grundhaltung. Eine Welle von Skeptizismus breitete sich aus und wurde selbst eine Art Lehrmeinung. Man wollte offen sein für den Zweifel. Das philosophische Staunen staunte nun vor seiner eigenen Vielheit.

Epochen solcher Art bringen keine großen Systeme hervor. Sie sind aber wie das Salz in der Philosophiegeschichte, voller bohrender Fragen. Niemand kann ausschließlich im Zweifel leben. Infolgedessen steckt im Zweifel etwas, das unaufhörlich die philosophische Frage in Gang bringt und vorwärtstreibt. Der große Name des Skeptizismus ist *Pyrrhon von Elis.* Er lebte im 4. Jh. in Griechenland. Montaigne beruft sich oft auf ihn, und der Pyrrhonismus ist ein philosophischer Begriff geworden.

Im ausgehenden Altertum finden wir eine große Aufnahmebereitschaft für fremde Einflüsse: orientalische, mystische, jüdische. Die sogenannte hellenistische Philosophie ist von solchen Elementen durchtränkt. Als Beispiel erwähnen wir Plotin. Wir besprechen ihn in dieser Darstellung nicht näher, aber jeder muß wissen, wie wichtig er ist. Sein Denken, als Synthese von griechischen, jüdischen, orientalischen und mystischen Gedanken, hat jahrhundertelang weitergewirkt.

Hier ist auch der Ort, die Welt der griechischen und christlichen Denker der frühen christlichen Jahrhunderte zu erwähnen. *Clemens von Alexandria, Origenes* und viele andere. Wir erwähnen sie und gehen weiter. Wir wollen uns stets bewußt sein, daß wir große Lücken lassen, wie ich es ja am Anfang angekündigt habe.

Der heilige Augustinus ist in einer Epoche, wo Philosophie und Theologie schwer auseinanderzuhalten sind, der erste große Philosoph und Theologe. Er wurde 354 n. Chr. in Nordafrika geboren. Sein Vater war Heide, seine Mutter Christin. Er hat – wie er in seinen berühmten ›Bekenntnissen‹ (›Confessiones‹) schreibt – ein ausschweifendes Leben geführt, und mit 18 Jahren hatte er bereits einen unehelichen Sohn. Sehr früh wurde er jedoch durch Cicero zur Philosophie geführt, also im wesentlichen durch die stoische Tradition.

Mit 33 Jahren, nachdem er sich also lange Zeit mit den Philosophen beschäftigt hatte, bekehrte er sich plötzlich. Er war selber der Meinung, daß diese Bekehrung zum Christentum durch Platon und später Plotin vorbereitet worden war. (Nicht wenige Bekehrungen zum Christentum sind, wie schon erwähnt, von den Bekehrten dem vorbereitenden Einfluß Platons zugeschrieben worden. In der Tat ist es nicht möglich, das platonische Denken mitzuvollziehen, ohne sich einer Transzendenz zu öffnen. Nun lautet ja ein zentraler Satz des Christentums: »Mein Reich ist nicht von dieser Welt . . .«, weist also auf eine andere Welt hin. Eine solche Bewegung des Geistes, durch die das Gegebene transzendiert wird auf ein Nicht-Gegebenes hin, wird beim Lesen von Platon vollzogen und ist ein ständiges Üben im transzendierenden Denken, ein ständiges Hin und Her zwischen unserer irdischen Wirklichkeit und der Transzendenz der Ideen, so daß man wohl die platonischen Dialoge als »geistige Übungen« betrachten kann, die bestimmte Menschen auf eine religiöse Bekehrung zu einer Religion der Transzendenz vorbereiten mögen.)

Augustin ist 430 gestorben; er war Bischof von Hippo in Nordafrika. Seine bekanntesten Werke sind ›Der Gottesstaat‹, eine historische Rechtfertigung des Christentums, eine Art früher Philosophiegeschichte aus der Sicht des Christentums; die ›Bekenntnisse‹, einer der merkwürdigsten Texte, die es in der Philosophie gibt – der aber keinerlei System oder systematische Darstellung bietet.

Außerdem hat Augustin viele theoretische und sogar systematische

Werke verfaßt, in denen sich die philosophische Reflexion sehr kohärent entfaltet, immer aber in ihrem Bezug auf die Offenbarung und auf die Bekehrung.

Augustins Denken bewegt sich zwischen der antiken Philosophie und dem Christentum, zwischen Philosophie und Religion, zwischen Philosophie und Theologie hin und her. Er stellt sich also die Probleme anders, als es vorher geschehen war, oder in anderen Begriffen; auch wenn es analoge Probleme sind, werden sie bei ihm anders beleuchtet. Er bezieht sich auf eine andere Erfahrung, auch auf Autoritäten, was bis dahin in der Philosophie nicht vorgekommen war: Seine Lehre muß mit einer bestimmten Tradition und Offenbarung übereinstimmen. Und etwas kommt hinzu: Infolge seiner religiösen Bekehrung fordert die Philosophie weniger eine rationale Kohärenz (Bedingung der Evidenz), das Denken wird weniger durch rationale Kontinuität bestimmt; hingegen gewinnt dabei das seelische und intellektuelle Erleben und Nacherleben ein zunehmendes Gewicht, eine neue Überzeugungskraft. In einer solchen Philosophie ist die Theorie immer *existentiell;* sie ist in der jeweiligen religiösen Erfahrung verankert, in der Erfahrung des Glaubens.

Nehmen wir ein Beispiel: das wunderbare 11. Buch der ›Bekenntnisse‹: Es ist, wie wenn Augustin sich in einen Urwald wagte, den noch nie ein Mensch betreten hat, an das *Problem der Zeit.* Er staunt: Die vergangene Zeit ist nicht mehr, die Zukunft ist noch nicht, die Gegenwart ist nur eine punktuelle Grenze zwischen beiden: Wie geht das zu? Wo ist denn die Zeit? Sie ist wie verschwunden, sie ist nirgends da. Und mitten in dieser unerhörten Untersuchung, diesem Forschen im Nie-Betretenen, wendet er sich an Gott: »Mein Gott, hilf mir, ich verstehe nichts!...«
Immer wieder sehen wir das Band zwischen dem Gebet und der rationalen Anstrengung; zwischen der Theorie und der gläubigen existentiellen Erfahrung. Die Vernunft selbst wird zum existentiellen Instrument und die rationale Einsicht zu einer Gnade Gottes.

Für Augustin, wie für die anderen christlichen Denker, stellt sich die Frage nach der Beziehung von Glauben und Vernunft.

Die Vernunft hat ihre eigenen Forderungen, deren Anspruch auf Gültigkeit unbegrenzt ist. Die Vernunft erträgt es nicht, daß man sie zwingt, vor bestimmten Grenzen ihr Fragen zurückzuhalten oder selbst zurückzuschrecken; für sie gibt es keine Anerkennung einer ihr fremden Autorität – sie würde sich sonst selbst verraten.

Der Glaube andererseits bezieht sich auf eine Offenbarung, die für den Gläubigen der Wahrheit nähersteht, als das, was die Vernunft lehren kann, weil die Quelle der Offenbarung Gott selbst ist. Gott selbst hat gesprochen, Gott, der uns die Vernunft gegeben hat. Daher darf man den Glauben nicht der Vernunft unterordnen. So stellt sich die Frage nach ihrer Beziehung.

Dieses Problem hat sich noch nie mit dieser Schärfe gestellt. Erst im christlichen Denken, also einer Offenbarungsreligion, einem Wort Gottes, einer göttlichen Lehre, die sich im menschlichen Wort verkörpert hat, konnte das Problem solche Radikalität gewinnen.

Vom Standpunkt des gläubigen Christen Augustin aus ist aber dieses Problem künstlich. Man muß den Gegensatz aufheben. Für Augustin geht der Glaube der Vernunft und dem Verstand voraus. Der Glaube wird zuerst als Offenbarung empfangen, aber auch als Vorbedingung für das Verstehen, das er selbst braucht und sucht, um sich selbst zu begreifen; um zu verstehen, was er glaubt. Augustin findet die berühmte Formel: *credo, ut intelligam.* Nicht: ich glaube, *obwohl* ich verstehe, oder: ich glaube, *aber* ich will verstehen, sondern umgekehrt: ich glaube, *um zu* verstehen. Hier berühren wir die Grundeinstellung des Glaubenden zur Vernunft.

Man muß das von der Wurzel her einsehen. Wer sich damit begnügt, ein solches Denken als »überholt« oder als »unsaubere Philosophie« zurückzuweisen, verfehlt dabei als Philosoph jede Möglichkeit echten Verstehens. Nur im existentiellen Nachvollzug ist ein solches Denken sinnvoll. Im Grunde hat es einen Sinn nur für den Glaubenden. Der Nicht-Glaubende, der diesen Sinn fassen möchte, muß also möglichst die Haltung des Glaubenden nachvollziehen; sonst kann er sie nur einfach beiseiteschieben, das aber entspricht keiner eigentlich philosophischen Haltung.

Der Leitgedanke ist also, daß der Glaube dem Verstehen vorausgeht, daß er aber das Verstehen sucht: *fides quaerens intellectum;* und der Glaube ist für den, der verstehen will, eine unentbehrliche Vorbedingung. »Ich glaube, um zu verstehen.« Das bedeutet also, daß mit der Vernunft allein das Wesentliche nicht erreicht werden kann. Damit die Vernunft an ihr Ziel gelangen kann, muß sie zuerst die Nahrung des Glaubens haben. Allein kann sie es nicht. Bei Augustin spielt das Absurde – das Widerspruchsvolle – eine wichtige Rolle. Er sagt, ältere Schriftsteller zitierend: *credo quia absurdum,* ich glaube, weil es absurd ist. Es bedeutet: was den Regeln unserer Logik entspricht, ist eben dem Menschen gemäß. Das Göttliche aber, das jenseits des Menschlichen liegt, das unsere Logik eben transzendiert, läßt sich keineswegs auf unsere Logik reduzieren. Was wird also das Zeichen des Göttlichen, wenn Menschen versuchen, es zu denken? Gerade das: ein Scheitern des logischen Denkens. – Anders gesagt: Das Göttliche läßt sich nur in Widersprüchen, in der Gestalt des Absurden denken. Das Absurde wird hier das Zeichen des Göttlichen. Halten wir aber fest: Das Absurde bekommt seinen Sinn lediglich für den logisch Denkenden. Der Widerspruch hat nur durch Verstand und Vernunft Wirklichkeit und Wirkung. Es gibt Leute, die sich im Widerspruch wälzen, die gerne darin leben; er stört sie nicht. Dann ist die Rationalität aufgegeben, und das Absurde gibt es gar nicht mehr, der Widerspruch hat seinen Stachel verloren.

Nochmals: »Ich glaube, um zu verstehen.« Um was zu verstehen? Was verdient vor allem, verstanden zu werden? Vom Glauben aus gesehen natürlich *Gott*.

Gott ist der erste »Gegenstand«, den der Glaube mit Hilfe rationalen Denkens zu verstehen sucht. Zunächst stößt man auf negative Aussagen im Zusammenhang mit ihm: Es gibt nichts, das über Gott wäre; es gibt nichts, das außerhalb Gottes wäre; es gibt nichts, was ohne Gott existiert. Dann kann man ihm alle moralischen Eigenschaften zuschreiben: Gerechtigkeit, Güte, Weisheit. Man kann ihm alle metaphysischen Qualitäten zuschreiben: Allmacht, Allgegenwart, Allwissenheit, Ewigkeit. Alle diese Eigenschaften bilden seine Substanz, sein Wesen. Hat man aber all dies gesagt, so hat man noch nichts gesagt; denn diese Worte verändern ihren Sinn, wenn wir sie auf Gott anwenden. Reden wir beispielsweise von Gottes Allmacht, so bedeutet das Wort »Macht« etwas völlig anderes als das, was wir mit diesem Wort meinen im Bereich der Wesen, die mehr oder weniger mächtig sein können. Gott Allgegenwart zuzuschreiben, heißt dem Begriff »Gegenwart« einen ganz anderen Sinn geben, als er ihn hat, wenn wir von der Gegenwart irgendeines Wesens an dem und dem Ort reden. Von der Ewigkeit Gottes reden ist etwas ganz anderes, als von einer sehr langen Dauer eines Wesens reden, dem wir in der Zeit begegnen. Von der göttlichen Güte sprechen, wenn man meint, daß Gott gar nicht böse sein kann, ohne aufzuhören, Gott zu sein, das heißt, der Güte einen ganz anderen Sinn geben, als wenn wir von einem Wesen sprechen, das ständig zwischen gut und böse wählen kann und muß.

Wir gebrauchen also unsere Worte, die aber irgendwie in einen anderen Sinn übersetzt werden müssen, wenn wir sie auf Gott beziehen.

Unsere Sprache überschreitet sich selber, wenn wir von Gott sprechen. Indem sie sich überschreitet, widerspricht sie sich. So wird der Widerspruch zum Zeichen des Göttlichen: »*Ich glaube, weil es absurd ist.*« Das heißt: ich anerkenne, daß der Widerspruch Zeichen des Göttlichen ist.

Die Kategorien von Aristoteles sind nicht mehr anwendbar. Das Denken gerät in Antinomien. Schließlich kann man nur noch sagen, was Gott *nicht* ist, also: von Gott *in negativen Begriffen* reden.

Wenn Augustin sagt, Gott ist allgegenwärtig, so ist das kein Pantheismus, der Gott mit der Welt identifizieren würde. Er folgt der Bibel: *Die Welt wurde von Gott aus dem Nichts geschaffen.*

Zum erstenmal im abendländischen Denken hören wir mit dem Christentum, unter dem Einfluß der jüdischen Tradition, von der Schöpfung aus dem Nichts. Gott existiert also »vor« der Welt und in einem unfaßbaren Sinn »vor« der Zeit, Gott ist also transzendent. Die Schöpfung geschah nur aus Gottes Willen. Die Liebe Gottes zeugt die Welt. Das heißen diese Worte, sie haben Sinn nur für den Glauben. Und darüber hinaus keinen wörtlichen Sinn, sondern nur einen Sinn, den der Glaube begreift. Außerhalb des Glaubens haben sie keinen Sinn.

Hier stellt sich wieder das Problem der Sprache. In welcher Sprache kann man vom christlichen Gott sprechen? Diese Frage wird immer wieder auftauchen. Grund: Wir haben in unserem Geist eine Dimension, für die unsere Sprache nicht zureicht. Oder aber: Man muß indirekte Wege finden, um mittels Listen, Kunstgriffen unsere Sprache trotzdem zu gebrauchen, obschon sie dem nicht angemessen ist, noch sein kann, was gemeint ist.

Als Beispiel werfe ich hier ein Problem auf, das bei Augustin von zentraler Bedeutung ist: *die Trinität.*

Die Trinität bedeutet in der christlichen Tradition die drei Personen in der einen, göttlichen Person. Das Mysterium der drei, die eine Person sind, und des Einen, der drei ist: der Vater, der Sohn und der heilige Geist. Bei Augustin erhält die Vorstellung der Trinität philosophische Bedeutung. Diese philosophische Bedeutung des Begriffs der Trinität wurzelt in der Tatsache, daß im Christentum *Gott eine Geschichte hat.* In der griechischen Tradition haben wir nie eine Gottheit getroffen, die philosophisch eine Geschichte hat. Gott als Substanz oder als reiner Akt ist ewig und hat keine Geschichte. Wir haben bei Platon erwähnt, daß die menschliche Seele den Ideen gleicht, aber nicht Idee ist, gerade weil sie eine Geschichte hat. Die Ideen haben keine Geschichte, sie sind unwandelbar.

Von der jüdisch-christlichen Tradition aus haben wir nicht nur eine Naturgeschichte als Geschichte der Welt; nicht nur eine Menschenge-schichte als Geschichte der Völker und Kulturen; sondern noch eine übernatürliche Geschichte, in der Gott selbst *geschichtlich* wird. Die übernatürliche Geschichte, die mit der Schöpfung der Welt aus dem Nichts anfängt und dann durch den Sündenfall und das Leben und den Tod Christi zur Heilsgeschichte wird, ereignet sich zugleich in Gott. Denn Gott selbst ist in der Person des Sohnes gekreuzigt worden. Wie soll dieser Glaube (der bei Augustin dem Verstehen vorausgeht) nun verstanden werden? Wie soll man begreifen, daß Gott, der ewige, absolut Eine, doch eine Geschichte haben kann? Versuchen wir erst das Problem selbst zu verstehen.

Nach allem, was bisher besprochen wurde, mögen die Leser wohl verstehen, warum das Eine zunächst alle Geschichte auszuschließen scheint. Das Eine ist seinem Wesen nach unwandelbar. Wir können Umformungen mit einer Mehrzahl vornehmen, nicht aber innerhalb des Einen. Wir erinnern uns: Die Atome sind unveränderlich, weil jedes von ihnen »eins« ist. Was absolut eins ist, kann keine Geschichte haben.

Indessen, der Gott der übernatürlichen Geschichte oder der christlichen Heilsgeschichte ist ein Gott, der eine Geschichte hat.

Er ist zugleich ewig-übergeschichtlich und übernatürlich-geschichtlich. Und hier findet die Trinität ihren Ort: im Innern Gottes also kann etwas geschehen. Damit im Innern Gottes etwas geschehen kann, muß Gott, der Einer ist, zugleich eine Mehrzahl sein. Und so wird die Trinität eingeführt, die eine geschichtliche Freiheit des ewigen Gottes »verste-hen« läßt. Augustin findet hier eine Rechtfertigung und eine philosophi-sche Auslegung der Trinität.

Die Trinität kann diese Rolle nur erfüllen, wenn tatsächlich Einheit *und* Geschichtlichkeit festgehalten werden. Hält man die beiden nicht mit aller Kraft fest, opfert man, oder ordnet man die eine der anderen unter, dann geht der Sinn verloren. Beide müssen unreduzierbar sein, sie müssen sich gegenseitig halten, sie müssen eine die andere bedingen.

Das ist der Grund, warum Augustin den Kampf aufnimmt gegen die

Häresien, besonders gegen den Arianismus; diese Häresien entstanden immer wieder in bezug auf diese Vorstellung der Trinität: Die einen ordneten die Dreiheit der Einheit unter, die anderen umgekehrt opferten die Einheit der Dreiheit auf.

Noch eine Bemerkung, die sich auf den Ausdruck bezieht: die Lehre sagt »drei Personen in einer«. Dieser Begriff »Person« gibt leicht Anlaß zu Verwirrung in bezug auf die Tradition.

Er ist zuerst in griechischer Sprache formuliert worden: *die drei Hypostasen.* Das bedeutet eigentlich drei Weisen der Erscheinung, drei Aspekte von... Dies hat man lateinisch mit *»persona«* übersetzt, was nicht dem Sinn von unserem »Person« entspricht, sondern eher dem der *Rolle* oder der Personen in einem Theaterstück.

In jedem lateinischen Theaterstück steht auf der ersten Seite *»Personae«,* und dann folgt die Aufzählung, die Liste der Rollen. *Persona* bewahrt also noch etwas von *Hypostasis,* was die drei Rollen der göttlichen Einheit meint. In modernen Sprachen entfernt sich die Vorstellung von »Person« weit von diesem Begriff der Rolle. Wir sehen also, daß in Wirklichkeit *drei Funktionen* gemeint sind, drei tätige Aspekte, die im Innern der Einheit und der göttlichen Einfachheit Beziehungen möglich machen.

Der Vater, das ist die göttliche Essenz, das Sein Gottes; der Sohn, das ist das Wort, das heißt die Wahrheit; denn Wahrheit gibt es von dem Augenblick an, wo das Wesen (Sein) spricht. In der ursprünglichen Dichte des Seins gibt es noch gar keine Wahrheit, weil es noch gar keine Möglichkeit zu Irrtum – oder was es auch sei – gibt. Der Sohn also, der das Wort ist, ist die Wahrheit. Und der heilige Geist ist die Liebe, durch die der Vater den Sohn zeugt. – Wie sollte die Liebe sonst gefaßt werden, wenn sie nicht Liebe zu..., Liebe von... ist?

Damit ist das Mysterium der Trinität keineswegs gelöst. Wichtig ist, daß wir uns nicht stoßen an einer Art von drei festen Personen, die eine Person sein sollen; sonst stoßen wir uns ganz einfach an einem Widersinn. Wir müssen in Richtung des erwähnten griechischen und lateinischen Sinnes dieser Begriffe suchen. Man darf nicht versuchen, sich die Trinität vorzustellen. Die Trinität ist kein Bild, das wir uns machen könnten. Sie kann uns nur helfen, durch unsere eigene Freiheit uns der transzendenten Geschichtlichkeit des einen ewigen Gottes verstehend – und nicht verstehend – zu nähern und den absoluten Abstand zu erleben.

Wir wollen nun das Problem des Ursprungs der Welt und ihrer Erschaffung in biblischer Sicht etwas näher untersuchen. Der Mensch schaut um sich herum und staunt: Woher die Welt? Es ist ein ungelöstes Problem. Und es kann infolge der Struktur unseres Geistes selbst wohl gar nicht gelöst werden.

Für die Griechen gab es immer schon etwas Vorgegebenes, von dem aus die Philosophen mit mehr oder weniger mythischen Bildern zu erklären suchten, wie aus diesem Vorgegebenen schließlich das Universum wurde. Es gab zum Beispiel die Theorie des Chaos, aus dem der Kosmos erwächst.

In der jüdisch-christlichen Tradition tauchen ganz neue Begriffe auf. Der Ursprung der Welt wird auf mythische Weise in der Genesis als Schöpfung aus dem Nichts erzählt.

Schöpfung aus dem Nichts. Gott zieht die Welt aus dem Nichts. Es gibt Gott, es gibt die Welt, aber keine Ur-Materie. Die Schöpfungsgeschichte wirft *das Problem der Zeit* auf. Es wurde immer wieder, auch in späteren Jahrhunderten, gestellt und lautet: Wenn Gott in seiner Ewigkeit ist, gibt es keine Zeit; wie ist es zu verstehen, daß Gott die Welt »in einem bestimmten Augenblick« erschaffen hat? (Wobei schon »in einem bestimmten Augenblick« für dieses Denken unverständlich ist.) Warum dieser Augenblick und kein anderer? Antwort: Gott hat die Welt und zugleich die Zeit erschaffen.

Zwischen Zeit und Ewigkeit läßt sich keine direkte Beziehung herstellen. Wir müssen das Problem sehen, und es hängt alles davon ab, wie wir Zeit und Ewigkeit auffassen. Wir stehen hier wieder vor einer der philosophischen Grenzfragen. Wir können Zeit und Ewigkeit nicht einander gegenüberstellen und dann nach ihrer Beziehung fragen. Wir müssen einsehen, daß beide Begriffe erst einer durch den anderen ihren Sinn bekommen. Die Weise, wie wir selber den Sinn von Zeit und den Sinn von Ewigkeit fassen, bestimmt ihre Beziehung in unserem existentiellen Denken. Diese Beziehung hängt von der Art ab, wie jeder von uns sich existentiell in seiner Zeit in bezug auf die Ewigkeit stellt. (Philosophisches Denken kann nur stattfinden, wenn der Denkende in Freiheit Stellung bezieht. Denn philosophisches Denken heißt, in *Freiheit* denken. Freiheit ist nicht nur ein »Organ« der Entscheidung, sie ist auch ein »Organ« des Denkens. Sie ist, in der Philosophie, ein Teil des Erkenntnisvermögens. Wir können also diese Termini nicht jeden für sich setzen, objektivieren, von uns selber absehend.

Die Freiheit wird oft geleugnet, aber sie bleibt. Wer sie leugnet, leugnet sie in Freiheit. Wenn man die Freiheit des Geistes wirklich ausschalten könnte, könnte man sie also nicht einmal leugnen. In Wahrheit könnte man ohne Freiheit nicht mehr sprechen. Das ist einzusehen, ist auf besondere Art evident. Nicht eine Evidenz wie etwas Objektives, sondern eine Evidenz, die man im Vollzug der Reflexion erfährt. Wenn man zurückblickt auf das eigene Denken, um zu prüfen, wie es vorgeht, entdeckt man, daß der Denkakt die Freiheit ins Spiel bringt.)

Wir haben also gesehen, daß die Schöpfung aus dem Nichts die Frage der Zeit aufwirft. Wir beginnen zu fragen: was war vor der Zeit? Vor der Zeit gab es keine Welt, vor der Zeit gab es keine Zeit, also vor der Schöpfung keine Zeit ... »Vor« verliert eben seinen Sinn außerhalb der Zeitlichkeit.

Der Akt der Schöpfung geschieht nicht in der Zeit, sondern er zeugt sie. Und darum finden wir schon bei Augustin den Gedanken: daß der Schöpfungsakt Gottes sich unaufhörlich fortsetzt. Er ist nicht ein für allemal geschehen. Die Vorsehung ist nicht ein Planen der Menschheitsgeschichte, sondern der fortgesetzte Akt Gottes. Er ist nicht in der Zeit gelegen, er übersteigt die Zeitlichkeit.

Nimmt man an, daß die Schöpfung rein göttlichen Ursprungs ist und aus dem Nichts erfolgt, stellen sich alte Probleme in neuer Gestalt wieder. Das Problem *des Bösen*. Woher kommt es? Der allgütige Gott kann es unmöglich geschaffen haben. Wir können aber auch nicht annehmen, daß es anderswoher stammt. Es gibt ja keine andere Quelle als Gott. Die Interpretation Augustins, der andere Autoren folgten, ist die Vorstellung, daß das Böse das Mal des Nichts ist, aus dem die Schöpfung herkommt. Das Böse ist gewissermaßen das Zeichen des »Kreatur«-Seins, daß die Kreatur nicht die Fülle der Gottheit hat, sondern eben das Siegel des Geschaffenseins trägt. Sogar wenn Gott dem Geschöpf das Maximum geben will, kann es im Augenblick, da es von ihm unterschieden sein muß, nicht der Schöpfer selbst sein. Augustin will aber damit nicht den Akzent auf die Sehnsucht der Kreatur nach dem Ursprung, nach der Einheit mit Gott setzen, sondern das Vorhandensein des Bösen erklären. Es ist das Zeichen, daß die Kreatur zwar von Gott stammt, aber aus dem Nichts gezogen worden ist. Das

Nichts – man kann ihm keinen positiven Namen geben – ist ein Mangel. Dieser Mangel ist für die Geschöpfe unabdingbar. Wir wären keine Geschöpfe, wenn wir nicht »Mangelwesen« wären.

Geschöpf sein heißt, nicht ganz substantiell sein, mit einem Mangel in seinem Wesen behaftet sein, den Gott als Schöpfer nicht hat. Auf Umwegen klingt dieser Gedanke wie ein Echo dessen, was Sokrates sagte: Niemand ist mit Absicht böse. Bei Augustin wird nun ein anderer Akzent gesetzt: Der Wille an sich bleibt gut. Der positive Wille will etwas Gutes, da der Wille ja von Gott kommt. Er ist kein Nichts, kein Mangel. Er ist etwas, das ist. Beweis dafür ist, daß wir, wenn wir schlecht handeln, Gewissensbisse haben. Sie rühren von dem guten Willen her, den Gott uns gegeben hat. Doch bleiben wir an das Böse gebunden, das nicht aus Gott entsprungen ist, sondern aus der Tatsache der Schöpfung, der Trennung vom Schöpfer und dem der kreatürlichen Verfassung anhaftenden Mangel.

In dieser Auffassung besteht das Böse, und Gott trägt dafür keine Verantwortung. Sie tritt in der christlichen Epoche auf und zieht sich durch das ganze Mittelalter.

Wie denkt Augustin über die Natur *der Seele?* Er sucht nach einer *Gewißheit.* Bei ihm findet sich der berühmte Gedankengang, der den des Descartes im ›Discours de la méthode‹ vorgezeichnet hat, das Suchen der Gewißheit mit Hilfe des Zweifels. Zweifeln heißt denken, das wiederum heißt existieren. Und diese Existenz des Subjekts, das zweifelt, bezieht sich auf Gewißheit.

So vergewissert sich die Seele ihrer selbst. Und wie die Seele sich durch diesen Gedankengang ihrer Existenz vergewissert, so offenbart sie sich uns als etwas, das sich von aller Materie unterscheidet, als eine Substanz, die von der Materie verschieden ist. Nach Augustin ist die Seele nicht einfach etwa eine flüchtigere Materie, sondern sie gehört einer anderen Ordnung an. Hier erkennen wir die Spur Platons bei Augustin. Die Seele ist anderer Art als die Materie. Sie ist unsterblich, weil sie von derselben Art ist wie die Wahrheit. Nach Augustin haben die Seele und die Wahrheit gewissermaßen die gleiche Substanz. Der Tod der Seele wäre die Trennung der Seele von der Wahrheit. Die Seele kann sich aber nicht von der Wahrheit trennen. Sie ist also unsterblich, weil die Wahrheit selbst. Dahinter steht die Vorstellung: Die Wahrheit ist auch Gott. »Ich bin der Weg, die Wahrheit . . .«

Aus dieser unauflöslichen Verbindung ergibt sich, daß Gott *in* der Seele ist. Das zu begreifen ist wichtig: Für Augustin ist da nicht ein Gegenüber von Seele und Gott.

In unseren Tagen hat *Sartre* gesagt: Wenn Gott ist, ist der Mensch, als Freiheit, nicht mehr; und wenn Freiheit ist, so ist Gott nicht. Diese Vorstellung beruht auf einer völligen Veräußerlichung der Seele in ihrem Bezug zu Gott. Bei Augustin finden wir das Gegenteil. Gott ist innen in der Seele. Augustin sagt das berühmte Wort: Gott ist *interior intimo meo*. Innerlicher in mir als das Innerste in mir. Das heißt: Gott ist zentraler in mir, als ich selber in mir zentral bin. Gott ist meine innerste Mitte, mehr als ich selber meine Mitte sein kann.

Die Suche nach einer Vorstellung von Gott vollzieht sich nicht wesentlich nach außen, im Steigen bis in höchste Höhen, sondern sie geschieht in der Tiefe unserer Seele, und in ihrer Tiefe finden wir dieses Licht zuinnerst in uns: Gott, *interior intimo meo*.

Auch für den, der heute Augustins Glauben nicht teilt, ist es wichtig, seine Gedankengänge nachzuvollziehen und zu verstehen. So werden wir nicht Opfer von Argumenten, in denen es nicht wahrhaft um Gott, um die Seele geht, wo diese Worte wie einander entgegengesetzte Gegenstände behandelt werden – was ihnen jede Bedeutung nimmt.

Im Augenblick, da Gott für den Gläubigen innerlicher in ihm ist als er sich selbst, verliert der Konflikt der Freiheiten seinen Sinn: was Gott will, was ich will… Im Gegenteil: was Gott will, ist innerlicher in mir, als was ich in diesem Augenblick zu wollen glaube.

Gott weiß alles im voraus, sagt Augustin. Das nennt er das göttliche Vorwissen. Wir überlegen: Gott ist in Ewigkeit, für ihn gibt es kein Vor und Nach. Wir zwar sagen »göttliches Vorwissen«, weil wir an die Zeit gebunden sind. Für Gott aber ist es das ewige Wissen, das zu allen Zeiten bestehenbleibt. Wenn also für Gott die Ewigkeit gewissermaßen die Totalität der Zeit ist, die ganz und wie in einem Blick wahrgenommen ist, wie kann dann das göttliche Vorwissen noch Freiheit der Seele, oder eine gewisse Freiheit der Seele, bestehenlassen?

Die Antwort auf diese Frage heißt bei Augustin *Prädestination*. (Dieser Gedanke wurde viel später für die Jansenisten und für Pascal entscheidend.)

Prädestination bedeutet, daß wir im voraus von Gott zur Gnade oder zur Verdammung bestimmt sind. Das ist eine äußerst empörende

Vorstellung. Wir müssen aber wieder die Beziehung der Zeit zur Ewigkeit beachten. Wenn wir uns vorstellen, daß Gott im voraus weiß, wie wir handeln werden, und wenn wir vorausbestimmt sind zu Gnade oder Verdammung, so ist das unerträglich. Machen wir uns aber klar, daß für Gott die Zeit gewissermaßen aufgehoben ist, so daß sie die Gestalt der Ewigkeit annimmt, die wir uns nicht vorstellen können – dann stellt sich die Frage ganz anders. Wenn zum Beispiel Gott sich der Zukunft erinnern könnte, so wie wir uns der Vergangenheit erinnern, dann wäre seine Erinnerung kein Vorbestimmen der Zukunft, kein Vorbestimmen des Menschen zu diesem oder jenem Schicksal; sondern weil Gott in Ewigkeit ist, ist die Zukunft für ihn wie die Vergangenheit, wie die Gegenwart: Er ist in der Ewigkeit. Wir rühren hier an ein Mysterium und nicht an einen Unsinn, wie manche sagen. Ein Mysterium, dem man nicht entgehen kann – auch nicht außerhalb des Denkens Augustins –, das Problem von Zeit und Ewigkeit. Wenn wir genau zusehen, hält hier keine menschliche Auffassung stand; es kommt der Moment, wo sie sich selber widerspricht und aufhebt.

Es gibt also ein Mysterium der Zeit. Es ist, wie wenn in unserem Geist die Zeit gewissermaßen von etwas zurückgeworfen wird, was nicht in der Zeit ist. Anders gesagt, der ursprüngliche Gedankengang von Augustin, von dem früher die Rede war, ist ganz zutreffend: Die Vergangenheit existiert nicht mehr, die Zukunft existiert noch nicht, die Gegenwart ist eine abstrakte Grenze: es gibt keine Zeit. Wir sind gezwungen, auf etwas zurückzugreifen, das die Zeit überschreitet, damit die Zeit uns bleibt, damit sie überhaupt als solche denkbar ist. Aber das, worauf wir zurückgreifen und das uns unerläßlich scheint, damit Zeit sei, scheint zugleich die Zeit zu leugnen und zu zerstören.

Wenn die Ewigkeit ist, dann ist die Zeit nicht. Wenn aber die Ewigkeit nicht ist, dann ist auch die Zeit nicht.

Wir stehen vor einem Mysterium unseres Menschseins.

Wir betrachten hier Augustin an der Schwelle der christlichen Philosophie: noch so antik, tatsächlich noch so nahe beim antiken Denken, so nahe bei Platon, bei Plotin. In gewissem Sinn zeigt er jedoch außerordentlich moderne Züge. Die Reflexion über die Zeit, diese Art existentieller Erforschung der menschlichen Zeitlichkeit, der Geheimnisse der *conditio humana,* der Beziehung zwischen Schöpfer und Geschöpf, zwischen Zeit und Ewigkeit usw.; die Anstrengung des klaren Denkens, das gerade die Tiefe und die Unvermeidlichkeit des Geheimnisvollen erleben läßt oder zu erleben zwingt – lauter moderne Züge.

Das ist wahrscheinlich einer der Gründe, warum Augustin soviel gelesen und studiert wird.

Wir brauchen sonst das Wort Geheimnis selten. Eher sprechen wir von Problemen. Damit meinen wir ein Hindernis, auf das unser Denken stößt und das nicht von der Schwäche unseres Geistes herrührt, sondern das mit unserem Menschsein selbst zusammenhängt, mit unserer Situation in der Welt gerade in bezug auf unser Denken, und das daher keine endgültige Lösung zuläßt. Wir unterscheiden zwischen Frage und Problem. Wenn wir eine einfache Frage stellen, kann eine Antwort gegeben werden. Wenn es sich aber um eine »Frage« handelt, die als Antwort nur wieder eine »Frage« zuläßt, die nur erhellt, was wir nicht in den Griff bekommen können, dann sprechen wir von »Problem«.

Daher gibt es in jedem Problem ein Geheimnis. Seine Dichte ist geheimnisvoll, sein Sinn ist geheimnisvoll. Und die »Lösungen«, die man zu geben sucht, sind nur eine Art Lichtstrahlen, die man in die Tiefe des Geheimnisses wirft, damit dessen Tiefe spürbar wird, nicht aber, um es aufzuheben.

Ein Geheimnis – in der Philosophie – kann man nicht aufheben; wir vertiefen es, indem wir es beleuchten, wenn es ein echtes Geheimnis ist.

In diesem Zusammenhang wollen wir noch einmal die Prädestination betrachten und sie gegen den Begriff der Fatalität, des Schicksals, abgrenzen. Im Begriff Fatalität liegt etwas Fixiertes, Starres, während Prädestination auf den göttlichen Urheber weist. Gott prädestiniert, er ist nicht unpersönlich. Der Gott Augustins ist der lebendige, unvorstellbare Gott, an den Augustin glaubt und der ihm näher steht als er sich selbst. Daher hat die Prädestination nicht den starren Charakter eines im voraus niedergelegten Plans. Es ist das Leben Gottes selbst in der Ewigkeit, das diese Prädestination in der Ewigkeit hervorbringt. In der Zeit nennen wir das – wenn auch in unangemessener Weise – »Prädestination«. In dem Wort »Prädestination« haben wir schon die Zeitlichkeit eingeführt.

Diese Ausführungen mögen in ihrem Stammeln die Leser dazu ermuntern, sich selber in Augustin zu vertiefen, um ihn besser zu verstehen.

Wir überspringen mehrere Jahrhunderte. Wir übergehen die Patristik, den Neuplatonismus, viele große, wichtige Denker.

In der mittelalterlichen Philosophie, mehr als 600 Jahre nach Augustin, etwa um 1100, setzen wir wieder ein.

Zunächst eine Frage: Warum nennt man die mittelalterliche Philosophie *Scholastik?* Weil dieses Denken von der Schule, lateinisch *schola,* herkommt. Es ist also Schulphilosophie. Das scholastische Denken entwickelt sich im Raum der christlichen Kirche. Es gehorcht einem Grundprinzip, das wir schon erwähnt haben: *»Fides quaerens intellectum«* – »Der Glaube sucht die Vernunft«.

Wir werden nun einige Beispiele heranziehen. Das heißt aber durchaus nicht, es handle sich um eine Periode primitiven oder unbeholfenen Denkens. Tatsächlich haben die Scholastiker in der Auseinandersetzung zwischen Glauben und Verstehen eine philosophische Sprache ausgebildet, deren Begriffe äußerst fein und tiefsinnig sind. Damit verglichen ist die Ausdrucksweise mancher moderner Philosophen-Schriftsteller simpel und grobschlächtig. Zwar uferten die Unterscheidungen der Scholastik manchmal zu Spitzfindigkeiten aus, aber trotzdem könnten viele Unterscheidungen von damals uns noch heute große Dienste leisten.

Anselm von Canterbury und der ontologische Gottesbeweis

Wir greifen hier Anselm von Canterbury (1033–1109) heraus mit seinem *»ontologischen Gottesbeweis«,* auch oft »ontologisches Argument« genannt. Eigentlich ist dieser Beweis nicht ausgedacht, um Ungläubige von der Existenz Gottes zu überzeugen, sondern um eine Mönchsgemeinschaft, also Gläubige, zu stärken und ihnen über ihren Glauben Klarheit zu verschaffen.

Dieser ontologische Gedankengang ist in gewissem Sinne einfach: Gott ist ein vollkommenes Wesen; die Vollkommenheit schließt die Existenz ein. Wieso? Wenn nämlich Gott vollkommen wäre, ohne zu existieren, so könnte man sich ein anderes Wesen denken, das überdies noch existierte und damit vollkommener wäre als Gott. Daher schließt Vollkommenheit Existenz in sich.

Wir wollen diese Abfolge noch anders darzustellen versuchen. Das »ontologische Argument« bedeutet: Wenn wir »Gott« sagen, sprechen wir den Begriff Gott aus. Dieser Begriff Gott enthält in sich alle Vollkommenheiten, einschließlich der Existenz. Das heißt: Existenz gehört zu seiner Essenz. Was man in der Philosophie *Essenz* nennt, ist alles, was den Sinn eines Begriffes ausmacht; das, was dem Begriff nicht fehlen kann, ohne dessen Sinn zu zerstören. Es ist im Grunde seine Definition.

Der Sinn des Wortes »Gott« ist es, alle Vollkommenheit, samt der Existenz, in sich zu vereinigen. Und weil das Wort Gott alle Vollkommenheiten samt der Existenz in sich faßt, ist es notwendig, daß Gott existiert. Diese Folgerung geht von der logischen Analyse des Gottesbegriffs zur ontologischen Behauptung der Existenz Gottes, der Gegenwart Gottes als Wesen; man geht vom Logischen zur Existenz über.

Wir sollten diesen Schritt genauer verstehen, weil es sich dabei um einen sehr wichtigen Punkt handelt.

Wenn wir zum Beispiel ein Dreieck denken, gleich welches Dreieck, und sagen: die drei Winkel des Dreiecks machen 180 Grad aus, ganz gleich, was für eine Form es im übrigen hat, so haben wir recht, auch dann, wenn möglicherweise gar kein gezeichnetes oder ausgeschnittenes Dreieck vorhanden ist. Über den Begriff des Dreiecks nachzudenken hat also gewisse logische zwingende Folgen, z. B.: Die drei Winkel betragen 180 Grad. Aber die faktische Existenz des Dreiecks ist nicht zwingend. Das Logische mündet hier nicht in die Existenz des Dreiecks. Im ontologischen Argument erforscht man den Begriff Gott; weil in diesem Begriff aber die Existenz als notwendiges Element eingeschlossen ist, befindet man sich nicht in der gleichen Lage wie beim Dreieck; die Existenz ist für den Begriff Gott, über die Idee der Vollkommenheit, konstitutiv. Während es beim Dreieck keinen Widerspruch ergibt, es als logischen, aber nicht-existenten Gegenstand aufzufassen, ist es dagegen ein Widerspruch, nach Anselm, Gott als nicht-existent zu denken: Die Existenz macht ja einen Teil seiner Essenz aus. Die drei Seiten gehören zur Essenz des Dreiecks, nicht aber die Existenz. Da aber Existenz zur Definition Gottes gehört, so ist es nach diesem Beweisgang möglich – wenn es sich um Gott handelt und nur in diesem Fall –, vom Logischen zum Ontologischen überzugehen, von der logischen Notwendigkeit zum Sein fortzuschreiten. Diese Denkweise ist uns zunächst sehr fremd, wir können uns nicht gut hineinfühlen. Je länger wir aber mit Philosophie umgehen, desto eher werden wir zur Einsicht kommen, daß wir bei solchen Schwierigkeiten uns fragen müssen, ob der Fehler nicht mehr bei uns als bei dem betreffenden Denker liegt.

Wir können hier zunächst bezweifeln, daß der ontologische Gottesbeweis ein eigentlicher *Beweis* ist. Ist er zwingend? Kann er jemanden überzeugen oder sogar einen Glaubenden in seinem Glauben stärken? Vielleicht nicht. Er kann uns aber helfen, uns Aufschluß zu verschaffen über Sinn und Vorbedingungen unserer Frage nach Gottes Existenz. Wenn wir diese Frage stellen, wissen wir nämlich nicht genau, was wir fragen, denn wir wissen nicht genau, was wir unter »Gott« verstehen. Wir wissen nicht genau, was wir unter »existieren« verstehen; denn »existieren« bedeutet sehr Verschiedenes: Ein Dreieck existiert anders als ein Apfel und anders als ein Mensch; ein Mensch existiert anders als ein Apfel, usw. Wie verstehen wir »existieren« bei Gott? Und welchen Bedingungen unterliegen wir, wenn wir uns nach der Existenz Gottes befragen?

Wenn wir dem ontologischen Gedankengang in seiner Argumentation folgen, wenn wir ihn nachvollziehen, entdecken wir: Entweder wir reden von Gottes Existenz, weil wir von unserem *Gott* reden, von Gott, an den wir glauben und dem wir die Fülle seiner Gottheit einräumen, das heißt: wir erkennen, daß er *ist* und daß seine Existenz nicht bezweifelt werden kann. Oder wir verstehen unter Gott einen abstrakten *Begriff,* der nicht Gott ist, dem also Existenz logisch nicht wesentlich zugehört, so daß sie sehr wohl geleugnet werden kann.

So entdecken wir, daß es im Grunde unmöglich ist, die Existenz Gottes zu *beweisen:* die Existenz Gottes bekommt nur Sinn vom Glauben her. Entweder glaubt man an ihn, oder man glaubt nicht. Einen neutralen Standpunkt außerhalb, von wo aus eine Beweisführung möglich wäre, gibt es nicht.

Wir können also diese Frage nach der Existenz Gottes nicht wie Fragen nach der Existenz anderer Wesen stellen. Die Frage nach Gott wird unter anderen Vorbedingungen gestellt. Entweder ist Gott am Anfang schon gegenwärtig, so daß es wahrhaft Gott ist, von dem man spricht; oder aber man redet gar nicht von Gott, stellt sich Gott nicht einmal vor, spricht nur dieses Wort aus, und dann kann man seine Existenz wohl in Zweifel stellen und sie leugnen – aber wessen Existenz ist es dann? Der ontologische Beweis erlaubt uns also, unsere eigene Situation in bezug auf den Glauben an Gott zu erforschen.

Noch eine Bemerkung zu Anselm. Er wird in der Philosophiegeschichte zu den Verfechtern des *Realismus* gegen den *Nominalismus* gezählt. Was bedeutet das? Werfen wir einen Blick zurück. Wir haben bei Platon die ontologische Realität der Ideen festgestellt und dagegen bei Aristoteles den allgemeinen logischen Begriff gesetzt. Dieser Unterschied zwischen Platon und Aristoteles enthält schon im Keim die Möglichkeit des Universalienstreites.

Universalien nennt man die allgemeinen Begriffe. Die Stoiker sagten: Ich sehe das Pferd, aber nicht die Pferdheit. Universalien sind Begriffe wie »Pferdheit«, weil sie *alle* Individuen einer Art umfassen – zum Beispiel: alle Pferde, die heute leben, die gelebt haben oder leben werden und sogar die Pferde, die Künstler und Dichter sich erdacht haben.

Der Universalienstreit hat die Denker im Mittelalter in bezug auf die Wirklichkeit oder Nicht-Wirklichkeit der Universalien entzweit.

THOMAS VON AQUIN (1225–1274)

Vorweg einige Lebensdaten: Geboren bei Aquino in Italien, im Kloster Monte Cassino erzogen. Mit 18 Jahren im Dominikanerorden, Schüler von Albertus Magnus in Köln; lehrt selber in Paris, Orvieto, Viterbo und Rom. Stirbt 1274.

Aristotelismus

Wir wir schon sagten, war das Werk des Aristoteles in Europa fast verlorengegangen. Man kannte nur noch seine ›Physik‹ (Naturlehre). Durch die Juden und Araber, die gemeinsam das Werk Aristoteles' interpretierten, kam es auf dem Umweg über Afrika und Spanien wieder nach Europa zurück und hat hier einen großen Einfluß ausgeübt.
Das Denken des Aristoteles hatte – von seiner Denktechnik und Begriffsbildung her – einen viel höheren Entwicklungsstand erreicht als das damalige christliche Denken.
Es waren vor allem Geistliche, die sich damals mit Philosophie beschäftigten, also befaßten sie sich mit Aristoteles. Dabei spalteten sie sich in zwei Lager: Die einen wollten um jeden Preis soviel als möglich vom Werk Aristoteles' übernehmen, sogar um den Preis, die christliche Tradition unter diesem Zustrom aus der heidnischen Antike zu ertränken; die anderen dagegen klammerten sich an die christliche Tradition und wehrten den heidnischen Beitrag leidenschaftlich ab. Vor dieser geistigen Spaltung befand sich – und das ist von besonderer historischer Tragweite – Thomas von Aquin, der später der heilige Thomas wurde, der Doctor Angelicus für die katholische Kirche; das heißt, er wurde zur Autorität für die Kirche. Er versuchte, eine *Synthese* zwischen dem Aristotelismus und der christlichen Denktradition aufzubauen.
Wir sprachen bei Aristoteles von den drei großen Systemschöpfern der Philosophiegeschichte: Aristoteles, Thomas und Hegel.

Man könnte sich ein ganzes Leben lang mit Thomas wie mit den beiden anderen befassen. Wir beschränken uns hier aber auf ein paar Aspekte. Seine bekanntesten Werke sind: die ›Summa theologica‹ und die ›Summa contra gentiles‹ (Gegen die Heiden). Aus ihnen wollen wir uns einiges vom Wesentlichen vor Augen führen.

Thomas hat also versucht, eine Synthese zwischen dem Aristotelismus und der christlichen Tradition zu vollziehen. Vom aristotelischen Denken übernimmt er zunächst die *hierarchische und kontinuierliche Auffassung* der Geschöpfe auf der Welt. Es geht um das Problem der Einheit der geschaffenen Welt. Zwar handelte es sich bei Aristoteles nicht um eine geschaffene Welt. Bei den antiken Philosophen gibt es eigentlich keine radikale Schöpfung. Jetzt aber, in christlicher Perspektive, ist die Welt erschaffen. Thomas leiht sich von Aristoteles gewissermaßen das Schema für die geschaffenen Wesen, das eine ununterbrochene Hierarchie darstellt. In diesem Schema trafen wir die Pflanzen, dann die Tiere, darauf die Menschen. Im Menschen selbst gab es eine Hierarchie, und dann auch noch unter den Teilen der Seele. Schließlich gab es den reinen Geist oder den *actus purus,* an dem die Menschen durch einen Teil ihrer Vernunft teilhaben.

Wie paßt nun Thomas diese Struktur den christlichen Vorstellungen an? Er sieht es so: Zuunterst läßt er die Hierarchie der materiellen Formen stehen, das heißt der Formen, die mehr oder weniger mit Materie vermengt sind. Über die materiellen Formen stellt er die Hierarchie der reinen Formen, das heißt der immateriellen, von Materie befreiten Formen. Und zwischen ihnen, an der Grenze – als die höchste materielle Form und zugleich die niedrigste reine Form –, sieht er *die Seele,* wie sie im Menschsein lebt. Die unsterbliche Seele des Menschen ist die höchste der mit Materie vermischten Formen, sie ist ja an einen Körper gebunden (für Aristoteles war die Seele, wie wir uns erinnern, die Form des Körpers). Sie ist aber zugleich die niedrigste der reinen Formen. Über der menschlichen Seele erhebt sich die Hierarchie der reinen Formen ohne jede Materie: das sind *die Engel.*

Hier treffen wir einen ganz neuen Begriff, der nicht von Aristoteles stammt, der aber in gewissem Sinne die von diesem antiken Philosophen übernommene kontinuierliche Hierarchie fortsetzt. Unten also: die materiellen Formen; oben die reinen Formen (Engel); an der Grenze die menschliche Seele, die zugleich materiell und rein ist. Die Engel bilden wieder eine Hierarchie. Diese ist keine Hierarchie verschiedener

Arten von Engeln, wie die der lebenden Wesen eine Hierarchie verschiedener Arten ist, in denen es eine große Zahl von Individuen gibt. Die Hierarchie der Engel dagegen weist auf jeder Stufe nur *einen einzigen* Engel auf.

Das ist aus dem Denken Thomas' zu verstehen, für den eine Gattung aus vielen Individuen besteht, weil sie eben Materie enthält; Materie, die gewissermaßen träge die Formen wiederholt. Sobald wir aber zu den reinen Formen kommen, gibt es keine Wiederholung. Jede Ebene ist einzigartig, und daher gibt es auf jeder Ebene nur einen Engel.

Das entspricht wohl einem tiefen Bedürfnis des menschlichen Geistes. Das Einmalige, das jeweils Einzige, das sich nicht wiederholt, ist kostbarer als das, was in vielen Exemplaren vorhanden ist, vertauschbar ist, ersetzt werden kann.

Das Prestige des Einmaligen ist etwas sehr Wichtiges. Hier liegt der Wert sozusagen im reinen Zustand. Für Thomas gibt es vom Moment an, da die Materie nicht mehr beteiligt ist, nur noch einzigartige Wesen, die dem höchsten Wesen, Gott, untergeordnet sind.

Thomas stellt die Frage: Wie können wir überhaupt *von Gott* sprechen? Zunächst ein wesentlicher Punkt: Thomas erkennt – entgegen der Meinung vieler – den ontologischen Gottesbeweis, wie er von Anselm vorgebracht worden war, nicht an. Warum? Weil – sagt Thomas – der ontologische Beweis von einem Begriff ausgeht, den wir uns als Menschen von Gott machen. *Wir* haben den Begriff eines vollkommenen Gottes, und diese Vollkommenheit schließt Existenz ein. Dieses Argument jedoch, sagt Thomas, überfordert den menschlichen Geist. Es ist nicht erwiesen, daß man aus dem Begriff, den Menschen sich von Gott machen, etwas Angemessenes über die Existenz Gottes schließen kann. Nein. Thomas macht es ganz anders.

Hier soll auf einen Zug im Denken von Thomas hingewiesen werden, der ihn Aristoteles verwandt erscheinen läßt: Es ist sein Bemühen um Kontinuität. Ihm liegt das tragische Denken, das Zerreißende, das Spaltende fern. Wir kennen zum Beispiel schon die Rolle der Paradoxa, des Absurden, bei Augustin. Bei Thomas sehen wir etwas ganz anderes. Thomas versucht immer, wenn es geht, aufsteigende Kontinuitäten zu zeigen. Kontinuitäten, die uns wieder zum Ursprung zurückführen. Und seinen Gottesbegriff übernimmt er nicht einfach unmittelbar vom menschlichen Geist, wie es im ontologischen Beweis geschieht, sondern er sucht dem Begriff näherzukommen, indem er die Reihe der uns bekannten Wesen entlangschreitet und sie fortsetzt bis zu dem Punkt des höchsten Grenzbegriffs, der der Begriff Gottes ist. Diese Methode des Denkens bleibt Aristoteles treu. Dazu ein Beispiel: Wir sehen Wesen, die in Bewegung sind; in der Welt gibt es Bewegung. Woher kommt diese Bewegung? Alle Bewegung kommt von einem Beweger. Und die Bewegung dieses Bewegers kommt aus einer anderen Quelle, die selber ein Beweger ist. Steigen wir von einem Beweger zum nächsten Beweger zurück und von diesem wieder zu einem anderen usw., so kommen wir schließlich zu einem ersten Beweger, der durch Ableitung alles bewegt, selbst aber unbewegt bleibt. Dieser *erste unbewegte Beweger* ist Gott.

Ein anderes Beispiel: Gesetzt, wir haben ein Phänomen. Wir suchen seine Ursache. Diese Ursache ist die Wirkung einer anderen Ursache; diese andere Ursache ist ihrerseits die Wirkung wieder einer anderen Ursache usw. Wenn wir so der Kausalkette entlang zurückgehen, stoßen wir am Ende auf eine Ursache, die keine Wirkung mehr ist. Man nennt das in der Philosophie die erste Ursache. Sie ist eine Ursache, die selbst keine Ursache mehr hat. »*Causa sui*« auf Latein; die erste Ursache ist also nicht mehr von etwas anderem verursacht, sie ist *Ursache ihrer selbst*. Ihre eigene Ursache. Diese erste Ursache ist Gott.

Die Idee des ersten Bewegers und die Idee der ersten Ursache sind im Grunde zwei nahe beieinanderliegende Gedankengänge. Thomas geht nicht von einer Gottesidee aus, die im Geist des Menschen liegt, wie im ontologischen Beweis, sondern sein Ausgangspunkt ist die Erfahrung der Dinge. Auch Aristoteles war den Dingen zugewandt, die ihm in der Erfahrung gegeben waren. Wir gehen also von der Erfahrung aus, die wir in der Welt machen, und steigen in der Reihe der Bewegungen, in der Reihe der Ursachen rückwärts; und wir werden dazu geführt, einen ersten Beweger anzunehmen, der selbst nicht bewegt wird, und eine erste Ursache, die Ursache ihrer selbst, also erste Ursache ist. Und somit wird als letztes Glied einer Kontinuität Gott gewissermaßen erahnt.

Ein weiteres Beispiel: Alle Wesen, denen wir in der Erfahrung begegnen, sind bedingt, das heißt, daß ihre Existenz von etwas anderem als ihnen selbst verursacht und abhängig ist. Folglich könnten sie auch *nicht* existieren. Wenn mein Vater und meine Mutter sich nicht begegnet wären oder nicht existiert hätten, existierte ich nicht. Ich bin ein zufälliges oder bedingtes Wesen, das seine Notwendigkeit nicht in sich selbst trägt. Wenn nun – sagt Thomas – alle Wesen zufällig sind, was trägt sie dann im Sein? Die ganze Bedingtheit und Zufälligkeit muß letztlich auf einen Ausgangspunkt zurückgehen, auf einer anfänglichen Notwendigkeit beruhen. Dieses notwendige Wesen, dieses Sein, das alle kontingenten Wesen im Sein hält, ist Gott.

Wir sehen also, wie Thomas sich jedesmal entlang einer Kontinuität Gott nähert, den Weg des sich Nicht-Genügenden bis zum letzten Begriff, bis zum Absoluten.

Wenn andererseits Thomas sich der empirischen Welt zuwendet, so glaubt er darin eine Ordnung zu lesen, die einer Zweckmäßigkeit dient. Was in der Welt geschieht, scheint einen Sinn zu haben. Etwas vollzieht sich in ihr – sie strebt auf etwas hin. Sie wird nicht nur kausal verursacht, sondern auch von der Tendenz auf etwas hin bewegt. Wir ahnen Gottes Wirken und erahnen Gott als Endzweck.

Alle diese Denkmodelle unterscheiden sich völlig vom ontologischen Beweisgang. Es handelt sich um Bewegung, Fortschreiten, Aufstieg durch das, was ist, bis zum Absoluten hin. Wir finden bei Thomas keine radikale Diskontinuität zwischen der geschaffenen Welt und der göttlichen Wirklichkeit, keinen Abgrund zwischen der geschaffenen Welt und Gott – keinen tragischen Bruch zwischen dem Denken und seiner letzten Grenze. Diese letzte Grenze ist sozusagen in der Denkfähigkeit als Grenze inbegriffen und für das Denken sinnvoll.

Trotzdem transzendiert Gott als Grenzbegriff alle menschlichen Begriffe. Das haben wir daran gesehen, daß Thomas den menschlichen Begriff »Gott« als Grundlage für den ontologischen Beweis als inadäquat zurückweist.

Wie können wir also von Gott sprechen? Wie können wir uns Gott nähern? Thomas' Gedanke war immer, daß die Erkenntnis sich auf den Weg zu Gott hin machen muß. Wie ist der Weg? Thomas läßt zwei Wege zu: Der eine ist die *via negationis,* ein anderer die *via eminentiae.*

Via negationis – Der Weg der Negation

Wir können von Gott positiv nichts Adäquates aussagen. Unsere Sprache ist menschlich, allzu menschlich. Wir können aber sagen, was

Gott nicht ist. Zum Beispiel können wir ausschließen, daß Gott ein bedingtes, zufälliges Wesen sei, da er – als notwendiges Wesen – alles Bedingte im Sein trägt. Wir können akzidentelle, zufällige Wesen sein, Gott nicht. Ferner, da es die Hierarchie der materiellen und der reinen Formen gibt, von denen wir gesprochen haben, ist es klar, daß Gott kein Körper ist. Gott ist also auch nicht der alte Herr mit Bart auf einer Wolke, den der Astronaut Gagarin nicht angetroffen hat. Gott ist auch kein Mangel, kein Nicht-Vorhandenes etc.

Wir können negativ viel von Gott sagen, ohne ihm ungebührlich nahezutreten, ohne ihn auf Menschenmaß zurückzuführen. Wir können seine Absolutheit wahren, indem wir negativ von ihm reden.

Der andere Weg – *via eminentiae*

Die Eigenschaften, die wir als solche bei uns oder bei anderen Wesen kennen, erheben wir auf ihren höchsten Grad, so daß sie unsere Vorstellungskraft übersteigen. Wir sagen zum Beispiel, ein Mensch kann gut sein; wir sagen, Gott ist gut. Es ist klar, daß »gut« jeweils nicht den gleichen Sinn hat. Wenn wir sagen, ein Mensch sei gut, heißt das zum Beispiel, daß er seinen Egoismus überwunden hat. Vorausgesetzt ist, daß bei ihm Egoismus möglich ist. In bezug auf Gott stellt sich die Frage des Egoismus nicht. Das Wort *gut* wird auf eine andere Ebene versetzt, und der Sinn verändert sich also, wenn ich es auf Gott anwende. »Gut« bezeichnet dann eine so hohe Vollkommenheit, daß es schließlich über die Grenzen jedes bestimmten Sinnes hinausführt.

In Thomas' Auffassung unterscheidet sich also Gott völlig von allen Wesen, die wir kennen; zugleich aber sollen wir nie darauf verzichten, soviel als möglich von Gott zu erkennen und über ihn zu sagen. Hier sehen wir nochmals die Verwandtschaft zwischen Thomas und Aristoteles: beide suchten, entlang der uns zugänglichen Kontinuität, soviel als möglich zu erkennen, und kein Abgrund, keine Diskontinuität bringt sie je zur Verzweiflung.

Darum sagt auch die katholische Kirche: Die Gnade krönt die Vernunft, sie widerspricht ihr nicht. *Gratia perficit rationem.* Man soll sich also seiner Vernunft bedienen – soweit als möglich –, und in dem Maße, als man rechten Gebrauch von ihr macht, ist sie legitim. Man soll aber wissen, daß sie am Ende, in Richtung auf die höchste Ebene, unterstützt werden muß von etwas anderem, von der Gnade nämlich, was aber durchaus nicht das sacrificium intellectus bedeutet, das Opfer der Vernunft.

Die Analogie

Bei Thomas gibt es kein *sacrificium intellectus,* keinen *salto mortale,* durch den man erklärt: Meine Vernunft ist weltlich, ich opfere sie, ich überlasse mich der göttlichen Eingebung. Im Gegenteil: Die Anstrengung der Vernunft wird soweit als möglich getrieben, und sie wird von der Gnade nicht ins Unrecht gesetzt, sondern nur ersetzt, da wo sie nicht mehr zureicht.

In diesem Zusammenhang der *via eminentiae* soll noch ein methodologischer Begriff hervorgehoben werden. Es ist der Begriff der *Analogie.* Er ist besonders wichtig; ich habe ihn schon gestreift, ohne ihn beim Namen zu nennen. Was ist eine Analogie? Ich will den Begriff auf einfache Weise zu erklären versuchen.

Nehmen wir zum Beispiel einige Wesen, wie etwa: ein Apfel, ein Hund, ein Mensch, ein geometrischer Beweis, Gott... Von einem Apfel können wir sagen, daß er ein guter Apfel ist; von einem Hund, daß er ein guter Hund ist; von einem Menschen, daß er ein guter Mensch ist; von einem Beweis, daß er ein guter Beweis ist; von Gott, daß er gut ist. Bedeutet nun das Wort »gut« jedesmal dasselbe? Wir sehen sofort, daß dem nicht so ist. Wenn ich in einen Apfel beiße, der beim Hineinbeißen kracht, der saftig ist, der schmeckt usw., ist er ein guter Apfel. Bei einem Menschen will ich nichts derartiges sagen. Bei einem Beweis ist es wieder anders als bei einem Menschen, und wenn ich von Gott rede, noch ganz anders.

Das Wort »gut« hat also nicht denselben Sinn auf jeder Ebene. Hat es einen vollständig anderen Sinn? Das stimmt auch wieder nicht. Wir haben es hier nicht mit einer klaren Doppeldeutigkeit zu tun wie etwa beim Hund als Tier und beim Hund als Sternbild.

Das Wort »gut« ist also in unseren Beispielen weder eindeutig noch vieldeutig; sein Sinn ist auf den verschiedenen Ebenen weder ganz anders noch identisch. Er ist *analog;* er enthält in der Verschiedenheit etwas Gemeinsames. Es gibt etwas in der Bedeutung des Wortes »gut«, das ihm auf allen Ebenen gemeinsam ist.

Dank dieser Analogielehre, welche die Kontinuität bei Thomas, wie schon besprochen, unterstreicht, ist es uns möglich, Gott Eigenschaften zuzuerkennen. Es sind Eigenschaften, die wir von der menschlichen Ebene entleihen, denen wir aber analogerweise einen transzendenten Sinn verleihen, jenseits des gewöhnlichen Sinnes, der ihnen bei uns anhaftet.

Dieser Weg der Analogie fällt gewissermaßen mit dem der *via eminentiae* zusammen. Das heißt, man geht vom täglichen Gebrauch der Worte aus, und dank der Analogie, die ein Fortschreiten von einer Ebene zu einer höheren erlaubt, gibt man den genannten Qualitäten sozusagen einen transzendenten Impuls, damit sie schließlich das höchste Wesen, Gott, jenseits jeder Vorstellung doch zu beschreiben versuchen. Diese Art zu denken ist für Thomas charakteristisch. Wir finden Kontinuität und zugleich Unterscheidungsfreude. Durchsichtigkeit des Denkens und zugleich eine Art Heiterkeit. Das Gegenteil eines Denkens, das sich des Pathetischen bedient. Wie schon bemerkt: kein Zerreißen, kein Abgrund, keine Tragik. Ein heiter gelassenes Denken, das so hoch als möglich (wie die Gotik seines Jahrhunderts) steigt, mit den nötigen Unterscheidungen, aber ohne Bruch.

Das Klima, der Stil solchen Denkens unterscheidet sich sehr von dem, was wir heute gewohnt sind. Noch ein formelles Beispiel zu Thomas' Denkstil: Die ›Summa theologiae‹ ist in Kapitel eingeteilt, in denen eine Frage gestellt wird mit der Formel *utrum – an*..., das heißt: ist es so... oder umgekehrt so? Wir erfahren also schon zu Beginn des Kapitels, vor welcher Alternative das Denken sich befindet oder welche Positionen in der Tradition schon eingenommen worden sind. Zum Beispiel: Kann man Gott Eigenschaften zuschreiben, oder ist er für uns ganz unaussprechlich? *Utrum... an...*?

Eine sehr gelassene, ruhige Art zu fragen, das Problem vor uns hinzustellen: zwei mögliche Thesen. Darauf folgt ein Paragraph, in dem Thomas seine Ansicht darlegt; so klar und bestimmt wie möglich spricht er sie aus.

Dritter Paragraph: Er legt Einwände gegen seine Position vor, die man machen könnte oder die schon gemacht wurden. Erster, zweiter, dritter Einwand.

Dann kommt ein vierter Teil, in dem er darauf antwortet – nicht klassisch-lateinisch, aber im Latein des Thomas – *»respondeo dicendum«* ... »ich antworte, indem ich sage ...«; hier meine Antwort auf den ersten Einwand, auf den zweiten Einwand, auf den dritten Einwand. Und darauf die Konklusion.

Vielleicht schulmäßig, aber durchsichtig klar. Sehr weit von dem entfernt, was wir heute gewohnt sind. Heute ist meistens vieles verwischt, und es ist schwierig, sich über die Alternativen ein klares Bild zu machen, weil das Denken im Kampf geschieht. Hier dagegen spürt man keinen Kampf. Es ist der Versuch, das Problem durchsichtig zu machen. Und in dieser Transparenz sehen wir mit voller Klarheit, wo Thomas selber steht.

Wir haben es betont: Thomas, wie Aristoteles, sucht Kontinuität und Einheit. Es gibt also auch bei ihm kein gespanntes Verhältnis zwischen *Seele und Leib*. Er ist kein Platoniker. Bei Platon – wir erinnern uns – ist der Leib für die Seele ein Gefängnis, die Seele wird sie selber erst, wenn sie sich vom Leib befreit und ihn verläßt. Bei Aristoteles hingegen ist die Seele die Form des Leibes. Thomas nun stellt eine enge Verbindung von Seele und Leib fest, der Form mit der Materie. Wir sahen, daß die Materie ein Prinzip der Individualisierung und der Vielheit ist. Wo die Materie fehlt, da gibt es nur noch einen Engel auf einer Ebene. Wenn Materie da ist, haben wir eine Vielheit von Individuen. Folglich bilden Seele und Leib eine Einheit. Daher rührt es, daß Thomas, der christliche Lehrer und Kleriker, um die Unsterblichkeit der Seele zu verteidigen, die Auferstehung des Leibes lehrte – und die katholische Kirche ist ihm darin gefolgt. Darin unterscheidet er sich nun durchaus von Aristoteles, bei dem nicht die persönliche Seele, sondern nur der aktive Geist unsterblich ist.

Diese Philosophie ist also *eine Synthese,* eine neue Ausarbeitung des Aristotelismus, allerdings ganz vom christlichen Glauben und von der christlichen Offenbarung inspiriert.

Thomas räumt aber auch den Dingen der Erfahrung, dem, was wir in Dingen und Fakten feststellen, und dazu der Rationalität, einen so großen Platz ein, daß er dadurch wahrscheinlich mehr, als man glaubt, dazu beigetragen hat, die spätere *Entwicklung des wissenschaftlichen Geistes* zu ermöglichen.

Vertrauen in die Vernunft und in das Gewicht der Erfahrung – zugleich gebunden an die Idee eines Schöpfergottes. Als von Gott geschaffen ist die Welt wertvoll. Es lohnt, diese Welt kennenzulernen, und wir sind fähig, sie zu kennen, weil unsere Vernunft dazu imstande ist. Durch solches Denken hat Thomas dazu beigetragen, die künftige wissenschaftliche Forschung möglich zu machen, wenn er auch andererseits durch seinen theologischen Dogmatismus gewisse Entwicklungen blockiert hat. Solche Einflüsse sind komplex und nicht meßbar.

Andererseits hat Thomas zu seiner Zeit dazu beigetragen, das Bündnis von Kirche und Staat zu sichern.

Während für Augustin der Staat eine Folge der Erbsünde war, sollten nach Thomas *Kirche und Staat* zusammengehen wie die Gnade mit der Vernunft und die Vernunft mit der Gnade. Überall finden wir bei ihm die Sorge um den rechten Ort der Einordnung in die Hierarchie der Funktionen und Wesen – ohne Ausschließung und ohne Bruch.

In der abendländischen Überlieferung finden wir beide Arten von Geistern, die abgründigen und die ordnenden. Es braucht sie beide. Es ist wohl ihre Größe, daß sie immer wieder so verschiedene Denker hervorgebracht hat, die alle miteinander zur Ausbildung neuer Möglichkeiten des Geistes beigetragen haben.

Indem wir Thomas gegen Augustinus gesetzt haben, taucht zuletzt noch die Frage auf: Wie sollen wir den *Anteil der Theologie in der Philosophie* einschätzen? Zunächst eine Bemerkung, der nicht alle zustimmen würden: Selbst da, wo die Philosophie von der Natur, von der Naturwissenschaft, von der Ethik, der Ästhetik, ja sogar von der Logik spricht, kommt unweigerlich die metaphysische Dimension ins Spiel.

Die Logik kann zwar für sich selbst operieren, solange sie sich nur als Sprache entwickelt. Wenn man aber philosophisch über die Logik reflektiert und dabei zum Beispiel die Frage der Wahrheit aufwirft, kommt, wenn man tief genug geht, Metaphysisches zum Zuge.

Nun wollen wir noch kurz die Beziehung, die möglicherweise zwischen Philosophie und Theologie besteht, ins Auge fassen.

Zunächst sind beide, historisch betrachtet, unlöslich miteinander vermischt. Zwar gibt es, historisch gesehen, atheistische Philosophien, anti-theologische oder a-theologische Philosophien, das heißt solche, die sich völlig von Theologie befreit verstehen, so daß sie diese auch nicht einmal mehr bekämpfen. Trotzdem kann man wohl, wiederum historisch gesehen, nicht leugnen, daß die Auseinandersetzung, der

Versuch der Abgrenzung der einen gegen die andere, immer weitergeht. In unserer europäischen Tradition gibt es jedenfalls keine Möglichkeit, aus der Philosophiegeschichte zu entfernen, was rein theologisch ist. Was die Natur des Denkens betrifft, so gibt es in beiden wohl viele gemeinsame Elemente, aber auch radikale Unterschiede.

Die radikalen Unterschiede sind folgende: Das theologische Denken weiß schon zu Beginn etwas, jedenfalls in unserer europäischen Tradition. Schon zu Beginn ist da ein heiliger Text, ein Buch, eine Offenbarung, eine Institution, eine Kirche, also: Autoritäten oder eine Autorität. Diese Realitäten sind von Beginn an anerkannt und sind prinzipiell gewisser als das menschliche Denken. Wenn das theologische Denken sich von der Offenbarung, dem Buch, der Autorität oder der Kirchenlehre entfernt, dann erkennt es gleich, daß es sich geirrt hat, daß es seine Gedankengänge überprüfen muß und daß irgendwo ein Fehler sein muß.

Es gibt also etwas, das am Anfang feststeht, und es gibt irgendwo einen Riegel, der dem Fragen Einhalt gebietet. In der eigentlichen Philosophie hingegen, die nicht mit Theologie durchsetzt oder ihr untergeordnet ist, ist das Fragen radikal. Das heißt, wir können bis ans Ende der Fragen gehen, die sich uns stellen, wenn da überhaupt ein Ende ist; oder wir können immer weiter fragen, und nichts wird uns aufhalten; und wir können unsere Fragen mit solcher Energie stellen, daß wir auf nichts Rücksicht nehmen als auf die Forderung unseres eigenen Nachdenkens, so daß wir schließlich die Ergebnisse unseres Denkens auch gegen die Autorität, gegen ihre Interpretation, gegen das Buch kehren könnten.

Wahrscheinlich hat der Weg der Philosophie kein Ende. Manche Philosophen haben soviel geschrieben, daß man eine Bibliothek füllen könnte – denken wir an Hegel. Vielleicht haben sie soviel geschrieben, weil sie das, was sie eigentlich schreiben wollten, nie wirklich zu schreiben vermochten. Im Innersten eines Systems wie dem Hegels klafft eine Frage. Manche Philosophien verweisen die ungelösten Fragen an den Rand des Systems. Bei anderen stehen die großen Fragen im Zentrum, von wo aus sie das Ganze lebendig machen. Aber ein statisch vollendetes Gebäude als Folge eines philosophischen Forschens gibt es wohl nicht.

Wir kommen nun zur Renaissance, die sich, grob gesagt, vom 15. bis weit ins 16. Jahrhundert erstreckt. Man kann da keinen klaren Schnitt machen. Eine Epoche geht ja nicht jählings zu Ende. Aber schrittweise entwickelt sich die neue Zeit.

Die Renaissance ist eine Epoche, die von neuen Ideen brodelt, wo die Institutionen, Glaubensweisen und Denksysteme umgewälzt werden. In dieser Hinsicht ist sie unserer eigenen Zeit vergleichbar. Nicht in jeder Hinsicht natürlich; aber besonders im Hinblick auf die Erschütterung, die Vielfalt, die Gewichtsverschiebungen, die Auflösungserscheinungen. Es ist eine Zeit, wo alle Interpretationen möglich werden, die unterschiedlichsten, die entgegengesetztesten: Einerseits kommt man *auf die Erfahrung zurück*; statt Texte auszulegen, wie man es während der Scholastik getan hatte (Was sagt Aristoteles? Was sagt die Schrift? Was sagen die heiligen Texte? Was sagt die Enzyklika?), sucht man empirische Methoden, um die Natur durch Erfahrung zu befragen.

Andererseits *befreit sich* in dieser Zeit *die Vernunft,* die übrigens während der Scholastik keineswegs gedemütigt und verworfen worden war, wie man oft glaubt, die aber doch Schulung und Grenzen anerkennen mußte, weil sie sich nicht über Dogmen und heilige Schriften hinwegsetzen durfte. Jetzt befreit sie sich von ihnen. Was heißt das? Die Vernunft erwirbt ihr Recht zur eigenen Phantasie. (Heutzutage hört man oft klagen, der Intellekt der Kinder werde auf Kosten ihrer Einbildungskraft entwickelt. Man verkennt dabei etwas Grundlegendes: Die Vernunft selbst ist mit Einbildungskraft begabt, oder aber es ist eben keine Vernunft.)

Nun befreit sich in der Renaissance die Vernunft, und es entstehen neue Denkschemata, neue, rationelle Denkweisen; neue Hypothesen werden ins Auge gefaßt, neue Modelle werden entworfen.

Doch wir haben schon erwähnt, daß es sehr gegensätzliche Züge gab. Zurück zum Empirismus, zur Befreiung der phantasievollen Vernunft. Gleichzeitig aber: *zurück zu den Quellen.* Das scheint ein Widerspruch. Es bedeutet aber: zurück zur Unmittelbarkeit der echten Quellen – also für die Humanisten: zu den Texten des Altertums (Renaissance) – und für die Christen: zur Bibel und zur Heiligen Schrift (Reformation). Gleichzeitig breitet sich damals eine neue Freude an der Natur aus, eine Aufwertung der Welt, Freude an der Erde und an allem, was sie dem Menschen bietet. Und doch auch, in derselben Zeit, eine Rechtfertigung der Askese, der protestantischen Zucht gegen einen zu nachgiebigen Katholizismus. Die beiden Strömungen – Freude an der Erde und asketische Zurückhaltung – fließen gleichzeitig. Sie scheinen gegeneinander zu laufen, in Wirklichkeit befruchten sie sich gegenseitig. Wir sprachen schon von der Befreiung der Vernunft und ihrer Einbildungskraft im theoretischen Bereich. Nun aber beginnt sie auch von der Erfindung neuer Werkzeuge, Instrumente und Mittel zu träumen. Denken wir nur an Leonardo, an seinen fliegenden Menschen. Es ist eine Zeit, wo Maschinen erdacht oder sogar erfunden werden, und selbst wenn sie noch nicht funktionieren können, verbindet sich schon das technische Ideal mit dem Forschen der Vernunft. Es ist, um es in marxistischer Sprechweise auszudrücken, eine Art Rückkehr zur Praxis. Während man sich im Mittelalter nur in wenigen Gebieten um die praktische Nutzbarmachung der Erkenntnisse der Vernunft kümmerte, beschäftigt sie nun die besten Geister.

Eine Epoche mit zahlreichen Aspekten, voller Widersprüche und sehr komplex. Und aus diesem Brodeln sehen wir kraftvolle, große Persönlichkeiten auftauchen; Persönlichkeiten, bei denen die Lebensfreude und der Wissensdurst fast unbegrenzt sind: große Humanisten, große Gelehrte, die über ihre Erkenntnisse und ihre Forschungen jubeln – und zu gleicher Zeit solche, die zu Märtyrern werden, wie z. B. *Giordano Bruno*, der auf dem Scheiterhaufen verbrannt wurde wegen seiner astronomischen Erkenntnisse, oder *Thomas Morus*, der enthauptet wurde.

Dieses Jahrhundert zeigt eine unerhörte Reihe berühmter Namen. Denken wir nur an *Gutenberg* und die Buchdruckerkunst – eine der folgenschwersten Revolutionen der Menschengeschichte. Und denken wir auch an die Abenteurer, die Entdecker von überseeischen Gebieten, wie *Kolumbus* oder *Magellan*. Von den Künstlern ganz zu schweigen. Eine Art Explosion: Persönlichkeiten, die für uns noch heute zu den vertrautesten gehören und von denen es in zwei Jahrhunderten so viele gegeben hat.

Nun etwas Entscheidendes, was die Philosophie indirekt beeinflussen wird. In dieser Epoche breitet sich ein wachsendes Interesse an der *Wissenschaft* aus. Da geschieht eine Wende, *die* entscheidende Wende: die Geburt der modernen Wissenschaft. Gemeint ist hier nicht nur die Wissenschaft im Sinn von Theorie, sondern die Wissenschaft, die als Technik schließlich unseren ganzen Planeten und unser Leben verwandelt hat – von der manche glauben, daß sie uns selber verändern und – wer weiß – vielleicht vernichten wird. Damals nahm sie ihren Anfang.

Die Beziehung zwischen dieser neuen Epoche und dem Mittelalter wird von den Autoren sehr verschieden gedeutet. Manche sehen nur den Gegensatz zwischen beiden: die neue sei eine Art Reaktion auf die frühere. Wieder andere entdecken Kontinuitäten. Wahrscheinlich gibt es beides, Kontrast und Kontinuität.

Der Soziologe *Lewis Mumford* hat für die Kontinuität ein interessantes Beispiel angeführt. Er sagt, die Klosterglocken hätten dazu beigetragen, die moderne Welt der Wissenschaft und Industrie zu ermöglichen und vorzubereiten. Damals hätten die Leute keine Uhr gehabt, auch die Mönche nicht, wenn sie auf die weit entfernten Felder zogen, die dem Kloster gehörten. Es gab aber eine Reihe von täglichen gemeinsamen Gottesdiensten. Jedesmal wurde eine Glocke geläutet, damit die Mönche wußten, daß sie sich für den Gottesdienst im Kloster zusammenzufinden hatten. Auf diese Weise haben die Klosterglocken gewissermaßen das ganze Leben zeitlich geregelt, nicht nur für die Klöster, sondern auch für die Dörfer ringsum, die sich nach den Klosterglocken richteten. Damit wurde die zeitliche Koordination des Lebens zur Gewohnheit. Zur gleichen Zeit wurden in allen Familien die gleichen Dinge verrichtet, überall, wo man die Glocken hörte. Was das heißt, sieht man heute zum Beispiel bei den Bemühungen um die Organisation der Industriearbeit in Entwicklungsgebieten. Dort besteht eines der Haupthindernisse in der mangelnden zeitlichen Koordinierung. Wenn man in einer Gesellschaft nicht gewohnt ist, sich gemeinsam zu einer bestimmten Stunde an einem bestimmten Ort zusammenzufinden, um eine Sache zu verrichten, die nur von allen gemeinsam verrichtet werden kann, dann geht es eben nicht. Und keine Industrie hätte sich entwickeln können, wenn die europäische Bevölkerung nicht sozusagen durch die Klosterglocken in ihrem Lebensrhythmus koordiniert worden wäre.

Ein solcher geschichtlicher Gesichtspunkt ist wichtig. Es geht um eine neue soziale Verhaltensweise, die für die künftige Entwicklung unerläßlich war. Nimmt man dagegen zum Vergleich die Antike, so zeigen die griechischen und lateinischen Texte, daß die Leute im Altertum sich für einen Zeitraum von drei Stunden verabredeten. Sie sprachen sich ab, so ungefähr zwischen 6 und 9 Uhr, mit einem Spielraum von drei Stunden.

Doch zurück zur Wissenschaft der Renaissance und ihren Auswirkungen. Die Wende betrifft vor allem die Astronomie. Hier vollzieht sich etwas Entscheidendes. *Der Raum wird unendlich.*

Das hat einen unerhörten Anstoß bedeutet in Philosophie, Metaphysik, Religion; für das Weltgefühl, für den einzelnen, in allen Lebensgebieten. Bei Aristoteles gibt es einen wichtigen Begriff, den *Topos*. Er bedeutet »Ort«, aber nicht im unbestimmten Sinn. Der Topos bei Aristoteles ist der *eigene* Ort eines jeden Wesens im Raum. In Aristoteles' Denken hat jedes Wesen seinen Topos im Ganzen, der ihm gewissermaßen zukommt. Denken wir dagegen an den häufigen Ausspruch von Verzweifelten: »Ich hatte keinen Platz mehr in der Welt.« Keinen bestimmten Platz mehr haben in der Welt; *seinen* Platz nicht mehr haben in der Welt. Vielleicht irgendeinen, gleichgültigen und ersetzbaren. Wesentlich ist in der Welt Aristoteles': Diesen bestimmten Platz konnte es für jedes Wesen geben. Warum? Weil vor der Renaissance die allgemeine Vorstellung des Raumes geschlossen und hierarchisch strukturiert war. Der Raum selbst war hierarchisch gegliedert; bekanntlich galt die Erde darin als Mittelpunkt. Zuäußerst und zuhöchst sahen die Stoiker z. B. den vollkommenen Kreis der Fixsterne. (Das ist beschrieben im ›Somnium Scipionis‹ von Cicero.)

Der Kreis der Fixsterne ist das Reich der Vollkommenheit, das Reich, das nicht mehr der Vergänglichkeit, der irdischen Unvollkommenheit unterworfen ist. Und wenn man von »oben« sprach, so war »oben« hierarchisch höher; das heißt, der Raum selbst war differenziert, seine Qualität war nicht überall dieselbe. Und jedes Wesen hatte seinen Platz in diesem hierarchisch gegliederten Raum.

Was geschieht nun in der Renaissance? Der geometrische Raum, der Raum Euklids wird zum Weltraum, oder: der Weltraum wird zum geometrischen Raum. Dieser Raum der Geometrie wird zum leeren, homogenen und unendlichen Raummilieu ohne Differenzierung, ohne privilegierte Mitte, gleich in jedem seiner Punkte. Es verschwinden aus dem realen Raum die Hierarchien: oben, unten, dort oben, die himmlischen Sphären, die unvergänglichen Fixsterne, das alles fällt dahin im geometrischen Raum, der unendlich und homogen ist. Die Welt selbst wird unendlich und homogen. Es gibt also keine *Topoi* mehr darin. Jeder Ort wird gleichgültig. Niemand hat mehr *seinen* Ort, *seinen* Platz hinieden. Und mehr: Das Universum verliert seine qualifizierte hierarchische Ordnung, das, was die Griechen *Kosmos* nannten. Es bleibt eine Welt, in der man Regelmäßigkeiten findet, aber keine Hierarchie von Werten mehr, keinen eigentlichen Kosmos mehr, der immer eine sinnvolle Ordnung voraussagt. Das wissenschaftliche Denken löst sich vom Begriff einer vom Wert getragenen Weltordnung. Selbstverständlich ist der Begriff des Wertes, der Begriff der Vollkommenheit – das vollkommene Universum, von Gott geschaffen – ja schon die pythagoräische Harmonie, die Vorstellung eines Sinnes, eines Endzweckes der Welt –, selbstverständlich ist all das nicht mit einem Schlag verschwunden, auch heute noch nicht. Aber es ist stark verblaßt.

Die Revolution, die in der Renaissance geschah, nannte der Wissenschaftshistoriker Koyré einen Übergang »von der geschlossenen Welt zum unendlichen Universum«. Es war eine Revolution. Und die Zeitgenossen haben ihr gegenüber höchst verschieden reagiert. Nehmen wir *Kepler*. Vor diesem All, das kein »Ganzes« sein konnte, das geometrisch und unendlich war, graute es ihm. Er fühlte die Bedrohung für jede Weltordnung, für jede Form, für jeden eigentlichen »Ort«, für »den Ort« der Menschheit und eines jeden Menschen. Dem großen Kepler graute es. Und während seines ganzen Lebens weigerte er sich, der neuen Einsicht nachzugeben. *Giordano Bruno* dagegen war begeistert. Endlich eine Welt, sagte er, die Gottes würdig ist. Nur eine unendliche Welt mit unendlich vielen Sonnensystemen, unendlich vielen Gestirnen ist der göttlichen Unendlichkeit würdig.

Wir sehen an diesen beiden Beispielen, daß das Echo sich nicht nur auf wissenschaftlichem Gebiet ereignet, sondern auf der Gefühls-, Glaubens- und metaphysischen Ebene. Auf der einen Seite Abscheu, fast Existenzangst, auf der anderen Begeisterung.

Es scheint daher begreiflich, daß die Entdecker in jener Zeit außerhalb der Gelehrtenkreise auf wütende Ablehnung stießen. Um so irrationaler, leidenschaftlicher war die Reaktion der Leute, als sie in ihrem Sinn- und Lebensgefühl angegriffen und verunsichert waren. Es ist also verständlich, daß es damals Märtyrer gab. Wenn man über diese Epoche nachdenkt und ein wenig über die Prozesse liest, die da vor der religiösen Autorität stattfanden, von der die Forscher oftmals verdammt wurden, fragt man sich, wie weit sich diese religiöse Autorität selber darüber klar war, in wessen Namen sie sprach und bis zu welchem Grad sie vorausahnte, wohin der neue Weg führen würde.

Bis vor ein paar Jahren war es Mode, auf all dies sehr von oben herabzublicken. Das war doch einfach mittelalterliche Dunkelheit gegenüber aufgeklärter Wissenschaft; alles Unrecht lag auf der einen Seite, alles Verdienst auf der anderen, ganz simpel – und wir aufgeklärten Geister schwebten hoch über all dem. Mit der Wendung der letzten Jahre, und seitdem wir uns fragen, was wir mit unserer Wissenschaft tun sollen und was unsere Wissenschaft vielleicht aus uns machen wird, fällt neues Licht auf jene Zeit. Und darum nehmen die Untersuchungen über jene Epoche ständig zu. Die Renaissance bewegt die Geister leidenschaftlich, und mit Grund.

Nicolaus Cusanus (1401–1464)

Einen großen Philosophen kann man wohl als Bindeglied zwischen Mittelalter und Renaissance betrachten: es ist Nicolaus Cusanus oder Nikolaus von Kues, nach seinem Geburtsort an der Mosel. Er war der letzte der großen Philosophen des Mittelalters. Und doch wurde er von Bruno, von Kepler, später sogar von Descartes als der angesehen, der das Verdienst oder die Schuld – je nach der Wertung – für die Aussage trage, *daß das Universum unendlich sei.*

Wie kam er zu dieser Feststellung? Schon im 12. Jahrhundert hatte man Gott als eine Sphäre – bildlich gesprochen – beschrieben, deren Zentrum überall und deren Peripherie nirgends ist. Diese Definition gibt Gott Allgegenwart und nimmt ihm die Räumlichkeit.

Nikolaus von Kues übertrug diese Beschreibung Gottes auf die Welt. Die Maschine Welt hat ihm zufolge ihren Mittelpunkt überall und ihre Peripherie nirgends, da ihr Mittelpunkt und ihre Peripherie Gott ist, der überall und nirgends ist. Diese bewundernswerte Formulierung zeigt, daß die rationale Vorstellung vom unendlichen Universum zunächst nicht von der Wissenschaft gefunden wurde, sondern durch einen religiösen Impuls; sie entstand aus einer Gottesvorstellung oder vielmehr aus dem Scheitern jeder Gottesvorstellung. Es ist im Grunde eine Angleichung des Universums an Gott. Das war zu Anfang der Renaissance. Die Auswirkungen dieses Gedankens vom unendlichen Universum sind unabsehbar. Die psychologischen und geistigen Folgen, die »kopernikanische Wende«, die Einsicht, daß sich die Erde um die Sonne dreht, so daß sich der Mensch nicht mehr im Zentrum der Welt fühlen konnte – das alles wieder beeinträchtigte die Vorstellung, daß Gott die ganze Welt für den Menschen geschaffen hatte. Nach Jahrhunderten geozentrischen Denkens wurde auch dieser Grundgedanke erschüttert.

Wir lassen andere große Denker der Renaissance beiseite. Auch den Prozeß gegen *Galilei* erwähnen wir nur. Wir sprechen weiter nicht von *Newton*, nicht von *Pascal*. Wir gehen gleich weiter zu den ersten modernen Philosophen, *Descartes*, *Spinoza*, *Leibniz*.

Descartes lebte während der erste Hälfte des 17. Jahrhunderts und wurde nur 54 Jahre alt, »nur«, verglichen mit uns. Damals lebte man nicht lange. Heute ist man mit 54 fast noch jung.

Er wurde im Jesuiten-Collège de la Flèche erzogen. Erstaunlich viele eigenständige Geister, die dazu beigetragen haben, Wendepunkte der Geistesgeschichte zu setzen und neue Epochen herbeizuführen, sind in den traditionellen Schulen der Jesuiten geformt worden. Auch Voltaire zum Beispiel ist in einer solchen Schule erzogen worden. Nicht, daß die Jesuiten ihre Schüler zur Revolutionierung ihrer Epoche getrieben hätten. Aber augenscheinlich suchten sie bei ihnen eine selbständige Kraft des Denkens zu entwickeln, die dann unerwartete Folgen hatte.

Descartes veröffentlichte 1637 seinen ›Discours de la méthode‹, eines der berühmtesten Werke der Philosophiegeschichte. Descartes schrieb dieses Werk in Französisch und nicht mehr in Latein, also in der Volkssprache, und in höchst konzentrierter Form. Es gelang ihm, klar und allgemeinverständlich, ohne jeden traditionellen oder neuen Jargon, ganz einfach, den Kern eines neuen Verfahrens zu entwickeln.

Die Veröffentlichung des ›Discours‹ bedeutet den Beginn des modernen Denkens.

Für Descartes lag das Ideal, das er für das Denken zu erreichen versuchte, im *mathematischen Modell*.

Immer wieder finden wir bei den Philosophen, seit Pythagoras, diese Bewunderung für das mathematische Denken. Was sie daran bewunderten und oft beneideten, war die Evidenz, die klare, durchsichtige, *zwingende Einsicht* – im Gegensatz zu unserer Zeit, die gewohnt ist, etwas hochmütig auf die Rationalisten wie Descartes zu blicken; wir mit unserem psychologischen Wissen, unserer Psychoanalyse, unserem Wissen von der Zweideutigkeit, Komplexität, der Verquickung von Seelischem und Leiblichem usw. Einem solchen Denken gegenüber mögen diese Geister des 17. Jahrhunderts, denen alles klar erschien, leicht einfältig wirken.

Wir jedoch möchten hier – im Gegenteil – betonen und zugeben, daß *wir* nicht mehr in der Lage sind, die Tiefe der intellektuellen Erfahrung nachzuvollziehen, die für die Denker jener Zeit die mathematische Einsicht bedeutete. Sie bewunderten die Mathematik, weil sie den Sinn für Evidenz hatten, der bei uns schwach geworden ist. Wir lernen in der Schule den Beweis, daß die drei Winkel eines Dreiecks 180° betragen. Wir beweisen es, und damit fertig. Das bleibt im Geometrieheft; es lebt nicht mehr; wir erleben die Kraft der Evidenz nicht mehr, oder kaum: *Evidenz als Erfahrung.*

Ein mathematischer Beweis erfolgt Schritt für Schritt, dann kommt der Augenblick, wo wir den Beweis als Ganzes vor uns stellen, wir sehen ihn mit den Augen des Verstandes, ganz und gar durchsichtig. Nichts ist verborgen. Mit den Dingen ist das anders. Ein Bleistift zum Beispiel: Wir sehen sofort, daß es ein Bleistift ist und sonst nichts. Aber der Bleistift hat eine Dichte, die wir nicht sehen. Er hat ein Geheimnis, das wir nicht durchleuchten. Er hat sein eigenes *Sein:* Für sich selbst ist er gewiß kein Bleistift. Er ist immer mehr, als wir sehen und wissen, er ist undurchsichtig. Deswegen freuten sich die Menschen jener Zeit, es in der Mathematik nur mit *Beziehungen* zu tun zu haben, und daran, daß diese Beziehungen für den Verstand ganz und gar transparent sind. Da konnte man sicher sein, nicht fast sicher, sondern völlig, restlos sicher. Wir erinnern uns, daß schon Platon unterschieden hatte zwischen Meinung und Wissen.

Meinung war das Ungefähre; Wissen war die integrale Gewißheit, nirgends ein Schatten, der etwas verbergen oder einem Zweifel Raum lassen könnte. Diese Art Klarheit treffen wir bei Descartes. Für ihn aber, wie für andere Menschen seiner Zeit, gehörte diese Klarheit der Einsicht zur göttlichen Klarheit. Da näherten sie sich dem Göttlichen.

Bei Descartes ist der Grund des Denkens, das Wunder des Denkens die Klarheit, und durch sie verbinden wir uns mit der göttlichen Klarheit. Und wenn wir sagen, das Ideal sei die Mathematik, dann darum, weil die Mathematik uns Gewißheit gibt und Gewißheit das eigentlich Göttliche ist. Man kann bei ihm von Liebe zur Gewißheit, Leidenschaft für die Gewißheit sprechen.

Descartes beschließt also, *die Gewißheit* zu suchen; sich mit weniger als der vollen Gewißheit nicht zufriedenzugeben. Weil Holland das freieste Land der damaligen Zeit war, geht er nach Holland. Für eine so kühne geistige Unternehmung mußte er sich in höchster materieller Sicherheit fühlen. Er wird in seinem Denken alles so streng überprüfen, daß nur das, was gar nicht bezweifelt werden kann, als wahr zugelassen wird. Was hat er bis jetzt an Wissen gewonnen? Er überlegt: Ich habe viel erfahren, viel gelesen, viele berühmte Menschen getroffen und ihren Lehren zugehört; ich bin gereist. Was habe ich durch all das gelernt? Die außerordentliche Verschiedenheit der Meinungen und Vorstellungen. Die Bücher stimmen nicht miteinander überein; die Menschen, die Völker auch nicht. Wie kann ich also sicher sein, daß irgend etwas wahr ist? Wie kann ich eine Gewißheit erlangen, die der mathematischen gleichkommt?

Um eine solche Gewißheit zu erlangen, entschließt sich Descartes, sich selbst zu befragen und den Zweifel zu üben, den man von nun an als den *methodischen Zweifel* bezeichnet. Man nennt ihn so, weil es sich keineswegs um einen angstvollen Zweifel der Seele handelt. Descartes zweifelt, weil er es will. Es ist ein Entschluß und wirklich eine frei gewählte Methode. Ein gelenkter, zweckmäßiger Zweifel. Der Zweifel soll ihm erlauben, die Gewißheit zu finden. Es handelt sich also nicht um irgendeinen Skeptizismus. Um schließlich etwas ganz Sicheres zu wissen, muß er durch den Zweifel hindurch. Dieser Zweifel wird auch als *hyperbolischer Zweifel* bezeichnet, weil er keine Grenzen kennt und sich auf alles erstreckt. Descartes wird einen totalen Zweifel üben, solange er nicht auf etwas stößt, was absolut gewiß ist.

Er gibt sich also als Regel: Wenn es die geringste Möglichkeit gibt, etwas in Zweifel zu stellen, werde ich es als falsch verwerfen; ich werde so tun, als sei es falsch. Nur das werde ich für wahr halten, was absolut keinen Zweifel zuläßt.

Diesen methodischen Zweifel lenkt Descartes von der Peripherie gegen die Mitte, in einer Art Spirale auf sich selbst als Denkenden zu. Zunächst zweifelt er an dem, was er in den Büchern gelernt hat; dann an seinen eigenen sinnlichen Wahrnehmungen. Vielleicht geschieht alles Wahrgenommene wie in einem Traum, so daß man sich über alles täuscht. Er zweifelt schließlich buchstäblich an allem. Nichts ist gewiß. Er hat sich ja zu Anfang gesagt: Vielleicht gelange ich am Ende dieses methodischen Zweifels zu keiner Gewißheit; dann wird es doch *eine* Gewißheit geben: nämlich, daß ich nichts Sicheres wissen kann. Er war darauf gefaßt.

Aber die Gewißheit, zu der er gelangt, ist eine andere. Denn eines weiß er doch, eines kann er mit Sicherheit sagen: »Ich zweifle.« Er kann gar nicht bezweifeln, daß es ein »Ich« gibt, das zweifelt. Und nun folgt

Descartes' berühmte Aussage: »Ich zweifle, ich denke, ich bin.« Wer zweifelt, denkt. Und wer denkt, ist. Darum: *Ich denke, also bin ich. Cogito ergo sum.*

Dieses »also« *(ergo)* ist hier kein deduzierendes Wort. Aus dem Zweifel wird nicht das Denken gefolgert und auch nicht aus dem Denken das Sein. Es handelt sich hier um eine Intuition, eine Einsicht, die mit einem Schlag erfolgt. Im Augenblick, da man sich im Zweifel erfaßt, erfaßt man sich als denkend und denkend als existierend.

Nach aller Zerstörung, die der hyperbolische Zweifel anrichtet, finden wir uns vor der einen und einzigen Gewißheit: vor dem denkenden Subjekt. Das ist sehr wichtig. Wir erinnern uns, die Philosophie entsprang mit der Frage nach dem Sein, nach dem Dauernden in der Welt der Veränderung. An der Schwelle der modernen Zeit finden wir aber diese einsame Gewißheit, zunächst *ohne* Welt, ohne umgebende Welt: diese Gewißheit des denkenden Subjekts, nur von ihm selber als unbezweifelbar erfahren.

Das ist ein unvergleichlicher Augenblick der Geschichte des philosophischen Denkens. Danach kann man jeden beliebigen Teil von Descartes' Philosophie kritisieren – sogar die Formel »ich denke, also bin ich« ist kritisiert worden –, aber man kann nicht Descartes seinen Platz streitig machen, den er mit der einsamen Selbstbejahung des denkenden Subjekts inmitten des Leeren errungen hat.

Nun steckt aber auch etwas Steriles in dieser Feststellung: *Cogito ergo sum* – ich denke, also bin ich. Man könnte sagen, sie führe zu nichts als zu sich selber. Wenn es nur das Subjekt gibt, wie kann man dann zu anderem Wissen gelangen? Kann man sich denn damit begnügen, das denkende Ich zu setzen? Natürlich nicht – und Descartes spürte sehr wohl die Schwierigkeit, hier herauszukommen. Nun entsteht in seinem Denken eine Unterbrechung.

Er will zunächst eine Methode und *Regeln* des richtigen Denkens aufstellen: Nie von etwas anderem als von einer sicheren Einsicht auszugehen. Alles, was ich zu denken versuche, werde ich analysieren, bis ich zu ganz einfachen Elementen gelange. Dann sollen diese einfachen Elemente in einer Ordnung wachsender Komplexität wieder zusammengesetzt werden, damit das Denken die komplexen Realitäten klar erfaßt. Am Ende soll noch die ganze Reihe geprüft werden, damit keine Lücken bestehen und die klare, vollständige Ordnung gesichert ist. Dann erst wird man von Wissen sprechen dürfen.

Descartes gibt sich Rechenschaft, daß seine Untersuchung lange dauern wird und daß währenddessen das Leben nicht stillstehen wird. Er hatte einen lebhaften Sinn für die täglichen Erfordernisse des Lebens. Das Leben würde nicht warten, während die Suche nach Gewißheit und Einsicht viel Zeit und Übung verlangte. Also brauchte er eine *provisorische Moral* für sein praktisches Handeln, solange er seine theoretische Untersuchung führen würde.

Der Kontrast ist auffallend. In der gleichen Zeit, da er mit radikaler Kühnheit sein ganzes Wissen, seine ganze Weltvorstellung grundsätzlich in Frage stellte, erarbeitete er eine höchst konventionelle Moral, weil er im praktischen Leben keine Schwierigkeiten brauchen konnte. Da für ihn noch nichts sicher war außer dem Zweifel und dem zweifelnden Subjekt, konnte er keine persönliche Moral errichten. Folglich heißt es, vorläufig den goldenen Mittelweg zu nehmen, sich ungefähr so zu verhalten, wie die Gesellschaft es will, so zu handeln, daß man keine Unruhe um sich herum erregt. Und diese für das Philosophieren unerläßliche Ruhe, die man durch einen provisorischen Konformismus erlangt, ist als Voraussetzung für das Vorgehen Descartes' entscheidend. Darum ist es unrecht, wenn man seine provisorische Moral nimmt, um aus ihm einen Konformisten zu machen. Diese Haltung war vielmehr eine Bedingung seines kühnen Fragens, das den Anfang der modernen Zeit kennzeichnet.

Er mußte, um seiner Sache sicher zu sein, Begriffe und Gedankenketten ausarbeiten, die ihn nicht täuschen konnten. *Klare und deutliche Begriffe.* Diese Vorstellung von klaren und deutlichen Begriffen wollen wir gerade heute besonders hervorheben, weil wir in einer Zeit leben, da die Menschen mit Vorliebe konfuse, geschwollene und wirre Begriffe gebrauchen. Klare und deutliche Begriffe, das heißt: ein Begriff ist klar, wenn er vollkommen definiert ist, also klar abgegrenzt gegen andere Begriffe. Und ein Begriff ist deutlich, wenn sein Inhalt dem Geist in vollkommener Transparenz erscheint. Das eine betrifft sozusagen den Umfang und das andere das, was innerhalb des Umfangs ist. Wir brauchen klare und deutliche Begriffe, damit wir der Wahrheit gemäß denken können.

Nun – wie kann man von der ersten Gewißheit – *cogito ergo sum* – weiterkommen zu anderen Einsichten? Descartes sah, daß man nicht direkt von der Gewißheit des denkenden Ich übergehen kann zur Existenz der Außenwelt. Er fand gar keinen Übergang. Hingegen fand er einen Weg vom denkenden Subjekt zur Existenz Gottes. Er stellt fest, daß er in sich selbst die Idee von Gott, das heißt, die Idee eines absolut vollkommenen Wesens hat. Er selbst aber ist ein Subjekt, das zweifelt, das also in sich die Unvollkommenheit des Zweifels hat. Er kann nicht als Unvollkommener selbst Quelle der Idee eines vollkommenen Wesens sein. Damit ein vollkommenes Wesen vorgestellt werden kann, muß die Vorstellung der Vollkommenheit von einem Wesen ausgehen, das mindestens ebenso vollkommen ist wie die Vorstellung, also nur von Gott selbst.

Wir haben hier eine neue Version des ontologischen Gottesbeweises, die nun das denkende Ich ins Spiel bringt. Man spricht nicht mehr von Gott als Begriff, dessen Essenz die Existenz enthält; wohl aber von einer Vorstellung des vollkommenen Wesens, einer Vorstellung, die niemals ihren Ursprung in einem unvollkommenen Subjekt haben kann, sondern nur im vollkommenen Wesen selbst, in Gott. Da die Idee der Vollkommenheit für Descartes nur von einem vollkommeneren Wesen als dem Ich herrühren kann, ist die Präsenz der Gottesidee im denkenden Subjekt schon eine Aktion, eine Gegenwart Gottes selbst in der Vorstellung. Diese Version zeigt uns, in ihrer Ähnlichkeit und in ihrer Verschiedenheit im Vergleich mit dem ontologischen Beweis, den wir bei Anselm kennengelernt haben, etwas, das es uns gestattet, von ganz nahem das Neue an der Schwelle der Neuzeit wahrzunehmen. Nicht mehr die logische Analyse des Begriffs ist entscheidend, sondern es ist die Quelle, aus der der Begriff im Innern des denkenden Ich auftaucht, die Einsicht, von der er seine Substanz bekommt, die den göttlichen Beitrag kundtut. So wird Gott in seiner Existenz bestätigt, und Descartes kann nicht mehr an seiner – Gottes – Existenz zweifeln.

Hier vollzieht sich eine sehr charakteristische Denkbewegung: Wir erinnern uns, daß Descartes an allem zweifeln wollte. Er hat sogar, um besser zu zweifeln, die Hypothese eines bösen Geistes verwendet, der ihn durch scheinbare Einsicht betrügen wollte. Warum denkt er jetzt nicht mehr, daß er von einem bösen Geist betrogen wird? Erinnern wir uns: Descartes hatte am Anfang klare und deutliche Ideen gefordert, denn nur durch sie konnte er hoffen, die Wahrheit zu erreichen. Nun, da Gott bewiesen ist, wird sein Vertrauen zu den klaren und deutlichen Ideen bestätigt: Wenn Gott existiert und ein vollkommenes Wesen ist, so gehört es zur Vollkommenheit Gottes, wahrhaftig zu sein; und wenn Gott wahrhaftig ist, kann man sich keinen bösen Dämon vorstellen, der mächtiger wäre als Gott und das menschliche Denken durch klare und deutliche Ideen doch betrügen könnte. Wenn ich mich also bemühe, zu klaren und deutlichen Ideen zu kommen, und wenn etwas mir aufgrund klarer und deutlicher Ideen wahr erscheint, dann ist Gott selber der Garant der Wahrheit dessen, was ich denke.

Wir sehen, hier vollzieht sich eine Art Kreisdenken: Dank klaren und deutlichen Ideen wird die Existenz Gottes bewiesen, und Gott bürgt für jene Ideen selbst. Wir dürfen es aber als methodologischen Zirkel auffassen und nicht als gewöhnlichen Zirkelschluß.

Es ist im Grund ein existentielles Kreisdenken. Man hat sich hinausgewagt, und was man gefunden hat, bestätigt die Geltung dessen, was man im Wagnis getan hat.

Die göttliche Wahrheit garantiert die Gültigkeit der klaren und deutlichen Ideen. Von da an wird die Evidenz für Descartes eine Art religiösen Charakter tragen.

Die heutigen Philosophien haben oft die Neigung, den Rationalismus Descartes' als etwas Veraltetes, Flaches zu betrachten, weil er der Psychologie, der Dunkelheit, der Doppeldeutigkeit etc. keine Rechnung trage. Diese Kritiker unterschätzen den Erlebnischarakter des Rationalen bei Descartes. Die erlebte Natur des Rationalen hat einen religiösen Akzent; die Klarheit der Evidenz hat etwas Göttliches, und darum ist der rationale Gebrauch des Denkens eine Art religiöser Akt.

Wenn Gott aber der Garant unseres Denkens ist, wie kommt es dann, daß wir uns doch manchmal täuschen? Hier stellt sich für Descartes *das Problem des Irrtums*. Nach ihm entsteht der Irrtum aus dem Mißverhältnis in unserem Geist zwischen Wollen und Erkenntnisvermögen. Unser Wollen ist unbegrenzt. Es ist Gott am ähnlichsten. Das menschliche Erkenntnisvermögen jedoch ist begrenzt, es unterscheidet sich vom Wollen, und weil das Wollen das Erkenntnisvermögen über seine Grenzen hinausträgt, darum führt es den Menschen in den Irrtum.

Es ist das Mißverhältnis – nicht der Umstand, daß der Wille unbegrenzt ist, nicht der Umstand, daß das Verstehen begrenzt ist, sondern die Tatsache, daß der Mensch wegen seines unbegrenzten Willens die Grenzen seines Verstehens überschreitet, das Ursache des Irrtums ist.

Nach Descartes ist Gott zugleich ewig, unwandelbar und frei. Wie ist das aufzufassen? Wenn wir »frei« sagen, denken wir an zeitliches

Handeln. Es ist klar, daß die Verbindung dieser drei Eigenschaftswörter mit Gott für uns unvorstellbar ist. Descartes gesteht das auch ein, er ist sich der Grenze des menschlichen Verstehens voll bewußt. Wir können uns den Einklang dieser drei Adjektive: ewig, unwandelbar und frei nicht vorstellen. Denn das bedeutet, daß Gottes Freiheit in der Ewigkeit anders sein könnte, als sie ist. Für Descartes war Gottes Freiheit so groß, daß Gott, wenn er es wollte, die mathematischen Bezüge, z. B. in der Geometrie, ändern könnte. – Eine solche Behauptung sollte nur den Vorrang des Willens nicht nur im Menschen, sondern auch in Gott betonen. Der Vorrang des Entschlusses, des Ratschlusses. Und wie bei uns der Wille an erster Stelle steht, so präjudiziert auch in Gott der göttliche Ratschluß alles übrige in ihm. Gott ist also frei. Man muß allerdings verstehen, daß es Gottes Freiheit ist.

Es ist die Epoche, da die gläubigen Philosophen es sich wohl am meisten versagt haben, Gott irgendwelche anthropomorphen Züge zu geben. Man stellt sich Gott nicht nach dem Muster des Menschen vor; und darum sagt Descartes, die Freiheit Gottes sei *die Freiheit der Indifferenz. Liberum arbitrium indifferentiae.* Was heißt das? Das heißt, daß Gott nicht gewissen Ergebnissen, die er erreichen will, untertan ist. Für Gott gibt es keinen Zweifel; er strebt nicht nach etwas. Das ist ein sehr tiefer Gedanke: Es gibt Finalität, Zieldenken, nur da, wo Mangel ist. In einem vollkommenen und ewigen Wesen kann es keine Finalität geben. Da gibt es kein Streben nach etwas, und deshalb, weil keine Finalität besteht, gibt es auch keinen Grund im menschlichen Sinne, so oder so zu handeln, diese oder jene Beziehung herzustellen; darum hat Descartes für Gott die Freiheit der Indifferenz vorgesehen.

Hier gelangt er zu Formulierungen, die seltsam klingen, wenn wir uns nicht bemühen, sie von innen her zu verstehen. Freiheit der Indifferenz ist die Freiheit Gottes. Für uns Menschen hingegen wäre eine solche Freiheit das unterste Niveau von Freiheit, wie wenn wir zwischen zwei gleichgültigen Möglichkeiten wählten. Für uns, Wesen des Mangels und der Finalität, hätte eine solche Freiheit keinen Sinn mehr. Gleichgültigkeit oder Willkür sind für uns gerade nicht Freiheit. Der Gegensatz zwischen der göttlichen und der menschlichen Freiheit ist damit radikal. Wir wir gesehen haben, geht also Descartes von der inneren Gewißheit des denkenden Subjekts über zur Existenz Gottes und zur Garantie unserer klaren und deutlichen Ideen durch Gottes Wahrhaftigkeit.

Von da führt zwar keine einsichtige Verbindung zur Außenwelt. Wir sind aber völlig sicher, daß es sie gibt, sie drängt sich auf so mannigfache Weise unseren Sinnen und unserem Denken auf, und wir haben von ihr so klare und deutliche Vorstellungen! Da wir wissen, daß Gott wahrhaftig ist, dürfen wir nun die Existenz der Außenwelt annehmen. Und Descartes beginnt, über diese Welt nachzudenken.

Auch er fragt, auf seine Weise, nach dem, was im Wandel bleibt. Er hält ein Stück Wachs in der Hand, es ist hart, weiß, kalt, geruchlos, von bestimmter Form; er nähert es dem Feuer, er wärmt es. Es wird weich, geschmeidig, beginnt zu duften, ändert die Farbe. Descartes – anders als die frühen Philosophen von Milet – fragt zunächst nicht nach dem Bleibenden in einer Welt des Wandels, sondern nach dem Bleibenden in diesem Wachs. Die Eigenschaften sind veränderlich, der Begriff bleibt. Es ist immer Wachs.

Darum hat man Descartes einen Rationalisten genannt. Alles in der Außenwelt ist für ihn dem Wesen nach konzeptueller, geometrischer Natur. Die wahrnehmbaren Eigenschaften sind nicht das Eigentliche der Dinge; was das Wesen der Dinge ausmacht, das ist *die Ausdehnung*. Die Ausdehnung ist nicht die Leere. Sie ist etwas. Der Beweis dafür ist, daß es Ausdehnung da gibt, wo es Körper gibt, und wo es keine Körper gibt, gibt es keine Ausdehnung. Bei Descartes finden wir eine physische Wirklichkeit der Ausdehnung und zugleich eine Geometrisierung der physischen Wirklichkeit. Es gibt keine Leere, kein Atom in seiner Physik, nur Ausdehnung der Körper, und daher ist seine Physik rein mathematisch.

Die Welt der ausgedehnten Wirklichkeit, die Außenwelt, ist das Reich der Passivität; es gibt da nur Ausdehnung und *Bewegung von außen her*. Niemals spontane Bewegung. Bewegung stößt von außen, löst eine Fortbewegung aus in den ausgedehnten Körpern, löst eine Gegenbewegung aus.

Descartes' Philosophie ist entschieden, *radikal dualistisch*. Zwei Grundgegebenheiten: *die Ausdehnung und das Denken, res extensa und res cogitans*. Die *res cogitans* ist aktiv, spontan. Die *res extensa* ist passiv und wird nur von außen angestoßen.

Daraus leitet nun Descartes zwei Forderungen ab.

Erstens: Die *res extensa*, die Natur, muß sich allein durch Exteriorität erklären lassen, durch mechanistische Theorien, und nie durch innere, mehr oder weniger magische »Mächte« oder Eigenschaften. Sogar der lebende Körper unterliegt dieser Wahrheit. Daher stammt bei Descartes die Theorie von den Tieren als Maschinen-Lebewesen (»l'animal-machine«). Der Körper des Tieres ist ausgedehnt, also passiv und dem Mechanischen unterworfen. Auch der Menschenkörper ist eine Maschine, und infolgedessen wollte Descartes die Leidenschaften, die seiner Meinung nach Sache des Körpers sind, durch Mechanismen der »esprits animaux« Geister erklären, wobei er darunter wohl verschiedene Flüssigkeiten verstand (»des humeurs«).

Seine Biologie ist also im Grunde ein Teil der Physik. Trotz unseres Befremdens müssen wir begreifen, daß Descartes in seiner Zeit der modernen Wissenschaft einen großen Dienst geleistet hat, indem er in ihr nur die klaren und verifizierbaren, mechanistischen Erklärungen zuließ. Damit hat er eine Menge mittelalterlicher Erklärungsversuche durch okkulte Eigenschaften vom Tisch gewischt, wie z. B. die Erklärung des Lichtes durch eine geheimnisvolle *vis luminosa* usw.

Zweitens: die *res cogitans,* das Denken. Was Geist ist, was vom Denken herkommt, ist für ihn reine Interiorität und reine Aktivität. Wille und Verstehen werden nie von außen bewegt. Wir sind fern von der heutigen Situation, in der man zum Beispiel Kunstwerke ebenso wie Verbrechen nur durch äußere Einflüsse zu erklären sucht, wobei man jede Eigenverantwortung leugnet. Bei Descartes dagegen ist der Anspruch auf Verantwortlichkeit total, er wird von der radikalen Interiorität gefordert, von der Spontaneität, vom Voluntarismus des Geistes.

Dieser Dualismus wirft ein schwieriges Problem auf. Schließlich mußte auch Descartes sehen: wenn er den Arm heben *wollte,* hob sich der Arm in der *res extensa.* Wenn er irgendwo im Körper Schmerzen hatte, dann empfand sie auch sein Geist. Dieses Problem der Verbindung von Seele und Körper hat Descartes nicht gelöst. Er hat es versucht und die berühmte kleine Zirbeldrüse an der Basis des Kleinhirns als Ort der Verbindung angegeben. Das ist keine wirkliche Erklärung. Das Problem ist doch nicht: wo findet die Verbindung statt? Sondern: wie können zwei einander radikal fremde Substanzen aufeinander wirken? Aber die zwiefache Forderung der mechanistischen Erklärung in der *res extensa* und der absoluten Verantwortung in der *res cogitans* war für Descartes so wichtig, daß er den befriedigenden Zusammenhang seines Systems opferte.

Andererseits erlaubt sein Denken die Unsterblichkeit der Seele. Der

Körper gehört zur *res extensa* und löst sich darin auf. Die Seele als reine Interiorität der *res cogitans* löst sich nicht mit dem Körper auf.

In welche moralische Haltung mündet die cartesische Philosophie ein? Sie steht der stoischen sehr nahe. Es geht darum, die von der Vorsehung eingerichtete Ordnung zu verstehen. Sobald man die vom wahrhaftigen Gott gesetzte Notwendigkeit begreift, findet man die nötige Heiterkeit für das rechte Urteilen. Folglich genügt es, *klar zu sehen, um recht zu handeln.* Auch darin erkennt man Descartes' geistige Klarheit, seinen Sinn für das Leben: richtig zu urteilen lernt man nicht in Philosophiebüchern. Es ist *eine Gewohnheit,* man muß seinen Geist üben, ihn gewöhnen, ihm den nötigen Anspruch geben für das rechte Denken und Urteilen. Wenn man diese Gewohnheit erworben hat, ist das rechte Urteilen das höchste Glück, weil es die Einsicht erlaubt. Dann erlebt der Denker eine Art Seligkeit.

Spinoza wurde in Amsterdam geboren; er stammte aus einer Familie portugiesischer Juden, und er hat sein ganzes Leben in Holland verbracht. Er war ein Mensch, dem Unabhängigkeit seines Denkens und seine Unabhängigkeit als Mensch über alles ging. Er lebte von handwerklicher Tätigkeit, vom Brillenschleifen. Sein ganzes Leben hat er in beträchtlicher Armut verbracht, er war so arm, daß Leibniz und andere Freunde für sein Begräbnis sorgen und seine Manuskripte retten mußten. Er selbst hat zu seinen Lebzeiten nur zwei Werke veröffentlicht: ›Die Prinzipien der Cartesianischen Philosophie‹ und den ›Theologisch-politischen Traktat‹. Und da diese Werke, namentlich das zweite, in der sogenannten guten Gesellschaft einen großen Skandal verursacht hatten, nahm er sich vor, nichts mehr zu veröffentlichen. Deshalb ist der größte Teil seiner Arbeiten erst nach seinem Tod erschienen, so auch sein Hauptwerk, die ›Ethik‹, eines der Meisterwerke in der Geschichte der abendländischen Philosophie. Spinoza hat darum nie ein Echo darauf gehört. Er war erst 45 Jahre alt, als er starb. Er hätte ein anderes Leben haben können: Man bot ihm einen Lehrstuhl in Heidelberg an, einer damals berühmten Universität. Er hat abgelehnt, weil er dachte, wenn er das Angebot annähme, würde er seine Unabhängigkeit verlieren, man würde ihn nicht denken und lehren lassen, was er wollte; und er zog es vor, unabhängig zu bleiben.

Unabhängigkeit um jeden Preis ist also ein Charakterzug seines Lebens und Denkens. Das beeindruckt uns noch mehr, wenn wir vom Zentralgedanken Spinozas hören. *Notwendigkeit* heißt er. Unabhängigkeit-Notwendigkeit, mit Bindestrich, das ist Spinoza.

Wir wollen versuchen, dieses scheinbare Paradoxon zu verstehen. Wir sprechen hier nur von Spinozas ›Ethik‹. Sie ist lateinisch verfaßt und trägt den Titel ›Ethica more geometrico demonstrata‹, das heißt: Ethik mit geometrischer Methode bewiesen. Das überrascht, denn von Ethik sprechen heißt die Freiheit ins Spiel bringen; bei den Dingen, die ohne Freiheit sind, kann man nicht von Ethik sprechen: Wenn ein Ziegel vom Dach fällt und jemanden tötet, begeht er keinen unethischen Akt, denn er hat keine Freiheit. Wer also Ethik sagt, sagt Freiheit – und wie soll man eine Ethik, die sich an die Freiheit richtet, *more geometrico*, mit geometrischer Methode, erklären?

Das erste Kapitel handelt »de Deo«, von Gott. Das Werk beginnt, wie in der Geometrie, mit Axiomen, Definitionen und fährt mit Theoremen fort. Die einzige Freiheit, die sich Spinoza gegenüber Euklid erlaubt, ist, daß er Scholien einführt, eine Art Kommentar am Rande. Wenn ein Lehrsatz ihm philosophisch besonders wichtig erscheint, so gestattet er sich nach dem Beweis ein solches Scholion, das manchmal mehrere Seiten umfassen kann und worin er seinen philosophischen Gedankengang freier entwickelt.

Was ist die philosophische Bedeutung dieser geometrischen Form?

Die Ethik wird auf geometrische Weise bewiesen. Wir müssen also verstehen, wie sich hier Ethik und Geometrie verbinden lassen: *die Freiheit* der Ethik und *die Notwendigkeit* der Geometrie. Damit kommen wir sofort zum Herzstück von Spinozas Denken: die Verknüpfung von Freiheit und Notwendigkeit. Er findet schließlich: Freiheit *ist* Notwendigkeit. Notwendigkeit *ist* Freiheit. Wir müssen aber den Weg zu diesem Ergebnis verfolgen und nicht bloß das Ergebnis auf den Tisch legen.

Das Buch »de Deo« beginnt mit der Substanz. Gott ist gleich *Substanz*. Das erinnert uns an die Schule von Milet. Substanz ist aber bei Spinoza ganz radikal aufgefaßt. Nicht Wasser, Luft, nicht das Unbegrenzte. Substanz ist das Sein als Grund seiner selbst, in sich, durch sich, für sich – das heißt, die absolute Selbstgenügsamkeit des Seins, das von nichts als sich selbst abhängt. Das ist die Substanz. Das ist Gott. Die Substanz ist ewig, und das heißt für Spinoza zeitlos.

Wir sind weit entfernt von einer christlichen Vorstellung. Der Gott-Mensch ist ein Paradox, das Spinoza völlig fremd ist. Er steht ganz in der jüdischen Tradition, die jeden Anthropomorphismus streng ablehnt.

Die Substanz, das selbstgenügsame Sein, hat *Attribute*. Diese Attribute sind nicht einfach zu erklären. Sie sind die Art, wie Gott sich entfaltet. Wenn wir sagen, Gott ist in sich, durch sich, Grund seiner selbst, haben wir ein Sein vor uns, das völlig in sich geschlossen ist, das sich nicht entfaltet. Die Attribute sind die Ausfaltungsweisen der Substanz. Nach Spinoza gibt es von diesen unendlich viele. Wir aber kennen nur zwei davon: *die Ausdehnung* und *das Denken*. Das erinnert zwar an Descartes, aber es ist hier ganz anders. Bei Descartes handelt es sich um einen radikalen Dualismus, bei Spinoza nur um zwei Attribute in einer unendlichen Zahl von Attributen einer und derselben Substanz. Jedes Attribut ist unendlich, Gott aber ist *absolut unendlich*. Er ist eine Unendlichkeit von unendlichen Attributen.

Weil die Substanz *eine* ist und nichts außer ihr ist, ist ihre Einheit ihre *Notwendigkeit*. Nicht-Notwendigkeit kann es nur geben, wenn mehrere Elemente im Spiel sind. Wenn wir nur eine Substanz haben, ihre Einzigkeit und nichts anderes, dann gibt es keinen Dualismus. Ihr Sein ist Notwendigkeit.

Diese Notwendigkeit der Substanz wird von Spinoza als Waffe *gegen jede Zweckursache* eingesetzt. Wir haben gesehen, daß Descartes Gott die Freiheit der Indifferenz zuschreibt, um ihm kein Zweckdenken zuschreiben zu müssen. Spinoza folgt ihm darin, geht aber viel weiter. Er schreibt Gott nicht die Freiheit der Indifferenz zu, sondern die Notwendigkeit; Gott ist die Notwendigkeit, und wenn man von göttlicher Notwendigkeit sprechen will: für Gott ist Freiheit und Notwendigkeit im strengen Sinne dasselbe.

Nach Spinoza ist die *causa finalis,* die Zweckursache, ein menschliches Vorurteil und der Idee Gottes völlig entgegengesetzt. Sie ist nach ihm aber auch der wahren Freiheit entgegengesetzt. Was heißt das? Wenn wir uns Ziele setzen, die dem Mangel entsprechen, unter dem wir leiden, dann sind wir eben nicht frei. Wir sind im Gegenteil von unserem Mangel unterjocht. Die wahre Freiheit besteht darin, die Notwendigkeit der einen Substanz und alles, was daraus folgt, anzuerkennen und zu bejahen. Das wollen wir zu erklären suchen.

Es ähnelt im Grunde der Erfahrung der Evidenz, der zwingenden Einsicht. Wenn man uns in der Geometrie beweist, daß die drei Winkel eines Dreiecks 180° ergeben, dann sagen wir: »Ich verstehe«, und es bedeutet, daß wir dem Zwang des Beweises zustimmen. Wir können nicht sagen: »Ich verstehe, aber ich bin nicht einverstanden.« Sobald es notwendig ist, sobald wir die Notwendigkeit eingesehen und begriffen haben, ist es die Freude unseres Geistes, den Beweis dieser Notwendigkeit und die Notwendigkeit selber anzuerkennen. Analog verhält es sich mit der wahren Freiheit bei Spinoza.

Die wahre Freiheit besteht darin zu verstehen, und zwar die Notwendigkeit der wahren Substanz zutiefst zu verstehen. Es ist nicht nur ein verstandesmäßiges Verstehen, sondern ein Verstehen der Zustimmung, wie im geometrischen Beweis. Wir stimmen zu, weil sie uns überzeugt, weil sie die Zustimmung unserer Vernunft erringt.

Deswegen ist für Spinoza die *causa finalis*, die Zweckursache, nicht nur der Idee Gottes, sondern auch der Idee der wahren Freiheit entgegengesetzt. Für Descartes verhielt es sich nicht so. Er sagte im Gegenteil, die Freiheit der Indifferenz sei für den Menschen das niedrigste Niveau seiner Freiheit. Das Gegenteil dessen, was sie für Gott ist.

Jetzt aber, für Spinoza, ist es des Menschen Aufgabe zu versuchen, der göttlichen Notwendigkeit anzuhängen, um nicht mehr Sklave der menschlichen Begierde zu sein, um nichts mehr zu begehren als die göttliche Notwendigkeit. Freiheit und Notwendigkeit sind hier wahrhaft dasselbe.

Etwas Ähnliches haben wir schon bei den Stoikern angetroffen. Frei zu sein bedeutete für sie, mit der Notwendigkeit der Welt übereinzustimmen, die aus der Weltseele fließt. Diese Lehre verlangt eine ähnliche Bewegung der menschlichen Freiheit, wenn auch nicht aufgrund rationaler Beweise, wie Spinoza. Beide erzielen dieselbe Größe.

Es ist nicht erstaunlich, daß ein Mann, der seine Unabhängigkeit selbst um den Preis der Armut allem anderen vorzog, eine so kühne Philosophie vertrat, die ihn mit allen Religionen in Konflikt bringen mußte. Er bekam Schwierigkeiten mit der jüdischen Gemeinde sowie mit den christlichen Kirchen, und darum hat er auch seine meisten Schriften nicht publiziert. Dieser selbe Mann aber hielt es für das höchste Gut, seine Freiheit mit der göttlichen Notwendigkeit identisch zu machen. Man spürt in seinem Werk eine Art rationalistischen Mystizismus. Ethik, auf geometrische Weise bewiesen: die göttliche Notwendigkeit soll klar durch eine mathematische Methode aufscheinen, die, entgegen unserer ständigen Neigung zu den Zweckursachen, Willen und Verstand in eins überzeugt.

Substanz bei Spinoza ähnelt der Vorstellung des Parmenides. Bei Parmenides ist die Substanz einzig, einfach, unteilbar, ewig. Ewig heißt bei ihm aber nicht: von Dauer. Sie ist ewig, weil sie das Sein selber ist. Und hier treffen wir auf eine der Bibel völlig entsprechende Tradition. »Ich bin der Ewige« heißt es dort, und das ist dasselbe wie: »Ich bin, der ich bin«, und das heißt: »Ich bin das Sein«; das heißt nicht: ich dauere, sondern: »Ich bin das Sein« – und ganz in diesem Sinn ist die Substanz bei Spinoza unendlich. Sie ist Gott; deshalb geht man, indem man von der Substanz ausgeht, von Gott aus: »de *Deo*«.

Diese Philosophie ist wie die weite und reiche Entfaltung einer Art ontologischen Beweises. Ganz im Zentrum finden wir eine Überzeugung, nach der Gott Substanz ist. Gott-Substanz existiert bei Spinoza notwendig. Er kann nicht nicht existieren. Wir finden hier eine solche Dichte des Seins, ontologische Dichte oder Macht der Existenz – diese Aussagen gehen ineinander über –, daß nur ein Widerspruch in ihm selber Gott an der Existenz hindern könnte. Das, sagt Spinoza, ist unmöglich: Da Gott absolut unendlich ist, hat er eine unendliche Macht zur Existenz, und außer ihm gibt es nichts, das seine Macht zu existieren in Schach zu halten vermöchte. Daher muß er existieren. Wenn es für Spinoza eine zwingende Einsicht, eine Gewißheit gibt, ist es diese. Alle übrigen mögen dann von dieser abgeleitet werden. Nur daher können sie evident sein. Der Gedanke, daß Gott nicht existiere, ist wegen der Dichte des Seins in der Vorstellung von Gott als Substanz nicht denkbar.

Hier dürfen wir eine Anmerkung machen. Wir finden bei den Denkern jener Zeit, Descartes, Spinoza, Leibniz, einen gemeinsamen Grundzug. Es sind Denker, für die es »natürlich« ist, daß es das Sein gibt, und gar nicht »natürlich«, daß zuerst das Nichts sein könnte. Heidegger hingegen hat in unserer Zeit die Frage gerade umgekehrt gestellt: Warum gibt es überhaupt etwas und nicht vielmehr nichts? Es ist, als wäre für unsere Zeit das Nichts »natürlicher«, ursprünglicher, als das Sein. Damit das Sein sei, braucht es eine besondere Kausalität, sonst gibt es das Nichts. Daß es das Sein gibt, muß erklärt werden, während die Tatsache, daß es nichts gibt, keiner Erklärung zu bedürfen scheint. Das ist eine neue Einstellung. Die ganze Geschichte des Denkens hindurch sind die Menschen von der Idee ausgegangen, daß es »natürlicher« sei, daß es Sein gebe, als nichts. Vor allem bei den Griechen, die keiner Schöpfung bedurften. Von der jüdisch-christlichen Tradition an braucht es eine Schöpfung, damit eine Welt sei, aber das Sein Gottes ist ewig. Gott als Sein schien unerschütterlich. Es ist eine Tendenz der modernen Zeit, in gewissem Sinn das Nicht-Sein, das Nichts als Erstes zu betrachten und einer Erklärung dafür zu bedürfen, daß es etwas gibt.

Spinoza denkt in der Fülle des Seins. Das ist ein wichtiger Punkt. Es ist für ihn unmöglich, daß der unendliche Gott in seiner unendlichen Kraft des Daseins an der Existenz durch irgend etwas gehindert werden könnte. Er kann also nicht nicht existieren. Hier wird ein *Monismus* der Existenz des Seins in seiner Fülle festgestellt.

Die beiden Substanzen von Descartes werden zu zwei uns bekannten Attributen unter der unendlichen Zahl der Attribute, die wir nicht kennen. Ausdehnung und Denken sind also zwei Attribute der Substanz. Gott ist *causa sui* und Grund von allem, was ist; ja, er *ist* überhaupt alles, was ist. Und da er alles ist, was ist, weil nichts auf andere Art sein kann als durch die göttliche Substanz, haben wir es nicht nur mit einem Monismus, sondern mit einem *Pantheismus* zu tun.

Nachdem wir den Begriff Attribut verstanden haben, müssen wir noch den Begriff *Modus* erklären. Bei Spinoza finden wir die Begriffe: Substanz, Attribute und Modi.

Modi sind Affektionen der Substanz. Was heißt das? *Afficere* ist lateinisch und heißt, jemandem oder einer Sache etwas antun. Ein Modus ist also eine vorübergehende Seinsweise der Substanz, die in den beiden Attributen, die wir kennen, erscheint. Die Modi haben kein Sein an sich, durch sich oder aus sich selbst. Sie sind im Gegenteil in etwas anderem, eben der Substanz, durch etwas anderes, aus etwas anderem. Sie sind in ihrem Sein völlig abhängig von etwas anderem. Es gibt Modi des Attributs Ausdehnung und Modi des Attributs Denken. Dieses Buch hier zum Beispiel ist ein Modus des Attributs Ausdehnung; der Gedanke, den wir formulieren, ist ein Modus des Attributs Denken. Das sind Einzelgestalten, die in den Attributen der Substanz aufeinander folgen. Nach Spinoza gibt es eine Unendlichkeit von Modi, die alle notwendig aus der Substanz herkommen. Wie das? Nicht durch Kausalität. Die Modi fließen aus der Substanz wie die Eigenschaften des Dreiecks aus dem Dreieck. Das heißt, es liegt an der Natur des Seins, der Substanz, Gottes, daß die Modi so sind, wie sie sind. Das Dreieck ist nicht die Ursache des Faktums, daß die drei Winkel 180° ausmachen. Nicht Ursache im modernen Sprachgebrauch. Die Modi entstammen der Substanz, sie sind, wie sie sind, durch eine abgeleitete Notwendigkeit.

Das Verhältnis Notwendigkeit–Freiheit versetzt uns wirklich ins Herz von Spinozas Philosophie. Und da wir das philosophische Staunen zum Thema haben, dürfen wir annehmen, sein Philosophieren sei daher entsprungen, daß er zuinnerst darüber staunte, wie dies zusammen bestehen könne: einerseits Gott und andererseits diese absolute Unabhängigkeit in mir. Sartre beispielsweise behauptet in seinem Buch ›L'être et le néant‹, daß – wenn Gott existiert – das freie Subjekt nicht existieren kann, weil Gott, allein durch das Gewicht seiner Existenz, die Freiheit des Subjekts gewissermaßen ausschließe. Spinoza ging von der umgekehrten Gewißheit aus. Er opferte aber weder Gott noch die Freiheit, sondern suchte in der tiefsten Tiefe eine Lösung für diesen Konflikt. So ging er vor: Gott ist eine freie Ursache, er ist die freie Ursache von allem andern. Das heißt, Gott handelt einzig nach der Notwendigkeit seines Wesens. Wir finden da keine Spur von der göttlichen Freiheit, wie sie von Descartes aufgefaßt wurde, mit der Möglichkeit eines Wechsels der Gesetze oder gar der mathematischen Bezüge. Kein Schatten einer Veränderlichkeit in dem Begriff der göttlichen Freiheit bei Spinoza. *Frei* – das bedeutet: gemäß der einzigen Notwendigkeit seiner Natur. Aufgrund der Dichte des Seins in Gott ist seine Freiheit in viel höherem Maße zwingend, als es die Notwendigkeit in irgendeinem anderen Wesen sein könnte. Die Idee der Freiheit fällt hier völlig mit der ewigen Notwendigkeit in der Natur Gottes zusammen. Keine Launen, keine Veränderung, die Frage stellt sich nicht.

Spinoza ist bestimmt der Philosoph des Absoluten par excellence, und da er im Absoluten denkt, brennen die Begriffe, die wir sonst im Relativen als unterschieden zu gebrauchen pflegen, in ein und demselben Feuer und werden gewissermaßen ein und dasselbe.

Freiheit und Notwendigkeit sind nicht mehr zwei entgegengesetzte Pole, sondern werden im Absoluten zu Synonymen. Frei sein heißt für Gott, nach der eigenen Notwendigkeit zu existieren, und daher ist Gott frei und notwendig in einem. Die Freiheit Gottes fällt mit seiner Notwendigkeit zusammen und ebenfalls mit aller Notwendigkeit, die von ihm ausgeht. Wenn wir also meinen, der Zwang dessen, was von Gott kommt, sei als Notwendigkeit gegen unsere Freiheit gerichtet, dann können wir gewiß sein, daß wir uns über unsere Freiheit täuschen. Unsere wahre Freiheit kann nur Gottes Notwendigkeit sein. Es gibt keine wahre Freiheit gegen Gott, da ja alles Gott ist, wir eingeschlossen.

Spinoza unterscheidet hier zwei Aspekte der Substanz oder Gottes –

oder zwei Funktionen. Die *natura naturans* und die *natura naturata*. Wir können das mit »schaffende Natur« und »geschaffene Natur« übersetzen. Die *natura naturans* entspricht der Substanz, die *causa sui,* also Grund ihrer selbst ist; *natura naturata* ist das, was aus der Notwendigkeit der Substanz fließt, ihre *Modi.* Und die Notwendigkeit, die in Gott (Substanz) mit der Freiheit Gottes zusammenfällt, die seine Natur ist, nimmt in der Welt die Gestalt der Notwendigkeit an. Alles in der Welt ist notwendig.

»Kontingenz«, das was eintrifft, aber auch nicht eintreffen könnte, oder »Möglichkeit«: beide Begriffe bezeichnen nichts Reales. Sie entstammen einfach unserem Nichtwissen über die Ketten der Ursachen und ihre Herkunft aus der Notwendigkeit. Es gibt nur *Notwendigkeit und Unmöglichkeit,* so wie sie aus der göttlichen Notwendigkeit-Freiheit fließen.

Wenn wir von der *göttlichen Vollkommenheit* sprechen, aus der alles fließt, müssen wir verstehen, was Spinoza damit meint. Vollkommenheit heißt da nicht Bezug auf ein Werteschema, mit Zweckursachen, wo es ein Streben gäbe, wo man vollkommen nennen würde, was schön ist oder was uns glücklich macht. Nein. Wenn wir sagen: alles fließt aus der göttlichen Vollkommenheit, so heißt das: alles ist notwendig. Eine solche Auffassung merzt vom Gesichtspunkt der göttlichen Notwendigkeit aus jegliche Unterscheidung zwischen Gut und Böse aus. Weil es nur das Notwendige und das Unmögliche gibt, verschwinden Gut und Böse. Das heißt, daß die ›Ethik‹ in ihrem Kern alles hinter sich läßt, was man für gewöhnlich Ethik nennt. Damit wird diese Art von rationaler Mystik erreicht, von der wir anfangs gesprochen haben. Weder Gut noch Böse: Die Philosophie im Bund mit der Geometrie zerstört die Zweckursachen, die nur ein Vorurteil sind. Die Unterscheidung von Gut und Böse stammt von uns, von der Relativität unseres Standpunktes. Aus Gottes Sicht – und das ist schon viel zu menschlich gesprochen –, für den, der die Notwendigkeit Gottes versteht, gibt es nur Vollkommenheit.

Das Problem, das für Descartes unlösbar war, wird leicht lösbar bei Spinoza: das der Einheit von Körper und Seele. Körper und Seele werden zu Modi von zwei Attributen der einen Substanz. Der Körper ist ein Modus der Ausdehnung, die Seele ein Modus des Denkens. Ihre Zugehörigkeit ist leicht verständlich, da beide zu *einer* Substanz gehören. Nur darf man sie nicht als aufeinander wirkend auffassen, denn eine Wechselwirkung zwischen den Attributen, Denken und Ausdehnung, gibt es nicht. Es gibt nur einen *Parallelismus* zwischen dem, was im Körper, und dem, was in der Seele geschieht, weil alles in derselben Substanz geschieht. Spinoza sagt, Ordnung und Verknüpfung der Ideen seien identisch mit der Ordnung und Verknüpfung der Dinge. Es ist eine Einheit, eine identische Notwendigkeit unter zwei Aspekten, aber keine Wechselwirkung. In der Substanz ist beides eins. Körper und Seele sind in der Tiefe ontologisch eins, es ist ein und dasselbe Sein.

Wir wollen noch einmal auf die Beziehung Freiheit und Notwendigkeit zurückkommen, um sie etwas zu veranschaulichen. Jeder von uns, wenn man ihn fragt, versucht für eine Entscheidung, die er getroffen hat, einen Grund anzugeben. Er fühlt aber manchmal, daß seine Entscheidung auch ohne diesen Grund nicht anders hätte ausfallen können, weil sie in der tiefsten Freiheit seines Wesens wurzelt. Wenn das aber so ist, werden die Gründe, die er gibt, nicht bis zuinnerst reichen; und er hat so entschieden, weil er nicht anders konnte. Nun eben: Frei sein in dem Grade, daß man nicht anders kann, das ist gerade das Zusammenfallen von Freiheit und Notwendigkeit. Wir können in unserem persönlichen Leben eine solche Erfahrung machen, und es ist geradezu das Zeichen dafür, daß eine Entscheidung aus dem Absoluten der Freiheit stammt, wenn wir wissen: anders konnten wir nicht entscheiden. Auf diese Weise erleben wir als Menschen das Zusammenfallen von Freiheit und Notwendigkeit.

Wenn nun die Notwendigkeit, von der einen Substanz aus, anerkannt wird, wie stellt sich dann das *Problem des Irrtums?* Wie kommt es, daß wir uns täuschen können? Wir erinnern uns, daß auch bei Descartes diese Frage auftauchte. Wie kommt es, daß wir uns täuschen, da doch alles notwendig ist? Spinoza antwortet, der Irrtum sei eine Teilerkenntnis, ein Mangel. Er sei nichts Positives, er komme daher, daß unser Denken nicht tief genug, nicht weit genug reicht.

Wir bleiben unter dem Einfluß und Vorurteil der Zweckursache.

Es gibt nach Spinoza *drei Gattungen von Erkenntnis.* Die erste ist die *Sinneswahrnehmung,* die im allgemeinen stehenbleibt, relativ unklar ist und leicht in den Irrtum mündet, eben weil wir auf der Ebene der Sinneswahrnehmung den Zweckursachen besonders leicht unterliegen. Die zweite Gattung der Erkenntnis ist die des *rationalen Denkens,* und da entwickelt sich die Wissenschaft. Die dritte ist die *intuitive*

Erkenntnis. Die rationale Erkenntnis geht diskursiv vor, während die intuitive Erkenntnis mit einem Blick in die ontologische Tiefe dringt. Sie erfaßt die Modi als Ableitungen aus der Substanz, sie sieht in ihnen die Substanz selbst und ihre Notwendigkeit. In der Wissenschaft, in der rationalen Erkenntnis, verbinden wir einen Modus mit einem anderen Modus in der Kette der Ursachen. In der intuitiven Erkenntnis dagegen verknüpfen wir nicht mehr Modus mit Modus, sondern wir verbinden die Modi und ihre kausale Notwendigkeit mit der ontologischen Notwendigkeit der Substanz. Nicht Modus an Modus, sondern Modus an Substanz. Dabei entziffern wir gewissermaßen die göttliche Notwendigkeit in der Realität der Modi. Die intuitive Erkenntnis ist die wahre Erkenntnis. Nach ihr müssen wir streben.

Spinoza sowie Descartes fragen sich, was *die Leidenschaften* wohl zu bedeuten haben. Die Leidenschaften waren in dieser Zeit sehr stark, aber auch der Wille und die Freiheit waren stark, und daraus ergaben sich große Kämpfe. Deswegen lohnt es sich für uns, zuzuhören und uns aufrichten zu lassen.

Für Spinoza sind die Leidenschaften der Seele eine Einschränkung der Erkenntnis, ein Gefangenwerden im Nichtwissen. Die Freiheit besteht also nie darin, sich der Herrschaft irgendeiner Leidenschaft der Seele zu unterwerfen, sondern jede Leidenschaft durch die Einsicht in die Notwendigkeit zu überwinden.

Da steckt etwas sehr Tiefgründiges: Wenn eine Leidenschaft sich an einer unabänderlichen Notwendigkeit stößt, so erlischt sie als Leidenschaft. Niemand ist je einer Leidenschaft für etwas völlig Unmögliches erlegen. Leidenschaft nährt sich immer von einem Rest Hoffnung, bleibt also im Raum des Möglichen. Wenn man aber Einsicht in die Notwendigkeit gewinnt, geht es nicht darum, einen starken Willen zu ersticken. Die Willenskraft ist *vorher* erforderlich, gerade um die Einsicht in die Notwendigkeit zu gewinnen. Wenn wir soweit gelangt sind, sind die Leidenschaften schon überwunden.

Und das ist Freiheit. Nach Spinoza bedeutet sie Freude und Heiterkeit. Sie versteht die göttliche Notwendigkeit, sie identifiziert sich mit ihr. Dann werden wir fähig – wie Spinoza formuliert –, alles *sub specie aeternitatis* zu betrachten, unter dem Gesichtspunkt der Ewigkeit. Das heißt: in Gottes ewiger Notwendigkeit. Daher bekommt die Ewigkeit der Seele ihren Sinn. Durch die ewige Notwendigkeit Gottes, die in allem Sterblichen herrscht, ist alles ewig.

Wir können uns fragen: Ist das eine Philosophie der Immanenz oder der Transzendenz? Gewöhnlich hält man sie für eine Philosophie der Immanenz um ihres Pantheismus willen: Gott ist weder vor noch über, noch außerhalb der Welt. Aber in dieser Immanenz herrscht eine solche Transzendenz, spricht ein solches Überholen durch das Innerste des Seins, daß man diese Philosophie für die allertranszendenteste halten kann.

Wir wollen zum Abschluß den 42. Lehrsatz des letzten Buches der ›Ethik‹, das von der Freiheit des Menschen handelt, miteinander durchgehen.

»Nicht die Glückseligkeit ist Lohn der Tugend, sondern die Tugend selbst; und wir erfreuen uns derselben nicht, weil wir die Lüste einschränken, sondern umgekehrt, weil wir uns jener erfreuen, darum sind wir imstande, die Lüste einzuschränken.«

Und dann folgt, was Spinoza den Beweis nennt: *»Die Glückseligkeit besteht in der Liebe zu Gott, welche Liebe aus der dritten Gattung der Erkenntnis fließt; daher muß diese Liebe auf den Geist, sofern er handelt, bezogen werden; und mithin ist sie die Tugend selbst. – Dies wäre das erste. – Sodann, je mehr der Geist dieser göttlichen Liebe oder Glückseligkeit sich erfreut, hat er die Macht, die Begierden einzuschränken. Und weil das Vermögen des Menschen, die Affekte zu hemmen, in der Erkenntnis allein besteht, darum erfreut sich keiner der Glückseligkeit, weil er die Affekte gehemmt hat, sondern umgekehrt, seine Macht, die Affekte zu hemmen, entspringt aus der Glückseligkeit selbst. – Wie zu beweisen war.*

Erläuterung. Damit habe ich alles erledigt, was ich von der Macht des Geistes über die Affekte und von der Geistesfreiheit vorbringen wollte. Es erhellt daraus, wieviel der Weise vermag und um wieviel vorzüglicher er ist denn der Tor, der von seiner Lust allein bewegt wird. Denn abgesehen davon, daß der Tor von den äußeren Ursachen auf vielfache Weise umgetrieben wird und niemals im Besitze der wahren Seelenruhe zu finden ist, lebt er überdies gleichsam unbewußt seiner selbst und Gottes und der Dinge, und sobald er aufhört, von Leidenschaften bewegt zu werden, hört er auch auf zu sein. Während dagegen der Weise als solcher kaum in seiner Seele beunruhigt wird, sondern, nach einer gewissen ewigen Notwendigkeit seiner selbst und Gottes und der Dinge bewußt, niemals zu sein aufhört, sondern immerwährend im Besitze der wahren Seelenruhe sich findet.

Wenn nun auch der von mir gezeigte Weg, der dahin führt, überaus schwierig scheint, so kann er doch gefunden werden. Und allerdings muß eine Sache recht schwierig sein, die so selten angetroffen wird. Denn wie sollte es geschehen, daß das Heil, wenn es so leicht zur Hand wäre und ohne viel Mühe gefunden werden könnte, dennoch von fast jedermann vernachlässigt wird?
Doch alles Vortreffliche ist ebenso schwierig wie selten.« [*]

Das ist der letzte Satz der ›Ethik‹.

Das Schönste, das Vortrefflichste für Spinoza ist das, was er »die geistige Liebe zu Gott« nennt, *Amor dei intellectualis.* Was bedeutet das: die geistige Liebe zu Gott? Diese Liebe ist *geistig,* weil es darum geht, die göttliche Notwendigkeit zu *verstehen.* Es ist *Liebe,* denn wenn man die göttliche Notwendigkeit einmal verstanden hat, will man mit ihr eins sein. Und sie ist Liebe *zu Gott,* weil Gott mit der Totalität der Wirklichkeit identisch ist.

---

[*] B. Spinoza, Die Ethik. Fünfter Teil, 42. Lehrsatz, Beweis und Anmerkung. Frei nach der Übersetzung von J. Stern (Reclam, Leipzig o. J., S. 388/89).

Verglichen mit Spinoza in seinem zurückgezogenen, konzentrierten Leben, ist Leibniz das Gegenteil, ein Mann, der in allen Gebieten seiner Zeit tätig gewesen ist. Geboren in Leipzig in der Mitte des 17. Jahrhunderts, studierte er in Frankreich, England, Holland. In Holland befreundete er sich mit Spinoza. Er ist viel gereist. Als Mathematiker hat er die Differentialrechnung erfunden. Keine Wissenschaft seiner Zeit ist ihm fremd geblieben. Er hat sich auch in der Politik, im Staatswesen, in der Wirtschaft betätigt, was damals ziemlich selten war. Theorie und Praxis befruchteten sich bei ihm gegenseitig – Philosophie, Politik. Er war Ratgeber von Fürsten. Er befaßte sich mit Architektur, mit Ingenieurwesen. Kirchliche Fragen beschäftigten ihn; er versuchte, Protestanten und Katholiken einander näherzubringen. Er setzte sich für Toleranz ein, wie Lessing und andere in dieser Zeit. Er führte eine intensive Korrespondenz mit allen großen Geistern der Zeit in Europa, so daß man sich fragt, woher er die Zeit dazu nahm – und zuletzt hat er noch den Studenten und der Nachwelt den außerordentlichen Dienst erwiesen, selber eine kleine Zusammenfassung seiner Philosophie zu erstellen. Sie heißt ›Monadologie‹.

Eine Nebenbemerkung: Es gibt Autoren, auf die man sich einfach einlassen muß, ohne zunächst ganz zu begreifen, worum es geht, auf welchem Niveau des Seins oder des Lebens ihr Denken sich bewegt. Allmählich kommt man hinein und wird fähig, ihre Betrachtungen nachzuvollziehen. Es gibt aber andere, die sind in ihrer Ausdrucksweise so bündig und so streng, daß man über keinen Satz hinweggehen darf, ohne ihn verstanden zu haben, sonst versteht man das folgende nicht. Die ›Monadologie‹ ist ein Werk dieser zweiten Art. Sie ist kurz und aus kleinen Abschnitten zusammengesetzt; wir müssen uns beim Lesen an jeder Zeile festhalten und jedes Wort zu begreifen suchen.
Leibniz' Philosophie knüpft an das an, was wir kennengelernt haben; und zugleich hat sie etwas grundlegend Neues. In vieler Hinsicht war er, ohne es selbst zu ahnen, ein Vorläufer.

Er war ein ungewöhnlich erfinderischer Geist, mehr als das: er hatte gleichsam Antennen für die Zukunft, ohne es zu wissen. Manche philosophischen Begriffe sind bei ihm wie frühe Vorstellungen von dem, was einmal in der Atomphysik oder in der Psychoanalyse zu Grundbegriffen werden sollte.

Leibniz steht an einem Wendepunkt, er gehört dem Ältesten und dem Modernsten an. Er ist ein Universalgenie. Alles spielt eine Rolle in seinem Denken. Und das Resultat ist nicht ein Gemisch, es ist ein neues, ganz neues Denken.

Wir erinnern uns, daß bei Descartes die Substanz der *res extensa* die Ausdehnung selbst ist, im Unterschied zum abstrakten, leeren Raum der Geometrie, der nur ein vorgestellter Raum ist. Die Ausdehnung – und nicht der Raum ist für ihn das eigentliche Wesen der Körper.

Leibniz befragt sich auch über die Substanz – wir kennen die Frage seit der Schule von Milet. Für ihn aber kann die Substanz der Dinge nicht die Ausdehnung sein. Die Substanz der Dinge ist *die Energie*. Die Energie ist hier ein Prinzip der Aktivität, das ständig wirkt, wenn man es nicht an der Aktivität hindert. Leibniz geht nicht von einer Unbewegtheit aus, um dann zu fragen, wie Bewegung hineinkomme. Er geht im Gegenteil von einer Aktivität aus, und es geht dann darum zu verstehen, was sie daran hindern kann, aktiv zu sein. Die Hindernisse, die sie am Aktiv-Sein hindern, müssen analysiert werden. Der Ausgangspunkt ist also eine ursprüngliche Energie, die als gegenwärtig die ganze Vergangenheit enthält, und in gewissem Sinn die Zukunft. Sie ist von ihrer Zukunftsmöglichkeit gebläht. Leibniz mißt dabei einem Begriff große Bedeutung bei, der Potentialität. (Wir haben schon viel von diesem Begriff bei Aristoteles gesprochen). Energie ist Aktivität, die in sich die Zukunft enthält, wenn nichts sie an der Entfaltung hindert.

Warum ist die Substanz nicht Ausdehnung, sondern Energie? Leibniz antwortet, damit der Begriff der Substanz kohärent sei, müsse er Einheit bedeuten.

Wenn Substanz nicht Einheit bedeutet, können wir sie immer zerlegen, und sie ist nicht mehr Substanz, wenn sie zerlegt werden kann. Im Grunde ist die Substanz etwas, das sich dem Nichts entgegenstellt; und das allein kann dem Nichts widerstehen, was nicht zerlegt werden kann. Also ist die Substanz wesenhaft *Eines*.

Leibniz behauptet daher gegen Descartes, in der Ausdehnung könne es kein Prinzip der Einheit geben, da die Ausdehnung ihrem Wesen nach bis ins Unendliche teilbar ist. Leibniz ist ja nicht zufällig der Erfinder der Infinitesimalrechnung gewesen. Die Ausdehnung ist teilbar bis ins Unendliche, und daher besteht sie notwendigerweise aus Zusammengesetztem, aus mehr oder weniger eingeengten Aggregaten. Aus einem Labyrinth des Ununterbrochenen, des Kontinuums, diesem Feld eines Forschens, das nie aufhört und in dem das Sein sich am Ende auflöst. Es gibt also in der Ausdehnung keine Einheit, sie kann keine Einheit gründen, sie ist keine echte Substanz. Sie verleiht keine Wirklichkeit, kein Sein.

Infolgedessen müssen wir von einem Unteilbaren ausgehen, das also gerade *nicht ausgedehnt* sein soll. Das ist bei Leibniz die Energie. Dieses Unteilbare, das Energie ist, benennt Leibniz mit einem griechischen Wort, das dem Sinne nach mit dem uns bekannten gleich ist (*atomos* = das man nicht teilen kann), es ist das Atom der Energie, die »Monade« (von monos = eins). Die Energie-Einheit, die nicht ausgedehnt und nicht teilbar ist, heißt die Monade.

Sie wird so definiert: Die Monade ist ein Atom von Energie. Sie ist ein Punkt ohne Ausdehnung. Unteilbar. Im Raum. Real, keine Abstraktion. Ohne Fenster. Das ganze Universum spiegelnd.

Wir wollen diese Aussagen nacheinander und in ihrem Zusammenhang klären. Sie scheinen einander zu widersprechen oder auszuschließen; aber diese Kontraste sind für die angemessene »Vorstellung« der Monade konstitutiv. Zunächst: *Punkte* sind die Monaden, weil ja keine Ausdehnung und damit Teilbarkeit bei ihnen sein darf. Sie müssen unteilbar, also einfach, sein, um den Grund der Seinswirklichkeit zu bilden.

Damit sind die Monaden im *Raum* situiert, da jede Monade – wie wir noch sehen werden – bei Leibniz nicht nur einen Punkt im Universum darstellt, sondern eine Art *Blickpunkt* darauf; daher wird je nach dem Ort, an dem die Monade sich befindet, ihr Blickpunkt, ihr Gesichtswinkel auf das Universum, verschieden sein. Sie ist also situiert. Sie ist ihrem Wesen nach – nicht in zweiter Linie oder beiläufig – ein Gesichtspunkt auf das Universum.

Im Universum situiert, *real* – sagt Leibniz –, damit wir uns ja nicht einbilden, sie sei ein abstrakter Punkt, wie einer der euklidischen Geometrie, mit deren Hilfe die Gerade und der dreidimensionale Raum konstruiert werden. Hier ist nicht von Konstruktion, nicht von Mathematik die Rede. Jede Monade ist real.

Ohne Fenster: das überrascht uns wohl am meisten. Damit setzt sich Leibniz radikal gegen Descartes ab. Ohne Fenster, das heißt: Die Monade ist nicht nach außen offen auf das hin, was nicht sie selbst ist. Ihre Öffnung auf das hin, was nicht sie selbst ist, ist inwendig. Von außen kann nichts auf sie einwirken. Wenn wir an Descartes zurückdenken, so ist für ihn die ausgedehnte Substanz das Reich der Mechanik; jeder ausgedehnte Körper ist an sich selber leblos, er wird nur von außen bewegt, er entbehrt jeder inneren Spontaneität. Während die denkende Substanz, *res cogitans,* reiner Wille, rein innerer Impuls ist, bleibt die *res extensa* das Reich der Passivität, wo nur der Schock von außen wirkt; das heißt, jedes ausgedehnte Körperteilchen, jedes Teilchen der Ausdehnung ist der Außenwelt völlig ausgeliefert und hängt nur von ihr, nie von sich selbst, ab.

Ganz anders bei Leibniz. Seine Monade ist »ohne Fenster«. Sie hat keine Ausdehnung, ist also einfach. Von außen kann nichts auf sie wirken. Alles vollzieht sich in ihrem Innern. Sie ist nicht Passivität, sondern Energie.

Um uns das besser vorstellen zu können, hilft es uns vielleicht, wenn wir uns die Monade *als ein Bewußtsein* vorstellen. Ein Bewußtsein ist auch punktuell, auch unausgedehnt (das Bewußtsein ist nicht mit dem Gehirn zu verwechseln), auch unteilbar, (Schizophrenie als Spaltung und Verdoppelung der Persönlichkeit ist eine Krankheit des Bewußtseins und nicht mehr das Bewußtsein). Alles Bewußtsein ist im Raum situiert, es hat einen Blickpunkt auf das Universum. Alles Bewußtsein ist real, es ist keine Abstraktion, keine Konstruktion. Alles Bewußtsein ist in gewissem Sinn »ohne Fenster«. Man könnte meinen, die Sinnesorgane seien Fenster des Bewußtseins. Die Sinnesfenster wirken aber nicht direkt von außen auf das Bewußtsein. Die Sinneswahrnehmungen, zum Beispiel das Blau, finden wir nirgends im Nervensystem, die blaue Farbe ist nicht da. Die blaue Farbe als solche ist im Inneren des Bewußtseins. Kein Physiologe, mag er die Struktur der Nerven und ihre Funktion so genau untersuchen wie nur möglich, hat je die blaue Farbe irgendwo im Sehnerv gefunden. Sie ist eine Empfindung, ein Phänomen des Bewußtseins. Alles, was Phänomen des Bewußtseins ist, kommt nicht von außen hinein. Es geschieht eben vieles im Innern des Bewußtseins. Ein Bewußtsein kann man nicht von außen erreichen, man kann nicht von außen darauf einwirken.

Was von außen auf die Nerven der Sinnesorgane wirkt, muß vom

Bewußtsein verinnerlicht werden, um Phänomen des Bewußtseins zu werden. Erst als solches kann es auf das Bewußtsein wirken und von ihm dann »verstanden« werden. Wenn ich zu Ihnen spreche, brauche ich selbstverständlich Ihren akustischen Nervenapparat; ich spreche aber nicht zu ihm, sondern zu Ihrem Bewußtsein. Erst in Ihrem Bewußtsein werden die Nervenerregungen zu Lauten, und dann zu Worten und zu Bedeutungen. Was ich sage, muß in Ihr Bewußtsein eindringen, um dort seinen Sinn zu bekommen und *von innen* auf Ihr Bewußtsein einzuwirken. In einem strengen Sinne wirkt nur das Bewußtsein auf sich selbst.

Leibniz hat offensichtlich vor der Innerlichkeit des Bewußtseins und den damit verbundenen Geheimnissen gestaunt. Er hat diese Innerlichkeit und dieses Staunen in seiner Beschreibung der Monade mit großer Kraft ausgedrückt. Wegen ihrer radikalen Innerlichkeit entzieht sich die Monade, ebenso wie das Bewußtsein, jedem äußeren mechanischen Zwang.

Die Monade spiegelt ohne Fenster das ganze Universum: Was für uns als Universum existiert – auch wenn wir es nicht kennen, kaum kennen können, als Möglichkeit nur, als Raum des Unbekannten, müssen wir in unserem Bewußtsein haben; das heißt, das ganze Universum existiert für uns als in unserem Bewußtsein gespiegelt.

Nach Leibniz ist im Ausgedehnten keine Vergangenheit und keine Zukunft. Es gibt da nur Gegenwart. Hingegen die Monade: sie konzentriert in ihrer Gegenwart alle vergangenen und zukünftigen Zustände. Weil sie ein Atom Energie ist, das heißt: Aktualität und Potentialität, ist sie nicht nur schon Gegebenes, Vergangenheit, sondern auch Möglichkeit, Zukunft. Als Widerspiegelung des ganzen Universums faßt sie gewissermaßen alle vergangenen und alle potentiellen Zustände des Universums in ihrer Innerlichkeit zusammen.

Darum hat Leibniz diese erstaunliche Definition der Monade gegeben: sie ist *der fortwährende lebendige Spiegel des Universums.* Der lebendige Spiegel, denn sie lebt im wörtlichen Sinn, und der fortwährende Spiegel, weil sie als Einheit, als einfache Substanz des Universums, unzerstörbar ist. Und da schlußendlich diese Monade, als lebender und fortwährender Spiegel, Wahrnehmung des Universums ist, ergreift sie es, ähnlich wie das Bewußtsein es tut. Sie ist nicht selbst Bewußtsein. Sie ist ihm analog. Sie gleicht ihm, sie ist von derselben Art. Oder anders gesagt: Nach dem Modell des Bewußtseins können wir uns den Begriff Monade vorstellen.

Wir haben gesehen, daß die Monade Wahrnehmung des Universums ist. Sie nimmt aber nicht alle Teile des Universums gleichermaßen wahr, ihre Wahrnehmungen sind von unterschiedlicher Klarheit. Leibniz unterscheidet zwischen klaren, deutlichen Perzeptionen oder Wahrnehmungen, die er auch »große Wahrnehmungen« nennt, und verworrenen oder »kleinen Wahrnehmungen«. Und das wollen wir gleich bemerken, die kleinen Wahrnehmungen spielen eine wesentliche Rolle, sie erfüllen eine ganz spezifische Funktion: Sie müssen die Kontinuität, die Identität jedes Individuums durch die Zeit hin sichern. Zum Beispiel staunt Leibniz: Wie geschieht es, daß ich des Nachts im Schlaf nichts von mir weiß, morgens aber beim Erwachen weiß, daß ich derselbe bin? Das ist in der Tat ein großes Geheimnis; man legt sich schlafen, vergißt alles, alles ist unterbrochen, man weiß nichts mehr von seinem eigenen Leben – und am Morgen wacht man auf, und es ist, als hätte keine Unterbrechung stattgefunden: Ich bin derselbe. Leibniz sagt: Während man schläft, ist unsere Monade weiterhin aktiv und fährt fort, kleine Wahrnehmungen zu haben. Wir haben es ja schon gesagt: Leibniz ist auf verschiedenen Gebieten ein erstaunlicher Vorläufer gewesen. Hier sind wir der Theorie des Unbewußten ganz nahe.

Die kleinen unmerklichen Wahrnehmungen, das war in jener Zeit des Rationalismus, des klaren Denkens, eine außergewöhnliche Idee. Die kleinen Wahrnehmungen garantieren also die Kontinuität. Wir wissen ja auch, daß Leibniz die Infinitesimalrechnung erfunden hat. Leibniz ist ein Mensch, der das Diskontinuierliche vermeidet. Er sagt: Die Natur macht keine Sprünge. Es geht überall darum, die Kontinuität sicherzustellen. Auch die Hierarchie der Wesen ist für ihn, nach dem Grad der Klarheit der kleinen Wahrnehmungen, kontinuierlich. Nicht nur die Menschen, das ganze Universum besteht aus Monaden. Leibniz unterscheidet eine *Hierarchie von Monaden.* Ein niedriges Niveau nennt er »ganz bloße Monade«; sie hat nur kleine Wahrnehmungen, nie deutlichere, und das ist das Niveau der *Pflanzen.* Dann gibt es die Monade, die klare Wahrnehmungen und Gedächtnis hat, und die nennt er Seele im aristotelischen Sinn, das heißt das, was aus dem Körper eine lebendige Einheit macht; und das ist das Niveau der *Tiere.* Schließlich auf der dritten Ebene gibt es den Geist, die Vernunft; das ist die Ebene, wo die Monade imstande ist, sogar die ewigen Wahrheiten zu erreichen.

Die Unterscheidung der kleinen und der großen (oder der verworrenen und der klaren) Wahrnehmungen spielt aber bei Leibniz eine noch viel wichtigere Rolle. Es stellt sich die Frage: Es gibt unendlich viele Monaden; wie kommt es, daß jede Monade individualisiert ist? Wenn jede das ganze Universum spiegelt, müßte man sagen, daß alle gleich sind und daß es schließlich nur eine gäbe, in mehreren Exemplaren wiederholt, und das hätte keinen Sinn. Es ist einer der originellen Gedanken von Leibniz, daß er mit Hilfe der Theorie der deutlichen oder der konfusen, verworrenen Wahrnehmungen den individuellen Charakter der Monaden erklärt. Da jede Monade im Raum situiert ist, hat sie einen bestimmten Blickpunkt im Universum. Wohl spiegelt sie das ganze Universum, aber je nach ihrem Blickpunkt einen Teil des Universums klar und andere Teile konfus. Sie hat deutliche Wahrnehmungen von einem gewissen Teil des Universums und undeutliche von anderen, gemäß ihrer Situierung im Raum.

Was nun die Monaden voneinander unterscheidet und sie folglich individualisiert, ist, daß jede ihre besondere Verteilung von Klarheit und Undeutlichkeit hat, je nach ihrem eigenen Blickpunkt auf das Universum. Leibniz hat daraus ein Prinzip gemacht. Er nennt es *das Prinzip der Indiszernibilien:* Im Universum kann es keine zwei identischen Monaden geben. Warum? Zwei identische Monaden würden das Universum auf gleiche Weise spiegeln, sie hätten also denselben Blickpunkt auf das Universum, wären also am selben Ort situiert, wären folglich nur eine. Das Prinzip der Indiszernibilien sichert nicht nur die Einheit, sondern auch die Einzigkeit jeder Monade. So können wir einsehen, wie entscheidend die Idee des Blickpunktes je nach der Situation im Raum bei Leibniz ist. Die Einzigkeit und die ewige Identität jeder Monade ist von diesem Blickpunkt bestimmt.

Die Monaden haben von außen keine Verbindung, sie stoßen einander nicht mechanisch, sie empfangen oder erleiden von außen nichts. Da sie aber alle *das eine Universum* spiegeln, können sie als Monaden *in ihrem Innern* miteinander kommunizieren.

Jede Monade strebt danach, den größtmöglichen Teil des Universums klar zu spiegeln. Jede Monade ist Aktivität, ein Atom Energie. Als Energie strebt jede Monade im Spiegeln des Universums nach mehr Klarheit.

Kann es nun eine Monade geben, die diesen Hunger nach universeller Klarheit stillen könnte? Was wären die Bedingungen dafür? Es müßte dies eine Monade sein, die nicht auf einen Blickpunkt im Universum beschränkt wäre, sondern alle auf einmal hätte. Es kann nur *eine* solche Monade geben. Leibniz nennt sie *die Monade der Monaden,* es ist *Gott.*

Wir sehen einen neuen Sinn der Allgegenwart Gottes. Diese bedeutet hier nicht einfach, daß Gott überall ist, wie man das schon lange gesagt hatte. Es geht um eine Wirksamkeit der Allgegenwart, die genau dem Zentrum der Leibnizschen Auffassung entspringt. Weil Gott *überall* als Monade der Monaden *ist* und *wirkt,* hat er vom ganzen Universum nur große deutliche Wahrnehmungen. Also fallen in ihm Existenz und Wissen in eins zusammen.

Es ist faszinierend zu sehen, wie verschiedene Philosophien auf vielen verschiedenen Wegen, von verschiedenen Prinzipien ausgehend, die Vollkommenheit suchen, die Monade der Monaden – um mit Leibniz zu sprechen –, oder mit einem anderen Wort: Gott.

Zwar gibt es auch Philosophien, deren Zweck es ist, verständlich zu machen, warum Gott uns verweigert ist. Weil die Philosophie nach der Totalität strebt, strebt sie nach dem Universalen, nach der Einheit, nach der einen Substanz. Und entweder sagt sie, wie sie diese erreicht, oder daß sie sie nicht erreicht, und warum sie sie nicht erreichen kann. Diese Vielfalt der philosophischen Wege bedeutet aber nicht, daß sie nutzlos sind. Der Sinn dessen, was in den Blick gefaßt wird – Gottes Einheit –, ob nun erreicht oder nicht, hängt in seiner Tiefe von dem Weg ab, auf dem man ihn gesucht hat, von den Gedanken, in denen sich das Streben nach Vollkommenheit und Klarheit vollzogen hat.

Jetzt möchte ich, im gewonnenen Licht der deutlichen Wahrnehmungen auf die Formel zurückkommen: Die Monade hat keine Fenster. Es ist interessant, hier daran zu erinnern, daß wir uns mit Leibniz in einer Zeit und einer Umwelt befinden, für die schließlich die Toleranz die Kardinaltugend sein wird. Toleranz in ihrem tiefsten Sinn, nicht als gleichgültiges Nebeneinander verschiedener Überzeugungen, sondern aus dem Bewußtsein, daß jeder nur einen Teilaspekt der ganzen Wahrheit besitzt, und aus der erlebten Einsicht, daß man nicht mit Gewalt auf ein Bewußtsein wirken kann, daß man Leute ins Gefängnis werfen, sie töten, aber nicht ihr Bewußtsein gewaltsam ändern kann. Und davon zeugt auch die Leibnizsche Auffassung der »fensterlosen Monaden«.

Das widerstreitet von Grund auf gewissen heutigen zeitgenössischen Theorien, die davon ausgehen, daß man durch Veränderung der Umwelt, der sozialen Bedingungen, des gesellschaftlichen Systems, den Menschen verändern, einen »neuen Menschen« schaffen könne. Bei Leibniz ist es umgekehrt: Alles hängt davon ab, was *innen* im Bewußtsein geschieht. Für ihn ist das (monadische) Bewußtsein eine Art Festung, etwas, das von tief innen her gegen die Außenwelt verteidigt wird. Weil die Monaden einfach und ohne Fenster sind, sind sie der äußeren Einwirkung nicht zugänglich.

Platon sagte, die Seele sei keine Idee, sondern Ideen verwandt, und insofern sei sie unzerstörbar.

Auch hier: Die Monade ist einfach, und als solche kann man sie nicht ändern, sie lebt auf ihre Weise, sie glaubt auf eine bestimmte Art; sie lebt und erlebt, sie wächst – sie ist ja Energie –, aber sie wird nie von außen, durch die Außenwelt, verändert. Wirklich ist nur, was im Innern der Monade vor sich geht.

Es gibt also ein Aktivitätsprinzip, das im Innern der Monade konstitutiv ist. Wenn wir sagen, sie ist Wahrnehmung des Universums, ist das nicht passiv gemeint, wir dürfen uns nicht einen Bergsee vorstellen, der einen bewölkten Himmel spiegelt. Sondern ein innerer Impuls bewirkt, daß die Monade durch ihren Drang nach größerer Deutlichkeit und Klarheit ihr eigenes Werden bewirkt; diesen inneren Drang nennt Leibniz *Appetition*.

Es gibt ein Appetitionsprinzip, das für die Monade konstitutiv ist und durch das sie von einer undeutlichen zu einer deutlicheren Perzeption übergeht. Und das ist der zentrale Fortschritt in ihr: von einer undeutlichen zu einer klareren Wahrnehmung überzugehen.

Wie sollen wir uns nun das Ganze, gleichsam die Koexistenz aller Monaden, vorstellen?

Hier taucht ein Begriff auf, der oft in karikierendem Sinn, als typisch für den Optimismus Leibniz' und des 18. Jahrhunderts, gebraucht wird. Es ist die *Idee der prästabilierten Harmonie*.

Die Harmonie, die zwischen den Monaden waltet, ist zunächst dadurch verständlich, daß die Monaden einander gar nicht bekämpfen können, da ihr Wesen überhaupt keine Aktion nach außen zuläßt. Außerdem beziehen sie sich auf dieselbe Wirklichkeit; das heißt, daß jede einzelne auf ihre Weise, in ihrer je eigenen einzigartigen Individuation fortschreitet, daß sie aber alle – wenn auch mit verschieden verteilter Klarheit – gemeinsam dasselbe Universum spiegeln.

Wie kann man sich aber in einer solchen Philosophie die *Beziehung zwischen Leib und Seele* vorstellen? Daß Leib und Seele zusammen nur eine Monade ausmachen, erscheint Leibniz schwierig; sie sind denn doch zu verschieden; wie soll man also ihre Beziehung auffassen? Schon bei Descartes hatte die Frage sich als sehr schwierig erwiesen; wir erinnern uns an die Zirbeldrüse, die imstande sein sollte, den radikalen Dualismus zu überbrücken. Viel einfacher war es bei Spinoza, weil es bei ihm einen Parallelismus gab zwischen den beiden Attributen der einen Substanz, die Gott ist.

Hier nun bei Leibniz ist das Problem wieder wegen der wesentlichen Undurchdringlichkeit der Monaden untereinander schwierig. Nun werden bei ihm die Beziehungen der Seele und des Körpers eben durch die prästabilierte Harmonie geregelt. Er vergleicht Körper und Seele mit zwei Uhren, die beide immer dieselbe Stunde anzeigen. Wie kann das zustande kommen? Eine Uhr kann nicht auf die andere wirken, genausowenig wie der Körper auf die Seele oder die Seele auf den Körper wirken kann. Entweder ist da ein Uhrmacher, der die eine Uhr jeweils nach der anderen stellt, oder sie sind von einem so guten Uhrmacher hergestellt worden, daß beide für immer zusammen die richtige Zeit anzeigen. Für Leibniz ist nur diese letzte Erklärung Gottes würdig. Für ihn besteht also die Lösung darin, daß die Vollkommenheit am Anfang von Gott in die Schöpfung gelegt wurde. Gott hat am Anfang Seele und Körper so geschaffen, daß zwischen beiden gleichsam auf immer eine im voraus eingerichtete Harmonie besteht. Das ist der Sinn der prästabilierten Harmonie.

Nun treffen wir bei Leibniz einen Gedanken, der, mit dieser Harmonie eng verbunden, für das Ganze seiner Philosophie sehr wichtig ist und der ihn wiederum an Aristoteles annähert: Er greift die *causa finalis, die Zweckursache* wieder auf. Spinoza hatte die *causa finalis* als Vorurteil abgetan. In seinem Denken gilt es, die universelle göttliche Notwendigkeit zu bejahen, und in allem, was im Universum geschieht, diese Notwendigkeit abzulesen.

Leibniz dagegen anerkennt wieder die Zweckursache. Das ist bei ihm nicht erstaunlich, da die Monade ein Atom Energie ist, das nach einer klareren Spiegelung des Universums strebt (Appetition). Das »Streben nach...« ist also für das Sein der Welt durch das Sein der Monaden hindurch konstitutiv. Wie bei Aristoteles, wo alles vom Verlangen bewegt war, von der Potentialität zum Akt überzugehen. Ähnlich bei Leibniz: Im Zentrum steht eine Energie, die strebt nach..., die zielt auf..., zum Beispiel auf mehr Klarheit. Das gesuchte Ziel ruft das ins Leben, welches das zu verwirklichen geeignet ist, wonach es strebt. Also ist das Ziel eine Ursache.

Die Zweckursache ist im Universum am Werk, in der Welt der Monaden sogar zentral. Leibniz setzt ein Prinzip, das *Prinzip des zureichenden Grundes,* eben als Ausdruck der Zweckursache: Nichts existiert ohne zureichenden Grund; das heißt, ohne gerechtfertigt zu sein durch etwas, wonach es strebt. Dieses Prinzip der Finalität wiederum wird durch ein zweites korrigiert, das logischer Art ist: das *Prinzip des Widerspruchs:* Nichts kann existieren, wenn es zu etwas anderem in Widerspruch steht. Der Widerspruch verhindert die Existenz. Also müssen zwei Gegenstände (Dinge), um zu existieren, kompossibel, das heißt zusammen möglich, sein. Nicht alles ist also möglich auf der Welt. Das Widersprüchliche ist nicht möglich. Es gibt ein zentrales Prinzip des Strebens nach dem Besseren durch die *causa finalis,* durch das Prinzip vom zureichenden Grund; das aber ist begrenzt durch die Forderung der gleichzeitigen Möglichkeit, das heißt, das Erstrebte darf nicht kontradiktorisch sein. Wir werden noch sehen, daß Leibniz, wenn er von der besten aller möglichen Welten spricht, nicht ein kindliches Urteil der Vollkommenheit über die Welt äußert, als ob er die Tragödie in ihr nicht sähe. Sondern es heißt: die beste aller *möglichen* Welten. Sie könnte nicht ohne Widerspruch besser sein.

Jedes philosophische System ist »monadisch«, das heißt, in jedem großen philosophischen System hängt alles an allem. Es gibt gleichsam eine Art Monotonie der großen Philosophien, die bewirkt, daß man ihren Schöpfer in jedem Werk und auf jeder Seite immer wiedererkennt.

Auch bei Leibniz werden wir sagen, »ja, wir erkennen ihn hier wieder«, indem wir nun zu sehen versuchen, wie er *das Problem der Erkenntnis* auf der Ebene des Menschen angeht.

Wie erkennen wir? Leibniz antwortet: Die Sinne gestatten uns nur partikuläre Feststellungen, aus denen wir keine Prinzipien, das heißt: bewiesene Wahrheiten, ableiten können. Leibniz als Mathematiker gab sich mit der *induktiven Methode,* bei der man von Tatsachen – also von sinnlichen Feststellungen – zu Gesetzen übergeht, nicht zufrieden. Die Mathematik dagegen liefert uns notwendige und universale Wahrheiten, die uns nie durch die Sinne geliefert werden können, sondern nur durch die Vernunft. Wir nehmen ein Beispiel, das uns auch später helfen wird.

Der Satz, daß die drei Winkel eines Dreiecks 180° ergeben, gilt für alle Dreiecke. Diese Gewißheit erlangen wir aber nicht, indem wir viele verschiedene Dreiecke zeichnen, stumpfwinklige, spitzwinklige, rechtwinklige usw., und mit einem Winkelmesser die Winkel messen. So verfährt man nicht, denn nie könnten wir auf diese Weise sicher sein, daß man nicht auch ein Dreieck zeichnen könnte, für welches der Satz nicht gilt.

Folglich kommen wir zu notwendigen und universellen Wahrheiten auf dem Weg der Vernunft, durch unsere Einsicht in den Begriff »Dreieck«, und nicht durch die Feststellungen der Sinne. Wie geht das zu?

Leibniz übernimmt die Idee von Descartes; er setzt voraus, daß wir *eingeborene Ideen* haben, die wir nicht von außen bekommen. Das ist sicherlich nicht erstaunlich in einem System der Monaden ohne Fenster. Die eingeborenen Ideen kommen zum Geist durch den Geist. Das heißt, sie sind schon vor jeder Erfahrung da, aber im Zustand der Potentialität. Das ist nicht sehr weit von Platons Wiedererinnerung entfernt. Bei Leibniz ist aber keine Rede von Wiedererinnerung, weil die Monade weder Geburt noch Tod erfährt, sie ist ja ewig. Die Ideen sind also in ihr potentiell und werden dank dem Prinzip der Appetition durch eine innere Entwicklung aktuell. Es ist eine spontane, innere Entwicklung.

Das System der eingeborenen Ideen ist genau das, was man *Wissenschaft* nennt. Jede Wissenschaft strebt nach Systematisierung der eingeborenen Ideen. Sagt Leibniz, die Erfahrung nütze zu nichts? Keineswegs. Er sagt, die Erfahrung könne helfen, sie könne dazu beitragen, die undeutlichen Wahrnehmungen zu klaren werden zu lassen. Sie hat ihre Wirksamkeit, kann aber nicht die Notwendigkeit und Universalität bieten, die für die Wissenschaft unerläßlich sind.

Die Monaden sind ewig, haben wir gesagt. Aber nicht im Sinne der

Antike: Sie sind geschaffen, und zwischen ihnen ist eine Harmonie prästabiliert worden. Beides impliziert eine göttliche Schöpfung.

Damit stoßen wir bei Leibniz auf den *Gottesbegriff*. Wir finden sogar bei ihm den ontologischen Beweis wieder. Er ist aber völlig verändert dadurch, daß die gedankliche Umgebung ganz verschieden ist. Der ontologische Gottesbeweis sagt: Die Idee Gottes bedeutet Vollkommenheit, und diese schließt die Existenz in sich ein. Es ist daher widersprüchlich zu sagen, Gott existiere nicht. Das ist die logische Form des ontologischen Gottesbeweises.

Bei Leibniz sieht er anders aus. Er ist eine Kombination des Prinzips des Widerspruchs mit dem Prinzip des zureichenden Grundes: Kein Wesen hat einen so starken zureichenden Grund zu existieren wie Gott. Andererseits enthält er keinen Widerspruch, und es gibt nichts, womit er im Widerspruch wäre, denn es bedürfte eines ebenso starken Wesens, damit es ihm widersprechen könnte. Das gibt es aber nicht. Also kann die Wirkung seines zureichenden Grundes zur Existenz durch nichts verneint oder begrenzt werden. Anders gesagt: Der zureichende Grund hat in ihm die größte Wirkung, infolgedessen: *da Gott möglich ist, existiert er notwendig*. Neu gedacht, und doch derselbe Beweis.

Gott ist also der Grund der ewigen, universellen, notwendigen Wahrheiten. Man findet sie in ihrer Vollkommenheit in keiner Monade; sie wäre sonst Gott. Alle anderen Wesen sind kontingente oder Zufallswesen, sie können sein oder nicht sein. Sie hätten keine Realität, wenn sie nicht getragen wären durch das notwendige Wesen, Gott. Zugleich ist er die Quelle der prästabilierten Harmonie.

Er ist also für alles übrige unentbehrlich. Der Beweis besteht im Grunde für Leibniz darin: zu zeigen, daß Gott unentbehrlich ist, *und* daß nichts ihn an der Existenz hindern kann. Also *ist* er.

Gott ist im System von Leibniz die Monade der Monaden. Also ist er wesentlich Aktivität, er ist der Schöpfergott. Er läßt das Mögliche ins Wirkliche übergehen. Aber der Unterschied zu Descartes, bei dem Gott einen so allmächtigen Willen hat, daß er sogar die ewigen Wahrheiten ändern kann: das gibt es nicht bei Leibniz. Bei ihm identifiziert sich Gott mit seinen eigenen Notwendigkeiten. Er kann die ewigen Wahrheiten nicht ändern. Das wäre bei der Leibnizschen Gottesidee überhaupt widersinnig.

Die Notwendigkeit in Gottes Welt ist nicht die geometrische von Spinoza, die *sub specie aeternitatis* betrachtet wurde. Bei Leibniz bleiben wir auf dem Niveau des Strebens nach..., der Zweckursache, und infolgedessen gewissermaßen in der Zeit. So handelt es sich nicht um eine zeitlose, entwicklungslose Notwendigkeit, sondern um eine Art ethische Notwendigkeit, einen Prozeß, ein Geschehen, um die Wirksamkeit der Zweckursache, um eine Wahl des besseren nicht nur durch die einzelnen Monaden, sondern auch durch Gott. Gott wählt das beste. Und daher kommt bei Leibniz der berühmte Satz, der von Voltaire verspottet wurde: Gott hat *die beste der möglichen Welten* geschaffen; »möglich« bedeutet hier: ohne Widerspruch.

Hätte Gott eine vollkommene Welt geschaffen, was hieße das bei Leibniz? Daß alle Monaden nur noch klare Perzeptionen, also Apperzeptionen hätten. Jede wäre eine klare und adäquate Widerspiegelung des ganzen Universums. Sie wären alle identisch mit der Monade der Monaden, mit Gott. Also gäbe es nur die Monade der Monaden, und keine Schöpfung. Ein radikaler Widerspruch.

Gott hätte nichts von sich abgesondert, nicht die Welt geschaffen, es gäbe keine Kreaturen. Folglich ist die Idee einer vollkommenen Welt, in der alles in der vollkommenen Klarheit wäre, wie sie in Gott ist, widerspruchsvoll, damit ist sie eine Unmöglichkeit. Und darum zu Recht der Ausdruck: Gott hat die beste der *möglichen* Welten geschaffen. Es ist nicht ein approximativer Ausdruck, wie man sich das vorstellt, sondern ein sehr präziser. Er bedeutet: Will man, daß eine Welt geschaffen werde, daß eine Welt bestehe, dann muß man die Begrenzungen und Bedingungen von Geschaffensein zulassen. Und in diesem Sinn hat Gott die beste der *möglichen* Welten geschaffen.

Daraus folgt die Antwort auf das *Problem des Bösen, des Übels:* Das Übel kommt von der Unvollkommenheit, der Begrenzung, die Existenzbedingung für jedes geschaffene Wesen ist. Denn das Kreatursein, bringt, sozusagen »bevor« das Geschöpf erschaffen ist, diese Begrenzung mit sich – sonst würde das Geschöpf mit Gott zusammenfallen. Das Gute kommt von Gott, das Übel kommt vom Kreatursein.

Dieses Übel ist für das Geschöpf sogar die Bedingung des Guten; denn gäbe es den Mangel nicht, gäbe es auch nicht das Prinzip der Appetition, das Streben nach Klarheit, Deutlichkeit. Es gäbe kein Leben der Monaden, kein Verlangen, keine Freiheit.

John Locke (1632–1704)

Wir gehen zu den Engländern über und wechseln damit gleichsam das Klima.

Zwei charakteristische Züge finden wir bei ihnen: 1. Im Bereich des Wissens halten sie *die Sinneserfahrung* für grundlegend, und 2. im Bereich der Ethik halten sie die Art für entscheidend, wie die Menschen in Gesellschaft und Staat ihr Zusammenleben einrichten.

Der englische Empirismus und die englische staatsbürgerliche Haltung gehören somit eng zusammen. Auf dem europäischen Kontinent haben die meisten Philosophen die Neigung gehabt für beides: Wissen und Tat. Haben sie das Absolute in ihrem Denken erreicht, so versuchen sie eine Ethik des Gemeinschaftslebens daraus abzuleiten. Die Engländer entwickeln dagegen die Fähigkeit, ehrenwerte Staatsbürger zu sein, während sie zugleich eine gewisse Abneigung gegen jeden Bezug auf ein Absolutes hegen. Weil im Absoluten etwas Ausschließendes liegt, etwas, das sich nicht anpaßt, während Anpassung doch zum normalen Leben in einem Staat gehört, neigen sie dazu, den Kompromiß der Staatsbürgerlichkeit durch Ausschaltung des Absoluten zu erleichtern. Deswegen beziehen sich ihre Begründungen eher auf Feststellungen, auf Erfahrungen, oder auf Verträge, Übereinkünfte, die nichts Absolutes darstellen, nicht für die Ewigkeit aufgestellt sind, denen man sich aber bis zu einem gewissen Grad anpassen kann. Wir spüren darin ein Vorziehen des Relativen, und seltsamerweise entspricht vielleicht dieser Sinn für das Relative einem tiefen Sinn für das geschichtlich Konkrete jeder freien Entscheidung.

Da wir einen bestimmten, kontinuierlich sich entwickelnden Gedankengang verfolgen, der von Leibniz zu Kant führt und den wir nicht unterbrechen wollen, werden wir hier das Staatsdenken, die gesellschaftlichen Überlegungen der Engländer nicht aufrollen.

Locke wirkte in der zweiten Hälfte des 17. Jahrhunderts. Er hat aber

Züge, die ihn mit den Denkern des 18. Jahrhunderts verbinden. Als Fach hat er Medizin studiert.

Wie andere englische Denker bekämpft er die platonische Theorie der angeborenen Ideen. Er glaubt nicht daran. Descartes hatte sie angenommen, Leibniz auf seine Weise desgleichen. Locke argumentiert so: Nichts kann im Geiste sein, ohne daß der Geist sich dessen bewußt ist. Wir sehen hier also auch eine radikale Ablehnung der kleinen Perzeptionen von Leibniz, die die Kontinuität und Identität der Monade sichern, ohne klar im Bewußtsein zu sein.

Locke anerkennt also nur das Bewußte, und auch das ist charakteristisch. Für ihn ist es ein Widerspruch zu sagen, daß etwas im Bewußtsein ist, ohne bewußt zu sein. Er lehnt jede Vorstellung von Wiedererinnerung, von Potentialität etc. ab. Er verwirft deshalb den Gedanken einer ursprünglichen absoluten Erkenntnis, die uns in einem Leben vor dem irdischen gegeben worden wäre. Das alles gibt es für ihn nicht.

Die Seele ist also am Anfang eine *tabula rasa*. Locke will die Philosophen dazu bringen, ihre Augen für die reale Welt offen zu halten. Denn alle unsere Ideen sind *erworben*, nicht angeboren, und zwar sind sie *durch die Empfindungen der Sinne* erworben.

Der Ursprung der Ideen ist einzig die Erfahrung. Erfahrung von zweierlei Art: *äußere Erfahrung*, die uns durch Sinnesempfindungen zukommt, und *innere Erfahrung*. Der Geist kann gar nicht ohne Empfindungen arbeiten – wenn er keine bekommt, arbeitet er im Leeren; denn in der Seele ist zunächst nichts. Locke sagt, daß wir nie denken, bevor wir empfinden. Zuerst empfinden, dann denken wir. Folglich haben wir zuerst Empfindungen, er nennt sie auch »einfache Ideen«, Idee hier als Vorstellung, als Rohstoff der Erkenntnis; und darauf erzeugt der Geist durch seine Arbeit *zusammengesetzte Ideen* dadurch, daß er Wahrnehmungen untereinander vergleicht, abstrahiert usw.

Hier müssen wir uns an die Begriffe *Nominalismus und Realismus* erinnern. Nominalismus ist die Theorie, nach der die Allgemeinbegriffe nur ein *flatus vocis* sind, ein Schall, ein Wort; nach der nur die Einzeldinge existieren. Der Realismus andererseits sagt, daß die Allgemeinbegriffe real sind, die Pferdheit zum Beispiel. Locke nun ist *ein entschiedener Nominalist;* das ist verständlich, da er sich nur auf die

Erfahrung gründet. In der Erfahrung gibt es nur das Individuelle (die Einzeldinge). Wir können nie der Gattung »Hund« begegnen, wohl aber einem ganz bestimmten Hund. Locke sagt, in der Wirklichkeit existieren nur Individuen, aber unser Geist vollzieht Operationen, die zur Abstraktion führen. Und die Fähigkeit, diese Abstraktion zu bilden, dadurch, daß wir aus einer gewissen Zahl von individuellen Wesen gemeinsame Züge aussondern, das ist ein Privileg des menschlichen Geistes. Diese Fähigkeit zur Abstraktion ist es, die es ermöglicht und erklärt, daß die Menschen sprechen. Begriffe sind also Abstraktionen, die immer allgemeine Charakteristika bezeichnen, und wenn wir fähig sind, Sprache zu haben, dann darum, weil wir imstande sind, zu abstrahieren.

Nun hat Locke eine Theorie, die vor allem durch ihre Folgen wichtig geworden ist: eine Theorie, wonach die Körper *zwei Arten von Qualitäten* haben.
Die primären Qualitäten sind einfache und reale Vorstellungen: Festigkeit, Ausdehnung, Bewegung. Diese Eigenschaften sind real in den Körpern. Aber die Körper haben auch eine zweite Art von Qualitäten, zum Beispiel die Farben, Gerüche, Töne etc. Diese *sekundären Qualitäten* sind durch die einfachen Ideen (Empfindungen) hervorgebracht, sie sind aber *Produkte unserer Art, sie wahrzunehmen;* sie sind also nicht in den Körpern. Hier sind wir an einem Punkt, der später entscheidend wird.
Die primären Qualitäten sind wirklich in den Körpern, so wie wir sie aufzählen: Ausdehnung, Festigkeit, Bewegung und anderes. Während die sekundären – das, was wir Gerüche, Farben, Töne nennen – von der Wirkung der Körper auf unsere Sinne stammen; sie sind von den primären erzeugt, aber durch unsere Art, sie wahrzunehmen, verarbeitet, und damit *nicht in den Körpern.*

Locke ist hier – nur hier – ganz nahe bei Descartes, der sagte: In der *res extensa,* in der ausgedehnten Substanz, gibt es nur Ausdehnung und Bewegung, der Rest gehört nicht zur Realität.
Was aber bei Locke schwerer wiegt, ist, daß er nicht nur den Körpern die sekundären Qualitäten abspricht, sondern daß es nach ihm auch *keine Substanz* im traditionellen Sinn des Wortes gibt.
Bis dahin haben wir immer die Substanz als das gesehen, was in allem

Wandel bestehen bleibt, das, was die Qualitäten trägt, was die Dauer des Wesens sicherstellt, die Substanz als *substratum*. Für Locke, den Empiristen, ist das eine viel zu absolute, erfahrungsferne Voraussetzung: Niemand hat je die Substanz in der Erfahrung angetroffen. Da nur die Erfahrung uns das verschafft, worüber wir denken können, müssen wir sagen: Eine Substanz im Sinne von *substratum* gibt es nicht. Die Substanz, die als das Sein im eigentlichen Sinne, als das Sein selbst galt, gibt es nicht. Sie ist nur ein Trugbild, ein Phantom.

Locke unterscheidet hier Qualität und Idee. Die Idee ist im Geist, die Qualität im Gegenstand. Die einzigen wahren Qualitäten sind die primären. Die sekundären Qualitäten sind eigentlich schlecht benannt, es sind nicht wirklich Qualitäten. Sie hängen von unserem Sinnesapparat ab; sie werden erst hervorgebracht durch unsere Art, die primären Qualitäten wahrzunehmen. Sie sind in Wirklichkeit Ideen. Wir haben es schon gesagt: Es gibt keine angeborenen Ideen. Jetzt kommt noch etwas hinzu: Es gibt keine sichere Übereinstimmung der erworbenen Ideen mit der Realität, da die Realität nur aus den primären Qualitäten besteht, wir aber die sekundären Qualitäten nicht von dem Gegenstand trennen können. Zum Beispiel können wir die rote Farbe eines Tuches nicht von dem Tuch trennen; und doch ist das Rot des Tuches eine Idee und keine primäre Eigenschaft, wie etwa seine Ausdehnung.
So haben wir bei Locke nicht nur das absolute Substrat, die Substanz, verloren, sondern auch das Vertrauen in die Übereinstimmung unserer Empfindungen mit der Realität.

Wir können Locke entgegnen: Woher haben wir denn Ideen wie Ewigkeit, Unendlichkeit, Unermeßlichkeit, die offensichtlich nicht aus der Erfahrung stammen? Locke würde antworten: Diese Ideen sind keine positiven Ideen, keine Ideen, die wirklich im Geiste gegenwärtig sind, es sind nur negative Ideen. Das kommt daher, daß unser Geist jede Idee überschreiten kann; also überschreitet er das Gegebene. Er geht darüber hinaus, aber dadurch gewinnt er nicht wirklich die Idee der Ewigkeit, des Unendlichen, des Unermeßlichen. Das sind Pseudo-Ideen, die keiner Realität entsprechen und nur unser Darüber-hinaus-Gehen ausdrücken.
Ebenso sind Arten, Gattungen, Wesenheiten keine realen Wesen, sie sind Abstraktionen, Kunstgriffe, deren der menschliche Geist sich

bedient. Alle realen Dinge, alles, was existiert, ausgenommen Gott, sagt Locke, sind dem Wandel unterworfen. Wenn wir also dauernde Ideen formen, sind das keine realen Gegenstände, es sind künstliche Gebilde der Reflexion. Unsere Erkenntnis zum Beispiel reicht nicht weiter als unsere Ideen und deren Übereinkunft oder Unvereinbarkeit untereinander. Locke ist also ein Empiriker, der weiß, daß wir in der Erfahrung die Dinge, wie sie wirklich sind, nicht erreichen. *Wir erkennen die Dinge nicht so, wie sie in sich selbst sind,* wie sie unabhängig von uns sind. Wir kennen sie im Grunde nur verarbeitet und vervollständigt durch die sekundären Qualitäten, die unser Geist absondert. Das soll nicht heißen, daß unser Erkennen als wertlos zu verwerfen ist, daß es nichts taugt, sondern nur, daß die äußere Realität nicht dasselbe ist wie die Gesamtheit von Erkenntnissen, die wir verarbeiten; wir arbeiten einen Zusammenhang von Empfindungen, Abstraktionen und Ideen aus, aber wir erkennen nicht die Dinge, so wie sie in sich selber sind.

Das führt uns *zu einer restriktiven Philosophie.* Der menschliche Geist kann sich sehr bewußt gewisse Schritte versagen, sagt Locke; die Philosophie muß transzendente Probleme beiseite lassen. Sie soll sich auf die Erfahrung beschränken. Sie muß erkennen, daß sie nicht erkennen kann, was nicht in der sinnlichen Erfahrung vorkommt. Die Seele existiert, wir können aber nicht wissen, was sie ist; denn sie ist für uns kein Gegenstand des Erkennens, wir haben von ihr keine Sinneserfahrung, und folglich sind die Fragen, ob sie materiell, immateriell usw. sei, Fragen, die uns nicht zustehen. Diese Probleme liegen außerhalb unserer Kompetenz.

Damit sind wir von den bisherigen Metaphysikern weit entfernt. Und ihnen andererseits doch auch nahe. Locke ist von ihrer Lehre ausgegangen, hat sich ihrer bedient, er steht mitten in dieser Tradition, und an manchen Punkten stimmen sie trotz unterschiedlicher Worte überein.

Wie gesagt, lassen wir das politische, soziale und sogar ethische Denken Lockes beiseite. Nur eines wollen wir zum Schluß betonen: Der Empirismus, der sich in dieser Zeit, zusammen mit der Mathematik, verbreitet und eine Grundforderung der damals wachsenden modernen Wissenschaft wurde, ist gleichzeitig sich selbst gegenüber *kritisch und begrenzend.* (Er ist ein philosophischer Empirismus; er fragt nach der eigenen Tragweite und hebt hervor, was er seinem Wesen nach nicht erreichen kann.) Wenn Locke auch die Substanz der Körper verwirft, bleibt doch in seinem Denken das Reale bestehen, das, so wie es ist, nicht erfahren, also nicht erkannt wird.

Es entsteht auf diese Weise eine Art »negative Ontologie«, die später schwerwiegende Konsequenzen haben wird. Empirismus ist hier nicht nur eine Methode und eine Theorie der Erkenntnis. Er enthält ein philosophisches Staunen; er staunt über die Möglichkeit der Erfahrung selbst.

George Berkeley (1685–1753)

Ich habe früher die Bemerkung gemacht, daß die Zeiten, in denen vor allem alles kritisiert und in Zweifel gezogen wird, meistens keine großen allumfassenden Lehren und Systeme hervorbringen, daß sie aber besonders fruchtbar sind als Anregungszeiten. Ohne sie hätten wohl die Großen wahrscheinlich nicht existiert. Vielleicht gilt das auch für die Zeit des englischen Empirismus, die wir jetzt besprechen.

Berkeley ist gegen Ende des 17. Jahrhunderts geboren, er ist ein Denker der ersten Hälfte des 18. Jahrhunderts. Er schrieb unter anderem eine Theorie des Sehens, die uns schon seine Beschäftigung mit der Natur der Sinneswahrnehmung zeigt, eine Abhandlung über die Prinzipien der menschlichen Erkenntnis und einen Dialog, den man leicht lesen kann; er ist lebendig, amüsant, überraschend; er heißt ›Gespräch zwischen Hylas und Philonous‹.

Berkeley geht von Locke aus und über Locke hinaus. Die primären Qualitäten, wie Ausdehnung, Form und Bewegung, die nach Lockes Lehre der Realität zugehören, sind für Berkeley genausowenig in den Sachen selbst existent wie die sekundären. Sie existieren nur für den, der sie wahrnimmt, und durch den Prozeß der Wahrnehmung.

Entweder sind, sagt Berkeley, Ausdehnung, Form, Bewegung durch die Sinne wahrgenommen, oder sie sind es nicht. Offensichtlich werden sie durch die Sinne wahrgenommen, sonst wären sie überhaupt im Bewußtsein nicht da – eine andere Quelle gibt es ja nicht.

Wie die sekundären Qualitäten sind also auch die primären Qualitäten Ideen. Wären die primären Qualitäten nicht durch die Sinne wahrnehmbar, so befänden wir uns in der Sackgasse, denn das würde heißen: Farbe ist das Abbild eines Dinges, das selbst unsichtbar ist, da es eine Ausdehnung ist. Wenn die Ausdehnung unsichtbar ist, kann die Farbe nicht sichtbar sein. Man kann nicht zwei Kategorien von Qualitäten bilden, das ist unhaltbar. Es besteht kein realer Unterschied zwischen den primären und den sekundären Qualitäten. Beide sind Ideen. *Was wir also für sinnlich-wahrnehmbare Dinge halten, sind Ideen.* Alles existiert nur als Wahrgenommenes für ein wahrnehmendes Subjekt. Und so kommt Berkeley zu seiner berühmten doppelten Formel: *esse est percipi (Sein ist Wahrgenommen-Werden),* oder: *esse est percipere (Sein ist Wahrnehmen).* Sein existiert nicht an sich, sondern nur als Wahrgenommensein. Und da es, um wahrgenommen zu werden, jemanden geben muß, der wahrnimmt, setzt Berkeley den zweiten Satz: Sein ist Wahrnehmen. Die beiden einzigen für uns denkbaren Formen der Existenz sind die des Wahrnehmens und die des Wahrgenommen-Werdens. Wenn wir versuchen, uns eine Wirklichkeit vorzustellen, die weder wahrnehmend noch wahrgenommen wäre, so ist das von neuem ein Trugbild, ein Unding. Die Ideen (Wahrnehmungen) können keineswegs Ursachen von irgend etwas sein, sie sind ja völlig passiv unseren Sinnen gegenüber. Ursache der Ideen sind nicht die Dinge, sondern der wahrnehmende Geist. Der Geist ist ein einfaches Wesen, ein unteilbares, aktives Sein, das die Wahrnehmung in einem hervorbringt und wahrnimmt. Wir dürfen aber nicht nach einer »Idee des Geistes« fragen, denn das wäre widersprüchlich: Idee heißt Passivität, Geist heißt Aktivität.

Berkeley formuliert: *Die Ideen sind die Dinge selbst.* Wir heute würden sagen: Die Vorstellungen von den Dingen sind die Dinge (selbst). Oder anders gesagt: Die Dinge sind nichts anderes als unsere Vorstellungen von den Dingen. Eine solche Auffassung wird als absoluter Idealismus bezeichnet.

Der erste massive Einwand gegen Berkeley springt in die Augen. Es ist eine Erfahrung, daß wir immerhin nicht bestimmen können, was für eine Wahrnehmung wir jetzt haben wollen. Wenn wir uns jetzt vorstellen wollten, wir lägen im heißen Sand, so wäre es doch keine Wirklichkeit. Also sind die Wahrnehmungen uns auferlegt. Nach Berkeley sind sie uns durch einen Willen, einen Geist auferlegt, der mächtiger ist als der unsere. Und hier läßt er *Gott* eingreifen. Der menschliche Geist ist also nicht letzte Instanz. Gott bringt in uns, nach bestimmten festen Regeln, die sinnlichen Ideen hervor, aus denen dann unsere Erfahrungswelt besteht. Diese Regeln, dieses Gesetz entdecken wir dann durch Erfahrung in der Forschung. Daß aber die sinnliche Welt eine gesetzliche Ordnung aufweist, bedeutet keineswegs, daß sie auch außerhalb des Geistes irgendeine Wirklichkeit besäße.

Faszinierend an dieser ganzen Auffassung ist, daß sie an eine Grenze stößt. Berkeley geht so weit, daß er jede Wirklichkeit außerhalb des Geistes verneint. Der Geist hat sozusagen kein Gegenüber mehr. Da dies aber eine Position ist, die nicht bis zum Ende durchgehalten werden kann, hilft er sich mit dem Eingreifen der göttlichen Allmacht. Sonst nämlich wären wir in der völligen Willkür, im *Solipsismus:* Es gäbe immer nur ein einziges Bewußtsein, das im Nichts tun könnte, was es will. Die Position des absoluten Idealismus ist eben nicht haltbar. Berkeley hat immer als Bannerträger des absoluten Idealismus (oder des absoluten Spiritualismus) gegolten. Der ist aber auch bei ihm nicht absolut und konnte es nicht sein, weil er für das Denken, das ihn denkt, zerstörerisch ist. Man verfällt damit der völligen Willkür, und dadurch der Sinnlosigkeit. Es ist aber sinnvoll zu verstehen, wie ein menschlicher Geist so weit gehen konnte.
Gott rettet uns hier vor dem Absurden. Es muß ihn hier geben, damit wir vom Absurden errettet werden. Und Berkeley fügt hinzu, es gebe die Naturgesetze, sie seien feste Regeln im Geist Gottes, nicht aber außerhalb seines Geistes.
Die festen Regeln Gottes. Also ist bei Berkeley das wahrnehmbare Universum nicht ein Traum, nicht zu einem Traum verflüchtigt. Er glaubt an das Universum, bloß daß dieses Universum sozusagen seine unabhängige Festigkeit verliert. Es gibt kein materielles Substrat mehr, keine »Substanz«, kein An-sich des Universums. Es besteht aus Ideen (Wahrnehmungen), und so wird es geschmeidig und gewissermaßen durchsichtig, auch wenn Berkeley seine Festigkeit anerkennt. Ich habe früher schon in bezug auf den englischen Empirismus diese Bemerkung gemacht. Mit ihrer Rückführung unserer ganzen Erkenntnis auf die Erfahrung kommen die Empiristen schließlich zum Ergebnis, daß die Erfahrung selbst bei ihnen für die Einbildungskraft seltsam empfänglich wird.
Nach Berkeley kann man nur mit dem absoluten Idealismus den

Skeptizismus besiegen. Wenn man nämlich zugibt, daß die Dinge für sich existieren, getrennt von dem, was wir von ihnen wahrnehmen, so führt das zum totalen Zweifel: Man kann die Probleme der Dualität, der Realität an sich und der Realität für uns, nicht mehr lösen. Wenn wir diese Dualität gelten lassen, müssen wir zugeben, daß wir von der Realität an sich gar nichts wissen. Dann können wir nichts Gültiges mehr erkennen – eine unerträgliche Situation. Wenn wir aber sagen, Sein bedeute soviel wie wahrgenommen zu werden, so sind die Wahrnehmungen das Sein, so wird die Erkenntnis wieder gültig. Im Grunde also will Berkeley durch den absoluten Idealismus den Wert der Wissenschaft unterstützen.

Wenn man einen totalen Monismus postuliert, das heißt, entweder einen absoluten Spiritualismus oder einen absoluten Materialismus, kann man schließlich nicht mehr zwischen Spiritualismus und Materialismus unterscheiden. Wenn das Denken nur noch *einen* dieser Pole festhält, wenn die Polarität beider verschwunden ist, ist es gleich, welchen Namen man da gebraucht. Dualität der Termini bedeutet, daß beide einen Sinn besitzen. Sobald nur einer der Termini gilt, erlöschen gewissermaßen beide.

David Hume (1711–1776)

Was folgt, wird unvermeidlich den Eindruck erwecken, daß wir Hume hier nicht für sich selbst behandeln. Und obgleich er ohne Zweifel ein großer und wichtiger Philosoph ist, muß ich gestehen, daß dieser Eindruck richtig ist. Wie gesagt, versuche ich nicht, eine vollständige Galerie der Philosophen zu bieten, sondern nur Schlaglichter in die Geschichte zu werfen, so daß die wesentlichen Entstehungspunkte des abendländischen Denkens stark belichtet und verständlich werden. Also besprechen wir bei Hume nur das, was für das Verständnis von Kant unerläßlich ist. In bezug auf Hume selbst, wie übrigens auch auf die beiden anderen englischen Empiristen, sind unsere Ausführungen entschieden ungenügend.

Hume ist ein schottischer Denker des 18. Jahrhunderts. Er stellt dieselbe Frage wie die anderen Empiristen: Wie ist Erkenntnis möglich, was erkennt man in der Erkenntnis, wo sind ihre Grenzen?

Empiristen sind der Auffassung, die einzige Quelle der Erkenntnis seien die Sinneswahrnehmungen, also die Erfahrung, die Begegnung mit dem Gegebenen. (Aber bei Berkeley war schon außer den Wahrnehmungen und dem wahrnehmenden Geist nichts gegeben.) Hume stellt sich seinerseits diese Frage. Er nimmt eine Haltung des Zweifels ein, fragt sich, ob der Mensch fähig sei, das ontologische Problem zu lösen, also das Problem des Seins: »Was ist Sein?« Seine Antwort: Um die Frage anzugehen, müsse man *eine kritische Haltung* einnehmen. Hier stoßen wir auf das Wort »kritisch«, das für Kant eine so große Rolle spielen wird, daß es im Titel seiner Hauptwerke steht. Heute hat das Wort erneut große Bedeutung gewonnen.

Philosophisch betrachtet hat das Wort *kritisch* einen sehr genauen Sinn, der aus jener Zeit stammt. Eine kritische Haltung besteht darin, daß der Geist sich auf sich selber richtet, seine eigenen Operationen und Methoden untersucht, um sich über das Wesen, die Tragweite, die Gültigkeit seines eigenen Erkenntnisapparates, Klarheit zu verschaffen, eher als über die Gegenstände, die er zu erkennen sucht. Es geht darum, sich selbst nicht so sehr im moralischen Sinn zu erkennen wie bei Sokrates, sondern als erkennendes Subjekt. Wie sucht der Geist zu erkennen? Was ist das Wesen menschlichen Verstehens? Welches sind die grundlegenden Operationen, mit deren Hilfe der Mensch zu erkennen sucht?

Man könnte denken, das laufe auf eine Psychologie der Erkenntnis hinaus. Aber nein: In Wirklichkeit ist es die Absicht, durch diese Untersuchung den Wert oder Unwert, die Grenzen und den Sinn dessen zu entdecken, was der Mensch mit seiner Erkenntnis erreichen kann. Also muß das *Erkenntnisvermögen* selbst so klar wie möglich erkannt werden. Je nach der Klarheit, die man über das Verfahren des Denkens selber gewinnt, bekommen die Resultate, zu denen man gelangt, mehr oder weniger Gültigkeit. Wenn dies eine *Kritik der Erkenntnis* genannt wird, so bedeutet »kritisch« hier die Prüfung des Wesens und der Tragweite der Erkenntnis selber.

Für Hume wie für die anderen englischen Empiristen kommen, wie gesagt, alle Ideen von den Sinnesempfindungen, also aus der Erfahrung. Die Ideen verbinden sich, verketten sich, wenn wir denken, nach gewissen Ordnungen, z. B. Ähnlichkeit, Nähe in Raum oder Zeit, Kausalität. Wir verknüpfen manche Ideen, weil sie sich ähnlich sind, weil sie sich auf etwas beiden Gemeinsames beziehen, weil die eine nach oder neben der anderen entstanden ist.

Humes Hauptfrage lautet nun: Was ist die *Kausalität?* Entspringt sie in unserem Geist? Bringt unser Geist, sobald er funktioniert, den Begriff Kausalität mit sich? Oder ist die Kausalität aus den Sinneswahrnehmungen abgeleitet?

Zwei Wahrnehmungen sind einander nahe, wenn wir in unserer Erfahrung festgestellt haben, daß die Wahrnehmung B der Wahrnehmung A *immer* gefolgt ist. Es besteht eine Beziehung von Nähe und Folge. Wenn wir aber sagen, A sei die Ursache von B, und B sei die Folge von A, dann kommt, sagt Hume, noch etwas hinzu. Wir sprechen dann von Kausalität und meinen damit, daß B *notwendigerweise* und immer auf A folgt, daß A *notwendigerweise* B hervorbringt.

Woher kommt uns dieses Element von Notwendigkeit? Es kann nicht von der äußeren Erfahrung kommen, sagt Hume. In der äußeren Erfahrung stellen wir nur fest, daß B jedesmal auf A folgt, nicht aber, daß B notwendig auf A folgt. In der inneren Erfahrung stellen wir immer wieder fest, daß unser Wille unseren Körper bewegt und benutzt, sie hilft uns aber nicht, die Kausalität zu erkennen. Die Notwendigkeit in der Kausalität kommt weder aus der Intuition, noch aus der Logik oder dem Verstand. Also beruht sie nur auf unserer Gewohnheit, in der Erfahrung ständige Aufeinanderfolgen festzustellen.

Die Kausalität entsteht ganz einfach aus der Erfahrung ständiger Verknüpfungen. Nochmals: Für Hume ist die Kausalität schließlich das Ergebnis der Erfahrung, die wir machen, daß zwei Phänomene beständig in der Verbindung auftreten, daß das eine dem andern immer vorausgeht, und wir sagen, das erste sei die Ursache des zweiten. Das bedeutet, daß der Ursprung der Idee der Kausalität mit dem Element von Notwendigkeit, das ihr zukommt, sich ganz einfach aus der Gewohnheit ergibt, der Gewohnheit empirisch ausnahmsloser ständiger Aufeinanderfolgen.

Für Hume ist also die Kausalität nicht im Objekt, sondern in der Gewohnheit des Subjekts, sie ist *subjektiv.*

Dadurch, daß die Kausalität weder als eine notwendige Struktur des denkenden Geistes noch als empirische (sinnliche oder innere) Erfahrungsgegebenheit gerechtfertigt wird, sondern nur als subjektive Radikalisierung der Gewohnheit ständiger Aufeinanderfolgen, scheint die Notwendigkeit, die ihr innewohnen sollte, sehr geschwächt zu sein. Das hat aber Hume keineswegs daran gehindert, einen absoluten *Determinismus* nicht nur in der Natur, sondern auch in der Ethik und in der Geschichte zu behaupten. Das Prinzip des Determinismus kann man so fassen: *Alles hat eine Ursache, und unter gleichen Umständen haben gleiche Ursachen gleiche Folgen.* So hat Hume eine deterministische Geschichtsschreibung verteidigt und geübt, d. h. eine Geschichtsschreibung, die sich bemüht, die Notwendigkeit und Beständigkeit menschlicher Handlungen ans Licht zu bringen. Sowohl in den Motiven als auch in den Ereignissen lassen sich danach dieselben Zusammenhänge, dieselbe Notwendigkeit erkennen.

Notwendigkeit. Sind wir wieder bei Spinoza? Offensichtlich nicht. Bei Spinoza war die Notwendigkeit in allen Attributen und Modi Ausdruck oder Gegenwart der einen, ewigen, göttlichen Substanz – also metaphysischer Natur. Bei Hume handelt es sich um eine Universalisierung eines physischen Determinismus, wie er in den Naturwissenschaften als Postulat der Forschung galt.

Ohne Humes Kritik der Kausalität wäre Kant vielleicht nie zu eigenem Philosophieren gelangt. Nun gehen wir zu ihm über.

Dieser bedeutende Philosoph wird uns etwas länger beschäftigen, weil er Perspektiven und Begriffe des philosophischen Denkens radikal und tief verändert hat. Wenn wir Kant übergingen, könnten wir wohl von der nachfolgenden Philosophie recht wenig verstehen, eingeschlossen die vielen Denker, die erst als Kants Gegner zum eigentlichen Philosophieren gelangten. Bei ihm verschaffen sie sich die Ausdrucksmittel, mit denen sie ihn bekämpfen.

Kant erlebte den größten Teil des 18. Jahrhunderts. Für damalige Zeiten waren 80 Jahre ein sehr langes Leben. Kant wohnte in Königsberg und führte ein äußerst geregeltes Leben. Im Gegensatz zu Descartes und anderen Denkern, die gerne reisten und auf alles in der Welt neugierig waren, blieb er in ein und derselben Stadt. Es scheint, als habe die Kühnheit seines Denkens völlig genügt, um seine Lust nach Abenteuern zu stillen. Denker wie er konzentrieren alle ihre Anstrengungen auf ihr Werk. Sie erlauben sich nicht den geringsten Exzeß. Sie leben von und in ihrer Arbeit. Es ist eine Art Treue zum Leben, zur Arbeit, die bewirkt, daß man aushält und sich nicht verzettelt.

Kant wurde zunächst entscheidend von seiner pietistischen Mutter beeinflußt, später dann von Newton und der Wissenschaft seiner Zeit, speziell der Physik. Philosophisch beschäftigt er sich zu Anfang besonders mit Leibniz, mit dessen Lehre er vor allem über Wolff, der Leibniz' Gedanken verbreitete, bekannt geworden war.

Kant hat in seiner vorkritischen Periode eine Reihe kleinerer Schriften veröffentlicht, die großen Erfolg hatten. Dann schwieg er plötzlich. Elf Jahre lang lebte er zurückgezogen, und danach erschienen in kurzen Abständen seine drei Hauptwerke, die ›Kritik der reinen Vernunft‹, die ›Kritik der praktischen Vernunft‹ und die ›Kritik der Urteilskraft‹. Das sind die drei berühmten Kritiken Kants.

Die ›Kritik der reinen Vernunft‹ erschien 1781, sehr spät also, Kant war 57 Jahre alt. Wäre er vor diesem Alter gestorben, gäbe es keine kantische Philosophie.

Kritik der reinen Vernunft. Kritik bedeutet: Das Denken prüft sich selber, um seine eigene Tragweite zu erkennen. Das Wort *Vernunft* muß erklärt werden. Was Kant in seinem ersten kritischen Werk Vernunft nennt, das ist das Denken, insofern es zu erkennen sucht, das theoretische Denken also, das im Subjekt des Erkennens sich vollzieht. Um ganz genau zu sein, müßten wir sagen: Kritik der reinen *theoretischen* Vernunft, denn es geht hier nur um die Vernunft, insofern sie Theorie erzeugt, also nach Erkenntnis strebt. Und »*rein*« – es gibt einen spezifisch kantischen Gebrauch dieses Wortes – bedeutet, daß die Vernunft sich nichts aus der Erfahrung holt, sondern nur aus sich selbst schöpft, daß sie keineswegs mit Empirischem, mit Ergebnissen der Erfahrung vermengt ist. Objekt der Kritik ist also hier die reine Form des Denkens, wie sie *vor* der Erfahrung die Erfahrung selbst bedingt. – Kant gebraucht noch ein anderes Wort, das nicht genau, aber annähernd dasselbe bezeichnet wie »rein«, das ist der Ausdruck *a priori*, im Gegensatz zu *a posteriori*. A priori ist das, was vor aller Erfahrung im Geist ist; a posteriori ist das, was von der Erfahrung her kommt. Die *Kritik der reinen Vernunft* bedeutet also: Prüfung des theoretischen Denkens durch sich selbst, insofern es etwas a priori enthält.

Nun die *Kritik der praktischen Vernunft*. Praktische Vernunft meint die Vernunft, insofern sie sich *auf das Handeln* bezieht, auf Entscheidung, Wahl, Verhalten. Um der vorherigen Erläuterung zu entsprechen, wäre der vollständige Titel: Kritik der *reinen* praktischen Vernunft. »Praktisch« ist die Vernunft, die in bezug auf das Handeln entscheidet, was das moralische Verhalten ist, die also sagt, was ich tun *soll*. Sie prüft sich selber *kritisch*, um ihren Sinn, ihre Tragweite, ihre Möglichkeiten und Grenzen aufzufinden. Sie soll auch kritisch entdecken, was in ihr nicht aus der Erfahrung stammt, was also a priori oder *rein* ist. Die Kritik der praktischen Vernunft ist also die Untersuchung der Vernunft als moralische Klärung des praktischen Lebens, insofern sie Apriorisches enthält.

Die Kritik der Urteilskraft endlich: Wir müssen den Terminus *Urteilskraft* klären. Es ist eine Aussage in dem Sinn, den das Urteil im logischen Bereich hat, nämlich eine Aussage, die zwei Begriffe verbindet. Erst wenn wir *ein Urteil* bilden, können wir sagen, das, was wir sagen, sei wahr oder falsch. Wenn wir sagen »Tisch«, so ist das weder wahr noch falsch. Wenn wir aber sagen, dieser Tisch ist braun, ist es wahr, oder es ist falsch. »Dieser Tisch ist braun«, ist ein Urteil. Die

Kritik der Urteilskraft ist die Prüfung der Natur der Vernunft, soweit sie Urteile abgibt.

Nun hat Kant von Hume gesagt, er habe ihn »aus seinem dogmatischen Schlummer« geweckt. Was hatte es mit diesem »dogmatischen Schlummer« auf sich? Es war das Verhaftet-Sein in einem großen, kohärenten, selbstsicheren System, wie Leibniz es aufgebaut hatte. In einer Philosophie, die so viel Wissen enthält und so viel Wissenschaftlichkeit aufweist, läßt es sich leben. Der »dogmatische Schlummer« ist das Gegenteil von der kritischen Einstellung. Kant lebte zufrieden, ohne kritischen Zweifel, mit dieser Art von fester Doktrin.

Hume dagegen, mit seiner In-Frage-Stellung der Erkenntnis selbst, mit seiner Prüfung des Begriffs der Kausalität, hat Kant aus seinem dogmatischen Schlummer geweckt. Und zwar wurde Kant geweckt, nicht weil Hume ihn befriedigt hätte, sondern gerade weil er ihn'*nicht* befriedigte. Hume griff ein Problem auf und löste es auf eine Weise, die Kant nicht befriedigte. So wachte er auf. Das ist ein für die Philosophie charakteristischer Vorgang.

Kant staunt vor dem Faktum, daß es überhaupt eine Wissenschaft – also ein notwendiges und allgemeingültiges Wissen gibt.

Kant hat übrigens Hume sehr bewundert. Nun behauptet Hume, daß die Kausalität nur auf der Gewohnheit beruhe. Kant, der ein höchst anspruchsvoller Geist ist und der sich nach der Gewißheit und Evidenz der Mathematik, die keinen Zweifel zuläßt, sehnt, gibt sich damit nicht zufrieden: Gewohnheit kann doch nie als ausreichende Begründung für irgendeine Gewißheit dienen. Hume hat das große Verdienst gehabt, die Frage nach der Grundlage der Kausalität aufgeworfen zu haben, in einer Zeit, in der die Physik auf Determinismus ruhte. Heute hat die Kausalität etwas von ihrer ausschließlichen Bedeutung für die Physik eingebüßt, im 18. Jahrhundert jedoch war sie absolut entscheidend.

Kant sagt nun, man kann eine Wissenschaft, die Gewißheit verschaffen soll, nicht auf etwas so Ungewisses gründen wie die Gewohnheit.

Kant fragt nicht: Gibt es die Physik? oder: Gibt es die Wissenschaft? So hätte man vielleicht in früheren Jahrhunderten gefragt. Zur Zeit Newtons kann man nicht mehr an der Realität der Wissenschaft, der Physik, zweifeln, sie ist eine Tatsache. Und sie ist ausschließlich auf das Prinzip der Kausalität gegründet. Wenn nun die Kausalität nur etwas so

Unsicheres wie die Gewohnheit zur Grundlage hätte, gäbe es keine echte Wissenschaft. Es gibt sie aber. Also stellt sich die Frage: *Wie ist Wissenschaft überhaupt möglich?*

Das ist der Ausgangspunkt, besonders charakteristisch für Kant, aber auch sonst relativ häufig in der Philosophie – und auch legitim. Man beginnt mit etwas, das *ist*, und dann darf man zu den Bedingungen übergehen, die erfüllt sein müssen, damit dieses Etwas ist. Besonders im Bereich des Denkens, im intellektuellen Bereich gilt das: Sobald ich *dies* denke, müssen *die Bedingungen der Möglichkeit* für diesen Gedanken erfüllt sein.

Kants Frage lautet also: Wie ist Wissenschaft überhaupt möglich? Kant versteht unter Wissenschaft neben der Mathematik wesentlich die Physik. Wir befinden uns an dem Zeitpunkt, wo die Mathematik, bisher Modell und Ideal aller Wissenschaft, von der Physik überholt wird. Wenn Kant nun fragt, wie die Wissenschaft möglich sei, so sucht er für die Physik eine Begründung, die ihr eine ebenso große Legitimität und Gewißheit vor dem Urteil des Denkens geben würde, wie sie bis dahin der Mathematik allein eigen gewesen war.

Wie kann man dabei vorgehen? Kant sagt: Wenn wir eine Gewißheitsgrundlage als Bedingung für eine wirkliche wissenschaftliche Wahrheit suchen, dann muß sie *notwendig und allgemeingültig* sein. Um eine Grundlage für die Physik zu finden, die es erlaubt, ihre Entdeckungen als notwendig und allgemeingültig zu betrachten, dürfen wir uns nicht an die Erfahrung wenden, weil die Erfahrung niemals etwas Notwendiges und Allgemeingültiges liefern kann. Auch wenn wir eine Erfahrung tausendmal auf dieselbe Weise gemacht haben, kann es doch einmal anders kommen. Von der Erfahrung her ist es logischerweise immer möglich, daß die Dinge, die sich *gewöhnlich* so und so verhalten, auf einmal anders ablaufen. Folglich kann uns keine Erfahrung eine Gewißheitsgrundlage liefern, die der mathematischen entsprechen würde; nicht *a posteriori* kann sie sein. Wir müssen also eine Grundlage *a priori* finden, eine Grundlage im Erkenntnisvermögen selbst, in dem, was der Geist mit sich bringt, sobald er in Aktion tritt, was daher immer schon da ist, sobald überhaupt gedacht wird. Warum sind mathematische Sätze notwendig und allgemeingültig? Warum können wir ihrer sicher sein und sicher sein, daß sie auch dann weiter gelten würden, wären wir auf einem anderen Stern oder Jahrtausende zurück in der Vergangenheit oder weiter in der Zukunft? Weil sie als Bedingung des

Denkens dem Geist zugehören. Sie sind *a priori*. Mathematik ist *reine Wissenschaft*.

Nun möchte ich nicht mißverstanden werden. Kant will damit keineswegs sagen, daß im Geist des Neugeborenen alle Mathematik aufgezeichnet sei. Es ist klar, daß das Kind lernen muß, daß zwei plus zwei gleich vier ist etc. Bestimmt wird es Erfahrung zuhilfe nehmen, etwa mit den Fingern rechnen. Was aber Kant meint, ist dies: Die Gewißheit, daß zwei plus zwei vier ist, hängt als Evidenz nicht von etwas Äußerlichem, etwa von den Fingern oder kleinen Kugeln ab, sondern entspringt dem Erkenntnisapparat dessen, der denkt; und überall, wo einer denkt, wird er *so* denken.

Kritik der reinen Vernunft

Ich gehe nun näher auf ›die Kritik der reinen Vernunft‹ ein, von der Kant selber sagte, mit ihr habe sein Denken die »kopernikanische Wende« vollzogen.

Jedesmal, wenn wir etwas aussagen, fällen wir ein Urteil. Die Mauer ist weiß, zwei plus zwei ist vier usw. Das sind Urteile.

Kant macht eine doppelte Unterscheidung unter den Urteilen. Einmal gibt es Urteile *a priori* (aus dem Denken selbst) und dann gibt es Urteile *a posteriori* (aus der Erfahrung); auf der anderen Seite gibt es *die analytischen* und *die synthetischen Urteile*.

Urteile *a priori* sind die, welche den Charakter der Notwendigkeit und strengen Allgemeingültigkeit haben; sie sind im Grund wie mathematische Urteile. Sie können also nicht aus der Erfahrung stammen, müssen *a priori* als Vorbedingung des Denkens sein. *Empirische Urteile* dagegen sind diejenigen, die aus der Erfahrung kommen, die daher weder notwendig noch allgemeingültig sind. Wenn wir sagen, die Mauer ist weiß, so ist das weder notwendig noch allgemeingültig; dieses Urteil ist aber vielleicht wahr, wenn wir uns auf eine bestimmte Mauer beziehen, die weiß ist. Das ist die erste kantische Unterscheidung.

Die zweite Unterscheidung betrifft die analytischen und die synthetischen Urteile. Ein Urteil besteht bekanntlich aus Subjekt und Prädikat, im allgemeinen verbunden durch eine Form des Hilfsverbs *sein*. Zum

Beispiel: Die Mauer ist weiß. Die Mauer ist Subjekt, weiß ist das Prädikat, und die Kopula *ist* verbindet das Subjekt Mauer und das Prädikat weiß.

Ein Urteil ist *analytisch*, wenn das Prädikat nur etwas ins Licht rückt oder hervorhebt, das im Subjekt *schon enthalten* ist. Zum Beispiel, wenn wir sagen: Die Körper sind ausgedehnt, heben wir im Grund nur eine Komponente des Begriffs Körper hervor, nämlich die Ausdehnung. Wir können uns ja keinen Körper ohne Ausdehnung vorstellen. Sobald wir den Begriff »Körper« haben, haben wir auch die »Ausdehnung« darin inbegriffen. Wir tun also nichts anderes, als die »Ausdehnung« ins Licht zu rücken. Wir nehmen aus dem Subjekt ein charakteristisches konstituierendes Element heraus und fällen das Urteil: »Körper sind ausgedehnt«, das also ein analytisches Urteil ist.

Das *synthetische* Urteil hingegen ist ein Urteil, in dem das Prädikat dem Begriff des Subjektes *etwas hinzufügt*. Zum Beispiel, sagt Kant, die Vorstellung von Schwere ist in der Vorstellung von Körper nicht inbegriffen, man könnte sich einen Körper ohne Schwere vorstellen. Wenn wir also sagen: Die Körper sind schwer, so ist das ein synthetisches Urteil.

Sowohl Urteile *a priori* als auch *a posteriori* können Kant zufolge *analytische* oder *synthetische* Urteile sein.

Nun liegt keine Schwierigkeit darin, daß wir ein analytisches Urteil fällen können, denn es lehrt uns nichts Neues, es erläutert lediglich den Inhalt eines Begriffs. Auch bei den synthetischen Urteilen *a posteriori*, in denen die Verbindung von Subjekt und Prädikat aus der Erfahrung kommt, gibt es kein Problem. Wenn wir sagen: die Mauer ist weiß, stellen wir etwas mit Hilfe unserer Sinne empirisch fest. Ein solches Urteil ist aber nicht wissenschaftlich, weil es nicht notwendig und allgemeingültig sein kann.

Folglich: Wenn die analytischen Urteile uns nichts Neues lehren und wenn die synthetischen Urteile a posteriori nicht notwendig und allgemeingültig sein können, so heißt daß: daß *nur die synthetischen Urteile a priori* (die uns etwas – Neues – lehren *und* notwendig und allgemeingültig sind), *als wissenschaftlich* gelten können.

Wenn wir uns also fragen, »Wie ist Wissenschaft möglich?«, so läuft dies auf die Frage hinaus: *Wie sind synthetische Urteile a priori möglich?* Und damit sind wir bei der zentralen Frage, die man in der Erkenntniskritik stellt. Wie ist Erkenntnis überhaupt möglich?

Hier erleben wir die große kantische Wende mit. Bis dahin war das Suchen des Erkenntnisvermögens immer eine Anstrengung des Subjekts, das um ein Objekt kreiste, um es zu erkennen. Kant tut das Umgekehrte, er läßt das Objekt sich um das Subjekt herumdrehen. Er sucht im Subjekt die apriorischen Formen, die das Objekt erst als solches konstituieren und die die synthetischen Urteile *a priori* ermöglichen, aus denen allein die Wissenschaft besteht.

Kant betrachtet den Erkenntnisprozeß: Erkenntnis hat zwei Quellen. Einerseits das Empfindungsvermögen, wodurch wir Eindrücke *empfangen*. Andererseits den Verstand, wo die Gegenstände *gedacht* werden. Kant will untersuchen, ob es im Empfindungsvermögen und im Verstand nicht etwas *a priori* gibt, was dann erklären könnte, wieso synthetische Urteile a priori – also die Wissenschaft – möglich ist. Danach sucht die ›Kritik der reinen Vernunft‹. Gibt es zunächst im Empfindungsvermögen etwas, das nicht aus der Erfahrung stammt? Das Kriterium dafür ist, ob es notwendig und allgemeingültig ist. Wenn es so etwas gibt, stammt es nicht aus der Erfahrung.

Wir betrachten nun in der ersten ›Kritik‹ den Teil, den Kant *die transzendentale Ästhetik* nennt. Kant sagt: Damit unser Wahrnehmungsapparat etwas ausarbeiten kann, muß ihm irgend etwas gegeben sein. Was gegeben ist, das sind die Eindrücke, die unsere Sinne empirisch erfahren: Farbe, Geruch, Ton . . . All das ist *a posteriori*, empirisch, aber es wird in einer bestimmten Ordnung erfahren, die den Eindrücken durch das Empfindungsvermögen gegeben wird.

Wir nehmen ein Beispiel, das ganz und gar nicht kantisch ist – die Zitrone, gelb und sauer. Wie geht es zu, daß wir so unterschiedliche Eindrücke wie eine Gelb- und eine Sauer-Empfindung verbinden? Es gibt ja keinen Übergang zwischen Gelb und Sauer; Gelb ist nicht Sauer, und Sauer ist nicht Gelb. Wie bringen wir es fertig, sie zu verbinden? Das heißt doch, daß wir in diese Eindrücke unserer Sinne eine gewisse Ordnung, einen gewissen Zusammenhang einführen. Da sagt uns Kant, daß die Ordnung, die unser Empfindungsvermögen den Eindrücken unserer Sinne verleiht, nicht von den Eindrücken selber stammt – nicht die Säure, nicht das Gelb schafft eine Ordnung –, sondern wir verbinden das Gelb und die Säure auf eine bestimmte Art in Raum und Zeit. Wir haben Eindrücke, die wir mit anderen in Raum und Zeit ordnen. Kant denkt daher über Raum und Zeit nach und stellt fest: *Raum und Zeit sind notwendige und allgemeingültige Bedingungen sinnlicher Erfahrung.*

Ich kann alles, was im Raum, alles, was in der Zeit ist, wegdenken, nicht aber den Raum und die Zeit. Wo immer ich etwas denke, sind Raum und Zeit. Raum und Zeit müssen daher *Formen a priori des Empfindungsvermögens* sein. Raum und Zeit kommen nicht von der Erfahrung, sie sind eben *a priori* Vorbedingungen für alle Erfahrung. (Kant nennt die Zeit die reine Form des inneren Sinns und den Raum die reine Form des äußeren Sinns).

Kant betrachtet also Raum und Zeit als Formen unseres Wahrnehmungsvermögens und nicht als etwas, was unabhängig vom wahrnehmenden Subjekt für sich selbst existiert oder irgendwie den Dingen zukommt. Raum und Zeit sind keine Eigenschaften der Dinge, sondern Bedingungen für unser Erkennen von Dingen, und diese Bedingungen sind a priori. Die Zeit ist Bedingung der Aufeinanderfolge und des Zugleich – und nicht die Aufeinanderfolge und das Zugleich erzeugen die Zeit. Dank diesem *a priori* können wir verstehen, warum es eine notwendige und allgemeingültige Arithmetik als Wissenschaft der Dauer und eine notwendige und allgemeingültige Geometrie als Wissenschaft vom Raum geben kann. *Raum und Zeit sind Formen a priori des Empfindungsvermögens.*

Wenn aber Raum und Zeit keine Eigenschaft der Dinge, sondern a priori-Formen unseres Empfindungsvermögens sind, was für eine Art von *Wirklichkeit* haben sie dann?

Auf der Ebene der Erfahrung, überall wo Menschen irgendwelche Erfahrungen machen, stoßen sie stets auf Raum und Zeit. Auf der Erfahrungsebene sind Raum und Zeit wirklich, sind Realitäten, die für jede Erfahrung konstitutiv sind. Andererseits, vom Standpunkt des *a priori* aus, wenn man untersucht, was es in unserem Erkenntnisvermögen unabhängig von Erfahrung gibt – und eine solche Untersuchung nennt Kant transzendental –, sind Raum und Zeit Formen *idealer* Natur, denn sie gehören dem Geist an. Folglich sind Raum und Zeit *empirische Realitäten* und *transzendentale Idealitäten:* überall wirklich zugegen in der Erfahrung, aber Bedingung für jegliche Erfahrung als transzendentale Idealität a priori.

Damit kommen wir zu einer Folgerung, die unser Verhältnis zur Welt gänzlich verändert. Wenn alle unsere Erfahrung in Raum und Zeit geschieht, und wenn Raum und Zeit nicht den Dingen eigen sind, sondern Bedingungen unserer Erfahrung der Dinge, so heißt das, *daß wir alle Dinge, denen wir in der Erfahrung begegnen,* nur so erkennen, wie sie uns erscheinen. Erscheinung heißt griechisch *phainomenon.* Darum sagt Kant, wir erkennen die Dinge nur als Phänomene, das heißt: so, wie sie uns erscheinen. Wir kennen nur Erscheinungen. Nicht als trügerischer Schein: Kants Begriff der Erscheinung bezeichnet durchaus etwas Wirkliches, allerdings nicht das Ding, wie es an sich, unabhängig von unserer Wahrnehmung ist, sondern wie es durch unseren Wahrnehmungsapparat erscheint. Die Welt, wie sie sich uns darbietet, ist eine Welt von *Phänomenen* und nicht von *Dingen* an sich.

Das ist kein Idealismus im Sinne von Berkeley, es bedeutet nicht, daß die Wirklichkeit unserem Bewußtsein entspringt oder daß sie mit unserem Bewußtsein identisch ist. Für Kant gibt es ein Sein unabhängig von unserem Bewußtsein, nur ist es uns unbekannt und für uns nicht erkennbar.

Das ist in großen Zügen das Wesentliche in Kants »transzendentaler Ästhetik«, wo er unser Empfindungsvermögen, also den aufnehmenden, rezeptiven Teil unseres Erkenntnisvermögens betrachtet, insofern darin Formen a priori enthalten sind.

Nun zum *zweiten Teil* der Kritik der reinen theoretischen Vernunft, der »transzendentale Logik« heißt. Dabei handelt es sich nicht um eine Darstellung der formalen Logik. Auch die transzendentale Logik untersucht, was in unserem Erkenntnisvermögen a priori enthalten ist, welche Formen a priori eine Rolle spielen, wenn wir die Gegenstände denken. Während es sich in der transzendentalen Ästhetik darum handelt, welchen Beitrag a priori unser Bewußtsein leistet, wenn wir die Gegenstände *empfangen* (Empfindungsvermögen), geht es hier um das a priori beim *Denken* der Gegenstände (Verstand).

Das Empfindungsvermögen ist passiv, der Verstand hingegen eine aktive Funktion des Geistes. Er denkt die Gegenstände, d. h. er bildet die Synthese von den sinnlichen Empfindungen in Raum und Zeit. Kant fragt sich also, mit welchen Strukturen a priori unser Verstand operiert, wenn er die Synthese der Empfindungsintuitionen vornimmt. Kant geht so vor: Im Grund müssen die Formen a priori des Verstandes den verschiedenen Kategorien von Urteilen entsprechen.

Wir erinnern daran, daß schon Aristoteles eine Klassifikation der Urteile vorgenommen hatte. Kant greift diese traditionelle Klassifikation ungefähr wieder auf. Jedem Urteilstyp läßt er eine Erkenntnisstruktur entsprechen, die wie die reinen Anschauungsformen Raum und Zeit nicht aus der Erfahrung kommt, sondern a priori ist und der reinen Erkenntnis zugehört. Diese Formen a priori der Erkenntnis nennt er *Kategorien des Verstandes* oder *Verstandesbegriffe*. Nach ihm gibt es vier Gruppen von je drei Kategorien. Wir gehen hier nicht ins Detail. Wir erwähnen von diesen Gruppen nur die wichtigste, die der Relation, und innerhalb dieser wiederum die wichtigste Kategorie, *die Kausalität*.

Damit sind wir wieder bei Hume, von dem Kant gesagt hat, er habe ihn aus seinem dogmatischen Schlummer geweckt. Hume hatte das Kausalitätsprinzip auf die Gewohnheit zurückgeführt, was Kant keine genügende Begründung zu geben schien für die Wissenschaft, deren Urteile notwendig und allgemeingültig sein müssen.

Wir fassen noch einmal zusammen: Da es Wissenschaft gibt, gibt es auch notwendige und allgemeingültige Urteile, und wenn sie wissenschaftlich sind, müssen sie uns eine neue Erkenntnis bringen, also synthetisch sein; und da sie notwendig und allgemeingültig sein müssen, müssen sie a priori sein. Kant fragt: Wie sind synthetische Urteile a priori möglich? Nun die Antwort: Synthetische Urteile a priori sind möglich, weil die Kausalität zum Beispiel eine Kategorie des Erkenntnisvermögens, des Verstandes, ist, sie ist a priori, sie leitet sich nicht von der Gewohnheit ab. Gewohnheit kann sicher eine Rolle spielen, weil uns, wenn wir zum Beispiel in der Erfahrung feststellen, daß auf A regelmäßig B folgt, diese Erfahrung Gelegenheit geben wird, die Kategorie der Kausalität anzuwenden. Aber – und das ist entscheidend – die Kategorie der Kausalität entspringt dieser Gewohnheit nicht, sie gehört als solche a priori dem Verstand, sie ist also in der Erkenntnis notwendig und allgemeingültig. Halten wir also fest: Damit Erkenntnis möglich ist, muß es Empfindungsvermögen geben, es muß etwas in Raum und Zeit aufgenommen werden; und dann muß es den Verstand geben, das heißt die Organisation dieses Empfundenen mit Hilfe der Kategorien a priori.

Es gilt hier zu verstehen, daß Kant Empirismus und Rationalismus nicht gegeneinander stellt, wie andere es taten. Nach ihm ist beides zur Erkenntnis nötig, Empfindung und Verstand zugleich. Sonst gibt es keine Erkenntnis. Es muß etwas für das Empfindungsvermögen gegeben sein, damit die Kategorien oder Begriffe zum Zuge kommen. Kant sagt: Begriffe ohne Anschauungen sind leer, sind reine Form. Die Kausalität für sich ist eine reine Form, sie muß ihre Materie vom Empfindungsvermögen empfangen. Und andererseits wären Anschauungen ohne

Begriffe blind, weil sie nicht erhellt, nicht konstruiert, nicht organisiert wären. Daher die berühmte kantische Formel: *Begriffe ohne Anschauungen sind leer; Anschauungen ohne Begriffe sind blind.*

Damit kommen wir zum Zentralproblem der kritischen Methode. Wir haben immer wieder vom philosophischen Staunen gesprochen. Im Grunde ist die Philosophie Kants auch aus dem Staunen geboren: Es gibt Wissenschaft, wieso gibt es Wissenschaft?

Nach den Resultaten, die wir soweit bekommen haben, äußert sich das Staunen anders. Wie kommt es, daß reine Begriffe a priori oder Kategorien, die aus dem Geiste hervorgehen und nicht aus der Erfahrung, *objektiv* sein können? Das ist das Zentralproblem der kritischen Methode. Wie geht es zu, daß sie auf die Realität passen? Wir denken ziemlich selten daran. Man könnte sich aber eine Welt vorstellen, wo diese Kategorien unseres Geistes zum Scheitern verurteilt wären, weil alles in ihr chaotisch wäre. Wir könnten uns vorstellen, daß da keine Entsprechung wäre. Solch ein Problem stellt sich nicht in einer philosophischen Lehre, die alles vom Geist her kommen läßt, die alles für angeboren hält. Es stellt sich auch nicht in einer rein empirischen Auffassung, für die alles aus der Erfahrung kommt. In beiden Fällen gibt es für alles nur *eine* Quelle, und dann stimmt eben alles zusammen. Wenn es aber wie bei Kant *zwei* Quellen, zwei Komponenten der Wissenschaft gibt, alle beide unerläßlich und radikal verschieden; eine aus der Erfahrung stammend, aus dem, was uns gegeben ist; und eine aus den Formen a priori des Erkenntnisvermögens, dann drängt sich die Frage auf: Wie können die Begriffe überhaupt irgendeine objektive Tragweite haben? Das ist das Zentralproblem der kritischen Methode auf der Ebene der Erkenntnis.

Kant antwortet folgendermaßen – und es ist wichtig, das zu verstehen, denn wenn wir dies verstehen, verstehen wir das übrige –: Etwas denken heißt, diesem Etwas eine Einheit verleihen; denken heißt, die Einheit dessen, was man denkt, konstituieren. Das ist ein und derselbe Vorgang; nicht daß es vorher eine Einheit gäbe und daß man sie dann dächte; auch nicht, daß man eine Einheit konstituierte, ohne zu denken. Denken ist eben gerade das: *dieses Etwas als Einheit herzustellen.* Dem Gegenstand Einheit verleihen ist genau dasselbe, wie das Bewußtsein gründen – derselbe Vorgang, der das Bewußtsein stiftet. Gegenstand der Erkenntnis ist die gedachte Einheit dessen, was dem Bewußtsein gegenübersteht, und dabei stellt sich die Einheit des Subjekts selber gewissermaßen mit der Einheit des Objekts her. Die Einheit des Bewußtseins entsteht durch die Einheit dessen, was es denkt, was ihm gegenübergestellt wird: das, was man Objekt nennt. Man kann sagen, daß das Tiefste im reinen theoretischen Subjekt gerade die vorausgesetzte Einheit des Objekts als solche ist. Die Einheit des Objekts wird sozusagen durch das Bewußtsein vorausgenommen. Das, was das Bewußtsein Objekt nennt, ist eine Einheit, die es noch nicht kennt, noch nicht völlig erarbeitet hat, die es aber sich gegenüber voraussetzt und die es »Gegenstand« nennt. Es projiziert seine eigene Einheit als Gegenstand sich gegenüber. Das Bewußtsein ist ja immer Bewußtsein von etwas, und es wird mit diesem »Etwas« (Gegenstand, Objekt) identisch. Dann wird diese vorgenommene Einheit erarbeitet, präzisiert, entwickelt durch die Kategorien a priori des Erkenntnisvermögens. Dieses antizipierende Bewußtsein a priori der Einheit des Objektes – gleichsam das erste in bezug auf die Anwendung aller Kategorien – ist, was Kant *die transzendentale Apperzeption* nennt.

Nach Kant konstituiert nicht die Erfahrung das Erkenntnisvermögen wie bei den Empiristen, es gibt aber auch keine prästabilierte und parallele Harmonie zwischen dem Erkenntnisvermögen und der Erfahrung wie bei Leibniz; sondern nach ihm ist es das Erkenntnisvermögen mit seinen reinen Formen, das die Erfahrung strukturiert oder aufbaut. Man soll also nicht fragen, zum Beispiel, wie die Kausalität als Kategorie a priori auf die empirischen Dinge bezogen werden kann: Die Kausalität ist a priori in den Phänomenen (oder Erscheinungen), das Band, das von der Einheit des denkenden Bewußtseins zeugt. Der Geist erschafft nicht die Dinge, sondern strukturiert die Natur durch die Gesetze, die ihm eigen sind, das heißt durch die Kategorien a priori des Verstandes, die für die Einheit des Objekts konstitutiv sind. Das ist die kopernikanische Wende.

Als erste Folge ergibt sich, daß die Gesetze der Physik nun notwendig und allgemeingültig sein können, da die Kausalität eine notwendige und allgemeingültige Kategorie (a priori) ist. Und das erklärt, daß Wissenschaft möglich ist. Sie findet sich auf diese Weise bestätigt und gesichert. Das heißt: Soweit wir auch immer die Naturforschung treiben mögen, wo wir auch forschen, da sind wir selber, unser Verstand ist am Werk, und er entdeckt in den Phänomenen das Prinzip der Kausalität, das für diese Phänomene als Kategorie a priori konstitutiv ist.

Wir tragen den Raum, die Zeit, die Kausalität gewissermaßen mit uns. Da, wo wir denken, gibt es Raum, Zeit, Kausalität. So bekommen die Gesetze Notwendigkeit und Allgemeingültigkeit. Die Physik wird analog der Mathematik insofern, als ihr notwendiger und allgemeingültiger Grund im denkenden Geist liegt. Andererseits, wenn die Forschung auch mit Hilfe der Kausalität bis ins Unendliche geht und das Universum sich ganz auftut für diese grenzenlose wissenschaftliche Forschung des menschlichen Geistes, so werden wir eben in unserer Forschung, in der empirischen Welt, nur Phänomene antreffen und nie die Dinge an sich.

Niemals stoßen wir mit unserer Erkenntnis auf die Dinge an sich. Die Welt der Phänomene steht der wissenschaftlichen Forschung offen bis ins Unendliche: Notwendigkeit und Allgemeingültigkeit der Kausalität sind durch den Charakter a priori gesichert. Die wissenschaftliche Erkenntnis ist unbegrenzt. Dennoch ist der Tragweite ihres Wissens eine Grenze gesetzt, die unüberschreitbar, definitiv ist und mit dem Fortschritt der Forschung nichts zu tun hat. Sie wird nie aufgehoben werden: Wir kennen immer nur die Welt der Phänomene und nie die Dinge an sich selber.

Fassen wir nun zusammen. Bis jetzt hat Kant im Bewußtsein des Subjekts zwei Ebenen des Erkenntnisvermögens betrachtet: Im Empfindungsvermögen weist er auf die beiden Anschauungsformen a priori, Raum und Zeit, hin; im Verstand auf die zwölf Kategorien, von denen Kausalität die wichtigste ist. Nach Kant ist uns das, was wir als Natur erfahren, nur durch diese Formen a priori des Bewußtseins gegeben. Wir begegnen infolgedessen in der Erfahrung nur Phänomenen.

Die Natur ist uns also durch die Formen unseres Bewußtseins erst zugänglich, sie wird aber von ihm als Wirklichkeit nicht hervorgebracht. Auf der Ebene des Seins ist unser Bewußtsein keineswegs schöpferisch (nur für den absoluten Idealismus ist alles Sein nichts als Bewußtsein). Es muß also etwas gegeben sein, was von unserer Wahrnehmung unabhängig ist. Kant nennt dieses »Etwas« *Noumenon* oder *Ding an sich* (im Gegensatz zu *Phänomen* oder *Erscheinung*, d. h. zum Ding, wie es uns in den Erkenntnisformen des Bewußtseins erscheint). Dinge an sich sind für die theoretische Vernunft absolut unerkennbar, sie sind wie ein unbekanntes, aber unentbehrliches X, ohne die es jedoch nichts gäbe.

Nun gehen wir über zum Teil der ›Kritik der reinen Vernunft‹, den Kant als *transzendentale Dialektik* bezeichnet und in dem die dritte Ebene des Erkenntnisvermögens betrachtet wird: die Ebene der *Vernunft* im engeren Sinn. Das Wort Vernunft hat bei Kant, je nach dem Gebrauch, unterschiedliche Tragweite. Als Titel der ersten ›Kritik‹ bezeichnet es die Gesamtheit des Erkenntnisvermögens. Hier aber, auf der Ebene der »transzendentalen Dialektik«, bezeichnet es den Teil des Erkenntnisvermögens, wo *die Ideen a priori den Drang nach dem Ganzen* lebendig erhalten. Die transzendentale Dialektik beschäftigt sich mit der Vernunft im engen Sinne wieder nur insofern, als sie etwas a priori enthält. Nach den Anschauungsformen der Empfindung, nach den Kategorien des Verstandes finden wir nun hier *die drei Ideen der Vernunft*: die Idee *Seele* – als Totalität der inneren Phänomene, die Idee *Welt* – als Totalität der äußeren Erscheinungen, die Idee *Gott* – als Totalität des Wirklichen und des Möglichen.

Welches ist die Funktion dieser drei Ideen? – Raum und Zeit ermöglichen die äußeren und inneren Empfindungen. Dank der Kategorien werden Gegenstände erfahren und sie verbindende Gesetze erkannt. Beides ist für die Wissenschaft unentbehrlich, nicht aber genügend. Es muß ja im Subjekt etwas a priori da sein, das überhaupt nach Erkenntnis drängt, das also alle Formen a priori in Bewegung setzt, um mit dem Vielerlei der Erfahrung immer mehr *Einheit* zu gewinnen. Das ist gerade die Funktion der drei Ideen der Vernunft. Jede Idee bezeichnet *eine Totalität*, die dem Bewußtsein *nie gegeben, sondern aufgegeben* ist, und die als solche den endlosen Fortschritt der Erkenntnis fordert. Im Grunde drücken alle drei den Drang des Bewußtseins nach Einheit aus.

Nun führt Kant den Nachweis, daß sich unser Denken aufgrund der drei großen Vernunftideen *Seele, Welt, Gott* in *unvermeidliche Fehler* verstrickt, die Kant als »transzendentalen Schein« bezeichnet. Wir können diese Fehler nachweisen, fallen ihnen aber immer wieder zum Opfer, denn sie sind transzendental, also a priori begründet.

Die erste Idee ist *die Idee der Seele als Totalität der inneren Phänomene*. Wenn wir von Seele sprechen, wagen wir uns auf ein Gebiet, wo wir keinen Gegenstand der Erfahrung haben. Wir haben zwar Erfahrungen über verschiedene Aspekte unserer Seele, Vorstellungen, Erkenntnisse, Gedanken, Worte, aber die Seele als solche, als Ganzes, wird uns nie zum Gegenstand.

Die Seele ist eine Idee. Das heißt, sie ist, wie alle drei Ideen, *regulativ – und nicht konstitutiv*. Wir bewegen uns darauf zu, wir möchten sie ergreifen, sie ist ein Prinzip, das unser Forschen richtet, sie ist regulativ – sie konstituiert aber für uns kein Objekt, sie ist nicht konstitutiv. Dennoch sind wir immer wieder versucht, von der Seele zu sprechen, als wäre sie für uns ein erkennbarer Gegenstand – und das ist ein Fehler, den Kant *Paralogismus* nennt. In der »rationellen Psychologie« wird ein Wissen von der Seele vorgetäuscht. Manche Philosophien wollen beweisen, daß die Seele unsterblich ist, so zum Beispiel Platon. Wer nun den Anspruch auf einen solchen Beweis erhebt, tut, als wäre die Seele ein Gegenstand der Erfahrung. Das ist eine Illusion. Man argumentiert, als hätte man eine Erkenntnis von ihr, und da täuscht man sich über ihre Natur: Sie ist ja für die theoretische Vernunft kein Gegenstand, sondern nur eine Idee. Auf dem *Niveau der Erkenntnis* wissen wir nicht, was die Seele sein soll, wir haben ja von ihr keine Anschauung, wir kennen sie nicht. (Ganz anders verhält es sich auf dem Niveau der praktischen Vernunft.) Als Beispiel eines solchen Paralogismus wählt Kant Descartes' Lehre von der Unsterblichkeit der Seele. Hier wagt sich Descartes, nach Kant, zu weit vor, er überschreitet die Grenzen der Vernunft, denn die theoretische Vernunft kann von der Seele als Totalität nichts Sicheres wissen.

Entsprechendes gilt für die zweite Idee, *die Welt als Totalität* aller äußeren Phänomene: Wir können sie nie in der Erfahrung antreffen. Wir erfahren immer nur partielle Phänomene in der Welt, nie haben wir die Totalität der Welt als Gegenstand. Wir selber sind als Gegenstände für uns selbst Phänomene in der Welt. Wohl können wir eine notwendige und allgemeingültige wissenschaftliche Erkenntnis von Phänomenen in der Welt, im Universum haben, aber nicht vom Universum als Totalität. Wenn also die rationale Kosmologie behauptet, eine Lehre der Welt als Ganzheit zu besitzen, überschreitet sie die Grenzen des menschlichen theoretischen Erkenntnisvermögens. Für diese Unmöglichkeit liefert uns Kant einen Beweis, der wohl zum Außerordentlichsten der Philosophiegeschichte gehört.

Bei seinen berühmten *Antinomien der reinen Vernunft* handelt es sich nicht einfach um Widersprüche, die man berichtigen könnte. Es sind vielmehr Widersprüche, in die sich die reine Vernunft bei ihrem Streben nach metaphysischen Wahrheiten *mit Notwendigkeit* verstrickt. Vier Antinomien treiben die Vernunft in die Enge, und diese

Erkenntnis ist für die Philosophie von größter Bedeutung; hier taucht zum erstenmal in ihrer Geschichte der Begriff des notwendigen Irrtums auf, der mit der Natur unseres Geistes unausweichlich zusammenhängt.

Kant nimmt vier alternative Behauptungen, die in bezug auf das Universum im Lauf der Philosophiegeschichte gemacht wurden. Die erste: *Die Welt ist endlich, oder: sie ist unendlich.* (Erinnern wir uns: Als wir über die Renaissance sprachen, haben wir einerseits auf Kepler hingewiesen, den die neuen Theorien der Unendlichkeit der Welt bestürzten, während Giordano Bruno entzückt war von der Vorstellung einer unendlichen Welt, weil für ihn erst sie Gottes würdig war.)

Die zweite Alternative lautet: *Die Welt ist aus einfachen Elementen zusammengesetzt, oder: Sie besteht aus bis ins Unendliche teilbarer Materie.* (Aus einfachen Elementen: das war die atomistische These schon im Altertum, die in vielen Formen wieder aufgenommen wurde.)

Die dritte Alternative: *Die Welt ist völlig kausal determiniert, oder: Es gibt auch eine Kausalität durch Freiheit.* Das heißt: Es sind freie Handlungen möglich, die dann ihrerseits als Ursachen wirken. Wenn wir eine freie Handlung vollbringen können, dann hat diese keine bestimmende Ursache, im Gegenteil: Sie eröffnet eine neue Kausalkette. Also: Das Universum ist gänzlich determiniert, oder: Es gibt Möglichkeiten freier Akte.

Die vierte Alternative: *Alles in der Welt ist kontingent, zufällig, oder: Es gibt im Universum etwas Notwendiges.* Wir erinnern uns an Spinoza: Gott ist Ursache seiner selbst, existiert also notwendig. Oder eben, es gibt nur Kontingentes, und kein notwendiges Wesen, das alles Kontingente in der Existenz trägt.

Das sind die vier Alternativen, und so verschieden auch die Antworten auf das philosophische Staunen in der Geschichte gewesen sein mögen, so kann man doch sagen, daß diese vier Probleme in bezug auf die Welt ganz fundamental sind. Sie sind wie Brennpunkte für die auseinanderstrebenden Thesen der verschiedenen Philosophien.

Nun beweist Kant – und darauf kommt es ihm ja an – jeweils sowohl die These als auch die Antithese. Jedesmal kann man die Antithese widerlegen und damit die These beweisen oder aber die These widerlegen und damit die Antithese beweisen. Hat man also die Seiten über die Antinomien in der ›Kritik der reinen Vernunft‹ gelesen, so ist man zunächst so klug wie vorher. Man sieht, es läßt sich sowohl beweisen, daß die Welt endlich, als auch, daß sie unendlich ist; man kann beweisen, daß sie aus Atomen oder einfachen Elementen besteht, und ebenso, daß sie bis ins Unendliche teilbar ist; man kann beweisen, daß sie völlig determiniert ist, aber auch, daß es freie Handlungen gibt. Die Verblüffung hat ihren Gipfel erreicht.

Und nun kommt Kants entscheidende Antwort: Die beiden ersten Thesen und die beiden ersten Antithesen – also jene, die die Unendlichkeit bzw. Endlichkeit der Welt betrifft, und jene, welche die Einfachheit der Elemente bzw. die unendlich teilbare Materie betrifft – diese beiden Thesen und diese beiden Antithesen sind falsch. Die dritte und vierte Antinomie hingegen – sowohl die beiden Thesen wie die beiden Antithesen – sind wahr.

Wie geht das zu? Es ist keine Taschenspielerei. Kant löst das Problem so: Die beiden ersten Antinomien, sagt er, sprechen von der Welt, als sei sie für uns in ihrer Totalität ein Phänomen, also ein Gegenstand möglicher Erfahrung. Da aber die Welt für uns kein Phänomen sein kann, so folgern wir aufgrund eines unmöglichen Objektes. Die Frage, ob Grenzen oder keine Grenzen, ist nur in bezug auf Raum, auf die Räumlichkeit sinnvoll. Da die Welt als Ganzes kein Objekt ist, ist sie nicht unserer Anschauungsform (Form a priori der Wahrnehmung) unterworfen; sie ist also nicht räumlich, und die Frage nach ihren Grenzen hat folglich keinen Sinn. Beide Antworten sind falsch, weil sie auf einen Gegenstand zielen, den es so überhaupt nicht geben kann. Die Welt als Totalität ist vielmehr eine Idee.

Wie kommt es nun, daß man über sie zu so widerspruchsvollen Antworten gelangen kann? Weil man den Unterschied zwischen Phänomenen und Ideen a priori nicht beachtet. Wäre die Welt ein Phänomen, so wäre sie, wie alle Phänomene, endlich, und wir könnten beweisen, daß sie endlich ist. Aber eben: die Welt ist kein Phänomen. Wenn die Welt eine Idee ist, dann ist sie – wie alle Ideen – unendlich, also können wir zeigen, daß sie unendlich ist. Wir operieren aber mit einem hinkenden, kontradiktorischen Begriff, mit dem Begriff Welt als Phänomen-Idee. Ich kann also diese zweideutige »Welt« als unendlich beweisen, wenn ich sie als Idee auffasse, und als endlich, wenn ich sie als Phänomen nehme. Sie kann aber nicht Idee *und* Phänomen zugleich sein.

Entsprechendes gilt für die einfachen Elemente oder die unendliche Teilbarkeit: Wenn die Welt Phänomen wäre, könnten wir sagen, daß sie als Materie aus einfachen Atomen besteht; wenn wir aber ihren Raum als Form in Betracht ziehen, ist dieser Raum ins Unendliche teilbar. Da jedoch die Welt kein Phänomen ist, sind beide Aussagen falsch. In bezug auf die Idee können wir die Teilung ins Unendliche fortsetzen, in bezug auf das Phänomen treffen wir auf Grenzen. In beiden Fällen arbeite ich mit einem Pseudobegriff.

Kant gibt ein Beispiel: Wenn wir fragen: *ist ein viereckiger Kreis rund oder viereckig*, können wir beweisen, daß er rund ist, indem wir den Begriff Kreis benutzen, und daß er viereckig ist, indem wir den Begriff viereckig benützen. Es gibt aber keinen viereckigen Kreis; so ist es eben auch mit dem vermeintlichen »Phänomen Welt«. Die Welt ist eben kein Phänomen.

Nun zu den beiden letzten Antinomien. Die beiden einander widerstreitenden Behauptungen – These von der völligen Determiniertheit der Welt und These von der Möglichkeit der Freiheit; These vom notwendigen Wesen und These von der endlosen Kontingenz – sollen nach Kant beide wahr sein. Und doch handelt es sich um ebenso handfeste Widersprüche, wie bei den ersten Antinomien. Wieso? Hier hängt alles davon ab, ob wir uns *die Welt* als Phänomen denken oder *als Ding an sich*. Betrachten wir die Welt als Phänomen, dann ist selbstverständlich alles in ihr determiniert. Wir haben ja gesehen, daß die Kausalität als Form a priori unseres Denkens notwendig und allgemeingültig ist. Folglich ist alles, was wir in der Erfahrung antreffen, determiniert. Wenn wir die Welt als Phänomen auffassen, so herrscht in ihr absoluter Determinismus, weil sich die Kategorie »Kausalität« auf alles erstreckt, was in der Welt ist, und für alles gilt, was in der Erfahrung vorkommt. Wird die Welt aber als Ding an sich betrachtet, so ist sie der universalen Herrschaft der Kausalität nicht mehr unterworfen, denn sie ist kein Phänomen. Es könnte also sein, daß freie Handlungen auftreten, die keine Phänomene sind und daher nicht in der Erfahrung unseres Erkenntnisvermögens vorkommen: Ein freier Akt kann nicht als solcher festgestellt werden. Wenn wir glauben, in der Erfahrung einen freien Akt zu sehen, so überschreiten wir unsere Möglichkeiten, die sich nur auf Phänomene erstrecken. Zum Beispiel versuchen die Psychologen jeden vermeintlich freien Akt als Wirkung einer Ursache zu deuten, denn sie fassen ihn als Phänomen auf, und auf dem Niveau der Phänomene haben sie ja recht. Das schließt aber nicht die Möglichkeit aus, daß es Freiheit geben kann.

Dasselbe gilt von *Zufälligkeit und Notwendigkeit*. Alles, was Phänomen ist, ist zufällig, alles, was Phänomen ist, existiert durch etwas anderes. Da aber die Welt kein Phänomen ist und keines sein kann, können wir die Möglichkeit eines notwendigen Wesens nicht ausschließen. Nur ist ein notwendiges Wesen kein Phänomen. Man begegnet ihm nicht in der Erfahrung.

Die beiden ersten Antinomien ergeben also, Kant zufolge, auf beiden Seiten falsche Antworten, die beiden letzten ergeben auf beiden Seiten Antworten, die wahr sein können, wenn man die einen auf die Phänomene in der Welt anwendet, die anderen auf das, was niemals Phänomen sein kann. Unsere theoretische Vernunft funktioniert vollkommen, wenn ihre Formen a priori auf Phänomene angewandt werden. Aber sie hält diese Bedingungen nicht ein, wenn sie zu erkennen sucht, was *jenseits* des Phänomenalen liegt. Mit Hilfe der reinen theoretischen Vernunft können wir nur erkennen, was in der Erfahrung angetroffen wird, das heißt, was den Formen a priori unseres Bewußtseins unterliegt.

Wir wollen nun kurz darauf eingehen, wie Kant sich mit der dritten Idee a priori der Vernunft, mit der *Idee Gottes*, auseinandersetzt. Auch hier geht er ähnlich vor. Kant sagt, in der rationalen Theologie verfahre man so, als wäre Gott ein möglicher Gegenstand der Erkenntnis. Dann müßte Gott Phänomen sein. Gott ist aber kein Objekt, kein Phänomen, sondern für das Erkenntnisvermögen eben eine Idee, also *regulativ* und *nicht konstitutiv*. Als Beispiel für diesen Irrtum nimmt Kant den ontologischen Gottesbeweis, wie wir ihn bei Anselm besprochen haben. Schon Thomas hatte ihn verworfen, Descartes ihn wieder aufgenommen. Kant verwirft ihn auch. Warum? Weil der Beweis sich auf die Vorstellung gründet, Existenz sei im Begriff »Vollkommenheit« Gottes eingeschlossen. Kant betont demgegenüber, ein Begriff von einem Objekt möge noch so umfangreich sein, wir müssen doch über ihn hinausgehen, um diesem Objekt Existenz zusprechen zu können. »Bei Gegenständen der Sinne geschieht dieses durch den Zusammenhang mit irgendeiner meiner Wahrnehmungen nach empirischen Gesetzen; aber für Objekte des reinen Denkens ist ganz und gar kein Mittel, ihr Dasein zu erkennen . . .« Ob etwas existiert, können wir nur sagen, wenn sich zu einem Begriff eine Anschauung gesellt; denn Begriffe ohne Anschauung sind leer. Von Gott haben wir keine Anschauung, und wir wissen nicht einmal, was wir mit dem Begriff Existenz meinen, wenn es um Gott –

eine Idee – geht. Folglich können wir die Existenz Gottes *weder beweisen noch widerlegen*. Die traditionelle Metaphysik, die uns Beweise für das Dasein Gottes geben will, überschreitet die Grenzen der theoretischen Vernunft. Sie läßt uns nur ahnen, was sein kann; sie kann aber nicht beweisen, daß es ist: sowenig, wie man andererseits beweisen kann, daß es nicht ist.

Kenntnis haben wir nur in der Welt der Phänomene. In der noumenalen Welt, die diejenige der Phänomene transzendiert, kann es keinen Gegenstand für die theoretische Vernunft geben.

Damit ist Kant wieder beim Glauben seiner Kindheit angelangt, den ihm seine strenggläubige pietistische Mutter vermittelt hatte. Aus der Unmöglichkeit, Gott zu erkennen und zu beweisen, folgert Kant nicht: Gott existiert nicht. Im Gegenteil: Er wollte die Tragweite des Wissens klar und streng begrenzen, um dem Glauben Platz zu machen. Der Mensch ist berufen, im Bereich der Phänomene Wissenschaft zu treiben. Da findet er keine Grenzen, denn mit jedem Schritt seiner Vernunft muß er wieder die unendliche Aufgabe des Erkennens auf sich nehmen – im Wissen, daß er nie die Totalität erkennen wird. Denn die Idee ist regulativ und nicht konstitutiv. Da, wo man zur Totalität oder zu den Noumena übergeht, da gilt kein Wissen mehr. Da ist es erlaubt, zu glauben. Das bedeutet: Indem man glaubt, steht man nicht im Widerspruch zur Vernunft. Und das bedeutet nicht: Es gibt einen Bereich, wo die Vernunft gilt, und einen anderen, wo sie nicht gilt. Da aber unsere Vernunft uns selbst ihre Grenzen offenbart, ist es vernünftig, sich daran zu halten. Wo man also weder beweisen noch widerlegen kann, darf man glauben – und man glaubt, oder man glaubt nicht. Nochmals Kant: »Ich mußte das Wissen aufheben, um zum Glauben Platz zu bekommen«.

Kritik der praktischen Vernunft

Kant hat seine Philosophie um drei Fragen zentriert: »*Was kann ich wissen? Was soll ich tun? Was darf ich hoffen?*«

Die Kritik der reinen theoretischen Vernunft antwortet auf die erste Frage: Was kann ich wissen? Und diese Antwort haben wir eben verstanden. Ich kann wissen – und weiter ins Unendliche zu wissen suchen – alles, was die Phänomene betrifft, die Gegenstände der Erfahrung. Ich werde die Welt der Objekte nie erschöpfen. Dafür kann ich aber nichts wissen von dem, was nicht Phänomen, nicht Gegenstand der Erfahrung ist. Das gehört in einen anderen Bereich.

Die Kritik der praktischen Vernunft untersucht die zweite Frage: Was soll ich tun? Sie behandelt die Vernunft, insofern sie praktische Entschlüsse, Entscheidungen trifft, also das moralische Verhalten eines freien Subjekts bestimmt. Es geht hier aber nicht darum, die moralischen Grundsätze im Konkreten zu prüfen, was sie erlauben oder verbieten – je nach Kulturen, Zeiten, Orten etc. Kant versucht, *die Bedingungen a priori*, also die allgemeingültigen Bedingungen moralischer Entscheidungen, festzustellen.

So wie es sich in der ›Kritik der reinen Vernunft‹ nicht darum handelt, die Gesetze der Physik zu studieren, sondern die Bedingungen a priori, unter denen eine Erkenntnis der Phänomene möglich ist, so handelt es sich hier darum, die Bedingungen a priori zu erkennen, unter denen eine moralische Entscheidung möglich ist.

Der moralische Wert, sagt uns Kant, wird unmittelbar als a priori erlebt, das heißt, er ist nicht durch die Erfahrung vermittelt. Nach Kant gilt der moralische Wert nicht um eines erstrebenswerten äußeren Zieles willen, nicht nur unter gewissen Bedingungen, sondern er gilt *an sich*.

Wir wollen hier einen Augenblick verweilen. Wir leben in einer Zeit, die einer solchen Auffassung diametral entgegengesetzt ist. Die Mehrzahl unserer Zeitgenossen orientiert sich geistig genau umgekehrt. Sie suchen moralische Werte durch die gesetzten Zwecke zu rechtfertigen oder durch gegebene Bedingungen zu erklären, die außerhalb der moralischen Sphäre liegen. Kant vertritt den entgegengesetzten Pol einer solchen Einstellung auf die reinste Weise. Nehmen wir zum Beispiel die ethische, puritanische Aufwertung von Arbeit und Sparsamkeit zur Zeit des Frühkapitalismus, auf die vor allem *Max Weber* seine bekannte Theorie gegründet hat. Kant würde sagen, wenn Soziologen und Psychologen untersuchen, warum in einer gewissen Gesellschaft ausgerechnet Sparsamkeit und Arbeitsamkeit zu Tugenden erklärt werden, so ist das von ihrem Standpunkt aus interessant – aber was tun sie denn eigentlich? Sie konstatieren einen geschichtlichen Tatbestand und fragen nach den Ursachen. Als Forscher haben sie gewiß recht, die Ursachen eines sozialen Phänomens zu suchen. Was sie tun, fällt aber in den Bereich der empirischen Forschung. Die Anerkennung jener

Tugenden ist als Phänomen betrachtet, um ein objektives Wissen von der Gesellschaft zu gewinnen. Sie erklären aber nicht, wie ein moralischer Wert als solcher auf die Freiheit der Menschen wirkt. Sie können begreiflich machen, warum in einer bestimmten Epoche Arbeit und Sparsamkeit moralische Werte waren, nicht aber, warum manche Menschen diesen Werten gehorchen, obwohl sie ihrer Lust widersprechen. Jenseits dessen, was man empirisch feststellen kann, befiehlt in ihnen, auf der Ebene der moralischen Entscheidung – Kant zufolge – etwas, das mit den Erklärungen der Soziologen nicht getroffen wird. Und das ist der Punkt, auf den es ankommt. Der Forscher stellt eine Moral fest und beschreibt sie. Er würde sie aber selber für sich vielleicht gar nicht übernehmen. Wenn Kant hingegen erklärt, daß man dem moralischen Wert, unabhängig vom Resultat, gehorchen *soll*, ausschließlich weil er moralisch ist, geht es um etwas ganz anderes.

Noch ein Beispiel: Wenn ein Ethnologe zu einem Stamm kommt, deren Kultur ihm ganz fremd ist und sich völlig von der seinen unterscheidet, dann wird er doch feststellen können, welche ökonomischen oder klimatischen Faktoren etwa die Ethik und die Sitten dieses Stammes bestimmt haben. Das ist gewiß wissenschaftlich wichtig. Er mag auf dem Niveau empirischer Feststellung und sachlicher Interpretation völlig recht haben. Wenn aber die Menschen dieses Stammes sich gegen Wind und Wetter zwingen zu tun, was gefordert ist, tun sie es gerade nicht aus den Gründen, die er von außen für entscheidend hält. Er stellt eine Moral fest und beschreibt sie – im Gegensatz zu den Stammesangehörigen übernimmt er sie aber selbst nicht. Nun gehört eben die Qualität ihrer Übernahme nicht zum Bereich der Phänomene. Warum man diesem oder jenem moralischen Wert zustimmt, ist eine Sache, die Entscheidung zum moralischen Wert als solchem eine andere. Und Kant geht es eben um den moralischen Entschluß. Moralisch ist für ihn eine Handlung nur, wenn sie ausschließlich vom moralischen Gesetz als solchem ausgelöst wird, und eben nicht aus Rücksicht auf äußere Zwecke oder Folgen etwa, um sich die Achtung der Mitbürger zu verschaffen. Ich *soll*, das ist die einzige moralische Motivierung – ein Appell.

Er richtet sich an etwas in uns, was Kant *den guten Willen* nennt. Der gute Wille ist das in uns, was mit den moralischen Werten in Einklang sein will. Unsere Neigungen dagegen wollen uns oft ganz anderswohin ziehen, sie sind von Äußerlichem abhängig. Und dazwischen steht der

173

Wille, der zum guten Willen wird, wenn er mit den moralischen Werten eins sein will. Das heißt: *Der gute Wille gibt sich selbst sein Gesetz*, und das nennt Kant *Autonomie*. Autonomie ist jedoch niemals die Willkür zu tun, was uns paßt, wo, wann und wie es uns paßt. Autonomie, das heißt *autos* = selbst, *nomos* = Gesetz: Der Wille gibt sich selbst sein Gesetz. Und dieses Gesetz heißt der Pflicht gehorchen: *ich soll*.

Der Pflicht gehorchen ist bei Kant jedoch kein Zwang, der auf die Freiheit ausgeübt wird, es ist gerade *die Freiheit selber*. Freiheit bedeutet, daß wir jenes Vermögen der Autonomie besitzen, wodurch wir dagegen gefeit werden, Spielball der Empfindungen oder Affekte zu sein, und uns vielmehr selber mittels dieses guten Willens die Achtung vor der Pflicht auferlegen.

Auch dies steht ganz im Gegensatz zu heutigen Auffassungen, die alles, was Pflicht heißt, als Zwang, gar als Manipulation betrachten und die unsere Launen, unsere spontanen Gefühle für die wahre Freiheit ausgeben. Für Kant ist es gerade umgekehrt. Empfindungen und Gefühle sind Phänomene, daher sind sie, wie alles Phänomenale, der Kausalität unterworfen. Folglich heißt, den Empfindungen nachzugeben, sich der empirischen Welt unterwerfen, in der das Gegenteil von Freiheit herrscht. Infolgedessen kann, wer frei sein will, nur durch seinen eigenen guten Willen frei sein, das heißt, durch die Fähigkeit, sich selbst das Gesetz der Pflicht zu geben, dem er dann gehorcht. Das ist der Sinn von Autonomie.

Wovon Kant hier spricht, das ist *noumenal*, also von empirischen Gegebenheiten gänzlich unabhängig. Ganz gleich unter welchen äußeren Umständen, soll der gute Wille in der Situation das tun, was die Pflicht befiehlt, und dadurch wird das Subjekt autonom, frei. Nehmen wir Sokrates als Beispiel: Er hat den Schierlingsbecher getrunken, er hat die Flucht verweigert, bis zum letzten Atemzug gibt er seinem Tod einen moralischen Sinn. Er gehorcht also bis zum Ende dem autonomen Gesetz der Pflicht. Sokrates ist bis zur letzten Sekunde ein freier Mensch. In diesem Sinn ist die Autonomie absolut und unzerstörbar. Sie ist als Noumenon *unbedingt*.

Kant unterscheidet nun zwei Imperative der praktischen Vernunft: den kategorischen Imperativ und den hypothetischen. *Der kategorische Imperativ* ist das reine Gebot des moralischen Gesetzes, das heißt die reine Herrschaft des a priori. Es erfüllt sich immer da, wo ein Mensch sagt: *Ich soll, denn ich soll.* Einen anderen Grund gibt es nicht. Dieses »Ich soll« besagt nicht, wie man oft glaubt, daß der moralische Mensch die Konsequenzen seines Handelns überhaupt nicht beachtet, sondern es heißt, daß er bei seiner Entscheidung nur das berücksichtigt, was bewirkt, daß die Konsequenzen einen *moralischen* Charakter haben. Nicht das Angenehme, nicht das Wünschenswerte der Folgen zählt, sondern nur ihre moralische Qualität. Der kategorische Imperativ ist also ein reiner Zwang der Pflicht. *Rein* bedeutet, daß es der unbedingte Zwang a priori des moralischen Gesetzes ist (ohne empirische Elemente), das mein Handeln bestimmt. Die Einmischung empirischer Elemente in meine Entscheidung trübt die Autonomie des kategorischen Imperativs und setzt an seine Stelle – zumindest teilweise – empirische Erwägungen *a posteriori* in Raum und Zeit; also an die Stelle des Unbedingten das Bedingte.

Dieses Bedingte heißt bei Kant: *der hypothetische Imperativ.* Wenn ich sage: »Ich soll, denn ich soll«, so kann man mir alle möglichen Gründe dagegen anführen, die Gründe mögen, empirisch gesprochen, zutreffend sein, aber das ändert nichts an diesem: Ich soll, denn ich soll.

Als Inkarnation dieses Imperativs können wir *Antigone* nennen. Ismene stellt Antigone die unheilvollen Folgen vor Augen, die ihr Entschluß, den Leichnam ihres Bruders Polyneikes gegen das Verbot des Königs Kreon zu bestatten, haben wird. Diese Tat, schildert Ismene, wird schreckliches Unheil stiften, es wird Tote geben; und genauso kommt es auch. Antigone hat Mühe, ihr zu antworten: Sie kann sich auf der Ebene der Phänomene nicht rechtfertigen. Sie beruft sich auf »die ungeschriebenen Gesetze der Götter«. Diese ungeschriebenen Gesetze sind genau das Kantische a priori des moralischen Gesetzes, das heißt: die letzte unbedingte Freiheit des moralischen Subjekts, das soll, weil es soll. Das ist der kategorische Imperativ.

Im Gegensatz dazu ist der hypothetische Imperativ zwar eine Vorschrift, denn er verlangt immerhin eine Antwort auf eine bestimmte Forderung. Er gilt aber nur bedingt, unter bestimmten Voraussetzungen und in Richtung auf empirische Resultate. Er ist gleichsam vernünftig, im gewöhnlichen Sinne des Begriffs. *Wenn* die Dinge so liegen, *wenn* ich dieses oder jenes Resultat erreichen will, muß ich so oder so handeln, diese oder jene Wahl treffen; das ist nicht der kategorische Imperativ, nicht mehr das moralisch Absolute; das Empirische hat den Vorrang vor dem Apriorischen. Diese Unterscheidung ist in Kants ›Kritik der praktischen Vernunft‹ ganz fundamental. Im übrigen hatte Kant – wie die meisten großen Philosophen – keineswegs Illusionen über die Verfassung des Menschen und über die Kräfte, die auf ihn einwirken, wenn er Entschlüsse zu fassen hat. Kant sagt, wenn man das Gute tut, wenn man dem moralischen Gesetz folgt, so tut man es aus Pflicht, aus Respekt vor dem Gesetz, man zwingt sich dazu, man tut es nicht aus reiner Liebe.

Wir stehen hier am Gegenpol zum Denken Augustins, von dem wir früher gesprochen haben. Er sagte: »Liebe und tue, was du willst.« Wenn du liebst, wird alles, was du tust, gut getan sein. Für Kant dagegen ist der Mensch unfähig, das Gute aus reiner Liebe zu tun. Wenn er sich für das Gute entscheiden will, muß er sich *absolut* entscheiden, so stark sind die Kräfte, die ihn davon abbringen wollen. Er muß sich absolut, aus Pflicht, aus Achtung vor dem moralischen Gesetz, kraft unbedingten Zwanges, engagieren. Wenn man sich einbildet, daß der Mensch aus reiner Liebe seine Pflicht erfüllen kann, so ist es, in Kants Augen, moralischer Fanatismus.

In der ›Kritik der reinen Vernunft‹ wurde zwischen Form und Materie der Erkenntnis unterschieden. Eine solche Unterscheidung treffen wir auch, auf der moralischen Ebene, in der ›Kritik der praktischen Vernunft‹. Die Form des Moralischen ist das Gesetz, die absolute Notwendigkeit des Sollens. Die Materie des Moralischen sind die Resultate, die empirischen Folgen etc., so wie auch der Inhalt der besonderen Vorschriften, je nach den Orten und Zeiten. Wie in der ›Kritik der reinen (theoretischen) Vernunft‹ charakterisiert sich hier das praktische a priori durch Notwendigkeit und Allgemeingültigkeit. Das moralische Gesetz a priori ist notwendig und allgemeingültig. Das müssen wir richtig verstehen. Die konkreten moralischen Vorschriften können sich unter wechselnden Bedingungen im Lauf der Geschichte ändern. Aber das, was bewirkt, daß diese Vorschriften die Kraft eines moralischen Gesetzes haben, das ist etwas Notwendiges und Allgemeingültiges.

Hier möchte ich einen Satz von Kant zitieren, den wir interpretieren wollen. Kant sagt: »*Handle so, daß die Maxime deines Willens jederzeit zugleich als Prinzip einer allgemeinen Gesetzgebung gelten könne.*« Bemerken wir zunächst, daß die Formel ziemlich kompliziert ist: »Handle so, daß die Maxime deines Willens jederzeit zugleich als

Prinzip einer allgemeinen Gesetzgebung gelten könne«: Warum »Maxime deines Willens«? Warum soll man nicht sagen – und man hat es oft getan –: »Handle so, daß dein Wille jederzeit zugleich als Prinzip einer allgemeinen Gesetzgebung gelten könne«? Man kann auch weiter vereinfachen und fragen: Warum »dein Wille«? Soll der Satz nicht einfach sagen: »Handle so, daß dein Verhalten oder deine Entscheidung immer als Modell dienen kann für einen, der sich generell entscheiden muß, ganz gleich unter welchen Umständen«? So hat man Kant oft interpretiert, als könnte die Entscheidung eines Menschen ein zu verallgemeinerndes Modell abgeben; als seien Entscheidungen in Raum und Zeit nicht an einen historischen Kontext gebunden. Entscheidungen werden nicht im leeren Raum, gleichgültig allen Umständen gegenüber, gefällt, wie etwa ein Dreieck überall im geometrischen Raum das gleiche bleibt.

Versuchen wir, die Bedeutung der Formel zu interpretieren, so wie Kant sie uns gegeben hat.

»Handle so, daß die Maxime deines Willens ...«. Die »Maxime deines Willens«, das heißt: das Prinzip, auf das du dich beziehst, wenn sich dein Wille so oder so entscheidet. Nicht das Verhalten selbst ist also verallgemeinerungsfähig. Der Satz will nicht sagen, es gebe sozusagen Modelle für allgemeingültiges Verhalten, die man in einen Computer geben könnte, und dieser würde nun daraufhin exemplarische Entscheidungen liefern; darum handelt es sich bestimmt nicht. Das Verhalten wird je nach den verschiedenen Bedingungen verschieden sein. Was die Moralität, die moralische Qualität der jeweiligen Handlung ausmacht, das ist nicht die Handlung selber, sondern die Maxime, auf die sich der Wille bezieht, um entsprechend zu handeln. Und diese Maxime als kategorischer Imperativ ist notwendig und allgemeingültig, sie kann nicht falsch werden. Sie ist Teil des moralischen Gesetzes, in dem sich die Pflicht ausdrückt. Ein Beispiel: Wir vollziehen eine bestimmte Handlung um der Werte Wahrheit oder Gerechtigkeit willen. Der Wert Wahrheit, der Wert Gerechtigkeit, kann jederzeit verallgemeinert werden. Aber die Umsetzung dieser Werte in konkretes Handeln je nach der empirischen Situation dürfte jedesmal anders erfolgen. Darum spricht Kant von »der Materie« der Moralität, das heißt von dem sachlichen Gehalt, den sie in der empirischen Geschichtlichkeit vorfindet und zu gestalten hat. Wir sehen, der Begriff Maxime ist ganz entscheidend. Jeder Mensch, gleich unter welchen Umständen, soll sich auf eine solche Maxime beziehen, die als Form der Moralität legitimerweise als Prämisse einer allgemeinen Gesetzgebung dienen kann.

Die Pflicht diktiert kein fertiges Modell. Ein fertiges Modell hätte nämlich keinen Bezug auf die Situation, in der sich das Subjekt befindet. Das bedeutet aber nicht, daß in der Moral alles relativ wäre, daß es in ihr keine Notwendigkeit und Allgemeinheit gäbe. Notwendigkeit und Allgemeinheit rühren von dem her, worauf der Mensch sich jenseits des Zeitlichen bezieht, also auf die Maxime seines Handelns, jene Maxime, auf die sich der gute Wille jeweils bezieht. Diese Maxime ist notwendig und allgemeingültig, und sie ist nach Kant die Form der Moralität. Allerdings ist die Form nichts ohne die Materie der Moralität, das heißt, ohne die empirischen Bedingungen, unter denen sie nun eine Handlung bestimmen soll. Lesen wir Kants Formel noch einmal: »Handle so, daß die Maxime deines Willens jederzeit zugleich als Prinzip einer allgemeinen Gesetzgebung dienen könne.« Kant verlangt also, daß die Maxime, auf die wir uns bei jeder Handlung beziehen sollen, so allgemeingültig sei, daß sie immer und ohne Ausnahme als Grundsatz für eine weltweite Gesetzgebung dienen könne. So drückt Kant die Notwendigkeit und Allgemeingültigkeit aus, die einer Moralität a priori in ihrer Unbedingtheit zukommt.

Nun wissen wir, daß es mit dem moralischen Verhalten der Menschen nicht weit her ist; sie folgen lieber dem hypothetischen Imperativ, das heißt, sie handeln im Blick auf ein Ziel, nach dem Mittel-zum-Zweck-Modell, oder aber sie sind, wenn sie moralische Subjekte sein wollen, erpicht auf fertige Vorschriften, bei denen sie die Sicherheit suchen, moralisch gehandelt zu haben. Sie wollen jedoch nicht die Anstrengung vollbringen, wie Kant sie fordert, nämlich bis zum zeitlosen a priori der Moralität vorzudringen, um aus dieser Maxime des Willens die in der Situation angebrachte Entscheidung abzuleiten.

Kant weiß sehr wohl, daß der hypothetische Imperativ in die Entscheidung fast immer (immer?) eingreift. Er will uns trotzdem deutlich machen: Was bei einer Entscheidung wirklich moralisch ist, was den Namen Moral verdient, ist nicht die Wirkung des hypothetischen Imperativs, nicht die Wahl der Mittel zu einem bestimmten Zweck, nicht das Erwägen des Erfolgs in den konkreten Umständen, sondern einzig und allein die Anwendung einer absoluten, unbedingten Forderung, eben der Maxime a priori auf die konkreten Umstände.

Wir wollen noch eine wichtige, oft entstellte Formel Kants zitieren: »*Du*

kannst, denn du sollst«. Man hat geglaubt, diese Formel bedeute eine –
für Kant völlig unzutreffende – Verkennung menschlicher Schwächen.
Nein – »Du kannst, denn du sollst« bedeutet hier etwas ganz anderes.
Kant bezieht sich auf die Tatsache, daß der Begriff der Pflicht für uns
einen Sinn hat, ob man nun seine Pflicht tut oder nicht. Selbst wer
beschließt, etwas anderes zu tun als das, was seine Pflicht wäre, weiß
durchaus, daß er seine Pflicht nicht erfüllt. Oder aber er mogelt. Und
wenn er mogelt, dann erkennt er wieder damit an, daß das Wort Pflicht
sehr wohl einen Sinn für ihn hat. Er sollte dies tun und nicht jenes.
Nun zieht Kant die Konsequenz daraus, daß das Wort Pflicht einen Sinn
für uns hat. Diesen Sinn kann es nur deswegen haben, weil wir die
Möglichkeit haben, uns zu entscheiden. Hätten wir sie nicht, so hätte das
Verb »sollen«, das Wort »Pflicht« keinen Sinn. Die moralische Pflicht
schließt notwendig als Vorbedingung ein, daß wir uns so *oder* anders
entscheiden können. Die Möglichkeit der Wahl heißt indessen Freiheit.
Im Grund bedeutet die Formel »Du kannst, denn du sollst«: Du bist ein
freies Wesen, denn du findest in dir selbst den Sinn für die Pflicht.
Du behauptest, du seist nicht frei. Du nimmst Psychologie, Biologie,
Soziologie zu Hilfe, um zu zeigen, daß du nicht frei bist, also für das, was
du tust, unschuldig und nicht verantwortlich wie die Tiere. Hat das
Wort »Pflicht« einen Sinn für dich? Wenn ja, dann doch nur, weil du *frei*
bist, sonst hätte es keinen Sinn. »Du kannst, denn du sollst.« Ob du
willst oder nicht, sofern das Verb *sollen*, das heißt, die Pflicht, einen Sinn
für dich hat, kannst du nicht guten Glaubens leugnen, daß du ein freies
Subjekt bist. Du kannst, denn du sollst. Das ist es, was diese Formel
bedeutet. Sie ist *eher existentiell als moralisierend*, sie betrifft gewissermaßen die Grundverfassung des Menschseins und macht es uns
unmöglich, unsere Freiheit aufzugeben. Du hast die Möglichkeit der
Freiheit, da du den Sinn für die Pflicht hast.
Wenn von Kants Ethik die Rede ist, spricht man oft von den *drei
Postulaten der praktischen Vernunft.* Was bedeutet dieser Ausdruck?
Postulate finden wir etwa in der euklidischen Geometrie. Ein Postulat
ist eine Art Prinzip, das man am Anfang eines Denksystems aufstellt,
ohne daß es bewiesen werden kann. Allerdings anders als ein Axiom:
Ein Axiom kann man nicht beweisen, aber man betrachtet es als an sich
evident. Das Postulat ist nicht an sich evident, aber es ist für die ganze
Folge der Operationen unerläßlich. Es ist eine Konvention, die man
notwendigerweise zulassen muß.

Die drei Postulate der praktischen Vernunft, das sind drei Bedingungen, ohne die das *Sollen* der praktischen Vernunft keinen Sinn hätte. Im Grunde antworten sie wieder auf Kants philosophisches Staunen: *Wie ist ein unbedingtes Sollen überhaupt möglich?*

Dank der Formel: »Du kannst, denn du sollst« sind wir schon einer dieser Bedingungen begegnet. Es ist *die Freiheit*. Die praktische Vernunft mit ihrem Pflichtgebot hat keinen Sinn, wenn wir die Freiheit nicht zulassen. Sie ist das erste Postulat der praktischen Vernunft.

Hier müssen wir uns ins Gedächtnis rufen, in welcher Situation wir uns am Ende der ›Kritik der reinen Vernunft‹ befanden. Wir untersuchten die Bedingungen, die Formen a priori der Erkenntnis. Wir waren zu den berühmten Antinomien gelangt und hatten dabei eine These getroffen, die besagt: In der Welt gibt es *Freiheit* und eine Antithese: In der Welt ist alles *determiniert*. Kant löst den Widerspruch so: In der empirischen Welt, in der Welt der Erfahrung herrscht durchgängig das Prinzip der Kausalität; das gilt aber nur auf der Ebene der Erscheinungen, der Phänomene. Wir haben auch am Ende der ›Kritik der reinen Vernunft‹ Kants Spruch zitiert, er habe das Wissen begrenzen müssen, um dem Glauben Platz zu machen. Das Wissen begrenzen, weil es sich nur auf Phänomene bezieht und weil Phänomene nicht das ganze Sein sind. Sie sind das Sein, wie es von uns durch die Formen a priori des Empfindungsvermögens, des Verstandes und durch die regulative Funktion der drei Ideen unserer Vernunft erfaßt wird.

Nun setzt *die praktische Vernunft*, damit Moral sein kann, *Freiheit* voraus. Steht das im Widerspruch zur universellen Herrschaft der Kausalität auf der Ebene der Phänomene, in der ›Kritik der reinen Vernunft‹? Nein, Freiheit steht nicht im Widerspruch dazu, vorausgesetzt, daß Freiheit kein Phänomen ist. (Wäre sie allerdings ein Phänomen, eine empirische Realität, der man auf der Ebene der Phänomene begegnen könnte, dann unterläge sie der Kausalität wie alles übrige.)

Wir sehen: Freiheit ist kein Phänomen. Aber wir wissen, daß es sie gibt – denn sie ist ja Vorbedingung für das Sollen. Sie ist gewissermaßen der Punkt – und zwar der einzige –, an dem wir in der Philosophie Kants einem *Noumenon* begegnen. Begegnen ist auch nicht das rechte Wort, weil wir ihr nicht wie einem Phänomen begegnen, sondern nur im Handeln, in der *moralischen Entscheidung*. Wenn wir moralisch handeln und entscheiden, sind wir frei. Sobald wir uns selbst aber als handelndes oder entscheidendes Subjekt beobachten wollen, daß heißt, uns wie Psychologen unserem Handeln gegenüber einstellen, uns selbst objektivierend beobachten, dann werden wir wieder zu Phänomenen für unser Erkenntnisvermögen. Unser Handeln, unser Wille wird zum Phänomen, das wir in Raum und Zeit beobachten und durch Kausalität ordnen und verbinden. All das, was wir in der ›Kritik der reinen Vernunft‹ als allgemeingültig gefunden haben, gilt hier auch. Das heißt: Auch wenn jemand eine Handlung aus lauterem Pflichtbewußtsein tut, indem er streng dem reinen kategorischen Imperativ folgt, was die Freiheit selbst wäre, so könnte er sich dessen nicht freuen. Denn sobald er seine Freiheit bewundernd in Augenschein nehmen will, überführt er das Noumenon auf die Ebene der Phänomene. Wir sehen, wie anspruchsvoll und zugleich asketisch Kants Philosophie ist. Es gibt keinen Widerspruch zwischen der ›Kritik der reinen Vernunft‹ und der ›Kritik der praktischen Vernunft‹, zwischen der *Freiheit als Postulat der praktischen Vernunft* und der *universalen Herrschaft der Kausalität in der Welt der Phänomene,* die die reine Vernunft errichtet hat – unter der Voraussetzung, daß Freiheit nur ein Noumenon sein kann. Sie ist also kein möglicher Gegenstand der Erkenntnis, wir können sie weder zum Objekt machen noch Befriedigung aus ihr ziehen.

Die Freiheit ist also das erste Postulat der praktischen Vernunft. Die ›Kritik der reinen Vernunft‹ erlaubt uns, dieses Postulat anzunehmen, ohne daß wir mit unserem Verstand in Widerspruch geraten. Sie beweist aber nicht, daß es sie gibt. Auch die ›Kritik der praktischen Vernunft‹ beweist es nicht. Es geht in ihr nicht um den Beweis. Sie zeigt uns lediglich, daß die Freiheit die Voraussetzung ist, damit die Moralität, die tatsächlich im Menschsein wirkt, einen Sinn hat. Eine Bedingung für Sinnhaftigkeit, also ein Postulat, nicht bewiesen, nicht widerlegt, nicht widerlegbar, aber für den moralischen Prozeß notwendig.

Nun wollen wir zum *zweiten Postulat der praktischen Vernunft* übergehen. Aber das muß vorbereitet werden.

Kant gehörte nicht zu denen, die die Welt besonders optimistisch betrachten, er hat sie eher in düsteren Farben gesehen.

Er glaubte nicht an immanente Gerechtigkeit. Immanente Gerechtigkeit will besagen, ein guter Mensch werde schon auf dieser Erde belohnt, umgekehrt ein schlechter Mensch bestraft. Auch wäre es ja dann mit der Forderung, seine Pflicht aus reinem Sollen zu tun, schlecht bestellt, denn wenn man der Belohnung sicher sein könnte, bedeutete das das Ende der reinen Moralität. Immanente Gerechtigkeit wäre gegen die Unbedingtheit des kategorischen Imperativs. Noch mehr: Die Pflicht ist hart, man tut sie nicht aus Neigung, sie ist mühselig, wir haben unter ihr zu leiden. Folglich gibt es für den Menschen einen Zwiespalt zwischen Pflicht und Glück, und die Pflicht fordert oft, daß das Glück geopfert werde. In unserem moralischen Bewußtsein, sagt Kant, gibt es doch etwas, es müsse irgendwo eine Übereinstimmung zwischen Pflicht und Glück geben. Da es das aber auf Erden nicht geben kann, sind wir gezwungen, eine Dimension zu eröffnen, die die empirische Welt transzendiert. Und so führt die praktische Vernunft zu dem zweiten Postulat, *der Unsterblichkeit der Seele.*

Sie bleibt bei Kant sehr geheimnisvoll. Sie bedeutet nicht Lohn oder Strafe in einer anderen Welt, sondern lediglich, daß sich gleichsam in der noumenalen Dimension, neben der empirischen, eine Möglichkeit der Konvergenz von Pflicht und Glück eröffnet. Es könnte eine glückliche Pflicht geben, eine Glückseligkeit vielleicht, aber in einer ganz anderen Dimension als der der objektiven Erfahrung. Und da dies Kant zufolge auf Erden nicht möglich ist, muß in der Seele irgend etwas angenommen werden, das die phänomenale Welt, das heißt vor allem die Zeit, transzendiert. Wenn die Seele die Zeit transzendiert, so ist genau das Unsterblichkeit. Sterblich sein bedeutet, ein Ende in der Zeit finden, keine Hoffnung außerhalb der Zeit haben. Unsterblichkeit der Seele bedeutet aber nicht, daß ich am Dienstag sterbe und am Mittwoch noch lebe, nur anderswo. Es heißt vielmehr, daß es in der noumenalen Welt keine Zeit gibt, und insofern darf die Unsterblichkeit der Seele durch ihre Freiheit als Postulat aufgenommen werden. Erst diese Unsterblichkeit eröffnet die Perspektive einer möglichen Versöhnung von Pflicht und Glück. Eine solche Möglichkeit ist aber für die Kohärenz der Moral notwendig: Die Moral verlangt ja Gerechtigkeit.

Es ist oft gesagt worden, Kant sei in der ›Kritik der reinen Vernunft‹ sehr modern im wissenschaftlichen Sinn des Wortes gewesen, in der ›Kritik der praktischen Vernunft‹ aber habe er sich zu einer Art moralisierendem Theologen zurückentwickelt und habe sich wieder alle tröstenden Gedanken erlaubt, wovor er sich vorher streng in acht genommen hatte. Spätere Denker waren oft versucht, einseitig entweder für die ›Kritik der reinen Vernunft‹ oder für die ›Kritik der praktischen Vernunft‹ zu optieren.

Je nachdem betrachteten die einen das eine Werk, die anderen das andere allein als wesentlich. Demgegenüber will ich behaupten, daß die drei ›Kritiken‹ bei Kant zusammengehören, eine jede bedingt die beiden anderen, sie geben einander ihren echten philosophischen Sinn. *Man soll sie zusammen nehmen,* sonst ist es nicht mehr Kant.

Soviel also zum zweiten Postulat, das mit der ›Kritik der reinen Vernunft‹ nicht im Widerspruch steht, das auch von der ›Kritik der praktischen Vernunft‹ nicht bewiesen wird, aber als Bedingung ihres Sinnes angenommen werden muß. Dabei ist die Unsterblichkeit der Seele *nicht im Sinne einer zeitlichen Kontinuität, sondern in dem der Noumenalität der Seele* aufzufassen.

Nun kommen wir zum *dritten Postulat der praktischen Vernunft.* Erinnern wir uns: Die ›Kritik der reinen Vernunft‹ erklärte, wie wir die Einheit des Objekts durch die Kategorien bilden und dann mit Hilfe der regulativen Ideen zur unerreichbaren Totalität der Phänomene schreiten. Ähnlich fordert die ›Kritik der praktischen Vernunft‹ gleichsam eine Konvergenz der Werte, eine transzendente Konvergenz aller Elemente, die die Moral konstituieren. Diese transzendente Konvergenz ist *Gott.* Wieder sagt uns Kant: Wir können Gott nicht beweisen.

In der ›Kritik der reinen Vernunft‹ hat Kant die traditionellen Gottesbeweise untersucht und verworfen, weil diese Beweise genauso vorgehen, als wäre Gott ein Phänomen. Wir haben keinen klaren Begriff von Gott. Um den zu haben, müßten wir eine Anschauung von ihm haben, und die haben wir eben nicht. Wir können also nichts Gültiges über Gott sagen, ihn weder beweisen noch widerlegen. Wir können lediglich feststellen, daß seine Existenz den Sinn der gesamten praktischen Moral bedingt, also Voraussetzung für das Funktionieren der Moralität und Freiheit ist.

Daher ist Gott *ein drittes Postulat.* Die ›Kritik der reinen Vernunft‹ hat dem Glauben Platz gemacht. Der Glaube hat das Recht, sich zu behaupten, da, wo es sich um Noumenales handelt; denn Gegenstand der Wissenschaft ist nur das Phänomenale. Wenn die ›Kritik der praktischen Vernunft‹ diese drei Postulate aufstellt, handelt es sich nicht um ein Wissen, sondern um Glauben, der aber dem Wissen nicht widerstreitet. Das ist Kants kritischer Rationalismus.

Kant verspricht uns in dieser Welt der Phänomene weder Lohn noch

Befriedigung, weder gutes Gewissen noch Gewißheit, er gönnt uns nur einfach *die Möglichkeit, ohne Widerspruch zu glauben.* Und er legt dar, daß dieser Glaube im Grund schon gegenwärtig ist, wie wir sehen, wenn wir ernsthaft prüfen, was das moralische Verhalten ist.

Hier soll noch etwas hervorgehoben werden, was für Kant charakteristisch, wenn auch nicht einzigartig ist. Was Kant die Pflicht nennt, diese absolute Verpflichtung des Sollens, das ist bei ihm zugleich Synonym der Freiheit.

Hier stoßen wir auf etwas, das wir in anderem Zusammenhang, in anderer Sprache, getroffen haben, nämlich bei Spinoza. Wir haben bei Spinoza das Zusammenfallen von Freiheit und Notwendigkeit zu verstehen versucht. Die Freiheit ist da nichts anderes als das Ja, das unbedingte Ja zur Notwendigkeit. Es handelt sich hier um philosophische Perspektiven, denen wir in verschiedenen Gestalten begegnen, eigentlich bei den meisten ganz großen Philosophen. Es ist genau das Gegenteil von dem, was man heute oft Freiheit nennt, wo man unter Freiheit versteht, alles tun zu können, was man will, wann man will, wo man will, wie man will, kurz: die totale Willkür.

Wer so denkt, hält die Pflicht für das Gegenteil der Freiheit. Nun, Kant würde sagen: Wenn ihr tut, was ihr wollt, wann ihr wollt, wo ihr wollt, so laßt ihr euch von der Kausalität der Phänomene in der Welt der Phänomene treiben, zu der ihr auch durch euren Körper, eure Sinne, auch durch eure Gefühle gehört. Ihr seid ganz im *Bann der Natur* (im kantischen Sinn), und ihr laßt euch von der Kausalität stoßen – und das nennt ihr Freiheit. Die wahre Freiheit besteht indessen darin, der Pflicht zu gehorchen, weil einzig die notwendige und allgemeingültige Pflicht das Phänomenale bis zum Noumenalen übersteigt und erlaubt, das Phänomenale zu durchdringen, wo allein die Freiheit möglich ist. Frei sein – nach Kant – heißt, die Autonomie seines Willens behaupten, und Autonomie heißt, nach dem eigenen unbedingten moralischen Gesetz handeln.

Kritik der Urteilskraft

Die ›Kritik der Urteilskraft‹ ist schwerer zu verstehen und in Kürze zu erläutern als die beiden anderen. Um Kant richtig zu verstehen, muß man, wie schon gesagt, die drei ›Kritiken‹ als ein Ganzes nehmen, sie bedingen einander: Die ›Kritik der reinen Vernunft‹ untersucht unsere Fähigkeit, zu erkennen, die ›Kritik der praktischen Vernunft‹ untersucht, wie eine moralische Entscheidung möglich ist; die dritte Kritik der ›Urteilskraft‹ schließlich wirft das Problem auf, *wieso wir überhaupt die Fähigkeit haben, Urteile zu fällen.*

Im Vordergrund der dritten ›Kritik‹ befragt sich Kant über die Zweckmäßigkeit, die Finalität. Als wir von Leibniz sprachen, haben wir betont, daß seine ganze Philosophie von der Idee der Finalität und der prästabilierten Harmonie getragen wurde. Man könnte sagen, die Substanz, aus der Leibniz' Universum besteht, ist Finalität. Wir erinnern uns, daß Kant auf dem Weg über Wolff von Leibniz' Denken stark beeinflußt worden war, bevor er durch Hume aus seinem dogmatischen Schlummer geweckt wurde.

Nun treffen wir unter den Kategorien der reinen Vernunft die Finalität gar nicht an. Wie soll man auch Zweckmäßigkeit in ein Kategorien-System einführen, demzufolge in der ganzen phänomenalen Welt die Kausalität herrscht? Auch in der ›Kritik der praktischen Vernunft‹ existiert sie nicht, sie wird dort sogar abgelehnt, weil – wie wir gesehen haben – ein moralisches Verhalten sich der Pflicht beugt um der Pflicht willen und nie seine Rechtfertigung in seinem Zweck sucht. Es erscheint also, daß bei Kant (wie bei Spinoza) ein Denken vor sich geht, das die Zweckursachen verwirft. Sobald in der Moralität ein System von Zweckursachen bestünde, würde ja eben der Zweck das Verhalten bestimmen und nicht mehr die Pflicht allein.

Und darum beschäftigt sich die ›Kritik der Urteilskraft‹ von Anfang bis Ende, in den verschiedensten Formen, mit der Zweckmäßigkeit. Das Problem stellt sich aber für Kant auf eine sehr schwierige und zweideutige Weise, eben weil die Zweckmäßigkeit in der ›Kritik der praktischen Vernunft‹ abgelehnt wird und weil die Kausalität auf der Ebene der ›Kritik der reinen Vernunft‹ allgemeingültig ist; wo denn soll nun die Zweckmäßigkeit einen Platz finden?

Im folgenden werde ich nicht mit Kant sprechen, das soll ausdrücklich vermerkt sein. Ich glaube zwar, seiner grundlegenden Inspiration treu zu sein, ich formuliere aber nicht kantisch; wir wollen jetzt verstehen, warum er das Problem der Zweckmäßigkeit zugleich mit dem Problem der Urteilskraft aufwirft.

Wenn wir ein Urteil fällen, wenn wir zum Beispiel sagen: zwei und zwei ist vier, oder auch: die Mauer ist weiß, was wollen wir dann? Wir wollen, daß dieses Urteil *wahr* sei. Ein Urteil, das heißt, irgendein beliebiger sprachlicher Akt, ist final, er gehorcht dem Zweck, kurz, *der ganze Bereich des Ausdrucks ist finalisiert.* Man sagt etwas, um etwas auszudrücken, etwas zu bezeichnen, etwas kundzutun; ohne dieses »um... zu...« wäre das alles reine Absurdität. Wenn wir ein moralisches Prinzip aussprechen oder eine wissenschaftliche Wahrheit, so formulieren wir Urteile, *damit* sie einen Sinn haben; *unsere Fähigkeit zu urteilen ist Finalität.*

Es ist wichtig, das zu verstehen. Nun steht Zweckmäßigkeit so sehr im Widerspruch zu den beiden anderen Kritiken, ist zu gleicher Zeit aber so konstitutiv, ohne daß man von ihr früher gesprochen hätte, daß nun Kant zunächst in der Welt nach einem Gegenstand sucht, in dem Zweckmäßigkeit sichtbar wäre und der ihm erlaubte zuzugeben, daß der Sinn einen Sinn hat, mit anderen Worten, daß die Zweckmäßigkeit in der Vernunft Bürgerrecht genießt.

Ich wiederhole: Das ist nicht ausdrücklich Kants Vorgehen; ich interpretiere ihn lediglich, aber ich glaube, daß ich ihn getreu interpretiere.

Kant wendet sich zuerst der Welt der Phänomene zu und fragt sich, ob nicht gerade da etwas zu finden sein könnte, was mit der Kausalität nicht genügend erklärt werden kann und das der zweckmäßigen Interpretation bedarf. Er stößt auf *die Welt der Lebewesen,* in denen die Teile unerläßlich für das Ganze sind und das Ganze für die Teile. Nun, sagt Kant, ein Lebewesen kann man nicht durch Kausalität allein erklären, die doch eine universale Kategorie der Natur ist. Das Element Leben als solches enthält in sich noch etwas anderes, vor allem jene Dienstleistung, die jeder Teil, jedes Organ dem ganzen Organismus erweist. Und diese Funktion, die die Organe dem Organismus und der Organismus jedem Organ erweist, diese wechselseitige Beziehung einer gegenseitigen, inneren irgendwie geschlossenen Zweckmäßigkeit, die in einem Lebewesen existiert, ist etwas anderes als Kausalität. In der phänomenalen Natur, in der offenkundig allgemein und notwendig Kausalität herrscht, kommt noch etwas hinzu, das sich als geschlossene Zweckmäßigkeit konstituiert, und das sind die lebenden Organismen. Es sind gleichsam kleine Inseln von Zweckmäßigkeit in einem Ozean von kausalem Determinismus. Zwar gehorcht auch ein lebender Körper zwangsläufig dem kausalen Determinismus, wie alle Körper unterliegt er den physischen und chemischen Gesetzen. Aber etwas tritt bei ihm hinzu: diese Zweckmäßigkeit, die zwischen dem Ganzen und dem Teil, dem Organismus und dem Organ wirkt.

Und dann trifft Kant noch auf eine andere Art von Gegenständen: nach den Lebewesen als Zeugen des Lebens auf die Zeugen des Schönen. Es gibt *zwei Arten des Schönen:* das Schöne, dem wir in der Natur begegnen, und das Schöne in den Werken der Menschen, in der Kunst. In beiden Fällen erfahren wir im Schönen eine Zweckmäßigkeit, die nicht determiniert ist, nicht einem festgesetzten technischen Zweck untergeordnet ist, sondern gleichsam *eine freie Finalität,* die in uns den Eindruck erweckt, als bewege sie sich immerfort weiter. Im Schönen empfinden wir eine Finalität ohne Schranke, ein Gerichtetsein auf..., eine lebendiges Gleichgewicht – oder dann im Erhabenen, im Gegenteil, eine Art von Disproportion, die uns das Unendliche eröffnet.

Im Lebewesen wirkt ein verinnerlichter Sinn: Wenn ein Organ seine Funktion erfüllt, so hat es einen Sinn, nämlich den Dienst, den es an einem Ganzen leistet. Gleichermaßen vermittelt uns das Schöne die Gegenwart eines Sinnes. Ein Kunstwerk ist in gewisser Weise die Kristallisation eines Sinnes, einer Finalität ohne Ziel. Eine Zweckmäßigkeit ohne Zweck, wie Kant sagt.

Nun, wir möchten die Analysen Kants nicht weiter ausführen: über das Schöne in der Natur, über das Erhabene, über das Schöne in der Kunst. Wir möchten nur verständlich machen, daß er darin gewissermaßen Ankerplätze findet, etwas wie Zeichen. Man könnte hier mit Karl Jaspers an eine Art Chiffreschrift denken: Die Tatsache, daß es lebende Wesen, daß es Kunstwerke gibt, daß Schönheit existiert, all dies ist gleichsam Zeichen dafür, daß es uns erlaubt ist, an den Sinn, an die Zweckmäßigkeit des Urteils zu glauben; zu verstehen, wie es kommt, daß wir urteilsfähig sind, daß ein Urteil einen Sinn haben kann.

Im Grunde ist das keine Erklärung, aber Kant bindet unsere Fähigkeit, unsere Sprache zu sprechen, an etwas anderes. Die Sprache ist etwas ganz Außerordentliches; für Kant existiert die Sprache nur durch den Sinn, nur durch die Zweckmäßigkeit des Sinnes – und diese Zweckmäßigkeit ist nun nicht mehr ganz abwegig im Universum, man kann sie in

Zusammenhang bringen mit der inneren Zweckmäßigkeit lebendiger Wesen, mit der Zweckmäßigkeit des Schönen in der Natur und in der Kunst. Es bieten sich gleichsam Verwandtschaften an wie Zeichen, die es uns erlauben, solches Denken nicht als völlig irrig, isoliert, ohne Verbindung mit dem Übrigen zu betrachten. Das ist nach unserer Ansicht die wesentliche Funktion der ›Kritik der Urteilskraft‹. Sie versucht, auf Kants dritte Frage zu antworten: *Was darf ich hoffen?*

Damit haben wir die drei großen *Kritiken* besprochen. Ich will noch einige Worte zu Kant sagen. Für mich ist Kant der größte der Philosophen. Vielleicht können wir Platon neben ihn stellen. Kant ist ein Riese der Philosophie durch die Radikalität seines Staunens und Fragens; durch seine Fähigkeit, die Grundbedingungen des Menschseins freizulegen; durch seine Nüchternheit, die es ihm erlaubt, jedes verabsolutierende Pathos im gegenständlich Relativen nicht nur zu vermeiden, sondern unmöglich zu machen; durch die Hellsichtigkeit seiner Vernunft und die Unbeirrbarkeit seines Glaubens, denen wir verdanken, daß er streng innerhalb der menschlichen Grenzen bleibt und gleichzeitig die Transzendenz ahnen läßt.

Kein philosophierender Mensch entgeht Kant. Allerdings verhalten sich die Menschen ihm gegenüber sehr verschieden. Die Philosophen, die nach Kant kamen, haben sich an ihm geschult, haben sich angeeignet, was er lehrt; und dann versuchten sie, ihre eigene Originalität zu zeigen, indem sie den oder jenen Punkt seiner Philosophie angriffen. Man kann sagen, daß Kant ein integrierender Bestandteil der philosophischen Sprache geworden ist. Oft freilich reagiert man auf ihn feindselig oder mit unzulänglicher Kritik. Kant hat hier recht, dort aber unrecht – das ist häufig die schulmeisterliche Einstellung ihm gegenüber.

Eine andere Haltung zu seinem Werk besteht darin, einen bestimmten Teil aus seinem Werk herauszugreifen, alles übrige beiseite zu lassen und das Ausgewählte über das hinaus zu entwickeln, was Kant selber für legitim gehalten hätte. Wieder andere haben versucht, Kant von der Höhe auf das Platte herabzuholen, auf das Jahrhundert der »Aufklärung«, das heute oft als oberflächlich, rationalistisch eingeschätzt wird. Kant also wird oft über Gebühr rationalisiert; es gibt die Tendenz, ihn völlig abstrakt und leer zu machen – oder umgekehrt – indem man Textfetzen herausklaubt – ihn als Moralisten zu interpretieren, der vorschreibt, was zu tun ist.

All dies ist gewiß falsch. Was Kant uns wirklich erlaubt, ja zumutet, ist dies: uns in seine Abstraktion zu vertiefen, bis sie die konkrete Situation eines Menschen in seiner gegenwärtigen Welt trifft. Die konkrete Situation, das heißt, hier und jetzt in dieser Welt, die zu erkennen er sich bemüht, in der er sich zu entscheiden hat und in der er hofft, ohne die Gewißheit zu haben, daß irgend etwas sie transzendiert.

Ich habe schon betont, daß Kants Philosophie zu abstrakt ist, als daß jedermann sie völlig konkret leben könnte. Da ist zum Beispiel der kategorische Imperativ, einfach formuliert: »Du mußt deine Pflicht tun.« Dazu sagt mancher: »Das ist so fatal abstrakt, ich stecke in der Patsche, weiß nicht, was ich tun soll. Kant gibt keinen Rat, äußert keine Meinung, solch eine abstrakte Moral hilft nichts; warum bleibt das so abstrakt bei ihm?« Aber wenn Kant ihnen sagte, was sie sollen, nähme er ihnen eben diesen Akt der Präsenz und der Transzendenz, der das Phänomenale auf den kategorischen Imperativ hin überholt. Er würde sie um ihre ganz konkrete und existentielle Freiheit bringen.

Ich will nochmals auf die drei Fragen zurückkommen, von denen ich anfangs gesprochen habe: *Was kann ich wissen? Was soll ich tun? Was darf ich hoffen?*

Was kann ich wissen? Ich kann die Phänomene erkennen in einem unendlichen Prozeß; denn in der Wissenschaft gibt es keine Schranke. Ich kann auch wissen, daß ich *nur* Phänomene erkenne und daß infolgedessen mein Wissen begrenzt ist.

Was soll ich tun? Ich soll mich hier und jetzt in jeder konkreten Situation auf den kategorischen Imperativ beziehen, der dasselbe ist wie meine Freiheit, insofern er das Phänomenale hinter sich läßt und einzig als Pflicht gilt und durch seine Unbedingtheit allein den moralischen Charakter meines Handelns ausmacht.

Ich kann sehr wohl die Konsequenzen meiner Handlungen in Betracht ziehen, aber mein Blick auf die Konsequenzen darf nicht von diesen Konsequenzen beherrscht werden. Ich beurteile viel mehr die Konsequenzen selbst gemäß der Maxime meines Willens.

Was darf ich hoffen? Ich darf alles hoffen, was mir das Wissen von den Phänomenen nicht zu hoffen verbietet, was das moralische Gesetz voraussetzt: meine Freiheit; die Unsterblichkeit der Seele, das heißt ihr noumenales Wesen, das die Zeit übersteigt; und die Existenz Gottes. Und vor allem darf ich auf einen Sinn hoffen. – Was so gehofft wird, ist nicht gewußt – weder bewiesen noch widerlegt. Es ist geglaubt.

Durch Kant hat sich das philosophische Klima nicht nur in Deutschland, sondern ganz allgemein entscheidend verändert. Man kann nach Kant nicht mehr so philosophieren wie vor ihm. Warum?

Wir erinnern uns, Kant hatte vor dem Faktum der Wissenschaft gestaunt. Die Wissenschaft existiert, sie muß aus notwendigen und allgemeingültigen Urteilen bestehen, also aus Urteilen a priori. Wie geht es zu, daß die Urteile a priori mit der Erfahrung zusammenstimmen? Das war der Ausgangspunkt der ›Kritik der reinen Vernunft‹, dieses Staunen, daß die Wissenschaft Gesetze findet, denen die Erfahrung entspricht. Woher kam das Problem? Kant hatte, mehr als irgendein früherer Denker, die Trennung – in der Erkenntnis – zwischen Subjekt und Objekt absolut gesetzt, was man seither die Subjekt-Objekt-Spaltung nennt.

Die apriorischen Formen und Kategorien, die nach ihm Erkenntnis erst möglich machen, lassen uns immer nur Phänomene erkennen, niemals Dinge an sich, niemals Noumena, wie er sagte. Es ist also, was die Resultate der Wissenschaft betrifft, eine asketische Philosophie. Die wissenschaftliche Forschung kann nie innehalten, ist nie fertig, muß immer weitergehen. Andererseits bleibt ihr etwas für immer versagt, das ist die Erkenntnis der Noumena, des Seins an sich. Wir kennen die Wirklichkeit nur, insofern sie uns in Raum, Zeit und Kausalität erscheint. Auf der Erkenntnisebene gibt es also eine grundsätzliche Askese. Andererseits verlangt Kant auf der moralischen Ebene, wie wir uns erinnern, daß eine Handlung rein aus Pflichtgefühl getan werde, um als moralisch gelten zu können. Auch können wir niemals Befriedigung daraus ziehen – täten wir das, so verfielen wir in Selbstbetrachtung, in die Subjekt-Objekt-Spaltung, in hypothetisches Urteilen zurück, also in das Empirische mit seinen Bedingungen: Raum, Zeit, Kausalität. Das wäre eine objektive Betrachtung von inneren Phänomenen, ohne jeden Zugang zum Noumenon der Freiheit. Also bleibt die absolute Forderung der Moralität ohne jede Belohnung. Kant postuliert allein eine Hoffnung: daß die Seele die Zeit überschreitet, also im Transzendieren der Zeit eine Art Unsterblichkeit hat; daß irgendwo Pflicht und Neigung in Glückseligkeit zusammenfallen. Und wir dürfen hoffen, daß Gott existiert.

Es ist eine Philosophie, die uns in unserer menschlichen Bedingtheit voll Sehnsucht läßt. Sie hebt uns nicht über unsere Bedingtheit hinaus, dem Unbedingten begegnen wir nur als Pflicht. In diesem Sinne können wir sagen, daß sich Kants Philosophie auf einer Art Berggrat des Mensch-seins hält. Sein Denken ist vielleicht die Philosophie par excellence: Sie neigt sich weder den Wissenschaften noch der Theologie zu, sie bewegt sich tatsächlich auf dem philosophischen Grat selber, eine sehr unbequeme, asketische Situation. Man kann sich kaum dort halten, wo Kant steht; soviel wird verwehrt und soviel wird gefordert. Es ist schwierig, sich da zu bewegen; das bedeutet: Es ist schwierig, ein Mensch zu sein, wenn man die menschliche Bedingtheit durchschaut hat. Die Versuchung besteht, von diesem exponierten Grat sich den einen oder den anderen Abhang hinabgleiten zu lassen. Welches sind diese Abhänge?

Ein Abhang hat die Denker nach Kant verleitet, *die Noumena auszuschalten*, zu sagen, Kant habe die Noumena eingeführt, das sei aber nicht notwendig gewesen. Da wir nach Kant den Noumena in der Erfahrung nie begegnen, so hätten sie für uns eben keine Realität. So kommt man zu einer Einstellung, für die es überhaupt nichts Substantielles mehr gibt, kein Sein an sich. Es bleibt nichts als das Empirische, als die Erfahrung. Die einzig legitime Erkenntnis ist nun die empirische.

Kant wollte jedoch gerade die Tragweite wissenschaftlicher Erkenntnis, des Wissens, begrenzen, um dem Glauben Platz zu schaffen, wie er es formuliert hat. In dieser nachkantischen Optik bezieht sich im Gegenteil die Wissenschaft potentiell auf alles, da es nichts außer den Phänomenen gibt.

Es tritt eine Art von virtueller Absolutheit und Totalisierung der Wissenschaft ein: Noch gibt es zwar weder die totale Wissenschaft noch die absolute Wissenschaft; aber die Wissenschaft ist berechtigt, total und absolut zu werden. Eine solche Auffassung reduziert natürlich alles auf Immanenz. Alles ist in der Erfahrung. Die Transzendenz (bei Kant die Noumena) wird geleugnet, sie existiert überhaupt nicht mehr. Auf der moralischen Ebene gilt es nun, nach dem Nützlichen zu suchen; was Erfolg hat, das wird zum Wert. Im praktischen Bereich gelten keineswegs apriorische Werte, die eine transzendente Quelle haben, sondern nur solche, die sich im Lauf des individuellen und kollektiven Lebens als erfolgreich erweisen – und dann genügt eine empirische Auffassung der Sittlichkeit.

Das ist einer der Abhänge. Er ist ausgiebig begangen worden. Ja, man kann sagen, diese Auffassung hat sich allgemein verbreitet über die Fachphilosophie hinaus und ist in unser heutiges Denken und Fühlen weitgehend eingedrungen.

Doch nun der andere Abhang. Da entsteht eine Gegenreaktion, die sich nicht mehr auf das Gegenständliche bezieht, sondern auf das Subjekt. Wir haben bei Kant gesehen, wie das Subjekt mit seinen apriorischen Formen alle Erfahrung konstituiert, die gesamte Natur. Auch die ganze Sittlichkeit ist dem moralischen Subjekt als solchem in seiner Freiheit eingeschrieben. Jedoch kann bei Kant dieses Subjekt niemals das Ding an sich, niemals die reine Sittlichkeit erkennen. Die freie Tat, sein einziger Zugang zum Noumenalen, wird zwar »vollzogen«, nie aber festgestellt. – Wenn nun Kants Nachfolger diesen zweiten Abhang hinabgleiten, dann eignen sie sich als Subjekte gerade das an, was Kant verweigert hatte, nämlich noumenale Erkenntnis und noumenale Macht. Damit verlieren sie sich nach Kants Ansicht ins Phantastische. Kant wirft ihnen vor, und Jaspers hat es oft wiederholt: daß sie schwärmen. Das heißt, sie geraten mit ihren Gedanken jenseits dessen, was sie als menschliche Wesen legitimer- und ehrlicherweise wissen können. Sie erheben sich gleichsam zu Demiurgen der Erkenntnis und der Macht, sie begeben sich auf die Ebene Gottes.

Hegel etwa sagt, es gelte, die Gedanken Gottes vor der Schöpfung noch einmal zu denken.

Ein wesentlicher Anspruch der kantischen Philosophie war ja gerade der Nachweis, daß absolutes Wissen unmöglich sei und weshalb es ausgeschlossen sei. Kant nagelt den Menschen sozusagen auf seine Begrenztheit als Mensch fest. Das heißt aber auch, immer versucht zu sein, diese Begrenztheit zu überschreiten. Beides: festgenagelt sein und sich sehnen, diese Begrenztheit zu überwinden, das ist Kants Philosophie.

Man sagt oft von Kant, er sei der Gipfelpunkt der *Aufklärung*. Unter Aufklärung versteht man dabei jenen optimistischen und ausschließlichen Glauben an die menschliche Vernunft, in der man seinerzeit das adäquate Instrument für das Erkennen der Welt sah, ohne jegliche

Einmischung von irgend etwas Übernatürlichem oder Vernunft-Fremdem. Selbstgenügsamkeit der Vernunft in Moral, Staat, Religion; sie garantiert – sofern man sich ihrer recht bedient – den Fortschritt der Menschheit. Der Mensch hielt sich damit für unabhängig, die Menschheit sah sich als Selbstzweck: sie soll sich selbst entfalten. Nun, in diesem Sinn ist Kant nicht der Gipfel der Aufklärung; er hat sie vielmehr überwunden.

Kant verpflichtet den Menschen zu einem endlosen Prozeß, einem Kampf ohne Ende, nicht nach außen, sondern nach innen, einem Kampf mit seiner doch anerkannten menschlichen Endlichkeit und Bedingtheit. Wenn Kant also von offenen Wegen für den Menschen spricht, so führt er sogleich die Elemente der Begrenzung ein, des Bruchs, der Diskontinuität, der Nicht-Totalität. Und wenn er dieses endlose Streben durch die nicht zu überwindenden Grenzen und Brüche als notwendig rechtfertigt, so erweist er sich doch im tiefsten Sinne als anti-demiurgisch. Der Mensch darf sich nicht für den Doppelgänger des Schöpfers halten. Die Dinge an sich erzeugt nicht der Mensch, er fügt dem Sein nichts hinzu, er ist kein Schöpfer im ontologischen Sinn des Wortes.

Auf diese Beschränkung erfolgt nun die Reaktion der Nachfolger. Sofort nach Kant bricht bei den jungen Philosophen eine Eroberungslust im Geistigen aus. Sie haben kein Interesse mehr daran – wie Kant –, die Methode zu beherrschen; sie interessieren sich nicht mehr für die Nüchternheit der klaren Unterscheidungen im transzendentalen Denken des a priori, auch nicht für die strengen Grenzen, die sich aus der Subjekt-Objekt-Spaltung ergeben. Von da an befinden wir uns im Klima *des deutschen Idealismus*. Bekanntlich hat man sogar Kant oft dem deutschen Idealismus zugerechnet, weil auch er dem Subjekt eine ungeheure Bedeutung beigemessen hat. Diese Einreihung ist aber meines Erachtens nicht gerechtfertigt und irreführend. Kant soll man in seiner Besonderheit auf dem Grat des Denkens begreifen.

Zum deutschen Idealismus gehören drei große Philosophen: Fichte, Schelling, Hegel. Wir werden hier nur auf Hegel näher eingehen, der den nachhaltigsten und vielfältigsten Einfluß auf verschiedene Richtungen unseres heutigen Denkens ausgeübt hat.

Bei Ausbruch der Französischen Revolution war Kant 65 Jahre alt, Hegel erst 19. Die jungen deutschen Philosophen waren begeistert von den Ereignissen in Frankreich. Sie waren auch von Kants Philosophie begeistert gewesen, nur begnügten sie sich nicht mit ihr. Er war für sie nur Morgenrot, sie aber wollten die Sonne heraufführen.

Unter dem Vorwand, Kants Werk fortzusetzen, haben sie seine Position radikal aufgegeben. Kant hat es auch selber so empfunden. In seinen Augen hatten sie gar nicht begriffen, was er wollte. Er hatte doch immer mit großem Nachdruck betont, daß das erkennende Subjekt dem Sein überhaupt nichts hinzufügen kann: Die Welt der Phänomene prägt es durch das a priori nur der Form, aber nicht dem Sein nach. Er lehrte auch, daß es unmöglich sei, sich des Verstandes zu bedienen, ohne daß der Verstand von Sinneswahrnehmungen genährt werde. Anschauungen müssen gegeben sein, an sich hat der Intellekt keine Anschauung. Kant hatte hinzugefügt, wer behaupte, intellektuelle Anschauungen zu haben, das heißt, unmittelbares intellektuelles Erfassen, der »schwärme«, er verirre sich ins Phantastische. Kurzum, Kant hatte den Anspruch auf intellektuelle Anschauung untersagt.

Diese jungen Philosophen maßten sich dagegen an, intellektuelle Anschauungen zu haben, ein quasi mystisches und doch rationales Erfassen der Wahrheit leisten zu können. Hegel maßte sich an, Gottes Gedanken zu denken. So etwas hätte Kant vom Grund seiner Philosophie aus verworfen. Die erschreckenden Folgen dieser Grenzüberschreitung sind nicht ausgeblieben, wie wir noch sehen werden.

Hegel hat ein grandioses System konstruiert, nach Aristoteles in der Antike, nach Thomas von Aquin im Mittelalter ist es das dritte große System der abendländischen Philosophie.

Hegel wurde in Stuttgart als Sohn eines Beamten geboren. Er studierte mit Schelling und Hölderlin, wirkte als Hauslehrer, wurde 1801 Privatdozent in Jena und dann zum berühmten Professor. Er lebte in der Zeit der deutschen Romantik – und eine bedeutende romantische Komponente ist bei ihm nicht zu übersehen.

Sein System ist gewaltig. Es will alles umfassen, will total sein. Für Hegel ist ein Denken, das nicht alles umfaßt, nicht wahr. Genau im Gegensatz zu Kant, für den die Begrenzung eine Bedingung der Wahrheit war, fordert Hegel dagegen die Totalität.

Nur in der Totalität könne man nach der Wahrheit streben. Und wieso ist es möglich, nach der Totalität zu streben? Weil eben nach Hegel alles Wirkliche vernünftig und alles Vernünftige wirklich ist. Das ist Hegels berühmte Formulierung. Mit anderen Worten: Es erfolgt eine totale Identifizierung des Wirklichen mit dem Vernünftigen.

Das kann er natürlich nicht direkt »beweisen«. Hegels Philosophie legt es eher darauf an, den eben zitierten, erstaunlichen Satz zu illustrieren. Hegels Philosophie bedient sich sehr vieler konkreter Angaben, sie ist alles andere als eine magere Philosophie rein intellektueller Konstruktion. Er benützt eine Menge Gegebenheiten und Tatsachen aus der Geschichte und aus seiner Zeit und staffiert damit das vorgegebene System aus. Und in dem Maße, in dem es den faktischen Gegebenheiten gelingt, im vorgefaßten System einen Platz einzunehmen, kann man von einer Bestätigung sprechen. Es handelt sich dabei keineswegs um einen existentiellen, auch nicht um einen rationalen Beweis. Doch gelingt es Hegel, Faktisches im System zu ordnen und so die Voraussetzung, die das System erzeugt hat, zu untermauern. Ein System, das auf dem Satz »alles Wirkliche ist vernünftig, und alles Vernünftige ist wirklich«, beruht, nennt man *ein panlogisches System*. »*pan*« ist griechisch und heißt »alles«; Pantheismus: alles ist Gott; panlogisch: alles ist logisch, vernunftgemäß. Eine Konzeption, nach der es keine Dualität geben kann zwischen Wirklichkeit und Vernunft.

Man könnte glauben, sich bei Hegel in einer parmenidischen Situation zu befinden; wir werden aber sehen, daß Hegel oft mit gutem Grund mit Heraklit verglichen wurde.

Fürs erste haben wir den Panlogismus festgestellt, ich betone aber gleich einen sehr überraschenden Zug dieser Philosophie. Alles Wirkliche ist vernünftig, alles Vernünftige ist wirklich. Aber in den eigentlichen Mittelpunkt der Wirklichkeit und in das eigentliche Zentrum der Vernunft setzt Hegel das, was sonst immer als die Negation der Vernunft und der Logik angesehen worden ist, nämlich *den Widerspruch*.

Bisher haben wir im Widersprüchlichen stets das Gegenteil des Logischen gesehen. Als Heraklit sich des Widerspruchs bediente, um die

Wirklichkeit als Kampf des Entgegengesetzten zu erklären, sonderte er sich eigentlich ab von der Regel der Vernunft, was ihm Parmenides übrigens vorwarf. Parmenides sagte: Man kann nicht gleichzeitig sagen »das Sein ist« und »das Nicht-Sein ist«. Der Widerspruch ist also das Gegenteil der Vernunft, des *Logos* und des Seins selbst. Für Hegel hingegen steht der Widerspruch im Zentrum, und gerade *dank dem zentralen Widerspruch* gelingt es ihm, seinen *Panlogismus* aufrechtzuerhalten: Alles Wirkliche ist vernünftig, und alles Vernünftige ist wirklich. Natürlich kann das nur durch einen Prozeß, eine Entwicklung, ein Werden geschehen. Bei Heraklit – wir erinnern uns – war es ein Kampf. Ein Kampf ist auch ein Prozeß. Bei Hegel ist der Prozeß *die Geschichte*, und wir können sagen, daß im Zentrum des Hegelschen Systems ein Denkschema stehe, das sich aus einem lebhaften, geschärften Gefühl für Geschichte herleitet.

Wir haben Denker kennengelernt, bei denen das philosophische Modell mathematischer Natur war – denken wir an Platon, die Pythagoräer, Descartes. Wir haben Denker kennengelernt wie Kant, bei denen Wissenschaft in erster Linie die Physik bezeichnete. Wieder andere schienen in ihrem philosophischen Denken von der Biologie inspiriert worden zu sein, Aristoteles mit seiner Vorstellung einer quasi biologischen Entwicklung des gesamten Seins, Leibniz mit seinen appetitiven Monaden und seiner Finalität. Bei Hegel ist es die Geschichte, und man kann wohl sagen, eines der wichtigsten Elemente von Hegels Einfluß auf die Moderne ist die entscheidende und in gewisser Hinsicht wahrscheinlich übertriebene Bedeutung, die die Geschichte in unserem Denken eingenommen hat.
Im Zentrum des Wirklichen und Vernünftigen lebt also der Widerspruch, und er wird dank einem Prozeß überwunden, dank dem, was sich ereignet. Dank dem Widerspruch im Widerspruch geschieht etwas. Das ist wohl zunächst schwer zu verstehen. Ich will erst einmal ein Schema des Hegelschen Denkens geben, und zwar in abstrakter Form, später werden wir zum Substanti_elleren übergehen.

Wir können uns, um die Struktur dieses Denkens klarzumachen, drei große Kreise vorstellen, in jedem wieder drei kleinere Kreise, und so beinahe bis ins Unendliche. Was bedeutet das? Es bedeutet, daß Hegels Denken *kreisförmig* verläuft, daß sein Rhythmus wesentlich *dreistufig* ist, und dieser dreistufige Rhythmus bildet die sogenannte Hegelsche *Triade*. Die Hegelsche Triade, das ist *die These, die Antithese* und *die Synthese.*

Gleich ein Beispiel dafür: Hegels Logik. Sie ist eine ganz besondere Logik, keine formale wie bei Aristoteles, und keine, wie sie bis heute geübt wird; es ist *eine dialektische Logik.* Wir werden noch sehen, welchen Sinn das Wort »Dialektik« gerade bei Hegel bekommt. Seine dialektische Logik beginnt so: Man geht aus vom Begriff des Seins. Wenn man das Sein fassen will, muß der Seinsbegriff sich auf alles Seiende anwenden lassen. Alles, was ist, muß gewissermaßen von dem logischen, adäquaten Seinsbegriff erfaßt werden. Das heißt, der Begriff »Sein« muß sich ebenso auf einen Apfel wie auf einen Lehrsatz, ebenso auf eine Aussage wie auf irgend etwas anderes anwenden lassen. Alles, was ist, muß vom Begriff Sein gedeckt, erfaßt werden können. Doch damit der Begriff Sein *alles* Seiende umfassen kann, damit er also, wie man in der Logik sagt, diese *Extension*, diese Reichweite hat, muß er völlig ohne Eigenschaften sein. Denn wenn der Begriff die geringste besondere Eigenschaft hätte, würde er sich nicht mehr auf ein Seiendes anwenden lassen, das diese Eigenschaft gerade nicht hat, sondern eine andere.

Um universal zu sein, darf also der Begriff »*Sein*« überhaupt keine Eigenschaften haben. Nun aber sagt Hegel, das reine absolute Sein ohne Eigenschaften unterscheide sich in nichts vom *Nichts*. Sein ist identisch mit Nicht-Sein; welchen Unterschied gibt es zwischen Sein und Nicht-Sein, wenn das Sein keine Eigenschaft besitzt? Hat es vielleicht die Eigenschaft der Existenz? Nicht einmal das. Das reine Sein in reiner Logik ist das Gegenteil von Nicht-Sein, aber es ist auch genau dasselbe. Wir haben also die beiden Wörter, von denen eines die *These,* das andere die *Antithese* ist, die radikale *Negation* dieses Seins durch das Nicht-Sein, was aber im Grunde dasselbe zu sein scheint: das heißt, wir haben noch gar nichts Wirkliches berührt. Die erste Synthese dieser beiden Begriffe, die uns an etwas Wirkliches annähert, eine Synthese, die zugleich das Sein und das Nicht-Sein umfaßt, ist das *Werden.*

Die erste Triade also: Sein, Nicht-Sein, Werden. Warum Werden? Weil im Werden zugleich das Sein und das Nicht-Sein sind. Das Werden ist der Übergang vom einen zum anderen, vom Sein zum Nicht-Sein und vom Nicht-Sein zum Sein. Beim Werden ändert sich etwas, das heißt, etwas geht vom Sein ins Nicht-Sein über, etwas geht vom Nicht-Sein zum Sein über. Eine Geschichte also, ein Geschehen; ein Prozeß. Das ist die erste Triade Hegels.

Die Triade, diese Dreiheit von These, Antithese und Synthese, kehrt immer wieder in Hegels Denken, sie stellt das Grundschema des Denkens, der Logik dar, aber ihm zufolge auch das Grundschema des wirklichen Werdens.

Wir haben gesehen, das Sein ist die These, das Nicht-Sein die Antithese. Zwischen beiden begibt sich das, was er *die Negation* nennt. Hier gilt es nun, sehr genau die wesentliche Rolle zu begreifen, die Hegel dem *Negativen* in seinem System beimißt. Die Negation ist aktiv und schöpferisch, sie ist der Motor des Werdens.

Wir haben erwähnt, daß Hegel mitten in der Romantik stand; hier haben wir in der Tat etwas tief Romantisches. Erinnern wir uns an die berühmte Formulierung: »Stirb und werde« aus Goethes Gedicht »Selige Sehnsucht«. Das Nein, das Negative, die Zerstörung, der Tod sind es, wodurch sich ereignet, was sich ereignen muß. Erst dank der Negation geht die These über in die Antithese; erst dank der doppelten Negation gehen These und Antithese zusammen ein in die Synthese. Die doppelte Negation, das heißt die Negation der Negation: die Synthese. Die Negation der Negation erzeugt die Synthese.

Solches Denken ist ontologisch: Es versucht, den wesentlichen Prozeß im Leben des Seins mit Hilfe der Negation mitzuvollziehen.

Nun müssen wir auch verstehen, warum die beiden ersten Begriffe, das Sein und das Nicht-Sein, von Hegel *abstrakt* genannt werden, während der Begriff Synthese der erste Begriff ist, den er *konkret* nennt.

Wie gebraucht er diese Worte? Sein und Nicht-Sein sind abstrakte Begriffe, im etymologischen Sinn des Wortes »abstrakt«. Abstrakt bedeutet: herausgezogen aus … gesondert. Für Hegel ist das Sein ein abstrakter Begriff, weil es einseitig ist. Es tritt nicht in Verbindung, es bietet nicht Hand zu einem Ereignis zusammen mit etwas anderem. Die Negativität ist hier noch nicht eingedrungen. Die Antithese, das Nichts ist wiederum abstrakt, weil es das Sein von sich ausgeschlossen hält, es bleibt auch in seiner sterilen Einseitigkeit. Hingegen ist das Werden der erste Begriff, in dem Sein und Nicht-Sein zu einem Neuen zusammen-wachsen. »Konkret« kommt von *concrescere, concretum*, zusammen-wachsen, sich verbinden in gemeinsamem Wachstum. Dieser Sinn von

»konkret« und »abstrakt« ist bei Hegel sehr wichtig.

Nun haben wir die schöpferische Wirksamkeit der Negation bei Hegel verstanden. Dank der doppelten Negation ist das Werden als erster konkreter Begriff entstanden. Wir könnten sagen, daß im Denkschema von Hegel Heraklit Parmenides umgreift: Der Kampf des abstrakt Entgegengesetzten erzeugt die konkrete Synthese. Aus diesem Grund hat man oft die Hegelsche Dialektik mit der von Heraklit verglichen.

Nun zur *Dialektik*. Wir haben diesen Begriff schon mehrmals angetroffen, vor allem als von Platon die Rede war. Wieder müssen wir gut verstehen, wie Hegel ihn gebrauchte. Der Begriff Dialektik spielt auch im marxistischen Denken eine grundlegende Rolle.

Dialektik bedeutet bei Hegel eben das, was sich in der Bewegung der Triade durch die doppelte Negation ereignet. Wir haben gesehen, daß Hegels Logik nicht der formalen Logik Aristoteles' und der Tradition entspricht: Bei Aristoteles sind Affirmation und Negation einander statisch entgegengesetzt, es geschieht zwischen ihnen nichts. Die Logik entfaltet sich in einer statischen Welt, wie es die Welt der Mathematiker ist, in der es kein Werden, keine Geschichte gibt. Hegels Logik dagegen ist eine dialektische Logik, sie braucht einen aktiven Prozeß, der anhand der Negation den Widerspruch aufzuheben gestattet, der den Widerspruch *schöpferisch* macht im Verlauf des historischen Prozesses, der den eigentlichen Stoff des Seins bildet.

Einer der fundamentalen Unterschiede zwischen Hegel und Kant besteht darin, daß man mit Hegel in Begriffen eines Prozesses denkt – und nicht in Begriffen einer Struktur mit Grenzen und einem Jenseits der Grenzen, wie bei Kant.

Die Philosophie Hegels umfaßt drei große Teile: 1. Teil: *die Logik,* 2. Teil: *die Naturphilosophie,* 3. Teil: *die Philosophie des Geistes.* In jedem dieser Teile finden wir drei Werke und in jedem Werk beispielsweise drei Bücher, in jedem Buch drei Teile, im Innern der drei Teile je drei Kapitel usw. usw. Diese Dreiteilung ist nicht nur eine Methode der Darstellung, sie gehört hier zum Wesen des Denkens und gleichzeitig nach Hegel zum Wesen des Seins. Hegels Denken nimmt den triadischen Charakter des Werdens gleichsam auf. *Die Logik* handelt vom reinen Denken, also: Denken des Seins, Denken des Nicht-Seins, Denken des Werdens. Das heißt: Das Denken wird in seiner reinen Innerlichkeit nachgedacht, in seiner reinen abstrakten Interiorität verfolgt.

Die Philosophie der Natur: Indem das Denken seine erste, reine Innerlichkeit erforscht, kommt es (dialektisch) dazu, daß es zur Negation seiner Innerlichkeit gelangt. Die Negation der Innerlichkeit im Denken bringt die Veräußerlichung des Denkens hervor, *seine Entfaltung ins Äußere.* Und die Form dieses Anderssein des Denkens ist bei Hegel die entfaltete Natur. Die Natur ist also für Hegel dasselbe wie das Denken – aber durch die Negation hindurchgegangen.

Das ist die Philosophie der Natur. Die Idee verneint ihre wesentliche Innerlichkeit, erforscht sich selbst, indem sie sich als Natur in Raum und Zeit veräußerlicht und entfaltet.

These also: Die Innerlichkeit der Logik. Antithese: Die Äußerlichkeit in der Naturphilosophie. Nun kommt die Synthese: Die Philosophie des Geistes.

Die Philosophie des Geistes: Sie ist das Denken, das nach der ersten Negation seiner Innerlichkeit, das heißt, nachdem es sich in Gestalt der Natur ins Äußere entfaltet hat durch eine zweite Negation, zu seiner Innerlichkeit zurückkehrt, indem es dieses Außen denkt und dadurch *aufhebt.* Der Geist denkt das Außen der Natur, und indem er das tut, gibt er die Natur seiner Innerlichkeit zurück. Es ist jedoch nicht dieselbe Innerlichkeit wie vorher: Die Negation der Negation, die geschehen ist, hat zur Folge, daß der Geist, wenn er in der Philosophie des Geistes zu sich selbst zurückkommt, reicher geworden ist durch diese doppelte Erforschung und Verneinung, die er vollzogen hat.

In dieser Hegelschen Denkstruktur liegt sicher ein trinitarisches Element, das dem Christentum entlehnt ist.

Zunächst gleicht es dem aristotelischen System. Es umgreift alles, es enthält ein ungeheures Werden, nur ist es eben viel »historischer« als bei Aristoteles. Das Trinitarische unterscheidet jedoch die beiden Systeme; es zieht sich bei Hegel durch die wesentliche Struktur hindurch, durch alles, was existiert, und vor allem durch das Denken. Wovon Hegel auch spricht, diese Dreier-Struktur kommt immer wieder.

Hegel beweist nicht eigentlich das, was er sagt, wie schon bemerkt: Er illustriert eher, indem er dieses Schema mit konkreter Wirklichkeit aller Art anfüllt. Er bietet eine Fülle von empirischen Einzelheiten, die im großen Schema ihren Platz finden. (Meistens ist das sehr einleuchtend, manchmal aber hat man auch den Eindruck, daß er den Dingen ein wenig Gewalt antut, um sie in das Schema zu pressen.)

Als Beispiel geben wir aus der ›Philosophie der Weltgeschichte‹ die selbstverständlich dreifache Einteilung: asiatische Geschichte, klassische Geschichte, christliche Geschichte. These: Die asiatische Geschichte ist die Zeit der großen Disproportion zwischen Mensch und Gott: die Menschheit werde von der Gottheit sozusagen erdrückt. Antithese: Die klassische griechisch-römische Zeit (vier Abschnitte darf es nicht geben, also griechisch-römisch; Hegel behandelt sie zwar nacheinander, sie bilden jedoch nur ein Element in seiner Triade): Die klassische Zeit stellt einen Gleichgewichtszustand dar, eine Art Gleichheit zwischen Menschen und Göttern. Synthese: Die christliche Zeit; in ihr sind Ungleichheit und Gleichheit gewissermaßen *aufgehoben*, das heißt: überholt *und* höher aufbewahrt durch Christus, der Mensch ist und Gott. Diese Zeit bildet die Synthese der These und der Antithese, nachdem *der Weltgeist* durch die Negation der einen und der anderen hindurchgegangen ist.

Die ganze Philosophie Hegels können wir gleichsam als einen wunderbaren metaphysischen Roman betrachten oder als eine metaphysische Biographie dessen, was er *die Idee* nennt, die Idee oder *den Begriff*. Davon müssen wir noch sprechen. Hegel gebraucht diese Termini je nach den verschiedenen Stellen auf sehr unterschiedliche Weise. Ich vereinfache: Es gibt bei Hegel eine Art übergroßes, gewaltiges Subjekt dieser ganzen triadischen Entwicklung, von der wir gesprochen haben. Wir haben gesehen, welche entscheidende Bedeutung bei Kant dem Subjekt zukommt. Die Philosophen des deutschen Idealismus haben diese Wendung dazu benutzt, um sich gewissermaßen auf die Stufe Gottes selbst zu heben. Nun, die Idee oder der Begriff – wie Hegel sagt – ist das Subjekt der Universalgeschichte; das, was durch alle Triaden hindurch, durch die Logik hindurch »wird«. Es gibt ein Wesen, das absolutes Subjekt des Werdens ist und zugleich das der rationalen Entwicklung.

Wenn ich sagte, Hegel spreche gewissermaßen im Namen Gottes, dann darum, weil er sich imstande glaubt, uns die Biographie des universalen Subjekts, das letztlich Gott ist, zu erzählen. Dank dem Spiel von Negation und aufgehobenem Widerspruch *wird* Gott bei Hegel, und wird auch nicht. Gott ist gleichzeitig das Subjekt des universalen Werdens und der Ewige, der sich nicht wandelt; und die Bewegung zwischen diesen beiden Elementen ist dialektisch bei Hegel, will auf jeden Fall dialektisch sein. Ob man das denken kann oder nicht, das ist eine andere Frage; jedenfalls will Hegel uns dazu verführen.

Die dritte Abteilung der Hegelschen Philosophie, nach der Logik und der Naturphilosophie, ist also *die Philosophie des Geistes.* Sie ist die umfassendste Synthese der Hegelschen Philosophie überhaupt. Das heißt, in der Philosophie des Geistes kommt die Natur, die aus der Negation der Innerlichkeit des reinen Denkens hervorging, wie es in der Logik behandelt wurde, zu sich selbst in die Innerlichkeit des Denkens zurück; anstatt jedoch reines Denken zu sein wie am Anfang, arm und abstrakt, ist sie jetzt »Sein«, sie hat Wirklichkeit gewonnen, dank dem Weg, den sie in der Äußerlichkeit durchlaufen hat, dank dem Durchgang durch die zweifache Negation. Die Natur ist das Reich des Äußeren, wir haben das schon bei Descartes gesehen. Aber dort war es eine Art von Außen, das vom Denken getrennt war, und man wußte nicht mehr, wie man das Ausgedehnte und das Denken noch verbinden konnte. Nicht so bei Hegel. Denn die Natur ist das Reich des Äußeren, aber gleichzeitig ist sie das Denken, das durch die Negation hindurchgeht; es ist also verständlich, daß sie wieder zum Denken zurückkommen kann. Als das Reich des Äußeren ist Natur auch das Reich der Notwendigkeit, hier aber nicht verstanden im Sinne Spinozas, sondern im Sinne des Determinismus, als notwendige Kausalität. In der Natur als solcher gibt es keine Freiheit. *Der Geist,* im Gegensatz dazu, ist ganz Innerlichkeit. Da nun alles im Geiste ist, bedeutet das, daß der Geist keinerlei Einfluß von außen mehr unterworfen ist. Folglich, wenn das Außen die Natur charakterisiert und das Innere den Geist, so ist der Geist absolute Freiheit. Der Geist als solcher – nicht der einzelne –, sondern das Universalsubjekt, ist absolute Freiheit. Nun wird aber diese absolute Freiheit des Geistes in der Natur regiert, durch die Notwendigkeit der Natur verneint. Er existiert also zunächst nur als eine potentielle Freiheit. Hier wird die Terminologie von Aristoteles wieder aufgenommen. Es gibt gewissermaßen eine potentielle Freiheit in der reinen Notwendigkeit der Natur. Wenn es nun gelingt, die Notwendigkeit der Natur durch die Negation hindurchgehen zu lassen, so gelangt man zur absoluten Freiheit des Geistes.

Hegel beschreibt das so: Der Geist ist zunächst nur potentiell frei, wird tatsächlich frei in dem Maße, wie er in der Natur tätig ist, indem er effektiv, nämlich »wirklich« handelt. Wir haben da wieder das Wort *»Wirklichkeit«,* von dem wir schon gesprochen haben. Es kommt von *wirken* her und bezeichnet eine effektive Leistung. Der Geist also, der in der Natur tätig ist, das heißt, der die Natur denkt, vernichtet in gewisser

Weise die Äußerlichkeit der endlichen Dinge der Natur und hebt sie auf, nimmt sie in seine eigene freie Unendlichkeit zurück.

Nun muß ich hier ein Wort erklären, das wir schon mehrmals gebraucht haben und das bei Hegel eine ganz besondere Bedeutung hat: das Wort »aufheben« Es hat eine doppelte Bedeutung und meint sowohl »abschaffen« als auch »auf einer höheren Ebene aufbewahren«. Die Natur wird durch die Negation als äußerliche aufgehoben, »abgeschafft« durch den Geist, aber nicht ganz: Etwas von ihr wird aufgehoben, aufbewahrt, verwandelt zu etwas Höherem, höher gehoben in das Innerliche des Geistes.

Nochmals: Der Geist zerstört nicht die Natur, aber er zerstört ihre Äußerlichkeit, um sie in etwas anderes zu verwandeln, das ihm innerlich werden kann. Ein Beispiel: Nehmen wir ein Naturgesetz, das sich auf viele Naturphänomene anwenden läßt. Die Kausalbeziehung, die in der Natur wirksam ist, ist gänzlich äußerlich. In dem Gesetz ist sie jedoch verinnerlicht zu einer Notwendigkeit der Beziehung, die nunmehr in der Unendlichkeit des Geistes ist. Die Natur wird nicht vernichtet, sie existiert weiter, aber der Geist hat sie gewissermaßen zu sich genommen, das Äußerliche des Naturhaften aufgesogen, um daraus einen in seine Unendlichkeit eingebetteten Bezug zu machen. Auf diese Weise realisiert der Geist ein wirklich Unendliches, ein vollendetes Unendliches, im Gegensatz zu dem, was Hegel die *schlechte Unendlichkeit* nennt, nämlich die sinnentleerte, nicht kreisförmige Unendlichkeit ohne Ende, die den Schemata der Natur eignet.

Wir sehen also, daß der Geist sich manifestiert, indem er einen Akt vollbringt, der das Endliche zum Unendlichen aufhebt; er läßt das Endliche durch die Negation seines Außen hindurchgehen. Es ist ein Weg des »Stirb und Werde«.

Soviel über die Natur dessen, was Hegel den Geist nennt, über die Rückkehr der Natur in die Innerlichkeit des Geistes.

Nun gibt es in der metaphysischen Geschichte des Geistes drei Etappen, drei Momente: *den subjektiven Geist, den objektiven Geist* und *den absoluten Geist.* Selbstverständlich ist der objektive Geist wiederum die Negation des subjektiven Geistes, und die Negation beider, in ihrer abstrakten Trennung, realisiert sich im totalen, konkreten, finalen Begriff, nämlich im absoluten Geist.

Der subjektive Geist ist der Geist in seinem ersten Stadium, wenn er aus der Natur auftaucht, um zu sich selbst zurückzukehren. Dieses Auftauchen aus der Natur hat drei Stufen. Die erste ist *die Seele,* die zweite *das Bewußtsein* und die dritte *die Vernunft.*

Die Seele bildet die erste Stufe: Der Geist ist noch mit einem Körper vereinigt. Daß die Seele mit einem Körper eins sein kann, stellt in einer Philosophie wie der Hegelschen keine Schwierigkeit dar, denn der Körper selbst ist ja veräußerlichtes Denken, das aus seiner Innerlichkeit herausgetreten ist.

Darauf folgt die zweite Stufe, *das Bewußtsein:* Die Seele negiert ihre Einheit mit dem Körper, sie distanziert sich von ihm, um sich selbst und ihn getrennt zu denken. Diese Rückwendung auf sich selbst erzeugt das Bewußtsein, und für Hegel ist das Bewußtsein die Gewißheit, die die Seele von sich selbst hat. Der Geist konzentriert sich in sich und steht der Natur gegenüber. Wir sehen hier wiederum die Thesis, die Seele, und die Antithesis, das Bewußtsein: es stellt sich der Natur gegenüber, löst sich also los.

Die dritte Stufe des subjektiven Geistes schließlich ist *die Vernunft.* Die Vernunft ist der Geist, der die Synthese der beiden vorangegangenen Stufen verwirklicht hat, das heißt, er hat den Widerspruch zwischen Geist und Natur aufgelöst und ist zur Gewißheit gelangt, daß Geist und Natur nur eines sind. Das ist die höchste Stufe des subjektiven Geistes, weil der subjektive Geist das Bewußtsein von der Identität des dialektischen Prozesses durch die Negationen und Widersprüche hindurch erlangt hat, in der Geist und Natur nur ein Einziges bilden. Soviel über den subjektiven Geist.

Und nun *der objektive Geist.* Je mehr ich darüber nachdenke, um so größere Bedeutung gewinnt er für mich.

Der objektive Geist ist nicht mehr die Seele, die »ich« sagt, nicht mehr das Bewußtsein, das »ich« sagt, nicht mehr die Vernunft, die »ich« sagt. Der objektive Geist ist eine Art wirkliche, durch den Geist geschaffene Welt, und sie überlagert die Welt der Dinge. Gemeint ist die Welt all dessen, was sich auf *das Recht* bezieht. Was ist das, das Recht? Das Recht, sagt Hegel, ist die Welt, in der objektiv eine Art diffuser Wille herrscht. Diese Welt ist weder Natur noch Subjektivität des Ich. Sie ist objektiv wie die Natur, sie ist das objektive Vorhandensein eines kollektiven Willens, einer Vernunft des Sozialen. Das Recht wird nicht subjektiv gedacht, sondern es ist in Büchern, Gesetzessammlungen, Texten festgelegt, es umgibt uns, es existiert unabhängig vom einzelnen. Nehmen wir zum Beispiel einen juristischen Text: Er verpflichtet objektiv alle Juristen, er hängt nicht ab von einer individuellen Zustimmung, er ist keine Person: er gehört einer *objektiv* existierenden Geisteswelt an. Nun unterscheidet Hegel, innerhalb der Welt des Rechts, wieder drei Ebenen: Die erste Ebene dieses Rechts nennt er *das abstrakte Recht*. Es sichert für jeden Menschen die Möglichkeit, über das, was er besitzt, frei zu verfügen. Warum? Weil es einen Vertrag gibt, der den allgemeinen Willen ausdrückt, dieses Recht jedem Bürger zu garantieren. Abstrakt wird dieses Recht genannt, weil es nur durch einen Vertrag festgelegt ist; es gilt einfach so, in seiner einseitigen Objektivität, und die Negation des Vertrages nennt man dann ein Verbrechen. Das abstrakte Recht entspricht dem, was wir gemeinhin das Recht im legalen Sinn des Wortes nennen. Es ist das Recht, das noch nicht durch eine Moralität getragen wird und dessen Gültigkeit nur außerhalb der Einzelpersonen seine Grundlage hat.

Das ist also die erste, abstrakte Stufe des objektiven Geistes.

Nun die zweite Stufe. Da das abstrakte Recht Recht in seiner äußeren Objektivität ist, muß die zweite Stufe die Negation dieser Äußerlichkeit sein. Sie ist die der *Moralität*. Die Moralität ist der Geist, der über sich selbst nachdenkt, der sich gerade von der Objektivität des Rechts zurückzieht und dann die Grundlage des universalen Rechts, den Sinn des Rechts, in sich selbst findet. Nicht diese oder jene Vorschrift, nicht diesen oder jenen Vertrag, sondern den Sinn des Vertrages als solchen, also die Moralität.

Es ist ja klar: Gäbe es nur die Objektivität des Rechts, so würde es sich nie anders als durch bloße Gewalt durchsetzen. Es wäre eben kein Recht. Es muß also auf der anderen Seite eine Art subjektive Wurzel des objektiven Rechts geben, des Sinns für das objektive Recht und für seine Anerkennung. Es handelt sich also nicht um den Inhalt des Rechts, sondern um seinen Sinn und die Anerkennung seiner Gültigkeit. Das heißt bei Hegel die Moralität.

Damit nun auf der dritten Stufe eine wirkliche Entfaltung des objektiven Geistes stattfinde, das heißt, ein konkretes Ins-Werk-Setzen eines objektiven Rechtes, ist es nicht genug, daß es seinem Sinn nach in der Moralität anerkannt wird – es muß auch einen bestimmten Inhalt haben.

Diesen bestimmten Inhalt – die dritte Ebene – nennt Hegel *die moralische und soziale Wirklichkeit*. Sie besteht in einer Gesamtheit von Gesetzen und politischen Institutionen, von Sitten, Regeln, lauter Formen und Modellen, die eine Gesellschaft strukturieren. Und das ist gerade nicht allgemein.

Nötig ist zum einen ein abstraktes Recht, nötig ist zweitens die Moralität für das universale Recht, und dann ist nötig die moralische und soziale Wirklichkeit als konkrete Stufe, auf der all das sich geschichtlich verwirklichen kann: in der moralischen und sozialen Wirklichkeit.

Hegel hat gesagt: Die Sonne und der Mond haben auf uns weniger Einfluß als die moralischen und sozialen Mächte. – Wie weit sind wir da von der großen klassischen Persönlichkeit, die sozusagen losgelöst von Ort, Zeit und Geschichte beispielhaft ist, oder vom stoischen Weisen. Bei Hegel sind wir in die Geschichte und in die Gesellschaft eingetaucht. Und das wird nach Hegel ein Grundzug in der Selbstauffassung des modernen Menschen bleiben.

In dieser dritten Ebene des objektiven Geistes, in der moralischen und sozialen Wirklichkeit, unterscheidet Hegel wiederum drei Stufen.

Erste Stufe ist *die Familie:* Sie hebt die Individuen im Dienst der Notwendigkeit, die die Aufzucht der Kinder verlangt, über die Zufälligkeit der Leidenschaft hinaus.

Die zweite Stufe, das ist *die Gesellschaft von Bürgern* als ein System von Individuen, die äußerlich verbunden sind, um ihre Bedürfnisse zu befriedigen. Hier finden wir die Organisation der Berufe, des Wirtschaftslebens, kurz, alles, was für das Überleben in der Wirklichkeit nötig ist. Während die Einheit der Familie auf Gefühlen beruht, werden in der Gesellschaft die äußerlichen und objektiven Bedürfnisse der Menschen erfüllt.

Schließlich haben wir die Synthese beider, der Affektivität der Familie und der Notwendigkeiten der Bürger-Gesellschaft: Sie ergibt auf der dritten Stufe *den Staat.*

Für Hegel ist der Staat gewissermaßen die Frucht der ganzen historischen Entwicklung. Seiner Überzeugung nach gewährleistet der Staat, daß sich das Endziel der Weltgeschichte erfüllt: nämlich die Verwirklichung der Freiheit.

Der Staat gilt ihm als Wesenheit, in demselben Sinne, wie man von *der* Familie, von *der* Gesellschaft spricht. Für Hegel ist der Staat die

Synthese der Familie und der bürgerlichen Gesellschaft. Das heißt, der Staat umfaßt die affektive Seite der Familie, verneint aber ihren egoistischen Partikularismus; gleichzeitig umfaßt er die Gesellschaft der Bürger, gibt ihr Sinn und Richtung, weist ihr durch den Willen und durch die Freiheit den Weg. Der Staat ist für Hegel eine substantielle Wirklichkeit, er ist gleichsam die Vernunft, die sich in einer Gemeinschaft von Menschen zu verwirklichen sucht. Die Menschen sollen am Staat teilnehmen, sonst werden sie nicht wirklich, verwirklichen sich nicht. Ähnlich dachte auch die Stoa – wenn wir uns zurückerinnern.

In der Hegelschen Philosophie der Geschichte besteht der Sinn, das heißt, die Bedeutung und die Richtung der Geschichte darin, für den Geist ein Fortschreiten im Bewußtsein seiner Freiheit zu bringen, und zwar in Gestalt des Staates, an dem die Bürger teilnehmen.

Das ist Hegels wesentliche Staatstheorie. Sie ist verschiedentlich zur Staatsvergötzung mißbraucht worden, was eigentlich nicht in Hegels Sinn war. Allerdings verführt diese Lehre leicht dazu.

Nun kommen wir zur Ebene *des absoluten Geistes*.

Der absolute Geist ist der Geist, der durch die Menschheit hindurch zu seiner reichsten und tiefsten Innerlichkeit zurückkehrt: das heißt, in eine Innerlichkeit, die von der Natur am meisten bewahrt. Sie bleibt durch alle Negationen aufgehoben und höher gehoben in die Innerlichkeit des zu sich zurückkehrenden Geistes.

Im Innern des absoluten Geistes gibt es drei Stufen, die *der Kunst,* die *der Religion,* und die höchste, die *der Philosophie.*

Wie können denn Kunst und Religion Thesis und Antithesis sein?

Für Hegel ist die Kunst eine äußere Darstellung des Absoluten. In der Religion dagegen wird das Absolute zum inneren Erlebnis; und die Synthese von Äußerem und Innerem wird erfüllt in der Philosophie, die das Absolute durch reines Denken erfaßt.

Zunächst also *die Kunst* als äußere Darstellung des Absoluten. Hegel unterscheidet drei große Etappen. Da ist zunächst *die symbolische Kunst,* die zuerst im Orient und in Ägypten gepflegt wurde. Ihre grundlegende Kunstart ist nach Hegel die Architektur. Wieso symbolisch? Weil das Kunstwerk, das heißt das Monument, eine Seite der Gottheit darstellt, jedoch nicht die Gottheit selbst. Der Abstand zwischen der Gottheit und dem Menschen ist zu groß. In diesem

Stadium der Geschichte, das Hegel das *orientalische* nennt, besteht ein solcher Abgrund zwischen der Gottheit und dem Menschen, daß er durch keinerlei Darstellung überbrückt werden kann. Deshalb ist die Kunst symbolisch, und deshalb ist sie wesentlich Architektur, stellt nicht die Götter selbst dar.

Die zweite Ebene ist *die klassische*. Sie findet sich bei den Griechen. Es besteht eine Art Gleichgewicht zwischen den Menschen und den Göttern, eine Art Harmonie zwischen den Menschen und ihrem Sinn für das Absolute, das eigentlich auf das menschliche Maß zurückgebracht ist. Damit wird – im klassischen Stadium – die Skulptur zur herrschenden Kunst: Man haut in Stein die Gestalten, die unter menschlicher Form die Götter darstellen. Doch gibt es einen Mangel. Bei dieser Darstellung geht das Absolute verloren. Im symbolischen Stadium war es übermäßig da, im klassischen Stadium ist es zu maßvoll.

Die Synthese beider bildet *die christliche Kunst*. Da erfolgt nach Hegel die Darstellung des Absoluten, aber als Transzendenz, die durch die Darstellung hindurchscheint. Charakteristische Künste dieser Epoche sind Malerei, Musik und Dichtung, denn sie erlauben eine ganz mit Transzendenz durchtränkte Darstellung, die die Transzendenz des Göttlichen bewahrt, ohne die Möglichkeit, es darzustellen, auszuschalten. Soviel über die Kunst.

Ihr folgt die Ebene *der Religion*. Da sind wir in dem Stadium, wo es keine Darstellung im Äußeren mehr gibt, sondern nur einen inneren Zustand oder eine innere Bewegung der Seele, die sich bis zu Gott erhebt, wobei die sinnlichen Formen gleichsam aufgesogen sind.

Die letzte Ebene des absoluten Geistes ist schließlich *die Philosophie* – und natürlich sah Hegel sein eigenes System als Krönung der Philosophie an, weil es dank der Negationen in den einzelnen Triaden jede abstrakte Einseitigkeit aufhebt und den dialektischen Weg schafft, so daß das Absolute darin durch reines Denken zu sich zurückkehren und begriffen werden kann. Es ist ein Denken, das alle Entwicklungsstufen vorangegangener Etappen als notwendig versteht: die Notwendigkeit der Kunst, die Notwendigkeit der Religion – das sie aber übertrifft und damit vollendet.

Hegels Philosophie ist in der Tat eine Krönung der Vernunft durch sich selbst. Doch ist die Vernunft darin sozusagen mehr als die Vernunft. Dieses ungeheure System war in Hegels Augen dazu bestimmt, die Bedeutung der Universalgeschichte der Menschheit zu vollenden und die Gedanken Gottes vor der Schöpfung nachzudenken. Diese bewundernswürdige Philosophie hat einen nicht zu überschätzenden, enormen Einfluß ausgeübt und übt ihn noch heute aus. Sie war aber – und das ist kaum ein Paradox – als System nur für Hegel selbst »bewohnbar«. Es ist wohl so: Je allumfassender ein solches System konstruiert wird, desto weniger kann ein anderer darin wohnen als sein Autor, also Hegel.

Nehmen wir ein Beispiel: Für Hegel hört *die Geschichte* mit seiner Zeit auf. Das wurde oft als kritischer Einwand gegen ihn betont. Wenn man sich vor Augen führt, wie er die Geschichte des Weltgeistes unter allen seinen Aspekten beschreibt, so muß man feststellen, daß jede dialektische Entwicklung – ob es sich um Staatsformen, Kunst, Religion oder Philosophie handelt – ihren synthetischen Gipfel, ihre konkrete Vollendung, in seiner Zeit, in seinem Land, in seinem Werk, erreicht. Man sagt, Hegels Philosophie sei ein Denken ohne Zukunft – und das ist wahr. Er sagt zum Beispiel an einer Stelle seiner Geschichtsphilosophie, Amerika als ein Land der Zukunft interessiere uns nicht. Ihm zufolge gelte es zwar, noch manche Dinge zu verbessern, zu verwirklichen, doch auf der Ebene der Prinzipien sei alles vollbracht.

Sicherlich ist es eine große Einschränkung in dem Sinn, daß in der Folge niemand sich in diesem System einrichten konnte. Andererseits ist es doch ein Beweis für Authentizität, weil Hegel nicht den Propheten gespielt hat. Er wollte zwar die Gedanken Gottes denken, doch in *seiner* Zeit, angesichts einer Realität, die er kannte. Er zog nicht hinaus ins Abstrakte von künftigen historischen Landschaften, die es nicht gab. Er hatte buchstäblich einen Gesichtspunkt: das war der Punkt, wo er stand. Mit den Worten von Leibniz ausgedrückt: Die Monade Hegel spiegelt authentisch das historische Universum von dem Platz aus, an dem sie sich befindet. Von Authentizität zeugt dabei, daß Hegel sich grundsätzlich mit dieser absurden Beschränkung zufriedengab, die ganze Weltgeschichte nur bis zu seiner Zeit und nicht darüber hinaus in Betracht zu ziehen. Es war die einzige ehrliche Möglichkeit, ein solches System konstruieren zu können.

Er war kein Philosoph der Zukunft, und doch bezieht man sich seither ständig auf ihn, gerade in bezug auf politische Systeme. Wie kommt das? Vielleicht bestand Hegels Funktion wesentlich darin, Reaktionen gegen sein System zu provozieren. Wir werden noch sehen, daß seine vielen und so verschiedenen Nachfolger gerade aus ihren heftigen Reaktionen auf sein System zu verstehen sind.

Es ist ein so ungeheures, ein so totales, globales System, daß die, die es am besten begriffen, sich am heftigsten dagegen gewendet und dadurch zu ihrer eigenen Originalität gefunden haben. Was übrigens auch für Hegel selber in bezug auf Kant gilt.

Zum Schluß noch eine Bemerkung: Hegel hat dieses ganze erstaunliche Werk mit all seinen dreistufigen Teilen in einer kurzen Lebenszeit vollbracht, er wurde nur 60 Jahre alt. Er hatte eine Arbeitskraft, eine Raschheit der Ausführung, die unglaublich scheinen. Zum Beispiel hat er sein wohl genialstes Werk, die ›Phänomenologie des Geistes‹, in ein paar Wochen geschrieben.

Das Hegelsche System ist wohl das letzte System, das eine solche Monumentalität aufweist. Zwar haben es auch nach ihm immer wieder andere versucht, die Gedanken Gottes nachzudenken oder den Schlüssel zum Universum und zur menschlichen Geschichte zu entdecken. Bei ihnen wird jedoch die Starrheit der Vereinfachung, der anspruchsvolle Dogmatismus oder auch ganz einfach die primitive Phantasterei offensichtlich. Es ist, als hätten die Fortschritte innerhalb der einzelnen Wissenschaften mit ihren spezifischen und unterschiedlichen Symbolen und Methoden jedes Reden vom Ganzen endgültig zum Scheitern verurteilt, als könnte nur noch Sehnsucht oder Gebrochenheit in Sprache gefaßt werden.

Und doch lebt die Sehnsucht nach dem Ganzen weiter. Deswegen fasziniert Hegel immer noch, und die lebenden Philosophen werden nicht müde, in seinen Werken ihre Hermeneutik zu betreiben. Nirgends sonst finden sie eine solche unergründliche Verflechtung von Geschichte und ewiger Transzendenz, von Notwendigkeit und tätiger Hoffnung, von abstraktem Denken und konkretestem Erleben, von Magik und Rationalität.

Nun wenden wir uns viel »kleineren« Denkern zu, die – jeder auf seine Weise – versuchen, im wissenschaftlichen Zeitalter und von der wissenschaftlichen Erkenntnis ergriffen, das philosophische Denken und die philosophische Haltung weiterzupflegen und zu erneuern.

Ich will also von einem französischen Philosophen sprechen, der im Jahr der Französischen Revolution geboren wurde und in der ersten Hälfte des 19. Jahrhunderts lebte: Auguste Comte. Er hat die sogenannte *positivistische Schule* begründet. Der Name *»Positivismus«* hat heute einen oft eher abschätzigen Klang bekommen: Ein »reiner Positivist« ist jemand, der sich von einer übertriebenen, naiven, im 19. Jahrhundert anzutreffenden Abhängigkeit der Wissenschaft gegenüber nicht befreit hat.

Es ist aber noch nicht so lange her, ungefähr 50 Jahre, da schien es, als beherrschte der Positivismus die ganze französische Universität endgültig. *Bergson*, zum Beispiel, mußte aus eben diesem Grund mit seiner Philosophie gegen fest verschlossene Türen anrennen.

Noch heute herrscht der Positivismus auf den vielfältigsten Gebieten weiter, und manche zeitgenössische Phantasterei ist als Reaktion auf banale und wortwörtliche Auslegungen zu verstehen. Die Grundabsicht des Positivismus ist es, jede Form der Metaphysik als überholt zu zeigen und sie durch die Wissenschaft zu ersetzen.

Schon einmal, als wir von den Rationalisten des 17. Jahrhunderts, Descartes, Spinoza, sprachen, bemerkten wir, daß wir heute den Rationalismus oft als etwas Flaches empfinden, weil wir den Reichtum seines früheren Sinns nicht mehr verstehen. Der damalige Glaube an die Vernunft, die Liebe zum Licht der Vernunft, zur rationalen Evidenz, war von der religiösen Ehrfurcht gar nicht zu trennen. Ähnlich – wenn auch auf einer ganz anderen Stufe – ist es bei Auguste Comte –, nur gilt seine Begeisterung weniger der ewigen Vernunft als dem Fortschritt der Wissenschaften durch die Geschichte. Er empfand lebhafte Bewunderung und Freude angesichts der wissenschaftlichen Gewißheit, der Klarheit der Hypothese, der Verifikation und dem unbestreitbar sicheren Ergebnis. Er vertraute auf die Zukunft der Wissenschaft. Aus dieser Freude und Bewunderung heraus war er überzeugt, daß man immer mehr werde wissenschaftlich erklären und schließlich im Fortschritt der Erklärungen fast alles werde erklären können, was in der Erfahrung vorkommt. Mehr noch: Wenn man alles erklären könne, würde man auch schließlich das wollen, was so durch die Wissenschaft enthüllt worden sei. Die Wissenschaft ist nach Comte nicht nur eine Erkenntnis, sondern auch ein Ja zur Erkenntnis.

Comte bewunderte und liebte diese Eindeutigkeit, diese Gewißheit, diese Zukunft der Wissenschaft. Er sagte: Die Geschichte der Wissenschaften ist die Biographie der Intelligenz. Das heißt: Wenn wir die verschiedenen Wissenschaften der Reihe nach zum Objekt machen und erforschen, so werden nicht nur die Objekte der Einzelwissenschaften erforscht, sondern wir lernen die Biographie, die Entwicklung, das Werden und die Zukunft der Intelligenz selber kennen. Wenn wir die Wissenschaften erforschen, erforschen wir uns selbst – nicht jedoch im sokratischen Sinn, sondern als schöpferische Forscher. Das bekannteste Werk von Auguste Comte, der ›Cours de philosophie positive‹, erscheint zwischen 1830 und 1842. Positiv meint also bei ihm nicht das Gegenteil von negativ, sondern das Gegenteil von spekulativ, das heißt: wissenschaftlich auf Tatsachen gegründet. Eine »positive Philosophie« soll keine Spur von Metaphysik enthalten und sich nur mit der Aufstellung von Tatsachen und Gesetzen beschäftigen. So entwickelt der ›Cours de philosophie positive‹ eine Philosophie, die nur auf Tatsachen und ihren Gesetzen beruht, die sich für nichts anderes interessiert und nichts anderes zuläßt.

Das Staunen von Auguste Comte gilt der Vielfalt der Verschiedenheit und noch mehr der Aufeinanderfolge der Wissenschaften. Es gibt eine ganze Folge von Wissenschaften, die sich entwickelt haben, und in jeder von ihnen kann man Etappen unterscheiden. Diese Etappen, diese Verschiedenheit der wissenschaftlichen Landschaft sozusagen, ist es, die zunächst das Staunen, dann das Studium und die Erklärung bei Auguste Comte hervorrufen. In jedem Bereich des Erkenntnisversuchs läßt diese Biographie der Intelligenz selber, von der wir eben sprachen, diese Geschichte der Wissenschaft, diese positive Philosophie, folgendes zutage treten: In jedem Bereich der wissenschaftlichen Entwicklung gibt es *drei* Modi der Erklärung, die aufeinander folgen. – (Wir sehen: Wie bei Hegel erscheint bei Comte – wenn auch in einem anderen Sinn – an entscheidender Stelle die Geschichte. Es handelt sich aber hier um die Geschichte der Wissenschaften und nicht um die Geschichte des Begriffs oder des Weltgeistes als ewiges und doch geschichtliches einziges Subjekt. Comte erforscht das Werden des Verstehens, so wie es sich durch die tatsächlichen Etappen der wissenschaftlichen Entwicklung hindurch zeigt.

Wesentlich ist übrigens, daß im 19. Jahrhundert alles historisch, das gesamte Denken von Geschichte durchdrungen ist. Heutzutage spricht jedermann von Geschichte, aber nur wenige wünschen zu wissen, was in der Geschichte konkret geschehen ist. Damals war das ganz anders.)

Welches sind nun *die drei Modi der Erklärung* in den Wissenschaften?

Nach Comte geht jede Wissenschaft zuerst durch ein Stadium, das er *theologisch* nennt; darauf folgt ein zweites, das *metaphysische,* und hierauf ein drittes, das *positive.* Was bedeutet das?

Das theologische Stadium ist das Stadium, in dem man die Tatsachen, das Geschehen, durch theologische Faktoren erklärt, also durch übernatürliche, göttliche Faktoren. Nach Comte ist das theologische Stadium wieder in drei Stadien unterteilt.

Das erste ist dasjenige, in dem die Gegenstände selber als belebt aufgefaßt werden, als gewissermaßen personalisiert. Was geschieht, wird durch eine Art von Spontaneität der Dinge erklärt; Comte nennt das *Fetischismus*. Der Fetischismus ist die allererste Weise, dem Bedürfnis nach Erklärung genüge zu tun.

In der zweiten Etappe des theologischen Modus werden die Gegenstände nicht mehr als selbst belebt und spontan beschrieben. Sie werden passiv, von außenstehenden unsichtbaren göttlichen Wesen regiert. Wir erkennen zum Beispiel die griechische Auffassung. Das nennt Auguste Comte *den Polytheismus*.

In der dritten Etappe des theologischen Modus ist das aktive Element, das zur Erklärung dient, noch deutlicher von den Gegenständen selbst abgelöst. Was geschieht, hängt nicht mehr von vielerlei Göttern, die mehr oder weniger verborgen eingreifen, ab, sondern von einem einzigen Gott. Und das ist *die monotheistische Erklärung*. Wir haben also *im theologischen Modus den Fetischismus, den Polytheismus und den Monotheismus*.

Auf den theologischen Modus folgt *der metaphysische Modus*. Da werden die Phänomene nicht mehr durch Wesen erklärt, welche die Phänomene selbst sind oder die sie von außen manipulieren, sondern sie werden nun durch – als real angesehene – *Abstraktionen* manövriert: Wir erinnern uns hier vielleicht an die verborgenen, »okkulten Qualitäten« im Mittelalter, die Seelen, die Essenzen, die Strebungen, die Kräfte, die Prinzipien. Vielleicht könnte man sagen, daß sogar gewisse Theorien der klassischen Physik noch Abstraktionen solcher Art darstellten, von denen man nicht genau wußte, was sie sind, die aber für die Erklärung eine Zeitlang nützlich sein konnten. Dieses zweite Stadium erstreckt sich nach Comte bis zum Ende des Mittelalters.

Im dritten Stadium nun, das vom Ende des Mittelalters an zählt, sucht man eine positive Erklärung, das heißt, weder durch die Dinge selbst noch durch göttliche Wesen noch durch wirkende Abstraktionen, sondern ganz simpel und ohne Vermittlung: Man beobachtet die konstante Aufeinanderfolge bestimmter Phänomene, und auf diese Weise werden unveränderliche Gesetze festgestellt. Das ist *die positive Erklärung*, aufgrund unveränderlicher Gesetze, die die Phänomene untereinander verbinden.

Diese drei großen Etappen finden wir in der Geschichte jeder Wissenschaft. Die verschiedenen Wissenschaften tauchen in verschiedenen Epochen auf, aber jede einzelne weist nun diese drei Stadien in ihrer Geschichte auf.

Nach Comte setzt jede neue Wissenschaft die vorhergehende Wissenschaft voraus. Er hat eine chronologische und zugleich systematische Ordnung der Wissenschaften erstellt: Sie entwickeln sich, eine nach der anderen, von den allereinfachsten zu den komplexesten.

Zuerst kommen also die abstrakten Wissenschaften: die Arithmetik, darauf die Mechanik, dann folgt, mit Hilfe von Arithmetik und Mechanik, die Astronomie: dann, mit Hilfe aller vorausgegangenen Wissenschaften: die Physik; mit Hilfe der Physik: die Chemie; dann mit Hilfe von Physik und Chemie: die Biologie. Zuletzt erforscht man das, was nach Comte das Komplexeste ist, nämlich die Gesellschaft; also steht am Ende die soziale Physik, die man auch Soziologie nennen könnte. Sie entwickelt sich in gerade Linie, ohne Bruch, aus dieser ganzen Kontinuität der Wissenschaften.

Im selben Maß, wie sich die Wissenschaften ihrer selbst vergewissern, weichen theologische und metaphysische Erklärungen immer mehr den positiven Gesetzen. Und es leuchtet ein, daß die Entwicklung der Statistik zur Zeit Auguste Comtes diese Auffassung für die Soziologie, für die »Physik der Gesellschaft«, begünstigte: Anstatt die soziologischen Phänomene metaphysisch zu erklären, konnte man nun quantitative Veränderungen in Gesetze übersetzen.

Wir sehen, wohin das führt: Die Geschichte verschmilzt mit der Wissenschaft. Diese Osmose zwischen Geschichte und Wissenschaft, von der wir noch sprechen werden, wenn wir zu Marx kommen; sie findet sich aber schon bei Auguste Comte.

Comte weist zum Beispiel darauf hin, daß Verbrechen und Delikte gewissen statistischen Kurven folgen – man wußte das schon zu seiner Zeit –; das bedeutet also, daß diese Verbrechen und Delikte einer sozialen Gesetzlichkeit unterliegen. Vielleicht hat Auguste Comte als Philosoph die Tragweite seiner Hypothese selbst nicht richtig eingeschätzt.

Es gilt – so dachte Comte –, eine soziale Moral, ein Wissen über das soziale Gute als positive Wissenschaft einzuführen. Im Gegensatz zu dem, was man in der ersten Stunde der traditionellen Philosophie lernt –

nämlich, daß man das Gute *nie* aus dem Faktischen herleiten kann –, wird nun hier das Gute gerade aus dem Tatsächlichen, genauer aus dem Gesetz der »sozialen Physik« abgeleitet. Da wiederum das Gesetz die sozialen Tatsachen genauso wie die der Natur regiert, haben wir schließlich nur noch eine Dimension für alles »Positive«, das moralisch Gute inbegriffen. Es gilt, eine soziale Moral als positive Moral einzuführen. Das heißt also, daß die Moral von der Wissenschaft aufgesogen wird.

Damals war aber die Bewunderung für den Geist der Wissenschaft so stark, daß es als Gipfel der Vollendung menschlichen Seins erscheinen mußte, wenn Comte eine soziale Moral als positive Wissenschaft ausarbeiten wollte: also eine positive Wissenschaft der ethischen Entscheidung.

Diese positive Wissenschaft existiert jedoch nach Comte noch nicht. Sie ist im Entstehen begriffen, er zeigt erst ihre Ansatzstellen und Möglichkeiten. Die positive Philosophie würde infolgedessen die systematische Synthese des gesamten menschlichen Wissens sein, und zwar des theoretischen – im Sinne Kants – wie des praktischen. Wir erinnern uns an Kants radikalen Schnitt zwischen der reinen theoretischen Vernunft und der praktischen Vernunft. Die reine Vernunft, die die Relationen erforscht, die praktische Vernunft, die sich dem Absoluten widmet. Wie streng trennte Kant diese Gebiete, es gibt da keinen Übergang, keine Möglichkeit der Vermischung des einen mit dem anderen; außer, daß die Erforschung der Theorie durch denselben Willen zur Wahrheit gelenkt wird wie die praktische Vernunft. Hier aber, bei Comte, haben wir eine Osmose: Zuerst gibt es das Experiment; darauf, von der Erforschung der Tatsachen ausgehend, die Gesetze; die Gesetze ermöglichen die Kenntnis der Geschehnisse, auch im Gebiet des Menschen und der Gesellschaft. Hier hat die Metaphysik keine Funktion, keinen Gegenstand mehr. Alles, was Gegenstand der Metaphysik war, ist potentiell, wenn auch noch nicht wirklich, durch die Wissenschaft aufgesogen. Und damit glaubte Auguste Comte, die Metaphysik ausgeschaltet zu haben: Fortan ist die Metaphysik überholt. Seltsamerweise vertrat Comte trotzdem eine politische und soziologische Lehre. Darin finden wir eine Verbindung von Positivismus und humanitärer Einstellung. Beides geht ineinander über. Comte sucht sich nämlich zusammen, was er für seine Zwecke braucht, er greift da zu Emotionen, zum subjektiven Leben. Das subjektive Leben ist ja auch eine Tatsache, ebenso wie der Sinn für die Religion, der als Faktum anerkannt werden soll. Das Bedürfnis nach Kult, das er als Tatsache in der Menschheit feststellt, erforscht Comte nicht wie einen normalen Gegenstand, zu dem er als Positivist Distanz hält. Er zieht ihn gleichsam an sich. Bei ihm ist der strenge Begriff von Phänomen im kantischen Sinn etwas verwischt, mischt sich mit dem Bedürfnis nach religiöser Praxis, mit der Sehnsucht nach dem allumfassenden Sein.

Es ist darum ziemlich schwierig, die wirkliche philosophische Einheit dieses Systems zu erfassen.

Wie wir aber bemerkten, haben auch die englischen Empiristen, die sich streng an die Erfahrung halten wollten, schließlich dem Religiösen einen entscheidenden Platz eingeräumt, indem sie aber gleichzeitig ihre große Hoffnung auf den menschlichen Fortschritt setzten. Es gibt also einen spezifischen moralischen Idealismus der Empiristen. Schon bei Lukrez fanden wir diesen Gedanken des menschlichen Fortschritts. Wiederum also sehen wir diese Verkoppelung von strengem Empirismus mit dem Bedürfnis, an den Fortschritt zu glauben, ihn zu idealisieren, sich auf den Weg zu machen einem großen göttlichen Wesen entgegen. Es ist eine seltsame Erfahrung: Die inneren Erlebnisse setzen sich auf der Ebene der psychologischen Tatsachen durch – auf Kosten vielleicht der systematischen Strenge der Lehre.

Es ist schwierig, heutzutage von Karl Marx als Philosophen zu sprechen, weil dieser Denker einen solchen Platz unter den Ideologen, den treibenden politischen, wirtschaftlichen, sozialen und auch philosophischen Kräften unserer Welt eingenommen hat, daß es kaum möglich ist, von all dem abzusehen und ihn von einem rein philosophischen Standpunkt aus zu betrachten. Außerdem ist über ihn soviel geschrieben und geredet worden – Nützliches und Unnützes –, daß sein Bild ganz von Meinungen verstellt ist. Was die Darstellung noch erschwert, ist, daß es den jungen Marx gibt, den reifen Marx, den Marx der dritten Periode. Dann gibt es Schriften, in denen sich das Denken von Marx und das Denken seines Freundes, Friedrich Engels, vermengt. Sie haben gewisse Schriften gemeinsam verfaßt, aber ihre philosophische Ausrichtung ist doch nicht dieselbe. Hinzu kommen noch alle mehr oder weniger »marxistischen« Strömungen, die Staaten, die sich »marxistisch« nennen, und die politischen Parteien und Gruppen, die als »marxistisch« gelten und von denen die meisten Marx selbst den tiefsten Abscheu eingeflößt hätten.

Es ist nicht leicht, von Marx als Philosophen zu sprechen. Karl Marx selber wurde am Anfang seines Denkens von einem tiefen, ihn erschütternden Staunen ergriffen. Er staunte vor dem Gegensatz, vor der Diskrepanz zwischen dem wissenschaftlichen Optimismus der Mitte des 19. Jahrhunderts, dem Hegelschen großartigen Ja zu seiner Zeit einerseits, und andererseits dem Elend und der Ohnmacht der Arbeitermassen in jener Welt, die die seine war: die Welt des frühen Kapitalismus.

Wir haben zu Beginn dieser Ausführungen von einem Staunen gesprochen, das die Natur betraf; dann galt das Staunen den Ideen oder der Erkenntnis. Bei Marx bezieht sich nun die Erschütterung durch das Staunen auf die soziale Wirklichkeit und auf die Geschichte, die sie hervorgebracht hat, während doch die Wissenschaft dem Menschen vernünftige Lebensumstände versprechen konnte: Marx staunte vor der Ohnmacht der Menschen und der Macht der Mechanismen, die die

Menschenmassen zermalmten.

Wir dürfen nicht vergessen, daß Marx bürgerlich-liberaler deutscher Herkunft war, er war gebildet, hatte viel gelesen, war in vielem wohl bewandert. Vor allem aber hatte er die Philosophie Hegels aufgenommen. Was bei Hegel für Marx entscheidend gewesen ist, das ist der umfassend klare Systembau, der Drang zur Totalität, die Allmacht der Geschichte und die dialektische Bewegung. Wir erinnern uns an das Hegelsche Schema, die Triade von These, Antithese und Synthese. Wir haben betont, daß die Negation einer Seite der Realität die Entstehung der anderen Seite mit sich bringt, daß dann eine Synthese der beiden Seiten sich wieder dank der Negation vollzieht und daß das Ganze sich durch die Geschichte im Werden dieser Triade verwirklicht. Davon war Marx tief beeindruckt.

Also: Totalität, Dialektik, Geschichte, verknüpft mit dem wissenschaftlichen Optimismus und dem Anblick des menschlichen Elends, das sind die ursprünglichen Triebfedern des Denkens von Marx. Wir haben früher festgestellt, daß Hegel sich als Biograph des Begriffs auf den Standpunkt Gottes stellt und daß nach ihm wohl niemand mehr in diesem Sinne Hegelianer sein kann. Man interessiert sich sehr für sein System, aber man lebt nicht in ihm. Marx übernimmt nun die Dynamik des Hegelschen Denkens, das historisch-dynamische Denken und die Dialektik; er wendet sie aber gegen den Hegelianismus. Er ist direkt vom Denken Hegels inspiriert, jedoch dreht er es um. Das werden wir erklären.

Wichtig war dabei ein anderer Einfluß: Der deutsche Denker *Feuerbach* führte einen heftigen Angriff gegen Gott und die Religion. Marx sah darin eine *große »theoretische Revolution«*, als Denunziation der religiösen Entfremdung des Menschen, und die Vorbedingung jeder echten Kritik. Statt im Himmel einen Übermenschen zu suchen, der nur ein unwirklicher Schatten von ihm selbst, also ein »Unmensch« sein kann, wird der Mensch seine eigentliche Wirklichkeit auf Erden suchen. Auch die Philosophie wird als in ihrem Wesen religiös, als Lehre der Transzendenz verworfen. Marx wird nicht nur Gott entthronen, sondern auch Hegels »Weltgeist«. Und er dreht, wie gesagt, die Dialektik um. Im Gegensatz zu Hegel behauptet er, daß die wahre Wirklichkeit nicht die des Geistes sei, dessen Veräußerlichung die Natur wäre, sondern *die materielle, soziale und ökonomische Wirklichkeit,* durch die sich erst alles andere erklären läßt. Marx geht grundsätzlich von der menschlichen Wirklichkeit aus, nicht vom universalen Geist, auch nicht von der unberührten Natur. In dieser menschlichen Wirklichkeit sind es nach ihm *die materiellen Bedingungen* der menschlichen Existenz, die das Bewußtsein bestimmen, und nicht umgekehrt.

Wenn wir also auf die Menschen und ihre Geschichte einwirken wollen, so wie auch auf ihr Selbstbewußtsein, so müssen wir eben die materiellen Bedingungen ändern. Der Schlüssel aber zu der materiellen und geistigen Struktur, in der alle Zeitgenossen ihm gefangen scheinen, sind *die Produktionsverhältnisse,* die Weise, wie die Menschen das produzieren, was sie zum Leben brauchen. Entscheidend für die Beziehungen, die sich zwischen den Menschen ergeben, indem diese sich das Nötige durch Arbeit und Tausch verschaffen, sind die *Produktionsmittel.*

Nun treffen wir auf die berühmte These des Marxismus: *Die klassische Philosophie interpretiert die Welt, es kommt aber darauf an, sie zu verändern.* Folglich sind die Werke, die Marx schreibt, nicht einfach theoretische Werke. Sie sind auch als Werke Handlung und Kampf. Bei Marx finden wir also nicht zweierlei, ein rein theoretisches und ein rein kämpferisches Werk; das ganze Werk ist kämpferisch und damit *ein Werk der Propaganda.*

Ich habe irgendwo gesagt, Propaganda sei das Gegenteil der Philosophie. Bei Marx aber fällt beides zusammen, denn seine theoretischen Werke sind »theoretisch-praktisch«, sie wollen ein objektives Resultat, eine faktische Veränderung in der Gesellschaft und in der Geschichte bewirken. Wenn wir sagen, die Philosophie muß die Wahrheit suchen und nicht Propaganda machen, so würde er uns antworten: Die Wahrheit in der Philosophie, wo es um das Verständnis einer menschlichen Wirklichkeit geht, ist immer zugleich eine Tat, durch die diese menschliche Wirklichkeit verändert wird.

Dieser Begriff des »Theoretisch-Praktischen« hat bei Marx einen Namen: es heißt *die Praxis.* Dieser Ausdruck ist seitdem oft auf unbestimmte und fälschliche Weise verwendet worden. Er wurde zur Tarnung aller möglichen Betrügereien und Lügen gebraucht. »Praxis« als Begriff meint jedoch etwas Wichtiges: Theorie und Praxis in einem, Theorie als Tat und Wirkung. Bei Marx finden also theoretische Werke ihre Wahrheit in der Art, wie sie die menschliche Wirklichkeit verändern. Ihre Wirkungskraft ist nicht nur Bewährung ihrer Wahrheit, sondern sie ist mit dieser Wahrheit eins. Wir können also das Schema, das wir bisher angewendet haben, auf Marx nicht ohne weiteres anwenden.

Es stellt sich nun die Frage: Bedeutet diese Denkart eine wirkungsvolle, folgenreiche Wende, die so, wie sie ist, bewahrt sein will? Oder handelt es sich um eine Verkehrung philosophischen Denkens? Es ist faszinierend festzustellen, daß auch die Antwort auf diese Frage, wenn man sie wirklich versteht, nicht rein theoretisch sein kann: Auch sie setzt unvermeidlich eine Entscheidung voraus. Die Einheit von Theorie und Praxis versteht Marx ja nicht auf Kosten der Wahrheit der Theorie; sie gestattet dem, der Theorie macht, nicht einfach, im Namen einer Praxis zu lügen. Die Theorie soll gleichzeitig Praxis sein, denn sonst kann sie für Marx nicht wahr sein.

Eine solche theoretisch-praktische, die menschliche Beziehungen verwandelnde Wahrheit kann es in einer Gesellschaft nicht geben, wo die unmenschliche *Entfremdung* herrscht.

Was ist diese Entfremdung? Das Wort wird so häufig, heute mehr denn je, in einer solchen Vielzahl von Bedeutungen und oft mit solch sentimentalem Hintergrund gebraucht, daß man fast nicht mehr weiß, worum es geht. Bei Marx aber hat das Wort einen präzisen Sinn.

Wie wir gesehen haben, sind für die Menschen die materiellen Bedingungen ihres Lebens entscheidend, die Art, wie sie das Lebensnotwendige produzieren können, also die *Produktionsverhältnisse.* Nun stellt Marx fest, daß die Produktionsmittel für die überwiegende Mehrheit der Menschen anderen gehören: Die Mittel, die jeder nötig hat, um sein Leben zu verdienen, um zu produzieren, was für ihn lebensnotwendig ist, gehören nicht ihm, sondern anderen. Und da die materiellen Mittel entscheidend sind, so folgt daraus, daß derjenige, der die Produktionsmittel zur Herstellung des Lebensnotwendigen nicht selbst besitzt, sich selbst auch nicht besitzen kann. Er gehört sich selbst nicht mehr, *er ist entfremdet,* er ist das Eigentum eines anderen geworden, oder vielmehr eines versachlichten, anonymen Systems. Das ist der fundamentale Sinn von Entfremdung. Daher sind die Menschen in der kapitalistischen Gesellschaft in zwei Kategorien, die Hegel *Klassen* nennt, geteilt: in jene, die die Produktionsmittel innehaben, *Kapitalisten* oder Arbeitgeber, und die Arbeiter oder Arbeitnehmer, die in ihrer Gesamtheit das *Proletariat* bilden, also jene, die mit Hilfe von Produktionsmitteln arbeiten, die anderen gehören. Dabei wird die Tätigkeit, der Akt selbst der Arbeit, in seinem Wesen entfremdet.

Aus dieser Sicht, verbunden mit der Theorie der Arbeitsteilung, von der wir bald sprechen werden, hat Marx ein Schema abgeleitet, das nach ihm allgemein für die gesamte Geschichte – nach Überwindung des Herdenstadiums – gilt. Motor der Geschichte ist immer wieder der *Klassenkampf* zwischen den Besitzenden und den Ausgebeuteten, wobei die untere Klasse die obere besiegt, um ihrerseits zur Oberklasse zu werden mit einer neuen unteren Klasse, und so weiter. Dieses Schema ist nach Marx der Schlüssel zur gesamten Weltgeschichte. Den Keim zur Theorie des Klassenkampfes findet man schon bei Hegel, in seiner berühmten *Dialektik von Herr und Knecht*.

Aber diese Totalisierung bei Marx, diese Absolutsetzung einer einzigen Erklärung als Motor der ganzen Weltgeschichte, ist wohl einer der schwächsten Punkte in seinem Denken. Wenn man ein so weitreichendes und auf die ganze Geschichte anzuwendendes Gesetz verkündet, sollte man es – wie man es in den Naturwissenschaften tut – an einer Fülle von geschichtlichen Beispielen überprüfen können, besonders auch an den Beispielen, die ihm nicht besonders günstig sind. Das aber tut Marx nicht. Er wählt aus den unzähligen Fakten der Geschichte zwei oder drei Beispiele, welche ihm geeignet scheinen (wie etwa den Aufstieg der bürgerlichen Klasse in der Französischen Revolution), und sein universales Gesetz der Geschichte wird dabei eher illustriert als verifiziert.

Bis jetzt habe ich die Lehre von Marx als einen klaren und einfachen Materialismus dargestellt: Die materiellen Bedingungen seien ausschlaggebend. So simpel ist es aber nicht, der Materialismus von Marx ist kein einfacher, traditioneller Materialismus. Marx hat im Denken seiner reifen Jahre sogar den sogenannten »alten Materialismus« widerlegt und verworfen. Warum? Weil er alles auf eine materielle, physikalische Realität zurückzuführen trachtet (wie etwa die Atomisten), wo die deterministischen Gesetze allein alles erklären. Darum kann es dort überhaupt keine Geschichte mehr geben. Ein solcher Materialismus kennt nur Gesetze, die für eine ganz und gar passive Realität passen, wo es nur Objekte gibt. Da eben ist keine Geschichte. Für Marx jedoch stand die Geschichte im Zentrum seines Denkens und des Menschseins. Die Geschichte, sagt er, ist eine *tiefgreifende Veränderung der Natur durch die menschliche Arbeit*. Also wird bei ihm die Geschichte nicht den Gesetzen der Natur unterworfen, sondern umgekehrt: Durch die menschliche Arbeit entsteht eine veränderte Natur.

Das ist sehr wichtig. Wir haben soeben gesehen, wie sich die Unterscheidung von Theorie und Praxis bei Marx verwischt. Nun werden auch Natur und Geschichte ihre Unterscheidung einbüßen: Durch die menschliche Arbeit tritt die Natur selbst in die Geschichte. Sie wird Geschichte.

Diese Lehre, in der nichts mehr von der Passivität des traditionellen Materialismus übrig bleibt, heißt bei Marx *historischer* oder auch *dialektischer Materialismus*. In der menschlichen Arbeit ist nun Absicht am Werk. Alle Begriffe verlieren ihre klarumrissene traditionelle Bedeutung. Das könnte ein Vorteil, eine Bereicherung des Denkens bedeuten, ist aber auch eine große Gefahr, da wir nicht mehr genau wissen, wovon wir eigentlich sprechen, wenn wir die marxistische Sprache benutzen.

Wir gelangen zu einem außerordentlich paradoxen Ergebnis. Bei einer materialistischen Auffassung im herkömmlichen Sinn sind die Menschen genau wie die übrigen Wesen den objektiven, keineswegs geschichtlichen Gesetzen der materiellen Welt unterworfen, während man bei Marx plötzlich ins andere Extrem springt: Man steht vor der »prometheischen« Vision einer menschlichen Allmacht. Die materielle Welt wird zum Produkt einer totalen, lebendigen Aktivität der Menschen. Statt einer passiven Unterwerfung der Menschen unter die Gesetze der Physik hat man es im Gegenteil in der Marxschen Auffassung des Materialismus mit einem »Prometheismus« zu tun: Es ist keineswegs mehr ein materialistischer Naturalismus. Wir befinden uns auf dem Weg zu einem Menschen, der die Welt umgestaltet, als sei er ein Gott. – Kein Übermensch jedoch: Wir sind auf dem Weg, wo es den Menschen möglich sein wird, Gott vollkommen zu ersetzen.

Was sind somit die Gegenstände? Die Gegenstände, das ist die konkretisierte menschliche Aktivität, es ist eine praktische Wirklichkeit, auf subjektive Weise faßbar. Wir sehen, daß wir hier nicht mehr feste Kategorien mit unveränderlichem Sinn verwenden können, zum Beispiel: Materialismus, Spiritualismus, Subjekt, Objekt, Theorie, Praxis. Es gibt keine festen Kategorien mehr, alles ist dialektisch geworden; sogar die Wörter, deren man sich bedient, um die dialektische Bewegung auszusprechen, sind dialektisch geworden. Begriffe lassen sich nicht mehr festlegen.

Tatsächlich entsteht im Denken und in der Ausdrucksweise derer, die von Marx sprechen oder die die marxistische Sprache sprechen – und auch bei Marx selbst –, eine Art von Schillern des Gedankens, das die Geister sehr wohl faszinieren kann. Es bietet ihnen alle möglichen Erleichterungen, allerlei dialektische Möglichkeiten, man darf spielen, jonglieren. Der Wahrheitsbegriff bekommt etwas Fließendes, der Begriff Praxis löscht in gewisser Weise die Objektivität der Welt aus, in der man Hypothesen verifizieren sollte. Hypothesen hängen von Hypothesen ab, die sie teilweise produziert haben – und seltsam: Diese intellektuelle Situation, die Marx geschaffen hat, sollte später auf die Wechselwirkung treffen, die sich in der modernen Physik zwischen Beobachter und Beobachtetem eingestellt hat. Wenn wir heute wissen, daß in der Physik der Beobachter bis zu einem gewissen Grade auf den beobachteten Vorgang durch seine Beobachtung einwirkt, so haben wir etwas von diesem Schillern, dieser Faszination, die dem Denkschema von Marx eigen ist. Dieses Schwindelgefühl ist wahrscheinlich charakteristisch für die moderne Zeit. Wie weit haben wir uns entfernt von dem einfachen Materialismus des Anfangs. Verifizieren, bestätigen, widerlegen wird schwierig. Wenn der Widerspruch für die Dialektik konstitutiv, im Innern der Dialektik angelegt ist, wie können wir dann rational argumentieren? Ich bin der Ansicht, daß gerade darin der Anspruch des Marxismus auf strenge Wissenschaftlichkeit sich als falsch erweist: Man kann ihn weder beweisen noch widerlegen.

Alle große Philosophie verwirrt uns, denn sie stellt uns in Frage. Marx hat unter dem Namen der *ideologischen Kritik* geradezu eine Theorie entwickelt, in der es darum geht, verborgene Ideologien zu entlarven: Diese Kritik soll die Auffassungen, die die Menschen von sich, von der Welt und von ihrer Beziehung zur Welt haben, untersuchen, um zu zeigen, daß diese Auffassungen eben nichts erhellen oder erklären, sondern im Gegenteil Verschleierungen der realen Interessen in der jeweiligen Situation sind. Aus solchen Verschleierungen besteht größtenteils das, was wir Kultur nennen. Diese Kultur hängt von den jeweiligen Produktionsmitteln und Produktionsverhältnissen ab.

Marx unterscheidet in der Geschichte der Menschheit drei Etappen der Produktion, der Arbeitsweisen und Arbeitsbedingungen. Produktion, Arbeitsweise und Arbeitsbedingungen sind ja, wie wir gesehen haben, für die Art des Menschseins zu jeder Zeit ausschlaggebend.

Die *erste Etappe:* Der primitive Mensch hat noch fast keine Werkzeuge. Er hat noch nicht das Bewußtsein seiner selbst als Individuum, sondern nur *ein Herdenbewußtsein.* Er ist sozusagen noch von der sozialen Herde, der er angehört, umgriffen und absorbiert.

Dann die *zweite Etappe,* bei weitem die wichtigste: Nach und nach werden Werkzeuge erfunden, die Produktivität jedes einzelnen Menschen nimmt zu; und nun das Entscheidende: Die Werkzeuge führen zu der Entdeckung, daß es vorteilhafter ist, die Aufgaben aufzuteilen. Durch *die Arbeitsteilung* geschieht die Individualisierung der Menschen: *Das Individuum* erfaßt sich als solches. Es begreift sich als ein Ich und nicht mehr bloß als umgriffen von der Stammeshorde.

Im Grunde erfüllt die Arbeitsteilung bei Marx eine ähnliche Funktion wie die Erbsünde in der biblischen Geschichte. So wie die Erbsünde Adam und Eva ihrer selbst, als Individuen bewußt werden läßt, wirkt auch die Arbeitsteilung. Und damit beginnt, was Marx *die Vorgeschichte der Menschheit* nennt.

Wohlverstanden: Diese Vorgeschichte ist nicht das, was für gewöhnlich so bezeichnet wird. Was Marx Vorgeschichte nennt, ist das, was wir üblicherweise als unsere eigentliche Geschichte betrachten. Solange es um die Primitiven in ihrem Herdenbewußtsein geht, handelt es sich noch nicht einmal um Vorgeschichte. Mit der Arbeitsteilung, dieser *»felix culpa«,* dieser fruchtbaren, schöpferischen »Sünde«, die die menschliche Individuation erzeugt, fängt die Vorgeschichte an, und damit auch schon der Klassenkampf.

In der oberen Klasse entsteht dann eine zweite, entscheidende Teilung: *die Teilung in materielle und geistige Arbeit.* Neben den aktiven Besitzern der Produktionsmittel befinden sich dann diejenigen, die die Funktion des Denkens übernehmen. Diese Ideologen verdienen ihr Brot dadurch, daß sie den Illusionen, die die herrschende Klasse über sich selber haben muß, Form und Ausdruck geben.

Hingegen gibt es für die Menschen der ausgebeuteten unteren Klasse, also für das Proletariat, nur die aufgezwungene Arbeit, die sie in die Entfremdung stürzt.

Von da an ist der Mensch nicht mehr das Herdentier vom Anfang, er wird ein Klassenwesen. Er wird durch die Klasse, der er angehört, definiert und dadurch der Gefangene einer Notwendigkeit, die ihm nicht bewußt ist; der Gefangene nicht eines Herrn, wie bei Hegel, sondern eines Prozesses, eines Gesamtvorgangs, der mechanisch in der blinden Interdependenz der Marktwirtschaft funktioniert. Marx glaubte in dieser mechanischen Interdependenz eine Art moderner Analogie zum *fatum*, dem blinden Schicksal der Antike, zu erkennen. Das menschliche Individuum wird *zugleich frei und entfremdet*.

Frei durch die Arbeitsteilung; der Mensch ist ein Individuum geworden, er hat eine potentielle Freiheit; doch er hat sie nur gerade so, daß er sie nicht hat. Er empfindet sie als eine, die er eben nicht hat. Entfremden kann man niemanden, der nicht frei ist. Folglich ist das Individuum nur frei, damit es entfremdet werden kann.

Das also ist die zweite Etappe, die längste, die »Vorgeschichte«, deren vollkommenstes Stadium eben der Kapitalismus seiner Zeit bildet. »Vollkommen« hat hier keinen moralischen Sinn, es bezeichnet vielmehr das Endergebnis der Arbeitsteilung, die im Lauf der Jahrtausende fortgeschritten ist und in der industriellen Gesellschaft und der Fließbandarbeit ihren Gipfel erreicht.

Die *dritte Phase* ist dann die *der Zukunft*, die des *Kommunismus*. Der Kommunismus ist für Marx das Ende der Vorgeschichte und der Eintritt in die eigentliche Geschichte.

Aber seltsam: Gerade hier hört bei Marx jede genaue Schilderung oder Analyse auf. Er sagt nur, in der kommunistischen Gesellschaft werden alle Gegensätze gelöst, es werde keinen entfremdeten Menschen mehr geben, sondern, dank der Kollektivierung der Produktionsmittel, einen neuen totalen Menschen, der sich nun gerade in seiner (schöpferischen) Arbeit verwirklichen werde. Wie das? Marx antwortet, indem er die gemeinsame Arbeit aller Menschen der bewußten Kontrolle aller frei assoziierten Individuen unterwirft, ohne Kapitalismus, ohne Ausbeutung, ohne Klassenkampf. Und so gelangen wir zu einem Zustand, in dem der Staat nur noch zu verschwinden hat; er wird keinerlei Funktion mehr haben, und das nennt Marx den endgültigen Sprung in die Freiheit. Ich brauche hier wohl nicht auszuführen, daß zwischen der zweiten und der dritten Etappe ein absoluter Sprung liegt. Nicht nur die Revolution, sondern ein absoluter Sprung, durch den man zur Vollendung gelangt, zum Abschluß. Wohl sagt Marx, daß dies der Anfang der wahren Geschichte sein wird und daß für ihn, was nicht Geschichte ist, nicht existiert. Aber was kann das sein, Geschichte in der Vollendung? Im Abschluß, wenn alles gelöst ist? Wenn nun alles, was Freiheit und Geschichte beeinträchtigen kann, abgeschafft ist, bleibt nur das Paradies auf Erden; ist im Paradies Geschichte denkbar? Muß da nicht die Zeit ausgelöscht werden? Ist diese Zukunft nicht ein Jenseits? Dies sei nur im Vorbeigehen bemerkt.

Was müssen wir nach Marx im Hinblick auf diesen künftigen Kommunismus tun? Zuerst müssen wir das Privateigentum der Produktionsmittel abschaffen. Denn in der Zeit der Arbeitsteilung ist eben dieses die Ursache der Ausbeutung und Entfremdung derer, die in völlig abhängiger Weise arbeiten. Wir müssen also die realen Bedingungen der Produktion ändern und alle Ideologien entlarven, die dazu dienen, die kapitalistische Ordnung zu überschminken und zu maskieren, vor allem die religiösen Ideologien, die einzig dazu dienen, diese Ordnung zu rechtfertigen und ihr Dauer zu verleihen. Es geht im Gegenteil darum, sie zu entlarven, damit sie abgeschafft wird, und mit ihr die Ausbeutung einer Klasse durch die andere. Wir finden hier die berühmten Thesen, die jeder kennt. Die Religion ist Opium für das Volk. Wenn die Produktionsmittel sozialisiert sein werden, verschwinden alle Unfreiheiten. Wir erleben dann eine *Eschatologie*, die nicht wie die christliche in ein Jenseits der Zeitlichkeit verlegt ist, sondern die in der Zukunft, im Verlauf einer zeitlichen Kontinuität vor uns steht, die der Advent, die Ankunft des Endes der Vorgeschichte der Menschheit, der Beginn ihrer wahrhaften Geschichte sein wird: das, was Engels zum Beispiel den Sprung vom Reich der Notwendigkeit in das Reich der Freiheit genannt hat.

Hier sind immerhin einige Fragen am Platze. Den stärksten Einwand, der philosophisch gegen die von Marx eröffneten Perspektiven der Gerechtigkeit und Freiheit erhoben worden ist, hat unter anderen mit großem Nachdruck *Simone Weil* formuliert. Folgendes wendet sie ein: Wenn Marx erklärt, die materiellen Produktionsmittel seien für die ganze soziale Wirklichkeit und für die Entwicklung der Geschichte der einzige entscheidende Faktor, und wenn er gleichzeitig voraussagt, daß wir eines Tages innerhalb der Zeit unausweichlich zum Kommunismus als dem Paradies der Gerechtigkeit und Freiheit gelangen, so läuft das darauf hinaus, aus der Materie selbst wunderbarerweise eine Maschine zur Herstellung des Guten zu machen. Es ist der Mühe wert, über dieses Wort zu meditieren.

Wenn wir von Marx sprechen, müssen wir auch *seine ökonomischen Auffassungen* kurz ins Auge fassen; denn alles ist bei ihm verknüpft. Wir haben bei den Philosophen, die wir bis jetzt studiert haben, astronomische, physikalische, biologische Modelle gefunden, die ihr philosophisches Denken zum Teil bestimmen. Bei Marx sind die ökonomischen Betrachtungen vom philosophischen Denken kaum zu trennen.

Wir haben gesehen: Marx wirft Hegel und der ganzen bisherigen Philosophie vor, daß sie sich damit begnüge, die Welt zu interpretieren, statt sie zu verändern. Ähnlich behandelt er die klassischen ökonomischen Theorien. Er wirft ihnen vor, die Geschichte zu fixieren, alle ihre Überlegungen auf das zeitgenössische *kapitalistische System* zu gründen, wie wenn alles Frühere sich durch diesen Kapitalismus erklären ließe, wie wenn dieser Kapitalismus gleichsam eine endgültige Naturwirklichkeit wäre, die – einmal eingetreten – sich nicht mehr ändern werde. Aber, sagt Marx, alles, was existiert, existiert durch das Fließen, das es auch wieder verändern wird. Hier bleibt er Hegel treu. Wenn etwas existiert, so ändert es sich; wenn es sich nicht ändert, so existiert es nicht. Folglich, wenn die ökonomische Welt wirklich unveränderlich geworden wäre, so würde das bedeuten, daß es sie gar nicht mehr gäbe. Wenn wir also die zeitgenössische Ökonomie untersuchen wollen, müssen wir die Widersprüche der Marktwirtschaft entziffern, um die Art und Weise herauszufinden, in der sie sich verändert und verändern muß. Das heißt, wir müssen unter der scheinbaren Anarchie der Marktwirtschaft *die Gesetze* herausfinden, die dieses Chaos lenken. Das fundamentale Gesetz ist das *Gesetz des Wertes*. Jeder Gegenstand hat einen *Gebrauchswert* und einen *Tauschwert*. Der Tauschwert ist nicht dasselbe wie der Gebrauchswert. Der Gebrauchswert ist dem Gegenstand gleichsam inhärent. Er stellt im Gegenstand die konkrete Arbeit dar, die ihn erzeugt hat. Der Tauschwert jedoch ist nach Marx wortwörtlich »übernatürlich«, das heißt, rein gesellschaftlich bestimmt; er entspricht der »abstrakten Arbeit«, die von den Produktionsnormen einer gegebenen Gesellschaft in einer gegebenen Zeit abhängig ist. Der Tauschwert wird durch die objektivierte gleichwertige Arbeit als Arbeitsdauer gemessen. Es handelt sich also dabei um ein mechanisches Wertgesetz. In der Handelswirtschaft zum Beispiel, in der das *Gesetz des Marktes* gilt, ist das Gesetz des Wertes blind, es ist unbewußt. Seine Fluktuationen regeln alles, alles hängt von ihm ab, ohne daß jemand eine Entscheidung zu treffen hätte. Es herrscht also die versachlichte, verdinglichte Anonymität, die von Gesetzen – ähnlich den Gesetzen der Physik – gelenkt wird und die infolgedessen *unmenschlich* im genauen Sinne des Wortes ist. Das, was beim Tauschwert sicher und natürlich ist, entspricht einer Untermenschlichkeit, einer Unmenschlichkeit auf dem Niveau des Marktes und des Tausches; das ist das kapitalistische System. Der Kapitalismus ist gerade die Trennung zwischen den Mitteln und den

Arbeitern, die diese komplexe und scheinbar anarchische Realität erzeugt, die durch unmenschliche Gesetze regiert wird.

Trotzdem müssen wir verstehen, daß Marx viel zu sehr Hegelianer ist, um eine große Etappe der Geschichte einfach als schlecht, unnütz oder vermeidbar hinzustellen. Wir erinnern uns: Bei Hegel ist alles, was in der Geschichte geschieht, schließlich gerechtfertigt. Alles, was wirklich ist, ist vernünftig, und alles, was vernünftig ist, ist wirklich. Für Marx ist Dialektik eine wesentliche kritische und revolutionäre Methode, die alles, was ist, im Fluß der Bewegung, die es hervorgebracht hat, integriert und es also positiv versteht. Alles ist für ihn zugleich positiv notwendig *und* durch Negation notwendigerweise zu überwinden. Marx, der das kapitalistische System so heftig bekämpft, der es durch etwas anderes – seine Negation – zerstören und ersetzen will, anerkennt doch völlig die Notwendigkeit der kapitalistischen Etappe in der Entwicklung der Menschheit. Ohne den Kapitalismus, der die primitive Anhäufung des Kapitals vollbringt, wäre der Übergang zum Kommunismus, also zur eigentlichen menschlichen Geschichte, unmöglich. Der Kapitalismus erfüllt außerdem eine notwendige und komplexe Funktion. Zunächst bringt er im Bereich der Produktion die universelle Kooperation der Menschen hervor. Er ist es, der schicksalhaft, nicht durch Güte, nicht durch Ideologie, sondern allein aufgrund der Natur der Produktionsmittel im kapitalistischen System, in der Geschichte eine universalisierende Rolle spielt. Andererseits erzeugt derselbe Kapitalismus ein neues Subjekt der Geschichte, wie Marx' Ausdruck lautet: den kollektiven Arbeiter, das heißt, das Proletariat. Und wenn das Proletariat nicht existierte, wäre die Fortsetzung der Geschichte, wäre der Übergang zum Kommunismus, unmöglich. So besteht die doppelte Funktion dieser Barbarei des Kapitalismus darin, einerseits durch Gewalt das Kapital zu akkumulieren und andererseits die Entstehung des neuen Subjekts der Geschichte, des kollektiven Arbeiters, des ausgebeuteten Proletariats, zu bewirken. Der Kapitalismus wird jedoch eine fortschreitende Lähmung erleiden, die seinen Zusammenbruch herbeiführen wird. Sein Zusammenbruch ist die Folge der ökonomischen Mechanik, er steht im Gesetz der ökonomischen Realität, ist in der Notwendigkeit des Kapitalismus schon mitgegeben. Man könnte einwenden: Wozu dann die Revolution? Eben gerade, um diesen Zusammenbruch zu lenken, zu steuern, zu formen und zu beschleunigen, der den Tatsachen auf jeden Fall innewohnt.

Das Proletariat ist schon da, es muß aber seiner selbst bewußt werden. Hier kommen wir zur politischen Auswertung der philosophischen und ökonomischen Analyse. Für Marx ist die Zerstörung der Ideologien eine der wesentlichen Formen politischen Eingriffs, und sie geschieht durch die Entwicklung der wissenschaftlichen marxistischen Theorie selbst. Hier können wir wiederum keinen Unterschied machen; denn für ihn ist seine Theorie der Kampf selber, Theorie und Kampf sind eins. Die wissenschaftliche Doktrin ist ein Werkzeug, um die Ideologien zu zerstören, die das Proletariat daran hindern, sich seiner Macht bewußt zu werden so wie auch des Gesetzes der Geschichte, das auf seiner Seite ist.

Zu dieser Verbindung von politisch-propagandistischer Aktion und von Theorie mit ihrem wissenschaftlichen Anspruch müssen wir folgendes bedenken: Zur Zeit von Marx war man von den gewerkschaftlich organisierten Arbeiterklassen von heute, mit ihren Garantien, ihrem Streikrecht, ihrem Arbeitsschutz aller Art weit entfernt. Ihr Elend, ihre Ohnmacht waren damals so groß, daß man irgendeine Hoffnungsquelle für sie finden mußte. Um ihnen etwas Zuversicht zu geben, schenkte ihnen Marx eine Interpretation, nach der die Notwendigkeit der Geschichte – verborgen in der ökonomischen Wirklichkeit – zusammen mit der Sicherheit der Wissenschaft, auf der Seite des unterdrückten Proletariats standen. Die Arbeiter brauchten den größten Heroismus, um auch nur die kleinste gewerkschaftliche Aktion auszulösen, die ja noch kaum gewerkschaftlich zu nennen war. Dank der Lehre von Marx konnten sie ein Bewußtsein entwickeln, nach dem sie große proletarische Massen hinter sich hatten und Wissenschaft und Geschichte zu Verbündeten hatten. Der Kampf von Marx gegen die Ideologien wird auf dem Boden einer berühmten Theorie geführt. Jede Gesellschaft besteht aus einem Unterbau und einem Überbau. Der Unterbau ist die ökonomische Realität der Produktionsmittel und -verhältnisse, und er bestimmt den Überbau, das heißt, alles, was Kultur und Politik umfaßt, was zum Reich der Ideen, der Künste, der Religion, der Werte und des Glaubens gehört. Die Ideologiekritik besteht darin, alles, was im Geist erscheint, als Verschleierung der ökonomischen Gegebenheiten und Konflikte zu entlarven. Wenn aber *alles* Geistige durch das Ökonomische bestimmt wird, dann auch die Marxsche Theorie, die Marxsche Philosophie. Es wäre also konsequent, eine Ideologiekritik auch an ihr zu üben. Das tun aber weder Marx noch die Marxisten. Ihre eigene Lehre hält sich für gleichsam erhaben über die Ideologiekritik.

Wir haben bei Hegel gesehen, daß er eine Geschichtsphilosophie ohne Zukunft entwickelt hat. Die Lehre Marx' ist im Gegenteil eine Philosophie der Zukunft. Merkwürdig ist aber, daß er über das kommende Stadium der Geschichte, also über die für ihn eigentliche Geschichte in der kommunistischen Gesellschaft, fast nichts aussagt. Wir hören nur negativ, daß die kapitalistische Ausbeutung und deren Folgen verschwinden werden. Die kommunistische Gesellschaft erscheint im Werk von Marx kaum; was sehr deutlich erscheint, ist nur die vielfältige Denunzierung der gegenwärtigen kapitalistischen Ordnung. Es ist, als reiche es aus, das existierende Schlechte abzuschaffen, um das Richtige – den Kommunismus – emporsteigen zu sehen.

Die Lehre von Marx fasziniert durch eine seltsame Mischung von einer – der Absicht nach – wissenschaftlichen Analyse der ökonomischen, bestimmenden Struktur der Gesellschaft einerseits, und einer alles beherrschenden eschatologischen Vision der Geschichte. *Eschatologisch* nennt man eine Geschichtsbetrachtung, in der ein Endzweck angenommen wird. Die ganze Geschichte strebt danach und wird ihn endlich auch erreichen. Normalerweise wird eine solche Eschatologie von einem religiösen Glauben getragen, denn sie setzt eine planende göttliche Vorsehung voraus. Sie scheint auf alle Fälle jeder total deterministischen Interpretation der Geschichte zu widersprechen, nach der nur eine wertelose Notwendigkeit herrscht.

Bei Marx haben wir schon jenes merkwürdige Schillern der Begriffe bemerkt. Der Materialismus ist bei ihm dialektisch, also kein rein physischer Determinismus. Die Theorie ist bei ihm zugleich Praxis, also keine Bemühung um reine Objektivität. Die Revolution ist zugleich menschliche Entscheidung und geschichtliche Notwendigkeit. Sie ist der Endzweck unserer Geschichte – aber bei Marx heißt diese Geschichte »Vorgeschichte«, und erst nach der Revolution werden die Menschen in die eigentliche Geschichte eintreten. Eben dieses Schillern taucht nun auch unter diesen Vorstellungen wieder auf: Die Religion als Lehre des Jenseits ist »Opium für das Volk«, »die eigentliche Geschichte« jedoch ist bei Marx ein zukünftiges Diesseits, was aber die Rolle eines Jenseits spielt. Dieses Schillern nutzt noch heute der nun mehr als sechzig Jahre alte Sowjetstaat reichlich.

Trotzdem bleibt bei Marx die Revolution ein eschatologisches Ereignis: Die ganze Geschichte bekommt von ihm her ihren Sinn und ihren Wert. Und dieses Ereignis findet in der Zukunft, also in der Zeit, statt.

Das ist entscheidend. Das bedeutet, daß es zwischen unserer Gegenwart und der Zeit der Marxistischen Revolution keinen Schnitt, keinen Bruch durch das Transzendente, Zeitlose, Ewige, wie in den religiösen Eschatologien, geben kann. Man spricht hier nicht von »nach der Zeit« oder vom »Ende der Zeiten«. Dieselbe Zeit, die wir kennen, erstreckt sich bis zur eschatologischen Revolution. Also gelten die wissenschaftlichen Schlüssel der Marxschen Lehre, die das vollständige Verstehen des geschichtlichen Geschehens garantieren, für die ganze kontinuierliche geschichtliche Zeit, die uns noch von der Revolution trennt – oder vielmehr: die uns mit ihr verbindet. Die Folge ist, daß kompetente Marxisten *die wissenschaftliche Praxis* entwickeln können, die die Menschheit zu dieser Revolution führen wird. Sie werden die sachverständigen Ingenieure der Geschichte, bis zur Revolution.

Daher bei den Kommunisten die Auffassung der »von oben« geführten Arbeiterbewegung. Es hätte keinen Sinn, eine Volksabstimmung darüber abzuhalten, wie die Ingenieure eine Brücke bauen sollen, damit sie hält. Die »Ingenieure« *wissen*, wie man die Revolution verwirklicht. Und eben deswegen ist der totalitäre Stalinismus kein zufälliger Umweg oder Irrtum: Das totale Wissen knechtet die Massen, um sie zu ihrem Glück zu führen. Der Staat wird verschwinden – und um verschwinden zu können, wird er immer erdrückender und mächtiger.

Manche Christen glauben in der marxistischen Eschatologie Verwandtschaften und Anknüpfungspunkte für eine Annäherung an die christliche Eschatologie zu finden. Sie unterschätzen dabei den folgenschweren Unterschied zwischen einer Eschatologie, deren Endziel in unserer Zeit, in unserer Zukunft, technisch erreichbar sein soll, und einer Eschatologie, deren Endziel am Ende der Zeiten, jenseits der Zeit, also erst im Transzendieren der Zeit, seinen Sinn eröffnet. Das erste schimmert uns aus der Zukunft entgegen; das zweite befiehlt aus der Ewigkeit heraus im Jetzt eine jeweils bestimmte Verantwortung.

Marx hat das allgemein menschliche Bedürfnis nach Transzendenz bewußt abgelehnt und bekämpft. Er sah darin eine Flucht vor den Aufgaben, die in einer Gesellschaft wie der des Frühkapitalismus offensichtlich und dringend waren. Die Lebensbedingungen der Arbeiter in der Mitte des 19. Jahrhunderts empfand er als unerträglich, und man soll sie auch nicht vergessen: keine Rechte, kein Schutz vor jeder Art Willkür, keine Ferien, Frauen- und Kinderarbeit, fünfzehnstündiger Arbeitstag, kein sozialer Schutz, unwürdige Wohn- und sanitäre

Verhältnisse, frühe Sterblichkeit usw. Menschen waren mit Leib und Seele eine Ware.

Seither sind fast 150 Jahre vergangen, sind enorme Fortschritte gemacht worden, teils dank der Technik, teils dank den Arbeitskämpfen, die häufig durch Marx' Lehre inspiriert, aber auch zugleich oft fehlgeleitet waren und teuer bezahlt wurden infolge der totalitären Ansprüche, die wir erwähnt haben.

Im Denken von Marx steckt eine ganze Menge jüdischen und christlichen Transzendenzdenkens, das er jedoch unerbittlich ins Irdische herunterholt, damit es keine Ausflüchte gebe, damit die Forderung nach Gerechtigkeit hienieden, auf Erden, nicht fortgeschoben, umgangen werde oder sich in eine weniger wirkliche Dimension verflüchtige.

Die Auseinandersetzung mit ihm und seinen Nachfolgern geht weiter.

Wir haben das philosophische Staunen zuerst bei griechischen Denkern des 6. Jahrhunderts v. Chr. angetroffen – und nun stehen wir an der Schwelle des 20. Jahrhunderts. Wie ordnen wir Freud ein? Was war sein fundamentales Staunen, das ihn zu bestimmten Entdeckungen führte und zu Methoden, die unter der Bezeichnung Psychoanalyse einen so gewaltigen Einfluß auf das zeitgenössische Denken haben sollten?

Das erste, sehr wichtige Werk Freuds erschien im Jahre 1900, genau zu Beginn des Jahrhunderts: ›Die Traumdeutung‹. Damals erlebten die Naturwissenschaften eine Periode des Aufblühens und der stürmischen Entwicklung. Besonders die Physik triumphierte. Die Wissenschaftler, die sich mit dem Menschen befaßten, träumten davon, Methoden zu finden, die sich mit den Naturwissenschaften an Sicherheit messen könnten und die ebenso vielfältige Entdeckungen ermöglich würden. In diesem Zusammenhang müssen wir auch Freud sehen.

Marx und Freud teilen gewisse Züge, obschon der eine sich hauptsächlich mit der Erforschung der Gesellschaft in wirtschaftlicher und sozialer Hinsicht befaßt hat und der andere mit dem Menschen auf psychologischer Ebene, genauer mit dem, was man nun *Tiefenpsychologie* nennt. Was uns aber gestattet, sie nebeneinanderzustellen, was auch erklärt, wieso der Einfluß, den sie beide ausübten, sich gegenseitig verstärkte, das ist die Analogie des Vorgehens.

Marx betrachtet – wie wir sahen – die Ideen, Ideologien, Denkstrukturen einer Gesellschaft als einen Überbau, der sich von etwas anderem herleitet, das nicht in Erscheinung tritt, im Gegenteil die Tendenz hat, verborgen zu bleiben. Dies andere ist aber der eigentlich bestimmende Grund dafür, weshalb der Überbau so ist, wie er ist.

Die eigentlich zugrundliegende, bestimmende Wirklichkeit sieht Marx in den Produktionsverhältnissen; und auch nach Marx wurden meistens die wirklichen Machtverhältnisse nicht aus dem ideellen Überbau, der Kultur, abgeleitet, sondern eben aus dem materiellen Unterbau der Produktionsweisen. Marx erklärt, wie wir sahen, auf nuancierte Weise, daß hier ein gewisser Determinismus am Werke ist – kein rein kausaler Determinismus wie in der Physik, sondern ein nuancierter Determinimus, den er Dialektik nennt –, so daß der verborgene Unterbau den offensichtlichen kulturellen Überbau bestimmt. Bei Freud haben wir eine vergleichbare Denkstruktur, er stellt *das Bewußte dem Unbewußten* gegenüber. Bewußt ist, was jeder von uns klar in seinem Bewußtsein hat. Hierzu zählt Freud die Werte, die wir anerkennen, die Prinzipien, denen wir uns unterordnen, die Tabus, die wir achten, die Rechtfertigungen, die wir anführen, um uns vor anderen und vor uns selber reinzuwaschen. Zum Bereich des Bewußten rechnet er auch die Zensuren, die bestimmte Handlungen verbieten, bestimmte Antriebe verdrängen. Hier stoßen wir auf den Begriff der *Verdrängung;* die Verdrängung ist eben jene Aktivität, durch die das Bewußtsein all das ins Unbewußte zurückstößt, was als nicht tragbar und nicht akzeptabel gilt. Für Freud ist nun nicht das Bewußte die wahre Realität, sondern das Unbewußte, das heißt, jener unterirdische Teil der Psyche, wo die verdrängten Erinnerungen, die unterdrückten Triebe weiter bestehen und bestimmte Wirkungen ausüben.

Wir sehen hier eine Parallele zu dem, was wir bei Marx festgestellt haben. In beiden Fällen werden an die Stelle dessen, was auf der sozialen Ebene offenkundig, beziehungsweise auf der seelischen Ebene bewußt ist und was uns aus freien und wohlüberlegten Vorsätzen und Absichten zu bestehen scheint, *verborgene Mechanismen als wahre Realität* gesetzt. Diese Mechanismen kann man erforschen; sie sind nach beiden Theorien etwas anderes als Entscheidungen unserer Freiheit, sie können wissenschaftlich, nach den Methoden der Naturwissenschaften, untersucht werden. Obgleich also beide Lehren einander fremd sind, sich sogar gegenseitig bekämpfen, gibt es eine gewisse Konvergenz in ihren Denkstrukturen und auch in ihren Auswirkungen.

Marx und Freud haben, jeder auf seine Art, einen gewaltigen Einfluß ausgeübt. Sie haben beträchtlich dazu beigetragen, unserem Jahrhundert sein Gesicht zu geben. Und nicht zuletzt haben sie selbst ihre Gegner auf den Plan gerufen, weil sie in der Radikalität ihres wissenschaftlichen Anspruchs andere Geister mit entgegengesetzten Vorstellungen weckten.

Freud war Arzt, Psychiater. Er ist der Schöpfer der »Psychoanalyse«; man spricht auch von »Tiefenpsychologie«. Durch das Wort *Tiefe* darf man sich hier aber nicht verwirren lassen. Nicht Tiefe des Selbstbewußtseins, nicht Tiefe der Freiheit, die über das hinausgeht, was man durch Introspektion beobachten kann, oder Tiefe des metaphysischen oder religiösen Sinnes ist hier gemeint. Es handelt sich um jene verborgene Schicht des Psychischen, wo die klare Sicht aufhört, die Tiefe des Nicht-Bewußten: *das Unbewußte*.

Freud hat vor allem *eine Methode* ausgearbeitet, eben die Psychoanalyse. Sie ist in erster Linie eine Methode – wenn auch viele Leute sie für eine Doktrin halten –, eine Methode zur Erforschung des seelischen Bereichs. Das ist ihr erster Aspekt. Gleichzeitig ist sie aber auch eine *Therapie*, und zwar dadurch, daß die Erforschung des Seelischen eine heilende Wirkung hat.

Nach und nach hat sich das Feld der Psychoanalyse ausgeweitet. Andere Psychoanalytiker – wir erwähnen hier besonders *Jung* – sind dahin gelangt, zur Psychoanalyse als Methode der Interpretation nicht nur des individuellen Unbewußten zu greifen, sondern sogar des Untergrundes in den verschiedenen Kulturen, der Quellgründe der Geschichte. Bekanntlich gibt es heute eine Reihe von Kunst- und Literaturkritikern, die sich von der Psychoanalyse inspirieren lassen; nicht zu reden von denen, die den Anspruch erheben, die Kollektivseele eines Volkes zu analysieren oder auch diese oder jene historische Persönlichkeit psychoanalytisch zu deuten.

Aber das alles sind Erweiterungen.

Freud selbst ging es zunächst darum, die Hysterie zu behandeln. Hysterie ist eine psychische Krankheit, deren Symptome Verhaltensstörungen sind, zum Beispiel, daß jemand nicht mehr gehen kann, nicht mehr imstande ist, eine Straße zu überqueren. Nun hat Freud auf diesem Gebiet nicht bei Null angefangen. Gleichzeitig mit ihm lebte damals in Wien ein berühmter Neurologe, *Josef Breuer*, der mit ihm zusammengearbeitet hat. Eine seiner Patientinnen zeigte starke hysterische Symptome. Diese gingen zurück, als sie ihrem Arzt vertrauliche Mitteilungen über sich selbst machte. Zugleich hatte Breuer auch beobachtet, daß diese Mitteilungen der Patientin sehr schwer fielen. Offenbar gab es da etwas, das sie am Reden zu hindern suchte. Breuer fragte sich, was wohl geschähe, wenn er sie in einen Zustand versetzen könnte, in dem diese Sprechschwierigkeiten verringert oder ganz beseitigt würden. Dazu bediente er sich der Hypnose. Er versetzte seine Patientin in hypnotischen Schlaf, woraufhin gewisse Erinnerungen wieder an die Oberfläche ihres Bewußtseins stiegen. Eine Reihe von Symptomen verschwanden. Andererseits beobachteten Freud und Breuer folgendes: Wenn sie einem Patienten in Hypnose einen Befehl erteilten, den er nach dem Erwachen ausführen sollte, zum Beispiel, er solle zu einem bestimmten Zeitpunkt an einen bestimmten Ort gehen, dann wurde der Befehl nach dem Erwachen ausgeführt, aber nicht wie bei einem Schlafwandler, sondern der Patient erfand gleichzeitig ein Motiv dafür. Er sagte: Ich muß aus dem und dem Grund da und dahin gehen. Der Patient hatte also *einen wirklichen Grund* für sein Handeln, der ihm aber *verborgen* war, nämlich der während des hypnotischen Schlafes erteilte Befehl. Diesen ihm nicht bewußten Befehl *ersetzte er durch eine bewußte Erklärung,* die ihm verstandesmäßig als Motiv diente.

Angesichts solcher Phänomene, überlegte Freud, müsse es offenbar Beziehungen zwischen einem Unbewußten geben, das tiefer liegt als die bewußte Zone, und dem hellen Bewußtsein, das jeder kennt, wenn er sich selbst betrachtet. Das Bewußte faßte er also als eine Art Überbau eines tieferen, verborgenen, aber tätigen Unbewußten auf und begann, dieses zu erforschen. Wir gehen darauf nicht weiter ein.

Freud hat nun eine Theorie ausgearbeitet, wonach die tieferen Beweggründe menschlichen Handelns vor allem dem Unbewußten angehören. Warum aber bleiben diese tieferen Beweggründe im Unbewußten? Weil es sich – nach Freud – im wesentlichen, wenn auch nicht ausschließlich, um sexuelle Impulse handelt, die aus – manchmal sehr frühen – Erlebnissen stammen und die sozusagen darauf warten, sich auszuwirken. Diese Impulse werden von einer *Zensur,* von einem Verbot an der Schwelle des Bewußtseins zurückgehalten und ins Unbewußte *verdrängt.* Aber nun verursachen diese verdrängten Antriebe Störungen im Organismus und im Verhalten, weil sie eben mit dem bewußten Willen, mit den anerkannten Vorschriften des Gewissens, also mit jener Zensur, in Konflikt treten. Mit diesem Ausgangspunkt und indem er ihn mit der Beobachtung verband, daß gewisse Symptome durch bestimmte Geständnisse, durch die Aussprache zwischen Patient und Arzt, gemildert wurden, kam Freud dazu, die psychoanalytische Methode zu entwickeln. Sie besteht darin, dem Patienten zu helfen, seine verdrängten Erinnerungen auszusprechen; dieses Aufsteigen des Verdrängten ins Bewußtsein wird allein schon zu einem Faktor der Heilung, meistens sogar zum entscheidenden Faktor.

Es gilt also, Mittel und Wege zu finden, um diesen verdrängten Erinnerungen zum Ausdruck zu verhelfen. Hier haben die Psychoanalytiker sehr verschiedene Verfahren entwickelt. Freud selbst bediente sich der sogenannten freien Assoziation, vor allem aber einer symbolisch artikulierten Traumdeutung. Das wurde zum entscheidenden Fortschritt der Psychoanalyse, als Freud anfing, die Träume nicht als direkten Einbruch der verdrängten Triebregungen, sondern als symbolische Markierungen jener frühen, verdrängten Regungen aufzufassen. Der Arzt soll also die Träume erzählen lassen, darauf aber dem Patienten zur Deutung verhelfen, damit er ihren verborgenen Sinn versteht und die Verkleidung ihres unbewußten Inhalts durchschaut. Deswegen schweigen die meisten Psychoanalytiker während ihrer Behandlung – je nach Schule mehr oder weniger; Freud wollte, daß der Patient das Gefühl bekommt, die Deutung selber gefunden zu haben.

Nun erinnern wir uns: Das Grundprinzip von Sokrates, fünf Jahrhunderte vor Christus, war: »Erkenne dich selbst«. Ist vielleicht zwischen der berühmten »Hebammenkunst« des Sokrates und Freuds psychoanalytischer Methode ein Vergleich möglich? Könnte man nicht dasselbe Motto über Freuds Methode setzen: »Erkenne dich selbst...«?
Bei beiden gilt die echt philosophische Idee, daß der Mensch sich selbst erkennen soll. Der entscheidende Unterschied liegt in dem, was jeder unter dem *»sich selbst«* versteht. Was heißt das: »du selbst« oder »ich selbst?« Für *Sokrates* ist das »ich selbst« das freie moralische Subjekt, welches das Gute sucht und für welches das Gute immer jenseits dessen liegt, was schon erreicht worden ist. Das heißt: Bei Sokrates liegt in dem »erkenne dich selbst« etwas, das wir in moderner Sprache als existentiell bezeichnen würden: das Subjekt, das sich in seiner wesenhaften Freiheit erlebt und vor sich ein Gutes erblickt, das nie zum Besitz werden kann. Die erstrebte Selbsterkenntnis ist hier eine Erkenntnis *für* die Freiheit, *durch* die Freiheit. Für Sokrates heißt »sich selbst erkennen« soviel wie: sich selbst befragen, was das Gute ist, was Glück ist, was Gerechtigkeit ist, also lauter Begriffe, die nur für die Freiheit einen Sinn haben – keinen objektiven Sinn aber wie die Dinge, die es eben gibt.
Freud dagegen, vom wissenschaftlichen Anspruch seiner Epoche inspiriert, meint mit der Forderung »erkenne dich selbst«, daß der Mensch in sich selbst ein Unbewußtes erkennen solle, das gewissermaßen eine empirische, aber verdrängte Gegebenheit ist. Es ist empirisch

gegeben und empirisch verborgen zugleich.

Wir könnten auch auf *Kant* verweisen: das Ding an sich, die Freiheit als Ding an sich – etwas völlig anderes als bei Freud. Kant steht auf der Seite von Sokrates, Freud nicht.

Wir werden versuchen, abschließend zu zeigen, welches der Platz der Freiheit in der Psychoanalyse sein kann. Jetzt nur soviel: Was der Mensch bei Freud erkennen soll, ist ein Tatbestand, der durch die vergangene Geschichte unseres seelischen Lebens kristallisiert wurde; eine psychische oder psychologische Sachlage, Gegenstand eines inneren Empirismus.

Freuds ganze Auffassung beruht auf einem Kampf zwischen den Kräften des Unbewußten und des Bewußten, einem Kampf, den man mittels der Analyse bloßlegen muß, damit auf gewissen Umwegen, von denen wir noch sprechen werden, dem Bewußtsein die Herrschaft, die Freiheit der Entscheidung in der gegebenen Situation zurückgegeben wird; dem Bewußtsein also, aber einem Bewußtsein, welches das Unbewußte zu sich hat hinaufgelangen lassen.

Im übrigen ist die Psychoanalyse ein sehr harter Prozeß, eine Prüfung. Von denen, die eine Analyse hinter sich gebracht haben, sprechen manche von einer Höllenfahrt, andere haben bei ihrem Analytiker Vasen zertrümmert. Es ist ein äußerst harter Prozeß, weil die auftretenden Widerstände sehr stark sind; im Verlauf dieses Prozesses entsteht das, was Freud *die Übertragung* auf den Analytiker nennt, das heißt, die starken Triebansprüche, die ins Unbewußte verdrängt wurden und die nun freizusetzen sind, entladen sich auf ihn hin. Sie dürfen nicht ins Leere entweichen. Der Patient überträgt also seine Triebansprüche, die sich auf ganz andere Personen beziehen, auf seinen Analytiker.

Nach Freuds Lehre überwiegt im Psychischen das Uneingestandene, die uneingestandene Sexualität. In dieser Hinsicht hat Freud einen Begriff geprägt, der banalisiert worden ist und den heute fast jeder kennt, den berühmten *Ödipus-Komplex*. Ihm zufolge datiert der uneingestandene Geschlechtstrieb des Menschen nicht erst von der Pubertät an, sondern ist schon in der frühesten Kindheit da. Es gibt also sexuelle Triebwünsche des kleinen Mädchens gegenüber seinem Vater, des kleinen Jungen gegenüber seiner Mutter. Es liegt auf der Hand, warum Freud da von Ödipus-Komplex spricht: Ödipus heiratete unwissentlich seine Mutter, nachdem er – auch unwissentlich – seinen Vater getötet hatte. Dieser griechische Mythos illustriert also bei Freud das Verhältnis des Kindes zu beiden Eltern, die Liebe zu dem einen und die Feindseligkeit – bis hin zum Tötungswunsch – gegenüber dem anderen Elternteil.

Wir erkennen hier noch einen anderen Aspekt der Methode Freuds: Er kehrt die Beziehung zwischen Normalem und Ausnahme um. Hören wir die Geschichte von Ödipus unbefangen, so sagen wir uns, das ist alles andere als normal, das ist ein Ausnahmefall. Bei Freud hingegen ist diese Ödipus-Situation allgemein und sogar banal; der antike, ungeheure Fluch wird durch eine Art Verkehrung zum Normalfall der Menschheit.

Wir müßten hier eigentlich auch von *Adler* sprechen, der ebenfalls eine große schöpferische Persönlichkeit der Psychoanalyse gewesen ist, der später allerdings mit Freud gebrochen hat. Bei Adler ist nicht vor allem die Sexualität, sondern *der Machttrieb* entscheidend, das Geltungsstreben, das Bedürfnis, ein unbestimmtes Minderwertigkeitsgefühl, das jeder Mensch hat, zu kompensieren.

Wir sollten hier auch den Schweizer Psychoanalytiker *C. G. Jung* erwähnen, der einen gewaltigen Einfluß auf die Literaturkritik, die schöpferische Einbildungskräft, die Kulturwissenschaften und auf die Kunst unserer Zeit gehabt hat. Er hat den Gedanken entwickelt, es gebe *ein kollektives Unbewußtes,* in dem gemeinsame Archetypen existieren, Grundformen des Verhaltens; daraus läßt sich dann eine Psychoanalyse der Kulturen entwickeln, nicht der Individuen, sondern der Kulturen.

Versuchen wir nun, uns über die Natur und die Tragweite der Psychoanalyse Rechenschaft zu geben. Ist sie in erster Linie eine psychologische Wissenschaft oder vor allem eine Behandlungsmethode? Denn wenn sie eine Therapie ist, enthält sie auch – wie jede Therapie – ein Element von Kunst. Die Ärzte pflegen zu sagen, daß sie, auch wenn sie zu rein wissenschaftlichen Erkenntnissen greifen, schließlich und endlich die Medizin als Kunst betreiben müssen. Handelt es sich also bei der Psychoanalyse um eine strenge psychologische Wissenschaft oder um eine Therapie, die zugleich eine Kunst ist, die der Analytiker quasi subjektiv – wenn auch mit Hilfe erworbener allgemeingültiger Kenntnisse – betreibt, oder ist sie gar eine Philosophie?

Unter dem Aspekt strenger Wissenschaftlichkeit – und das war Freuds Ehrgeiz – bleibt die Psychoanalyse umstritten. Zur strengen Wissenschaft gehört die Möglichkeit der Verifizierung der Ergebnisse unter strengsten Bedingungen. Was heißt denn Verifizierung in der Psychoanalyse? Wie kann ein Analytiker sicher sein, daß seine Interpretation von Träumen seines Patienten wahrhaft der Wirklichkeit entspricht, das heißt dem wirklichen Zustand des Unbewußten seines Patienten? Dieses Unbewußte kann er per definitionem nicht wahrnehmen, so wenig wie sein Patient. Die Verifizierung bestünde wohl im Verschwinden der Symptome, also in der Heilung. Die Heilung wäre damit gleichzeitig die theoretische Verifizierung der Deutung. Stimmt das? Bei seelischen Vorgängen kann schon der Glaube, eine Erklärung gefunden zu haben, die gleiche Wirkung haben wie die wahre Erklärung. Eine strenge Verifizierung ist also hier nicht erreicht. Man könnte die Heilung auch durch andere Erklärungen bewirken, oder vielleicht auch durch ganz andere Mittel, zum Beispiel durch einen affektiven Schock.

Gewisse Symbole und Schemata tauchen in der Interpretation immer wieder auf, nicht nur bei jeweils einzelnen, sondern auch bei sehr verschiedenen Patienten. Das erweckt natürlich den Anschein, daß sich auf diese Weise gewisse allgemeingültige Deutungen von Symbolen gewinnen lassen, unter denen unbewußte Antriebe sich verhüllen. Das sind wohl Möglichkeiten, sie dienen dem geschickten Analytiker, aber man kann nicht behaupten, das sei Verifizierung im strengen Sinn.

Sicher hat die Psychoanalyse Erfolge; aber mit der Behauptung ihrer strengen Wissenschaftlichkeit kommt man nicht sehr weit. Dazu kommt die Gefahr der simplifizierenden Popularisierung und des wissenschaftlichen Aberglaubens.

Leider ist ja all das, was ich dargelegt habe, allzu leicht zu verstehen. Außerdem hat ein solches Ans-Licht-Ziehen tief verborgener Triebe etwas Reizvolles. Beides bringt für eine solche Methode eine ziemlich große Gefahr mit sich. Man kann sich nämlich fragen: Welche kulturelle Wirkung hat die Psychoanalyse? Nicht nur auf den einzelnen Patienten, sondern auf eine Kultur, die ja Freuds Lehre zu ihren wesentlichen geistigen Realitäten zählt.

Man kann sich auch fragen, was für eine Wirkung sie auf die Gesellschaft als Ganzes ausübt. Das, was die meisten Menschen nur vom Hörensagen kennen, wie wirkt es sich aus zum Beispiel auf die Vorstellung, die wir uns von Erziehung im allgemeinen machen? Das ist um so ernster zu nehmen, als die psychoanalytische Methode oft zu einer Art Dogma geworden ist.

Karl Jaspers, der Psychiater war und die Psychoanalyse als Theorie und als Praxis sehr gut kannte, hat den Psychoanalytikern vorgeworfen, sie hätten sich als Sekte konstituiert. Er sah das Charakteristische dieser Sekte darin, daß man ihr nicht ohne Einweihungsriten in Gestalt einer Analyse beitreten kann. Eine Methode, die nicht rational, sondern nur nach einer vorherigen Initiation, die den Einzuweihenden selber verwandelt, erforscht werden darf, kann seiner Ansicht nach nicht an der Universität als Disziplin zugelassen werden.

Manche Psychoanalytiker üben die Psychoanalyse sehr autoritär aus, obschon seit Freud, besonders in den letzten Jahren, unter den Psychoanalytikern so große Divergenzen entstanden sind, daß man sich fragen muß, ob sie überhaupt als einheitliche Schule noch existiert. Jedenfalls darf man vor dieser Methode nicht den kritischen Sinn des Bewußtseins abdanken lassen.

Ich muß noch auf die reduktive Seite der Psychoanalyse hinweisen, die sie übrigens mit der marxistischen Kritik gemein hat. Marxistische Kritiker pflegen Kunstwerke, literarische Werke vor allem, nicht so sehr als solche zu betrachten, sondern vielmehr als eine Art von Symptom, das enthüllt, wie es um die Gesellschaft, in der sie entstanden, bestellt ist. Nun, auch in der Psychoanalyse geht man nicht davon aus, daß ein Kunstwerk uns entzückt, weil es in sich vollendet ist, sondern man macht es zum Symptom, man versucht, es zu entziffern, in ihm zu lesen, als sei es nur ein Symbol, das geheime psychologische Mechanismen verbirgt, die es zu enthüllen gilt. Sobald sie ans Licht gebracht sind, erscheinen die so aufgedeckten Mechanismen interessanter als das Werk selbst. Die Analyse tritt an die Stelle des Werkes.

Wir wollen uns noch einer grundsätzlichen Kritik zuwenden, die *Jaspers* an der psychoanalytischen Methode geübt hat. Er wollte die Psychoanalyse als medizinische und therapeutische Methode nicht etwa ausschließen, aber er warf ihr vor, daß sie sich als wissenschaftlich exklusiv etabliert habe. Um Jaspers' Kritik verstehen zu können, müssen wir zunächst zwei wichtige Begriffe erläutern.

Jaspers unterscheidet zwischen *erklärender Psychologie* und *verstehender Psychologie.* Die erklärende Psychologie erklärt psychische Phänomene durch ihre Ursachen. Das heißt, sie operiert im psychischen Bereich so wie in den Naturwissenschaften, wo man Kausalreihen feststellt. Die verstehende Psychologie hingegen ist etwas ganz anderes; sie versteht die psychischen Phänomene aus ihrem Sinn heraus, das heißt, aus dem Sinn, den sie für das jeweilige Subjekt haben. Man übt einen Akt verstehender Psychologie aus, wenn es einem gelingt, die Intention eines Subjekts nachzuvollziehen und dadurch die Entwicklung seiner psychischen Zustände zu verstehen. Wir müssen den Unterschied klar sehen: In dem einen Fall stützt man sich auf die Ursache – und die Ursache hat keinen »Sinn«, sie bringt lediglich eine Wirkung hervor; im anderen Fall geht man vom Sinn aus, den ein Subjekt ins Auge gefaßt hat; man macht sich diesen Sinn zu eigen, und dann versteht man, was sich in der Psyche des Subjekts abspielt.

Jaspers zufolge ist Freuds Methode eine Mischung und eine Konfusion beider Methoden. Nach Jaspers glaubte Freud, eine Methode der erklärenden Psychologie zu betreiben. Er glaubte, im psychischen Bereich das zu leisten, was man im Bereich der Naturwissenschaften erreichen kann. Was Freud aber tatsächlich tut, so Jaspers, fällt in die Zuständigkeit der verstehenden Psychologie.

Zum Beispiel nimmt Freud die berühmte Verdrängung als Ursache für dieses oder jenes neurotische Phänomen. In welchem Sinne ist sie aber Ursache? Doch nur in bezug auf die unbewußte Absicht des Subjekts, das sich dieser Verdrängung bedient, um etwas zu verbergen, um es nicht zu sehen, um es nicht zuzulassen. Wenn wir also Freuds Erklärungen verstehen, wenn wir die Entwicklungen verstehen, die Freud uns vor Augen führt, so begreifen wir die Verhüllungen, die entstehen; wir begreifen, wie es dazu kommt, daß die Komplexe verhüllt werden, weil wir uns an die Stelle des Subjekts setzen. Alles geschieht innerhalb einer Intention und eines Sinnzusammenhangs, und nicht in der bloßen Kausalität wie bei den Phänomenen der Naturwissenschaften.

Und nun sagt Jaspers, Freuds Theorie sei sehr wichtig, weil sie bestimmte psychische Abläufe dank seiner Analyse der Verdrängungsmechanismen erhelle. Zum Beispiel erklärt sie die hysterische Paralyse mit Hilfe einer Verdrängung. Man versteht, wie es dazu kommt. Aber der entscheidende *Irrtum* steckt in der Behauptung, alles Psychische könne auf dieses Verständnismodell reduziert werden, was nach Freud gestattet, eine umfassende Theorie des Seelenlebens zu entwickeln. Für Jaspers gibt es allgemeingültige Erklärungen nur nach dem Modell der Naturwissenschaften. Erklärungen können, sofern sie objektiv sind, generalisiert werden; sie führen dann zu Theorien, die wissenschaftliche Geltung haben. *Aus Erklärungen ergeben sich also Theorien, aus*

Verstehen niemals. Warum? Wenn man versteht, vollzieht man den intentionalen Prozeß eines Subjekts nach. Man hat es immer mit dem Einzelnen zu tun, und das erlaubt keinen Übergang zu einer allgemeinen Theorie. Aufgrund dieser Vermengung von Verstehen und Erklären macht sich Freud einer Art reduzierender Vereinfachung schuldig – meint Jaspers –, die ihm die Entwicklung einer Theorie erlaubt, mit deren Hilfe man alles Psychische auf ein paar einfache Modelle zurückführen kann. Dabei ist der immer gleiche Erklärungsvorgang im Grunde ein Verstehen, das sich aber als Erklären ausgibt – ein Erklären zudem, sagt Jaspers, das schließlich recht langweilig wird.

Ich glaube, damit hat Jaspers recht. Immer wieder kommt man auf den Ödipus-Komplex zurück, und dieser wird höchst monoton im Vergleich zu den tiefen und komplexen Phänomenen, auf die man diese monolithische Erklärung anwendet. Der Analytiker erscheint auf billige Art schlau, und daher rührt auch die Tendenz zu vulgarisieren. Man muß sich nur vor Augen führen, wie bequem Psychoanalyse auf alle erdenkliche Art serviert wird; alle Welt glaubt, irgendwie Psychoanalyse betreiben zu können. Leute, die nichts von der Psychoanalyse im medizinischen Sinn erfahren haben, »machen in« Psychoanalyse der Kunst, der Musik, der Dichtung, indem sie komplexe Sachverhalte mit Hilfe von ein paar Tricks und Schemata vereinfachen.

Wohlbemerkt: Jaspers hat nicht behauptet, Freud hätte das getan. Er war aber der Ansicht, die Psychoanalyse eigne sich besonders für eine derartige Vulgarisierung. Er anerkannte durchaus, daß die Psychoanalyse fruchtbar sein kann, wo sie eine Methode unter anderen ist, eine Möglichkeit der Annäherung unter anderen. Psychische Phänomene sind komplex und vielfältig genug, man kann sie mit verschiedenen Methoden, unter verschiedenen Gesichtspunkten angehen. Nur soll man sich nicht der Freudschen Methode bedienen, um zugunsten des kausalen, erklärenden Verfahrens den existentiellen Sinn des freien und verantwortlichen Subjekts aufzuheben oder zu lähmen.

Wenn die methodologische Unsauberkeit, die wir eben erwähnten, keine reduktiven Folgen hat, dann kann sie sogar, gibt Jaspers zu, eine gewisse heuristische und therapeutische Fruchtbarkeit mit sich bringen. Tatsächlich zeigt sich, auch in den Naturwissenschaften, daß eine etwas unklare oder zweideutige Methode manchmal erlaubt, neue Fakten oder Beziehungen ans Licht zu bringen. Solche Möglichkeiten hat Jaspers der Methode Freuds durchaus zugestanden. Er betont nur, wie zweideutig sie ist und wie leicht sie infolgedessen mißbraucht werden kann.

Wichtig bleibt die wesentliche Einsicht, daß seelische und oft auch körperliche Störungen von verdrängten Trieben herrühren. Dann muß eine Behandlung stattfinden, und behandeln heißt, insoweit man die Freudsche Methode anwendet, aufdecken, was diese Triebe waren und wieso sie verdrängt wurden.

Und dabei kann etwas tief Existentielles geschehen. Indem man den Patienten dazu bewegt, sich selbst die Unterdrückung seiner Triebe zu vergegenwärtigen, bietet man ihm die Möglichkeit, jenes frühe Ereignis bewußt wiederzuerleben und damit zu sublimieren. Mit anderen Worten: In diesem Augenblick dient die Freudsche Theorie keineswegs dazu, Freiheit zugunsten eines Kausalmechanismus abzuschaffen, sondern im Gegenteil dazu, die gewonnene Klarheit in den Dienst seiner Freiheit zu stellen. Was diese Freiheit hindert, wird ausgeräumt.

Vielleicht wäre es gut, wenn ein kompetenter Psychoanalytiker im Sinne dieser Überlegungen ein Buch schreiben würde, unter dem Titel: ›Vom rechten Gebrauch der Psychoanalyse‹.

Weder Freud noch Marx haben aus einem philosophischen Staunen heraus ihre Lehren entwickelt, sondern aus dem Bedürfnis, ihre Zeitgenossen von ihrer Entfremdung (Marx) oder ihrer psychischen Störung (Freud) zu befreien. Beide haben – jeder in seinem spezifischen Gebiet – nach Methoden und Mitteln gegriffen, deren Muster sie in den Naturwissenschaften gefunden zu haben glaubten. Und freilich legte es die beeindruckende Entwicklung der Naturwissenschaften im 19. Jahrhundert jedem Forscher der Geistes- und Sozialwissenschaften nahe, die Physiker und Chemiker um ihre Erfolge zu beneiden und ihren methodologischen Weg nach Möglichkeit nachzuahmen. Diesen Traum, soziale und psychologische Probleme der Menschheit mit Methoden der Naturwissenschaften zu lösen, hegten beide, Marx und Freud.

Weiter stellen wir fest, daß man heutzutage vielfach versucht, diese beiden im übrigen so verschiedenen Denker in gewisser Weise zu kombinieren. Zwei Gründe scheinen uns dafür gegeben.

Der erste Grund: Beide betrachten die Gesellschaft oder die einzelnen Menschen nicht in ihrem dauernden Wesen, sondern in ihrer spezifischen, geschichtlichen *Situation*. Bei Marx überwiegt dabei die Sozialgeschichte, bei Freud die individuelle Geschichte. Es geht also nicht um irgendeinen Menschen oder irgendeine Gesellschaft, sondern um einen Menschen oder eine Gesellschaft in einem historischen Werden.

Freud und Marx haben also versucht, naturwissenschaftliche Methoden an spezifische und historische Gegebenheiten anzupassen.

Der zweite Grund: Beide Denker sehen den wissenschaftlichen Charakter ihrer Forschung darin, daß sie das Vordergründige, Sichtbare, klar Gesagte als Tarnung, Betrug oder Selbstbetrug denunzieren, um auf diese Weise die verborgene, wirkliche und wirkende Realität ans Licht zu bringen. Die marxistische Kritik ist wissenschaftlich, indem sie Religion, Ethik, Kunst, Kultur überhaupt, als »ideologisch«, als Produkt und zugleich Verschleierung, aus den Produktionsverhältnissen und den damit verbundenen Interessenkämpfen ableitet. Die Freudschen Interpretationen verfahren ganz anders und doch auf ähnliche Weise: Religion, Ethik, Kunst, Kultur werden jeweils als Verschleierungen oder Sublimierungen der durch die Zensur verdrängten, verbotenen, aber einzig realen Triebimpulse gedeutet.

Für beide Denker ist immer das Verborgene wirklicher als das, was im klaren Bewußtsein willentlich hervorgebracht wird.

Wir ändern nun die Richtung unserer Überlegungen und wenden uns Denkern zu, die auf diese wissenschaftsgläubigen Tendenzen oder Versuchungen sehr scharf reagiert haben. Sie versuchten, gerade das als das Wesentliche und Wichtigere wiederzugewinnen, was sich nicht auf Wissenschaft zurückführen läßt. Wir denken einerseits an *Henri Bergson,* andererseits an *Nietzsche* in Deutschland und *Kierkegaard* in Dänemark.

Das Denken von Henri Bergson war eine spezifische Reaktion auf jene Geistesströmung, die vor allem der Wissenschaft vertraute, um das Wesen des Menschen und seiner Gesellschaft erklären und die Probleme des Menschseins lösen zu können. Sein Denken verlief gegen den Strom, gegen eine Sorbonne und eine kulturelle Umwelt, die weitgehend von dem Positivismus und der Wissenschaftsgläubigkeit Comtes beherrscht wurden. Wir dagegen leben heute in einer ganz anderen Welt. In gewissem Sinne können wir sagen, daß der zeitgenössische Erfolg Bergsons seinen Nachruhm geschmälert hat. Er verwandte alle seine Kraft darauf, Türen einzurennen, die uns heute offen zu stehen scheinen, die aber zu seiner Zeit fest verschlossen waren.

Er wurde in Paris geboren und starb dort 1941, während der deutschen Besetzung. Er bestand darauf, als Jude wie die anderen wegen einer Formalität auf der Straße Schlange zu stehen. Er hätte sich dem wohl durch Protektion entziehen können, aber das wollte er nicht. So stand er als alter Mann zu lange auf der Straße, erkältete sich und starb an den Folgen.

Bergson ist einer, der – um auf unser Thema zurückzukommen – wieder zu staunen anfing. Sein Staunen bricht auf an dem, was sich auf die positive Wissenschaft nicht zurückführen läßt. Zum Beispiel hebt er *die Qualität* gegen die Quantität hervor. Wir können natürlich die Farbe Rot durch die Wellenlänge des Lichtstrahls, die der Farbe Rot entspricht, repräsentieren; die Wellenlänge ist aber nicht rot. Es findet eben dabei eine *quantitative* Umsetzung des *qualitativen* Rot statt; nur, die Zahl, die die Wellenlänge ausdrückt, entspricht unserer Rotempfindung nicht. Was Bergson unmittelbar beeindruckt, ist die unmittelbare Erfahrung der wahrnehmbaren Welt. Das ist keineswegs die quantitative Welt, in der die Wissenschaft unaufhörlich Fortschritte macht: dieselbe Welt, und doch nicht dieselbe. Das ist staunenswert.

Das Qualitative steht gegen das Quantitative, das Tiefe gegen das Oberflächliche. Wenn wir etwas messen, messen wir eine Linie, eine Oberfläche, allenfalls ein Volumen. Aber das Tiefe, das wir unmittelbar erfahren, können wir nie messen, jedenfalls nie direkt, nie als unmittelbar Erlebtes. Das führt nun weiter dazu, das Innere, die Interiorität der Erfahrung, der Exteriorität dessen entgegenzusetzen, was wir erfahren. Es gibt die Außenwelt, sie ist das, was wir erfahren; unsere Erfahrung der Außenwelt aber ist innerlich: Die Empfindung Rot ist innerlich gegenüber der Wellenlänge, die äußerlich ist. Das führt zur Frage: Wie kommt es, daß ich meine tiefe, innerliche, qualitative Erfahrung »verstehe«, daß ich sie eigentlich viel unmittelbarer verstehe als die Gegenstände der Wissenschaft? Was ist das nun für eine Erkenntnis?

So gelangt Bergson zum Staunen – zum Staunen über unsere Erkenntnis. Er stellt fest, daß es zwei Arten des Erkennens gibt: ein unmittelbares, inneres, qualitatives, und ein äußeres, geometrisches, mechanistisches, quantitatives, eben die Wissenschaft. Wir könnten sagen, daß wir wiederum die Dualität von Descartes' *res cogitans* und *res extensa* finden (die Dualität des gedachten und des ausgedehnten Dinges). Wir erinnern uns: das Denken als aktiv und die Ausdehnung als passiv, als Gebiet des kausalen Determinismus. Etwas davon steckt in Bergsons Dualität, aber die beiden Begriffe decken sich nicht. Bei ihm geht es in Wahrheit darum, das subjektive Erlebte dem entgegenzustellen, was die Wissenschaft in unserer exteriorisierten Welt mißt.

Bergsons erstes Buch, seine Doktorarbeit, ist – wie ich glaube – das beste seiner Werke. Es enthält im Keim alles, was darauf folgt. Es heißt auf Deutsch: ›*Zeit und Freiheit. Eine Abhandlung über die unmittelbaren Bewußtseinstatsachen*‹, und im Original ›*Essai sur les données immédiates de la conscience*‹ und ist 1889 erschienen. Achten wir hier genau auf die Formulierung: Formal ist es ein Essay, keine erschöpfende, dogmatische, wissenschaftliche Erkenntnis. Sodann ist es ein Essay über die unmittelbaren Gegebenheiten des Bewußtseins, also über etwas, das durch unseren Erkenntnisapparat so wenig wie möglich deformiert, so wenig wie möglich verändert worden ist. Es geht darum, das Bewußtsein, das wir von der Außenwelt haben, in seiner Unmittelbarkeit zu fassen, wie es sich uns darbietet. Das ist für die Generation dieses Philosophen wie auch für damalige Maler und Schriftsteller charakteristisch. Sie wollten vor allem die Spontaneität der inneren Erfahrung ausdrücken, hielten sich an die unmittelbaren Gegebenheiten des Bewußtseins und gaben sich Mühe, nichts von dem einfließen zu lassen, was sie sonst von Geometrie, Raum, Physik, Chemie verstanden. Wenn das Ich, anstatt zu leben, sich selbst betrachtet, so übersetzt es sich, projiziert sich nach außen. Was bedeutet das? Wenn wir das, was man gewöhnlich Selbstbeobachtung oder Introspektion nennt, praktizieren, also jenes Verfahren der Psychologie, in dem das Subjekt sich selbst beobachtet, glauben wir oft, unmittelbare Gegebenheiten zu erfassen. – Nein, sagt Bergson. Das Ich, das sich betrachtet, projiziert sich sofort *in eine Art Raum* und *kristallisiert seine Erlebnisse, als wären sie Dinge*, in diesem psychologischen Raum. Zum Beispiel: Wir benennen, was wir empfinden: Gefühle wie Eifersucht oder Zuneigung, Freude oder Sehnsucht usw. Die Empfindungen und Gefühle werden wie feste Gegenstände mit Namen bezeichnet, die in einer Art Raum angesiedelt sind. Dieser *Raum*, sagt Bergson, ist in Wirklichkeit das, was wir für die *Zeit* halten. Wir glauben, daß wir uns in der Zeit betrachten, in der wir etwas erleben. In Wirklichkeit haben wir die erlebte Zeit in einen Raum übersetzt, und wir betrachten uns selbst in dieser räumlichen Projektion. Das nennt Bergson *Raum-Zeit* (*espace-temps*). Diese verräumlichte Zeit ist aber eine falsche, der Raumvorstellung analog gedachte Zeit, und in diese falsche Zeit kristallisieren wir die psychologischen Elemente, welche die Introspektion uns liefert, indem wir sie erstarren lassen, ihnen Namen geben, quantitativ relatives Gewicht usw.

Tatsächlich lebt aber das wahre Ich in der Zeit weiter. Diese wirkliche, eigentliche Zeit, in ihrer Tiefendimension, nennt Bergson ›*reine Dauer*‹ (*durée pure*). Es ist für das Verständnis von Bergson grundlegend, diesen Gegensatz zwischen »verräumlichter Zeit« und »reiner Dauer« zu verstehen.

Bei Bergson wird also das Selbstbewußtsein entzweit: einerseits geschieht das tief erlebte Werden des Ich, wo Qualität, Innerlichkeit, *Interiorität* herrschen, wo die Elemente miteinander verschmelzen und ständig schöpferisch in der reinen Dauer werden; andererseits gibt es eine veräußerlichte Darstellung dieses Werdens, ausgebreitet in einer falschen Zeit, die eigentlich nur noch Raum ist, wo also nur die *Exteriorität* herrscht, die Quantität, und der überhaupt alle Merkmale des inneren, authentischen Ich abgehen. Auf der einen Seite die qualitative Tiefe, wo alles sich mischt und verschmilzt und sich schöpferisch verändert – und auf der anderen die quantitative Exteriorität, wo alles als benanntes und quantifiziertes Äußeres versachlicht wird. Bergson braucht alle möglichen Bilder, um dies auszudrücken, und das ist für sein Werk sehr charakteristisch. Er ist ein Denker, der sich mehr in Bildern als in Begriffen ausdrückt. Er braucht Bilder, um gegen die verfestigte Vorstellung einer verräumlichten Ich-Auffassung anzukommen. Das Ich betrachtet sich da also selbst in einer raumartigen Zeit, die er die falsche Zeit oder auch die *homogene Zeit* nennt. Warum spricht er von homogener Zeit? Weil das, was den Raum kennzeichnet, in allen seinen Punkten homogen ist. Und wenn das Ich sich selbst in einer Vorstellung exteriorisiert, so entfaltet es sich in einer Zeit, die es sich als homogen vorstellt. In der wahren Zeit, in der tiefen Dauer hingegen, gibt es niemals zwei identische Momente.

Bergson bringt dazu folgenden Vergleich: Sie hören eine Uhr schlagen, sagen wir, es schlägt sechs Uhr. Sie hören sechs Glockenschläge. Sie stellen sich nun diese sechs Glockenschläge nebeneinander in einer homogenen, mit dem Raum identischen Zeit vor, und Sie zählen sie, und es sind sechs. Aber so erlebt das innere Ich diese sechs Glockenschläge durchaus nicht. Für das innere Ich bilden diese sechs Glockenschläge eine Art Melodie, das heißt: der zweite ist anders als der erste, eben weil er der zweite ist, und im Bewußtsein wird er als zweiter erlebt, er ist *qualitativ* der zweite; nicht, weil man ihn neben den ersten stellt, sondern weil er als zweiter in der wirklich erlebten Zeit nicht der gleiche ist wie der erste, und der dritte ist nicht der gleiche wie der zweite, und der vierte ist nicht der gleiche wie der dritte, und so fort, bis schließlich diese sechs Glockenschläge beisammen sind, von denen keiner dem anderen gleicht und die *zusammen die psychologische Melodie* der sechs Glockenschläge ausmachen. Oder: sechs ist nun eine Melodienqualität, und nicht eine Summe von addierten, unter sich identischen Einheiten im Raum.

Wir wollen noch ein Bild von Bergson zu Hilfe nehmen. Wir neigen dazu, im Begriff der Bewegung den bei der Bewegung *durchlaufenen Raum* zu verwechseln mit dem *Akt der Bewegung selbst*. Bergson aber sagt uns, daß das zwei ganz verschiedene Dinge sind; der von der Bewegung durchlaufene Raum ist die Exteriorität. Da ist einmal eine bestimmte Position und dann eine andere Position. Erinnern wir uns an Zenons Pfeil. Der durchlaufene Raum ist die Flugbahn des Pfeiles. Man kann die Strecke der Bewegung messen, es ist ein Längenmaß, ist Exteriorität. Aber der Akt der Bewegung ist das, was der Pfeil *tut*, wenn er längs dieser Flugbahn fliegt. Übrigens bedient sich Bergson der Aporie der Bewegung von Zenon. Er widerlegt sie, indem er am Beispiel von *Achills Wettlauf mit der Schildkröte* zeigt, daß Zenons Argument auf einer Konfusion von Akt und Raum beruhen. Genauso können Sie den Arm heben und die Exteriorität des durch Ihren Arm durchlaufenen Raumes betrachten: Im äußeren Raum haben Sie eine unendliche Menge von Positionen, aber für die innere Sicht ist der Akt der Bewegung nur *einer*.

So kommt Bergson dazu, zwei Arten von Mannigfaltigkeiten zu unterscheiden: die zählbare *quantitative Mannigfaltigkeit,* derer wir uns im gewöhnlichen Sprachgebrauch bedienen, die mit Zahlen gemessen wird – und dann die *qualitative Mannigfaltigkeit.* Die quantitative Mannigfaltigkeit besteht aus voneinander geschiedenen Elementen, sie betrifft das oberflächliche Ich und wird in abstrakter Sprache ausgedrückt, die sich auf Objekte bezieht. Im Gegensatz dazu ist die qualitative Mannigfaltigkeit jene, die erlebt oder getan wird; sie ist das innere Ich, das nicht betrachtet wird, sondern das lebt: das heißt, es ist für Bergson das wirkliche Ich, das nicht in Exteriorität übersetzte Ich. In diesem Ich findet sich, was Bergson *Freiheit* nennt.

Nun wird man verstehen können, wie Bergson das *Problem der Freiheit* auffaßt, und wie das Problem des Determinismus. Das Prinzip des Determinismus in der Wissenschaft heißt: Alles hat seine Ursache, und unter denselben Bedingungen entstehen aus denselben Ursachen immer dieselben Wirkungen. Der Determinismus gilt also, Bergson zufolge, für die *homogene Zeit,* die eine verräumlichte Zeit, demnach Exteriorität ist. Hingegen hat das Prinzip des Determinismus für das innere Ich, in dem es niemals zwei identische Momente geben kann, überhaupt keinen Sinn mehr. Es kann im inneren Ich keine identischen Momente geben, weil es in der reinen Dauer keine identische Wiederholung geben kann. Wie wir vorhin sahen, ist der zweite Glockenschlag im Erleben des inneren Ich keine Wiederholung des ersten. Folglich entzieht sich das innere Ich dem Determinismus. Für das Ich der Tiefe hat das Prinzip der

Erhaltung der Energie, das für alle Gesetze des Raumes gilt, keinen Sinn mehr, weil dieses Ich als reine Dauer schöpferisches Werden ist. Es bereichert sich mit jedem neuen Moment der wirklichen Dauer, die es erlebt.

Was nun Bergson einen *freien Akt* nennt, ist nicht irgendeine willkürliche Handlung oder eine freie Laune. Die freie Handlung ist ein Akt, der dem inneren Ich in seiner Gesamtheit entspringt. In ihr wirkt die qualitative Mannigfaltigkeit der reinen Dauer weiter, die die ganze Vergangenheit des Ich in ihrer Einheit zusammenschließt. Wenn wir also in der reinen Dauer und nicht in der verräumlichten Zeit leben, dann können wir nach Bergson eine freie Handlung ausführen – das heißt eigentlich: aus der Tiefe unseres ganzen Wesens heraus eine Entscheidung treffen.

Das Problem der Freiheit bildet das zentrale Thema von Bergsons ›Essai sur les données immédiates de la conscience‹. Dort behandelt er die Freiheit als freie Tat des innersten Ich in der reinen Dauer.

Bergson ist, wie wir sehen werden, der Philosoph der *Intuition*. Seine Philosophie ist eine intuitive Philosophie. Anfänglich entsprang für ihn die Intuition aus einem Staunen: Alle diese Wissenschaften sind großartig; aber das Wesentliche entgeht ihnen. Was ist nun dieses Wesentliche? – fragte er sich –, warum entgeht es ihnen denn? – Und so gelangte er zur zentralen Intuition vom Unterschied zwischen verräumlichter Zeit als Dimension der Wissenschaften und »reiner Dauer« als Dimension menschlicher Freiheit.

Wir wollen – bevor wir auf die Intuition eingehen, die hauptsächlich in Bergsons berühmtestem Werk, der ›Schöpferischen Entwicklung‹ zur Sprache kommt – ein früheres Werk besprechen. Es heißt ›*Materie und Gedächtnis*‹.

In ›Matière et mémoire‹ entsteht ein neues Staunen. Wenn wir den Raum und die verräumlichte Zeit so radikal der reinen Dauer des inneren Ich entgegensetzen müssen, wie können wir dann die Beziehung zwischen Leib und Seele verstehen? Bergson steht hier wieder vor demselben Problem wie *Descartes*. Dort ist das Problem unlösbar geblieben: die Zirbeldrüse als Verknüpfungspunkt körperlichen und seelischen Geschehens ist sicher keine Lösung.

In Bergsons Titel ›Materie und Gedächtnis‹ begegnen wir schon der scharfen Dualität: Die Materie ist die Welt des Raumes, des Körpers, und das Gedächtnis ist die Welt der reinen Dauer, des tiefen inneren Ich, also der Seele, in die Bergson die Freiheit verlegt. Je schärfer man aber das Äußere und das Innere einander entgegensetzt, desto schwieriger wird es, die Beziehungen zwischen Körper und Seele zu erklären.

Bergson geht von einer instrumentalen Theorie des *Körpers* aus. Der Körper ist das *Instrument des Handelns.* Das leuchtet ein. Da er das Instrument des Handelns ist, eignet er sich dazu, die Dinge so wahrzunehmen, daß man auf sie und mit ihnen *wirken* kann. Da aber der *Körper ein Instrument des Handelns* ist, ist er zugleich ein vereinfachendes und beschränkendes Instrument. Durch ihn gelangen wir zu einer vereinfachten und eingeschränkten Wahrnehmung der Dinge, die aber für das praktische Leben bequem ist.

Wie erhellt nun Bergson die Beziehung zwischen Seele und Leib? Er zeichnet ein Schema: Wir sollen uns einen *Kegel* vorstellen, der mit der Spitze auf einer Tischplatte steht. Der Kegel stellt für Bergson die Totalität des in der Dauer Erlebten dar, also das Ganze des inneren Ich. Am umfangreichsten ist der Kegel oben, da er ja auf der Spitze steht. Oben in dem Kegel haben wir alles, was das Ich *im Verlauf seines Dauerns* erlebt hat, was es angehäuft, miteinander verschmolzen hat, alles, was seinen Reichtum und sein Wesen ausmacht. Die Spitze des Kegels aber berührt den Tisch, und der Tisch stellt in diesem Bild den Raum dar, das heißt die äußere Gegenwart, den Ort des Handelns. Wenn wir handeln, wirken wir mit unserem Körper auf die Dinge des Raumes ein. Wir wirken nicht auf das Innere, sondern, um zu wirken, wenden wir uns mit unserem Körper dem Räumlichen zu, an dem Ort, wo wir uns eben befinden.

Wir sehen: Was ganz oben am Kegel ist, wirkt sich am wenigsten direkt an der Spitze des Kegels aus, die sich in die Ebene des Räumlichen einfügt. Was ganz oben im Kegel ist, was noch ganz desinteressiert ist am faktischen Wirken, was nichts zu tun hat mit der jetzt vollzogenen Handlung, das nennt Bergson *reine Erinnerung.* Die reine Erinnerung liegt in der Tiefe des das innere Ich konstituierenden Gedächtnisses, und sie ist vom Körper am wenigsten abhängig. Dafür befindet sich der Körper an der Spitze des Kegels, da, wo wir im Raum in der äußeren Welt handeln können. Im Körper befindet sich das ganz spezielle Organ, *das Gehirn,* das die Aufgabe hat, aus den Tiefen des inneren Ich, unter den reinen Erinnerungen, diejenigen herauszuholen und zu aktualisieren, die der Handlung förderlich sind. Das Gehirn befindet sich im Körper, also an der Spitze des Kegels, der sich in das Räumliche einprägt und die Außenwelt berührt. Anders gesagt: Der Kegel als Totalität des aktuellen und virtuellen Gedächtnisses wird immer schmäler bis hin zu seiner feinen Spitze, die das Gehirn darstellt. Für Bergson ist das Gehirn kein umfassendes Organ des Gedächtnisses, sondern vielmehr *ein Organ des Vergessens* oder *der Selektion,* ein Organ, das im reichen Gedächtnis des inneren Ich auswählt, was im Hinblick auf Tat und Wirkung *nützlich* sein kann. Wir brauchen ein solches selektives Organ: Wären wir zu jeder Zeit von der Totalität unserer Erinnerungen überflutet, könnten wir gar nicht handeln. Das Gehirn steht also im Dienste der Tat. Es ermöglicht uns, durch Vergessen und Erinnern zu handeln, durch Auswahl und Rückruf.

Wenn man sich aber das Verhältnis von Gedächtnis und Gehirn auf diese Weise vorstellt, so stellt sich das *Problem von Leib und Seele,* und von der *Unsterblichkeit der Seele,* ganz anders als sonst. Die Seele, das innere Ich, hängt hier nicht vom Gehirn ab: Nicht das Gehirn enthält die reine Dauer des Subjekts, wie man es sich aus materialistischer Sicht vorzustellen versucht. Da nun der Inhalt der reinen Dauer, die Einheit aller Erinnerungen, die Seele, vom Gehirn, also vom Körper, unabhängig ist, können wir die Unsterblichkeit behaupten. Es besteht eben kein Grund mehr anzunehmen, daß die Seele mit dem Körper stirbt. Die Unsterblichkeit ist hier das Wahrscheinlichste, das Natürlichste, möchte man sagen. Durch den Tod des Körpers verliert die Seele nur jede Möglichkeit, *im Raum* tätig zu wirken.

Wenn wir nun beide Werke, die wir bis jetzt besprochen haben, verbinden, so verstehen wir, daß Bergson von einer sehr eigentümlichen Vorstellung der Freiheit, des freien Aktes, ausgeht. Es handelt sich dabei keineswegs um einen Beschluß des Willens, etwa wie bei Descartes. Das innere Ich, seine Freiheit, und sogar der freie Akt, ergeben sich sozusagen aus einem fast »vegetativ-geistigen Wachstum« –, wenn wir diese beiden Ausdrücke verbinden dürfen. Entscheidend ist die Kohärenz, die Kontinuität eines Werdens, ohne Bruch, ohne Schnitt. Bergsons Theorie der reinen Dauer, des inneren Ich, verlangt eine kontinuierliche Entwicklung der Tiefe im Selbstsein, der dann der *freie Akt* von selbst entspringt. Etwas steckt darin, das Bergsons Denken mit einem nicht voluntaristischen Tiefenstrom orientalischen Denkens verwandt macht.

›*Die schöpferische Entwicklung*‹ ist Bergsons berühmtestes Werk und erschien 1907. Wenn wir bei Bergson von einem Werk zum anderen schreiten, so eigentlich deswegen, weil er nur wenige Bücher geschrieben hat und weil jedes Buch ein ganz spezifisches Gebiet behandelt. Dennoch besteht zwischen den Werken eine tiefe Einheit, weil die Interpretation immer aufgrund eines Gegensatzpaares wie verräumlichte Zeit und reine Dauer, oder Materie und Gedächtnis geschieht. Was hat es nun mit der ›Schöpferischen Entwicklung‹ auf sich? Dieses Werk behandelt die Problematik des Lebens. Bergson staunt vor dem Lebendigen, vor der phantastischen, wunderbaren Vielfalt der lebenden Arten und ihrer Anpassung an ihre Lebensbedürfnisse. Es ist übrigens ein Staunen ohne Ende, das sich durch die ganze Geschichte menschlichen Denkens zieht – und trotz der zeitgenössischen entscheidenden Fortschritte der Molekularbiologie hält dieses Staunen an. Selbst *Jacques Monod*, der in unserer Zeit das Leben und die Entstehung der Arten und ihre Anpassung durch die Mechanismen von Zufall und Notwendigkeit erklärte, hat gewiß nicht aufgehört zu staunen.

Bergson staunt aber noch mehr vor unserer Unfähigkeit zu verstehen, was dieses unendlich schöpferische Leben überhaupt ist. Wir sind ja selbst Lebewesen, und die Entwicklung der Biologie geht weiter – und trotzdem wissen wir vom Leben als schöpferischer Entwicklung fast nichts. Das heißt: Wir kennen Resultate, biologische Mechanismen, usw. Das Leben jedoch bleibt ein Geheimnis. Warum?

In Bergsons Ausführungen über das Leben finden wir erneut seine Reaktion gegen den damals vorherrschenden Positivismus. Die positivistische Wissenschaft ging von dem Prinzip aus, daß jede gültige wissenschaftliche Erklärung *mechanistisch* sein müsse. Das bedeutet: alles vollzieht sich auf der Ebene der Ursachen, und nur aufgrund der Mechanismen von Ursache und Wirkung kann die Abfolge der Ereignisse stichhaltig erklärt werden.

Wir haben schon früher den Gegensatz von kausalen und finalen Erklärungen aufgezeigt. Im Kausalverhältnis bestimmt das, was vorher ist, das, was nachher kommt. In der Konsequenz kausalmechanischen Denkens angesichts der lebenden Gattungen gerät man in die paradoxe Situation, daß man stets das Mehr durch das Weniger erklären muß. Man geht natürlich von den einfachsten Organismen aus, in denen das Leben der trägen Materie noch näher ist, und von da aus versucht man zu erklären, wie es zu den komplizierten und höheren Gattungen gekommen ist. Die positivistische Wissenschaft verurteilt sich selber zu dieser Grundschwierigkeit.

Die umgekehrte Erklärung, die *finalistische,* kann auf zweierlei Art aufgefaßt werden: Die eine setzt voraus, daß alles von vornherein vorgezeichnet ist. Es herrscht eine Allmacht oder eine Vorsehung, die das Ziel des Weges kennt und die die ganze Entwicklung des Lebens einem allumfassenden Plan unterwirft. Der faktische Weg der Entwicklung wird *durch das zu erreichende Ziel* erklärt. Hier regiert das Ziel, es bestimmt alles Vorhergehende. Das ist das Schema der *causa finalis,* der Zweckursache, das wir schon angetroffen haben.

Bergson lehnt sowohl die mechanistische Kausalität der positivistischen Wissenschaft wie die gleichsam theologische Finalität ab. Warum? Weil – wie er sagt – beide Erklärungstypen von einem fertigen Schema ausgehen. Der Kausalmechanismus setzte voraus, daß es nur mechanische Abläufe gibt, und nirgends etwas Schöpferisches. Und der Finalismus seinerseits lasse nur einen vorgegebenen Plan gelten, so daß alles im voraus bestimmt und damit gegeben ist – im Grunde einen umgekehrten Mechanismus, der ebenfalls das Schöpferische ausschließe.

Bergson verwirft alles Fertige, alle festlegenden Vorstellungen. Er ist ein Fürsprecher alles dessen, was im Begriff ist, sich zu entwickeln. Wir sahen in ›Zeit und Freiheit‹, wie das innere Ich, in seinen Augen, immer im Begriff ist, sich im Verlauf seiner reinen Dauer zu erschaffen.

Auch in ›Materie und Gedächtnis‹ wird das Handeln ständig neu erfunden, indem das Subjekt, je nach den Umständen, aus der Masse des Gedächtnisses die brauchbaren Erinnerungen aktualisiert. Entsprechend verhält es sich in der ›Schöpferischen Entwicklung‹. Bergson will weder von einem vorgefaßten Plan oder festgelegten Endzweck noch von einem automatischen Mechanismus etwas wissen, sondern das Leben als unaufhörliche Schöpfung begreifen. Die andere Art also, die *Finalität* aufzufassen, geht nicht vom Wissen eines Endzustandes, und damit des Weges im ganzen aus, sondern von der *Vorstellung einer radikal schöpferischen Kraft.* In diesem Zusammenhang spricht Bergson vom »*élan vital*«. Da haben wir den berühmtesten Begriff seiner Philosophie. »Lebensimpuls«, »Schöpferische Lebenskraft« sind Übersetzungsversuche. Auf jeden Fall steckt im Wort »Elan« jenes Element von Kraft, von Schwung zu immer neuem Anfang. In jedem Augenblick steckt im Lebendigen ein schöpferischer Impuls, der sozusagen die Materie finalistisch bearbeitet – jedoch ohne jede Vorstellung eines zu erreichenden Resultats.

Ein Beispiel Bergsons: das Auge. Man kann es in seine Teile zerlegen und festzustellen versuchen, wie es mechanisch funktioniert, so daß das Lebewesen sieht, und man wird auf diese Weise in eine mechanistische Interpretation des Lebens geraten. Man kann auch annehmen, ein gütiger Gott habe gewollt, daß die Arten zu dieser wundervollen Fähigkeit gelangen, die das Sehen ist, und zu diesem Zweck habe er die Mechanismen erzeugt, die das Sehen ermöglichen.
Solche Auffassungen jedoch lehnt Bergson ab. Ohne Bezug auf die Finalität des Sehens bleibt der Erfolg des Organs Auge in jeder mechanistischen Deutung ein Wunder. Das Auge ist nur in bezug auf das Sehen ein Auge. Es ist aber nicht im voraus und von außen in seiner Kompliziertheit als Sehorgan konzipiert, geplant und zusammengesetzt, wie wir es in der Technik tun. Das Auge ist, in Richtung auf das Sehen, ein einfacher, schöpferischer Akt des »élan vital«, des Lebensimpulses. Das Sehorgan ist ein Sehakt.
Denken wir wieder an die Bewegung unserer Hand, die ganz einfach ist, wenn wir einen Gegenstand ergreifen wollen: Wenn wir den einfachen Akt aber in einzelne Positionen und Vorgänge von Muskeln und Nerven in unserem Körper zerlegen, ist er äußerst kompliziert. In beiden Fällen, beim Auge und bei der bewegten Hand, wird von außen das sehr komplizierte Ergebnis einer einfachen Geste des schöpferischen Lebenselans oder des lebendigen Menschen festgestellt.
Die heutigen Biologen halten Bergson angesichts der Fortschritte der Molekularbiologie wohl für veraltet. Vielleicht sollten wir aber doch philosophierend versuchen, sein Denken nachzuvollziehen. Wenn er auch zur Zeit in den Hintergrund getreten ist, wird wahrscheinlich dennoch der Zeitpunkt kommen, wo Bergsons Gedanken wieder Gewicht bekommen werden und seine Grundintuition des Lebens wieder als Bereicherung der intellektuellen Phantasie betrachtet werden.
Jacques Monod braucht in seinem berühmten Buch ›Zufall und Notwendigkeit‹ den Begriff der »*Teleonomie*«. In Teleonomie steckt das griechische Wort *telos*, Ende, Ziel, Zweck, das, worauf man es abgesehen hat – und das griechische Wort *nomos*, d. h. Gesetz.

Teleonomie vereinigt in sich also den wissenschaftlichen Begriff des Gesetzes mit dem vitalen Begriff des Zieles, des Zweckes. Mit einem solchen Mischbegriff, der, logisch betrachtet, eine Art Widerspruch einschließt, versucht man, gewissen Antinomien zu entgehen. Wir sind überzeugt, daß die heutige Biologie es – entgegen manchen Behauptungen – nicht fertiggebracht hat, die vielgeschmähte Finalität vollständig zu beseitigen. Wenn wir jene Begriffe hören, deren sich die zeitgenössische Biologie bedient – Alphabet, Botschaft, Code, Entschlüsselung usw. –, dann möchten wir noch einmal fragen, was eine Botschaft ohne Autor und ohne Zweck ist, oder ein Alphabet, das nichts besagt und nur wirkt.

Dieses ganze Vokabular bleibt von der Idee der Bedeutung, des Sinnes, des Zweckes geprägt und durchdrungen. Gerade dank solcher Worte kann sich nun diese Biologie leisten, den Anspruch auf eine von jeder Finalität befreite wissenschaftliche Haltung zu erheben. Zu wünschen wäre ein Philosoph – der zugleich ein gründlicher Biologe wäre –, der durch wirklich kritische Reflexion den Sinn und die Tragweite dessen zu klären versuchte, was heute im Bereich des Lebendigen so wunderbar entdeckt wird.

Noch etwas hat Bergson zum Staunen gebracht. Das Leben ist für ihn primär *Kreativität*. Also staunt er nicht so sehr vor der unglaublichen Vielheit und Verschiedenheit im Reich des Lebens, sondern vielmehr vor dem, was sich darin identisch wiederholt und für ihn in gewissem Sinne entwertet ist. Was sich wiederholt, hat zuwenig *élan vital* in sich. Was sich gleich bleibt, leidet an einem Mangel. Wie kommt es nun aber, daß es überhaupt *Arten* gibt? Arten, deren aufeinanderfolgende Individuen sich so gleichen, daß man sie als identisch betrachten kann? Auf diese Frage hat gerade die Molekularbiologie wunderbare wissenschaftliche Antworten gegeben, die Bergson nicht kannte. Seine Betrachtungen aber behalten ihre philosophische Tragweite. In seinen Augen müssen wir nicht über die Entstehung neuer Arten staunen, da der *élan vital* ja Schöpfung und Erfindung ist. Was erklärt werden muß, ist vielmehr die Wiederholung, die sich selbst gleich bleibt. Nun, Bergson antwortet: Das kommt daher, daß *die Materie* träge ist. Sie ermüdet den *élan vital*, der durch sie hindurch seine Schöpferkraft verwirklichend beweisen muß. Die sich wiederholende Identität innerhalb der Arten wird also von Bergson auf die Trägheit der Materie zurückgeführt; ohne sie gäbe es immer neue reine Schöpfung.

Bei dieser Gelegenheit können wir uns an Thomas von Aquin erinnern. Wir sahen damals, sobald man es mit Gattungen im Bereich der Körper zu tun hatte, daß diese Gattungen die Wiederholung der Individuen mit sich brachten. Das menschliche Wesen fand sich an der Grenze zwischen dem Materiellen und dem Spirituellen eingestuft, war aber dank seiner Zugehörigkeit zu einer Gattung noch im Bereich der Körper. Die Hierarchie der Engel dagegen läßt auf jeder Stufe nur *einen* Engel zu; in ihr gibt es keine Wiederholung, da jeder Engel absolut immateriell ist. Bei Bergson stoßen wir in einem ganz anderen Zusammenhang auf etwas Analoges. Für beide Philosophien hat die Materie das Prinzip der Repetition an sich; dagegen bedeutet der *élan vital,* der schöpferische Schwung, Einzigartigkeit, einmalige Schöpfung.

Noch eine entscheidende Dualität gilt es bei Bergson zu entdecken und zu verstehen. Der ursprünglich allen Lebewesen gemeinsame *élan vital* hat sich in zwei divergierende Entwicklungslinien gespalten: in die Entwicklungslinie des *Instinkts* und die Entwicklungslinie des *Intellekts.*

Die Entwicklungslinie des Instinkts erreicht bei den Insekten ihren Höhepunkt, die Entwicklungslinie des Intellekts bei den Menschen. Der Instinkt ist ein Modus des *élan vital,* der sich an die umgebende materielle Welt auf eine sichere, aber blinde Weise anpaßt. Der Instinkt täuscht sich nicht. Aber er konzipiert auch nichts im voraus. Er stellt sich nicht im voraus vor, was ihn bedroht, was er erreichen will. Er paßt sich unmittelbar an, er setzt sofort die Anpassung durch, die erforderlich ist, um dem Bedürfnis, das ihm auferlegt ist, zu entsprechen. Diese Art Anpassung geschieht nicht durch äußere Werkzeuge, sondern durch *Organe.* Der *élan vital* hat die Insekten mit Organen versehen, die es ihnen ermöglichen, sich blind und sicher den Notwendigkeiten der Umwelt anzupassen. Ohne Bewußtsein vollzieht der Instinkt als *élan vital,* durch den Organismus, die Erzeugung der Organe zur Anpassung an die Lebensnotwendigkeit.

Die Verschiedenheit der Insekten ist demnach das verblüffende, überaus komplizierte Aufgehen der schöpferischen Adaptation des Instinkts an die Lebensumstände.

Auf der anderen Seite endet die Entwicklungslinie des *Intellekts* beim Menschen. Was ist nun *der Intellekt?* Bei Bergson bezeichnet das Wort etwas sehr Präzises. Statt wie der Instinkt mit blinder Sicherheit Organe im Körper selbst zu schaffen, tastet der Intellekt herum und sucht. Er ist nicht blind, aber auch nicht sicher, er täuscht sich oft. Er schafft keine Organe innen im Körper, sondern *Werkzeuge* nach außen hin.

Als Hersteller von Werkzeugen steht der Intellekt im Dienste der Lebensbedürfnisse der Menschen, er ist damit wesentlich *praktisch*. Er entspricht der Definition des Menschen als *homo faber,* als eines Wesens, das Werkzeuge herstellt. Während der Instinkt keinerlei Distanz kennt, geht der Intellekt auf Distanz. Er konzipiert, hat Vorstellungen, geht planmäßig vor. Er setzt sein Werkzeug aus Stücken und Teilen zusammen, damit er verrichten kann, was er verrichten soll, was er sich im voraus vorgenommen hat. Diesmal ist es ein bewußter Endzweck, der die Herstellung des Werkzeugs bestimmt.

Dabei ist aber der Intellekt nur angesichts der trägen Materie zu Hause. Während der Instinkt ganz und gar im Lebendigen wirkt, da er ja Organe erfindet, operiert hingegen der Intellekt, da er Werkzeuge fabriziert, mit der trägen Materie. Werkzeuge werden aus Stücken träger Materie hergestellt. Der Intellekt funktioniert in jener Dimension der »verräumlichten Zeit«, die wir in ›Zeit und Freiheit‹ kennengelernt haben. Dadurch wird die menschliche Beziehung zur Außenwelt entscheidend geprägt. Der Intellekt leitet uns an, alle Gegebenheiten in Dinge, in passive Stücke zu zerschneiden, die wir nun nebeneinanderreihen. Irgendwie zwingt uns das Lebensbedürfnis in die Enge, macht uns intelligente Wesen blind und unempfänglich für die reiche und verworrene Qualität der Dinge, treibt uns zur Zerstückelung in tote Elemente, denen wir fertige Namen geben und deren wir uns nun geschickt zu bedienen wissen. Wenn wir uns nochmals dem Buch ›Materie und Gedächtnis‹ zuwenden und dem Kegel, der mit der Spitze die Platte des Raumes berührt: so liegt der Intellekt gegen die Spitze zu. Er kristallisiert die hergeholten Erinnerungen in leblose, in den Raum veräußerlichte, bequeme Dinge, die uns nützlich sind.

All das betrifft das praktische Leben und Überleben. Im Gegensatz dazu gibt es eine andere Seite in uns, die zur breiten Basis des Kegels, zur reinen Dauer des inneren Ich zurücksteigen möchte, zur Einheit der Erinnerungen, um die Qualitäten wiederzufinden, die Beziehungen der Qualitäten, der Farben, der lebendigen Umgebung. Denken wir an Courbet, der einen ganzen Tag auf dem Lande malte; und als man ihn fragte, was er denn male, antwortete er, er wisse es nicht. Was er malte, war nicht das Sujet, es waren die Farben, die Töne, die Nuancen, die Beziehungen zwischen den Licht- und Schattenflächen, eben die Qualitäten.

Der Intellekt als Hersteller von Werkzeugen aus träger Materie hat dem Menschen das Überleben ermöglicht, so wie die Insekten durch den Instinkt überleben. Der Intellekt steht, als Gegenstück zum Instinkt, dennoch ebenso wie dieser im Dienste des Lebens.

Gibt es nun trotzdem irgendeine Möglichkeit, Zugang zu jenen erwähnten Realitäten zu finden, die nicht direkt, praktisch, unentbehrlich sind?

Bergson erklärt: Intellekt und Instinkt sind nicht von Anfang an entgegengesetzt gewesen. Ursprünglich waren sie zusammen und durchdrangen sich gegenseitig im *élan vital*, und etwas Gemeinsames blieb ihnen von diesem gemeinsamen Ursprung. Weder Instinkt noch Intellekt kann man getrennt im Reinzustand finden. Immer entdeckt man Spuren von Instinkt im Intellekt und Randbereiche von Intellekt im Instinkt. Trotzdem sind Intellekt und Instinkt wesensverschieden – wenn sie auch eher Tendenzen bezeichnen als fertige Funktionen.

Damit wir besser verstehen, beschreibt Bergson beide in ihrem radikalsten Sinn. Wie schon gesagt, hat der Instinkt die Fähigkeit, sich *organisierte Werkzeuge,* also *Organe,* zu schaffen und zu benützen; der Intellekt hat die Fähigkeit, *nichtorganisierte Werkzeuge* zu schaffen und zu gebrauchen. Der *élan vital,* vermutet Bergson, hat wohl zwischen diesen beiden Arten psychischer Aktivität geschwankt: Die eine (der sichere und blinde Instinkt) gewährte unmittelbaren, aber in seinen Folgen begrenzten Erfolg, weil sie keine Veränderungen zuließ – die andere (der Intellekt) suchte tastend und unsicher herum, ermöglichte aber aufgrund der Variationen in ihrem Schaffen einen unbegrenzten Fortschritt.

Der Instinkt verfährt meistens unbewußt, so wie auch unsere Handlungen unbewußt sind, die wir gewohnheitsmäßig vollführen. Es genügt, daß man handelt; damit bleibt kein Raum für die Vorstellung dieser Handlung. Der tastende Intellekt hingegen orientiert sich aufgrund seiner Unsicherheit eher am Bewußtsein. Beim Instinkt ist die »Erkenntnis« unbewußt und *gespielt,* bewußt gedacht wird sie im Fall des Intellekts. Bergson schreibt: »Es gibt Dinge, die nur der Intellekt zu suchen fähig ist, die er aber – sich selbst überlassen – nie finden wird. Diese Dinge würde der Instinkt finden; er wird sie aber nie suchen.«

Welches sind nun diese »Dinge«? Eben das, was im Lebenden eigentlich lebendig ist: das Leben selbst, der *élan vital*.

Der dem Intellekt angemessene Gegenstand sind die nicht organisierten festen Körper. Seine besondere Befähigung liegt in der Zerlegung und der Wiederzusammensetzung der rohen Materie, und seine Sprache eignet sich nur dazu, Dinge, und nichts als Dinge, zu bezeichnen. Charakteristisch ist für ihn, wie Bergson sagt, »seine Unfähigkeit von Natur aus, das Leben zu verstehen«.

Der *Instinkt* hingegen ist nach der Form des Lebens selbst gegossen. Spontan verfährt er auf organische Weise. Wäre er bewußt, sprachfähig, würde er uns die Geheimnisse des Lebens offenbaren. Er ist aber unfähig, so wie der Intellekt und mit Hilfe der an die Dinge fixierten Worte aus der Distanz zu erkennen. Er ist, Bergson zufolge, »*Sympathie*«. Dieses Wort ist hier etymologisch zu verstehen: *fühlen* oder *leiden mit* – sich mit etwas identifizieren, von innen heraus erkennen. Der Instinkt kennt das Lebendige aufgrund von Identifizierung. Der Intellekt liefert uns durch die Wissenschaften das Geheimnis physischer Vorgänge – von außen, aus der Distanz. Er verhilft uns zur Erkenntnis des Lebendigen, nur indem er es, wieder von außen, in träge Stücke zerlegt.

Wir jedoch möchten, erkennend, ins Innere des Lebens eindringen, dahin, wo der Instinkt zu Hause ist. Aber der Instinkt, der durch die Tätigkeit des Lebens gefangengenommen ist, *spielt,* was er vom Leben weiß –, er kann es uns nicht sagen.

Hier treffen wir einen in Bergsons Philosophie zentralen Begriff: die *Intuition.* So würde man den Instinkt bezeichnen, wenn er »sich von seiner Tätigkeit lösen, seiner selbst bewußt« werden könnte, »fähig, über sein Objekt nachzudenken und es unbegrenzt zu erweitern«.

Kann er das denn? In anderen Worten: Kann es die Intuition geben? Es ist nicht unmöglich, antwortet Bergson, da es zum Beispiel bei den Künstlern schon die Befähigung zu einer ästhetischen Sympathie gibt, durch die sie die innere Einheit ihres Modells zu erfassen imstande sind. Bergson räumt ein, daß diese Sympathie, könnte man sie ausdehnen, das Leben überhaupt ergreifen könnte. Zumindest könnte sie das Ungenügen des Intellekts deutlich machen und auf diese Weise die Geister dazu bewegen, in das Reich des Lebens einzudringen, wo sich alles gegenseitig durchdringt in einem endlosen schöpferischen Strom.

Selbst dann aber wäre dieser Erfolg der Intuition nicht einfach ein Sieg über den Intellekt: Der Intellekt wäre ja daran beteiligt, denn ohne ihn bliebe der Instinkt gefangen in seiner praktischen, begrenzten und unbewußten Tätigkeit.

Bergson betont, wie ungeheuer schwer es für den Menschen ist, sich von seinen Bedürfnissen und praktischen Interessen, die ihn zugleich dem mechanistischen Intellekt und dem blinden Instinkt unterwerfen, zu befreien, um so zur Kenntnis des Lebendigen durch jene interesselose Sympathie zu gelangen, die »Intuition« heißt. Dazu muß er sich sozusagen so weit gegen sich selbst wenden, bis er sich einer anderen Wirklichkeit und einer anderen Erkenntnis öffnet.

Erinnert uns das nicht an den Gefangenen in Platons Höhle? Er mußte sich von der Welt der Schatten, von den erfolgreichen Voraussagen über ihre Reihenfolge losreißen, die seine Gefährten so geschickt vorbrachten, und gegen jeden Hang zur Sicherheit und zur gewohnten Lebensführung zum Ausgang der Höhle steigen. Er wurde von der Ideenwelt geblendet und mußte die Schatten und Reflexe zuerst im Wasser betrachten, ehe er den Anblick des höchsten Gutes selbst ertragen konnte. Schließlich kehrte er in die Höhle zurück, wo sich alle wegen seiner Ungeschicklichkeit über ihn lustig machten. Ebenso kann es wohl dem ergehen, dem es gelingt, nach großer Anstrengung zur Intuition zu gelangen, die – dank der Sympathie – die Distanzlosigkeit des Instinkts mit der Erkenntnisfähigkeit des Intellekts in sich zu verbinden vermag, und der auf diese Weise für die Tiefe des Lebens und des eigenen Bewußtseins empfänglich wird.

Das intuitive Erkennen hat etwas Mystisches an sich, denn durch die Intuition wird die Subjekt-Objekt-Spaltung überwunden, das erkennende Subjekt identifiziert sich mit dem erkannten Wesen – so wie das, Bergson zufolge, in der Kunst geschieht.

Nun Bergsons letztes Werk, das wir nur streifen werden: ›*Die zwei Quellen der Moral und der Religion*‹. Wir sind nicht überrascht, denn wir haben gesehen, daß es bei ihm immer zwei Quellen gibt. In ›Zeit und Freiheit‹ die homogene Zeit und die reine Dauer, die zur Domäne der Freiheit gehört. In ›Materie und Gedächtnis‹ der verräumlichte Körper und das Gedächtnis, in dem sich die menschliche Seele entwickelt. In der ›Schöpferischen Entwicklung‹ begegnen wir dem Instinkt und dem Intellekt, deren Synthese die Intuition ist. In ›Moral und Religion‹ schließlich entdeckt Bergson ebenfalls zwei Quellen: Einmal mehr stellt er das, was fixiert und verräumlicht ist, dem gegenüber, was lebendig und schöpferisch bleibt.

In der Moral und in der Religion gibt es Bergson zufolge von Anfang an etwas, das die Moral durch Prinzipien und Regeln, die Religion durch Ritual und Zeremoniell, fixieren und abschließen will. Andererseits aber ist da eine Kraft am Werk, die alles Fixierte auflösen, durchdringen, aufheben, dem schöpferischen *élan vital* folgen und der reinen Spiritualität des Menschen volle Freiheit geben möchte. Hier wird der *élan vital* gleichsam zu Gott.

Da in den menschlichen Gesellschaften und in der Erfahrung einzelner Menschen die Moral als Kreativität eine lebendige Quelle bildet, die jede fixierte Moral überholt, so wirkt der *élan vital* selbst in dieser immer neuen Schöpfung weiter. Ebenso in der Religion: Wenn sie sich institutionalisiert, zu einer festen, statischen, fertigen Struktur wird – was Bergson durchaus als legitim und notwendig anerkennt –, muß sie doch lebendig bleiben, also als Struktur und Institution von einem schöpferischen Strom überholt werden. Moral und Religion, in unterschiedlicher Weise, verlangen beides: feste Vorschriften, Strukturen und Formen – und einen alles transzendierenden »élan«. Jenseits des moralischen Subjekts, das Vorschriften folgt, jenseits des religiösen Subjekts, das seinen Platz im Inneren einer Institution findet, lebt das freie Subjekt, das sich mit dem unendlich schöpferischen *élan vital* identifiziert und mit ihm alles Fixierte überschreitet.

Das bedeutet, daß für Bergson der Grund aller Dinge der schöpferische Geist ist, die Freiheit.

Kierkegaard wurde von Karl Jaspers oft mit Nietzsche zusammengesehen. Jaspers nannte sie »Ausnahmen«, fand, daß sie, gerade bei aller Verschiedenheit, bedeutungsschwere Ähnlichkeiten haben. Beide haben auch großen Einfluß auf die geistige Situation unserer Zeit gehabt, ja sie in gewisser Weise geschaffen.

Wer heute ernsthaft philosophieren und eine philosophische Antwort auf die Herausforderung unserer Zeit geben möchte, kann das – so Jaspers – nicht tun, ohne die geistige Situation, die von Kierkegaard und Nietzsche geprägt wurde, selbst nacherlebt zu haben.

Wir beginnen mit *Kierkegaard*. Bei ihm wie bei Nietzsche ist es wichtig, sein Leben darzustellen, mehr als bei früheren Philosophen. Auch das ist ein Zeichen der Modernität: Ihr Philosophieren ist von dem, was sie erlebten, nicht zu trennen. Nietzsche und Kierkegaard haben ihre Philosophie gelebt, und ihre Philosophie geht aus ihrem Leben hervor. Und zwar nicht im naturalistischen Sinn, daß wir gleichsam aus sozialen, politischen, familiären Daten die entsprechenden Ansichten ableiten könnten. Beide waren leidenschaftlich um Echtheit und Glaubwürdigkeit bemüht. Beide verabscheuten eine Rhetorik, die sich selbst genügt. Wenn sie einen pathetischen Ton anschlugen, dann meistens gegen sich selbst. Sie haben sich beide der Selbstironie bedient, sie hielten sozusagen ihre Gedanken in der Distanz zu sich selbst, weil ihnen ihr Denken wegen des eigenen, unzulänglich gelebten Lebens verdächtig erschien. Man muß also etwas von ihrem Leben wissen, um sie zu verstehen.

Sören Kierkegaard war Däne. Geboren 1813 in Kopenhagen, zwei Jahre vor dem Sturz Napoleons. Gestorben 1855, mit nur 42 Jahren also. Sein Vater hat nie aufgehört, die Szene zu beherrschen, in der Kierkegaard dachte. Tatsächlich die Szene, weil es in Kierkegaards Philosophie zahlreiche Personen gibt, die eingreifen, diskutieren, sich bekämpfen und hinter denen Kierkegaard sich selbst versteckt. Der Vater war eine strenge, tief melancholische und sehr autoritäre Persönlichkeit. Er hatte als Geschäftsmann Erfolg gehabt, sich als vermögender Mann, völlig zurückgezogen, intensiven, skrupulös-puritanischen, religiösen Regeln unterworfen. Er lebte in der Stille, widmete sich dem Studium, heiratete in zweiter Ehe seine Haushälterin. Er hatte mit ihr sieben Kinder, von denen nur zwei überlebten.

Bei Sörens Geburt war der Vater 56 Jahre alt, darum konnte Kierkegaard sagen, er sei ein Sohn des Greisenalters, und denken, daß auf ihm ein Schatten laste, daß er geistig gleichsam alt geboren sei.
Von Kind an hatte Sören Kierkegaard eine Neigung zur Mystifikation. Er maskierte sich, versteckte sich, wurde eine andere Person, er liebte, was man später indirekten Ausdruck nannte, das heißt, daß er nicht unmittelbar und direkt sprach, sondern sozusagen »um die Ecke« mit Hilfe einer erfundenen Person. Er hat viel mit seinem Vater und dessen Freunden diskutiert. Er berichtet, daß sein Vater eines Tages zu ihm gesagt habe: Armes Kind, du gehst in eine stumme Verzweiflung. Man spürt förmlich das Belastende der Atmosphäre. Etwas Düsteres, Bedrückendes. Kierkegaard selbst hat später gesagt: »Wenn ein Sohn ein Spiegel ist, in dem sich der Vater sieht, so ist auch der Vater ein Spiegel, in dem sich der Sohn sieht.« Diese sehr enge Vater-Sohn-Beziehung hat ihn unaufhörlich heimgesucht. Wahrscheinlich hat der Vater in Kierkegaards Gewissen die Rolle des Richters, den nichts zufriedenstellen kann, gespielt. – Dagegen spricht Kierkegaard von seiner Mutter nie.

Der Vater hat seinem Sohn ein sehr düsteres Bild des Christentums übermittel. Christentum war für Sören vor allem die unaufhörliche Erinnerung an das Verbrechen der Menschen, die den Gerechten und Heiligen gekreuzigt haben. Es war im wesentlichen das Christentum der Erbsünde, der Kreuzigung, viel mehr als das des Erlösers oder der Auferstehung.
1830 schrieb sich Sören, mit siebzehn Jahren, als Student der Theologie an der Universität Kopenhagen ein. Auf Wunsch seines Vaters: Es war ein Akt des Gehorsams. Zehn Jahre lang folgt nun in seinem Leben eine ziemlich frivole Periode. Er ist Student, aber mehr Amateur als Student; er hört, was ihm gefällt, geht nicht regelmäßig in die Vorlesungen; er ist elegant angezogen, unabhängig von der Familie und gehört zu einer Gruppe romantischer junger Leute, unter denen auch Andersen, der bekannte Märchendichter, auftaucht. Diese Zeit hat sichtbare Spuren in

seinem Werk hinterlassen, aber hinter seiner Frivolität gewahrt man bereits eine Unruhe und Angst, vor denen er zu fliehen sucht. Er beschäftigt sich mit alten Legenden, Ritterromanen, Volkserzählungen, ganz allgemein mit romantischer Literatur, mit ihrer nächtlichen und schuldbeladenen Seite. Dabei zeichnen sich schon in dieser Zeit *drei Wege* für ihn ab, die in der Folge eine wichtige Rolle in seinem Werk spielen werden: einer davon ist der *des Genusses*, später durch Don Juan symbolisiert, der den Genuß sucht, ohne je gesättigt zu werden. Der zweite Weg ist der *des Zweifels*, der sich für ihn in Faust verkörpert. – Und schließlich der dritte, der Weg *der Verzweiflung.*

Also: Genuß ohne Befriedigung, Zweifel und Verzweiflung, schon in dieser frühen Zeit.

Dann verliebt sich Kierkegaard in ein junges Mädchen, Regine Olsen; sie liebt ihn wieder. Ihre heftige Leidenschaft läßt ihn zögern, stürzt ihn in Zweifel: Hat er das Recht, sie zu lieben? Ist diese Liebe von anderswoher, aus der Sicht eines anderen bejaht? Für ihn stellt sich die Frage so: Lautet der Befehl weiterzugehen? Schließlich bittet er im September 1840 um Regines Hand und erhält ihr Jawort. Sie ist also mit ihm verlobt, sie ist achtzehn, er ist siebenundzwanzig. Schon am anderen Tag meint er, sich getäuscht zu haben. Offenbar ist er ein Mensch, der die Freude des Besitzes nicht erträgt. Er kann begehren, nicht besitzen. Er verfällt in Melancholie, in sehr labile Zustände, verspürt das Bedürfnis, eine frühere Schuld zu sühnen. Wir wissen nicht, was für eine Schuld er meint: eine persönliche Schuld? Die Erbsünde? Oder eine geheimnisvolle Schuld seines Vaters, von der dieser oft zu ihm sprach?

Gleichzeitig wird sein religiöses Leben intensiver. Schon zwei Jahre vor seiner Verlobung mit Regine hatte er eine mystische Krise erlebt, in der er eine unbeschreibliche Freude verspürte, wie er später sagte. – Im selben Jahr 1840 starb sein Vater, nachdem er sich völlig mit ihm versöhnt hatte, so daß er empfand, zwischen seinem toten Vater und ihm müsse eine Art Vertrag bestehen, aufgrund dessen er ihm gewisse Dinge schuldig sei.

Im selben Jahr legte er, dem väterlichen Willen entsprechend, sein Theologieexamen ab, und im Jahr 1841 promovierte er mit der Dissertation ›Über den Begriff der Ironie mit ständiger Rücksicht auf Sokrates‹. Dieser Titel ist beachtenswert, denn die Ironie spielt in

Kierkegaards Art und Weise, sich auszudrücken, fortan eine beherrschende Rolle.

Nach einem Jahr des Leidens und der Qual sandte er Regine ihren Ring zurück. Sie tat daraufhin etwas, was damals nicht üblich war: Sie ging zu ihm und flehte ihn auf Knien an, die Verbindung mit ihr wieder aufzunehmen. Kierkegaard reagierte darauf mit dem ›Tagebuch des Verführers‹ – (eingefügt in den Band ›Entweder – Oder‹). Es wurde zum Teil geschrieben, um Regine endgültig von ihm zu trennen. Der Verführer, der da auftritt, spielt mit den Gefühlen eines Mädchens – mit außerordentlichem ästhetischen Raffinement; jeder Schritt der Leidenschaft ist gleichzeitig Strategie, und jede Regung von Zärtlichkeit spießt er auf einen Stachel von Grausamkeit.

Der Bruch war endgültig, Kierkegaard reiste nach Berlin, und schon 1843 verlobte sich Regine Olsen mit A. W. Schlegel. Man kann das eine ironische Tatsache im Leben Kierkegaards nennen: Er war es, der mit Regine gebrochen hatte; aber sie hat sich bald wieder verlobt, während er bis zu seinem Tod eine unheilbare Wunde behielt.

›Entweder – Oder‹ erschien 1843, vor Regines Verlobung, unter einem Pseudonym. Pseudonyme gehören zu Kierkegaard als Verfasser. Das Buch hatte großen Erfolg. Daneben publiziert er fast gleichzeitig zwei religiöse Reden unter seinem eigenen Namen. Wir sehen den doppelten Aspekt seiner Persönlichkeit, und das geht jahrelang so weiter: Kierkegaard publiziert nebeneinander höchst aggressive Schriften gegen das Christentum und die Kirche – und zugleich erbauliche und religiöse Reden.

In seinen wichtigsten Werken, wie zum Beispiel ›Philosophische Brocken‹ und ›Abschließende unwissenschaftliche Nachschrift‹, behandelt er äußerst komplexe und subtile philosophisch-religiöse Fragen. Zugleich aber zeigt er sich als mitleidloser Polemiker, greift die Narrheit seiner Zeit so heftig an, daß er den Chefredakteur einer Zeitschrift in die Flucht treibt und die Zeitung selber ihr Erscheinen einstellen muß. Immer wieder spielt er auf Tatsachen an, die niemand kennt, auf ein Geheimnis in seinem Leben. Dieses Geheimnis hat man physiologisch, psychologisch, psychoanalytisch zu deuten gesucht. Der interessanteste und wichtigste Aspekt dieses Geheimnisses ist wohl der, daß er glaubt, er habe eine besondere Mission zu erfüllen. Nicht die eines Führers oder eines Reformators, der eine gefügige Herde hinter sich hat. Nein, Kierkegaards Mission besteht darin, in jener Zeit der bequemen

Christlichkeit die unerläßliche Ausnahme zu sein, derjenige, der nicht den anderen in der Herde gleicht, sondern der den Auftrag hat, die entchristlichte Christenheit aus ihrem Christentum ohne Christus wachzurütteln, ihr wieder ins Gedächtnis zu rufen, was ein wirklich religiöses Faktum ist und welche absolute Forderung sich daraus ergibt. Und Kierkegaard lebte in der Überzeugung, er müsse dies verkörpern, nicht nur in Worten, nicht nur durch seine Schriften, sondern auch in Taten und, wenn es sein müsse, bis zum Martyrium.

Es folgt die Zeit, in der Kierkegaard sich definitiv im Kampf gegen die offizielle dänische protestantische Kirche engagiert. Er hatte sich zurückgehalten bis zum Tod des von ihm verehrten Bischofs Mynster, Anfang 1854. Die Leichenrede hielt der designierte Nachfolger, der Hegelianer Martensen, der den Verstorbenen als einen Zeugen der Wahrheit pries. Da fuhr Kierkegaard auf, was das heißen solle? Zeuge Christi könne man nicht aufgrund eines Glaubensbekenntnisses sein, mit dem man sich mehr oder weniger an Perspektiven und philosophische Begriffe Hegels anschließe.

Ein Jahr darauf griff Kierkegaard Martensen in einer Reihe von Flugschriften mit dem Titel ›Der Augenblick‹ an. Dieser Begriff des Augenblicks – wir werden noch darauf zurückkommen – ist im Denken Kierkegaards zentral wichtig. Von diesem Blatt ›Der Augenblick‹ erschienen neun Nummern. Kierkegaard ficht darin für die Notwendigkeit, die Kirche vom dänischen Staat zu trennen. Für ihn war es vom religiösen Standpunkt aus unannehmbar, daß ein Priester zugleich Beamter sei, integriert in eine Realität, die dem Wesen des Evangeliums so fremd ist wie eben ein Staat. Die zehnte Ausgabe des ›Augenblicks‹ sollte eben erscheinen, als Kierkegaard, am Ende seiner Kräfte und seiner Kämpfe, auf der Straße zusammenbrach. Man brachte ihn ins Spital. Dort starb er am 11. November 1855; er weigerte sich, das Abendmahl von einem beamteten Priester zu empfangen. Seine Überzeugungen waren so stark, daß er bis an die Schwelle des Todes fortfuhr, sie in die Tat umzusetzen.

Parallel zu seinem kämpferischen Werk und Leben entwickelte Kierkegaard von Anfang an ein literarisches, ästhetisches, moralisches, philosophisches Werk, Schriften, die hochberühmt wurden und jetzt noch weiterwirken, wie eben ›Entweder – Oder‹, die ›Abschließende unwissenschaftliche Nachschrift‹, ›Die Krankheit zum Tode‹, die von der Verzweiflung handelt, und andere. Außerdem hat er erbauliche

Reden hinterlassen, rein religiöse Schriften im Sinne der kirchlichen Tradition, und ein Tagebuch, in dem Kierkegaard seinen Kampf gegen sich selbst fortsetzt und seine Probleme zu klären versucht.

Kierkegaard betrachtete sich selbst – wie er sagte – als einen *privaten* Denker. Das unterstreicht den individuellen, solitären Charakter all dessen, was er geschrieben hat. Verallgemeinern hat hier keinen Sinn. Und doch wendet er sich an die anderen, nicht um ein gemeinsames Credo zu verbreiten, sondern um sie aufzuwecken, um sie mit der Radikalität der religiösen Forderung gegenüber dem jeweils einzigartigen und einsamen Wesen jedes Menschen zu konfrontieren.

Kierkegaard ist also ein »privater Denker«. Und doch wird er meistens zu Hegels Nachfolgern gerechnet. Wie ist das zu erklären?

Dem Denken Hegels hat er in der Tat etwas Entscheidendes entnommen, nämlich *die Dialektik*. Aber seine Dialektik und die Art, wie er sie gebraucht, unterscheidet sich völlig von der Hegelschen. Bei Hegel dient die Dialektik dazu, Antithesen, Gegensätze, Konflikte als Werkzeuge der Weltgeschichte durch die Weltgeschichte selbst aufzuheben. Hegel ist der Denker der Totalität, die umfaßt und versöhnt, der Mann des großen Systems, in dem alle Etappen der Geschichte schließlich ihren Platz finden, so daß die ganze Geschichte in einer Art riesigem Zeremoniell im Kreise des Systems in Erscheinung tritt. Nichts dergleichen bei Kierkegaard. Er stellt sich Hegel heftig entgegen und bekämpft ihn nach Kräften. Dabei ist es vor allem das System, was er an Hegel ablehnt. System, das heißt für ihn Zuflucht in der Totalität, im allgemeinen, das schließlich das Individuum davon dispensiert, sich radikal als isoliertes, absolutes Individuum zu erfassen. Das ist genau das Gegenteil von dem, was Kierkegaard will. Wenn Hegel sagen konnte, alles Wirkliche sei vernünftig, und alles Vernünftige sei wirklich, so akzeptierte er auf diese Weise – jenseits aller Greuel der Geschichte, die er übrigens keineswegs leicht nahm – die Totalität in ihrer Allgemeinheit durch eine vernünftige Einsicht, die alles einzelne verstehend relativiert. Für Kierkegaard ist das der Gipfel der Unredlichkeit. Redlichkeit – sagt er – verlangt, daß jeder, wirklich jeder, absolut und unabdingbar er selber sei und als solcher gelte. Für ihn gibt es nichts – auch keine totale Weltgeschichte –, dem sich das Individuum unterzuordnen hätte. Das versteht er unter Christentum. Also heißt es für ihn vor allem: sich selbst gegenüber loyal zu sein, den absoluten Anspruch des Individuellen anzuerkennen.

Da aber eine totale Loyalität nicht menschenmöglich ist, weil es Paradoxien der Subjektivität gibt, die nicht überwunden werden können, gibt es nur eine Weise, loyal zu sein, nämlich *Masken* zu tragen. Die, welche sich rühmen, spontan und direkt zu reden, sind Lügner – oder Naivlinge, die über eine gewisse unmittelbare Spontaneität noch nicht hinausgelangt sind, die verlogen ist und dazu dient, sie vor der Verzweiflung zu schützen. Für den, der durchschaut hat, was im Menschsein Subjekt zu sein bedeutet, gibt es keine direkte Loyalität mehr; er muß Konsequenzen ziehen und zu Maskierungen greifen, *zum indirekten Ausdruck.* Dieser täuscht niemandem vor, etwas anderes zu sein als das, was er eben ist, nämlich der einzig mögliche Ausdruck.

Dennoch bezieht sich Kierkegaard auf die Autorität, auf *das Wort Gottes.* Das ist gewiß ein Paradox. Im Vorübergehen wollen wir darauf hinweisen, daß Kierkegaard vielleicht gerade dadurch einen tiefen Eindruck auf den großen protestantischen Theologen *Karl Barth* ausgeübt hat. Karl Barth hat in das Zentrum seiner ganzen Theologie die Treue zum Wort Gottes gesetzt, die Bemühung, das Wort Gottes wörtlich zu verstehen.

Für Kierkegaard muß die Autorität des Wortes Gottes herrschen. Wie dies zu verstehen ist, dazu muß man wahrhaftig das Werk Kierkegaards lesen. Kierkegaard ist übrigens ein großer Schriftsteller und an vielen Stellen ein Dichter. Ein Dichter auf eine ganz besondere Art. Sein Stil ist oft schroff streng, sehr abstrakt, oder aber zuweilen konkret, lyrisch mit einer eigentümlichen Nüchternheit und Zurückhaltung. Er hält sogleich im Aufschwung inne, ohne Selbstgefälligkeit, oder er zieht sich in die indirekte oder ironische Ausdrucksweise zurück. Es gelingt ihm, das Tiefste mit großer Subtilität, in seiner dichten, bündigen Art, zu sagen. Man muß sich erst an seinen Stil gewöhnen, dann aber wird die Lektüre, und seien es nur wenige Seiten, mehr einbringen, als wir hier anführen können. Auch das ist übrigens ein Zug, den er mit Nietzsche gemeinsam hat.

Nun ›*Der Augenblick*‹. Das ist nicht nur der Titel eines Flugblattes. Er ist auch ein Zentralbegriff im Arsenal Kierkegaards gegen Hegel. Hegel sucht, wie wir sahen, die Lösung oder den Sinn für alles, was in der Geschichte geschehen ist, in der Totalität dieser Geschichte, in ihrer gesamten zweckmäßigen Entwicklung. Alles übrige findet darin seinen Platz und seine Rechtfertigung. Dem gegenüber betont Kierkegaard nicht nur den absoluten Wert jedes Individuums, der individuellen Subjektivität, sondern auch den eines jeden erlebten Augenblicks.

Hier tritt etwas sehr Wichtiges in Erscheinung, das in der weiteren Geschichte des philosophischen Denkens eine entscheidende Rolle spielen sollte, nämlich das, was man Existentialismus genannt hat, oder besser, *Existenzphilosophie*. Was ist das, Existenz? Für Kierkegaard ist sie das Aufsteigen, das Entspringen der verantwortlichen Freiheit eines Subjekts. Ein Beispiel zur Erläuterung dieses Begriffs: Wenn Sie die Dinge von außen betrachten, sehen Sie etwa Wasser fließen, Zweige fallen, Sie sehen jemanden etwas tun – und all das geschieht in ein und derselben Zeit; sie ist dieselbe Zeit für das fließende Wasser, die fallenden Zweige, für die Handlung. Aber die freie Handlung des Menschen läßt sich nicht aus dem ableiten, was in der empirischen Zeit vorausgegangen ist, die die Natur und den Handelnden selbst umfaßt. Sein Handeln entspringt etwas, das im Zentrum seiner Subjektivität geschehen ist und wofür er selbst die Verantwortung übernimmt. Handelnd stellt er sich nicht einfach in die Reihe der Ursachen und Wirkungen, er ist nicht einfach eine Folge von anderem, sondern ist zu einer Art absolutem Anfang geworden. Er setzt in das Gewebe von Ursachen und Wirkungen seinen freien Akt von anderswoher hinein, er vollbringt einen Durchbruch, den die *Existenzphilosophie* als existentiellen Durchbruch bezeichnen wird.

Dieser Ausdruck *Existenz* stammt von Kierkegaard. Er hat diesen Gebrauch des Wortes erfunden. Seit Kierkegaard hat das Verbum *existieren* in der Philosophie eine neue Bedeutung angenommen. Es heißt nicht einfach: etwas ist da. Man muß auf die Etymologie zurückgehen, wie es Heidegger getan hat. »*Ek-sistere*« heißt aus dem Magma der Dinge heraustreten, einen Durchbruch bewerkstelligen, nicht von einer homogenen Kontinuität abgeleitet sein.

Dieser existentielle Durchbruch ist der freie Entschluß hervorzutreten, ein Akt, durch den ein Subjekt sich gegenwärtig macht, der Akt eines Subjekts, der die Zeit durchquert, »durchbohrt«. Eben das ist es, was Kierkegaard *den Augenblick* nennt.

Der Augenblick ist hier nicht mehr jene Grenze zwischen Vergangenheit und Zukunft, die *Augustin* so sehr beunruhigte, die ihn so sehr verblüfft hatte, als er entdeckte, daß wir alle in der Zeit sind, aber die Vergangenheit nicht mehr, die Zukunft noch nicht ist, und die

Gegenwart nichts ist, eine Grenze zwischen Nichts und wieder Nichts. Es gibt also keine Zeit, und doch gibt es die Zeit – so Augustin.

Ganz anders bei Kierkegaard, obschon da auch eine tiefe Verwandtschaft besteht. Der Begriff der Zeit bei Kierkegaard wird nicht unter dem Gesichtspunkt der zu erforschenden Zeit betrachtet, sondern unter dem des existentiellen Subjekts, das in der Zeit *entscheidet* und infolgedessen in der Zeit etwas tut: Dieser Durchbruch durchbohrt die Zeit. Er ist empirisch in seinen Ergebnissen: Wir stellen die Wirkungen einer Handlung auf der Ebene der gewöhnlichen Erfahrung, in der gewöhnlichen Zeit, fest, aber der Akt, der vollendet wurde, ist nicht empirisch, nicht in der Zeit, sondern er durchquert sie. Das ist der *Augenblick*.

Die beiden Begriffe *Existenz* und *Augenblick* sind untrennbar, wenn man Kierkegaard verstehen will, und mit ihrer Hilfe können wir auch verstehen, wie sich Kierkegaard Hegel entgegenstellt. Er betont damit die absolute, punktuelle Wirklichkeit des jeweils einzigen gegenüber einer Konzeption, in der das totale System alles einzelne, was in ihm vorgeht, verschluckt, unterordnet und relativiert.

Wie gehören nun diese beiden Begriffe mit dem Christentum zusammen? Bei Kierkegaard heißt Christus oft »*das Paradox*«. Er ist das Paradox, oder das Kreuz ist es. Im Kreuz besteht die Überschneidung zweier Dimensionen. Der Augenblick, also das existentielle Durchbrechen der Zeit durch eine Freiheit, kann man durch ein Kreuz darstellen; die Zeit mit ihrem Ablauf von Ursache und Wirkung als eine Horizontale, den Durchbruch als eine Vertikale, die sie durchschneidet. Christus ist der Schnitt durch die historische Zeit; also das Paradox, weil die Ewigkeit die Kontinuität der empirischen Zeit schneidet.

Es besteht also eine Verwandtschaft zwischen dem Emporsteigen der Ewigkeit in der Person Christi in der Zeit und dem Emporsteigen der Freiheit, einer existentiellen Subjektivität, in der Zeit.

Christus ist für Kierkegaard sogar das absolute Paradox. Was ist ein Paradox? Gewöhnlich ist es ein Satz, der ein Widerspruch in sich selbst ist und den der Verstand nicht einfach so hinnehmen kann. Ein Paradox unterscheidet sich vom logischen Widerspruch dadurch, daß der Widerspruch ein Fehler im Folgern ist, während man das Paradox nicht auf den Verstand und sein Folgern reduzieren kann. Christus ist das absolute Paradox, das heißt, daß Christus von seiner widersprüchlichen Natur aus keinen Beweis zuläßt; kein Beweis kann ihn berühren, und folglich gibt es von ihm keine Erkenntnis, ebensowenig wie von Gott. Es gibt bei Kierkegaard so etwas wie eine negative Theologie, nämlich insofern, als die Gründe ins Licht gerückt werden, aufgrund deren es keine Theologie geben kann.

Diese Vorstellung von Christus als einem Paradox, das die Zeit zerbricht, analog dem Durchstoßen der Zeit durch die absolute Entscheidung eines Subjekts, ist bei Kierkegaard entscheidend und folgenschwer. Er betont zum Beispiel, daß die Jünger Christi ihm dadurch, daß sie Zeitgenossen waren, nicht näher standen als irgendeine Subjektivität, die zu irgendeiner Zeit Christus sucht. Das kann man verstehen: Da ja die Gegenwart Christi die Zeit durchbricht, wird derjenige, der durch sein spirituelles oder moralisches Handeln ebenfalls die Zeit durchbricht, durch sein Tun, durch seinen Glauben an Christus zum Zeitgenossen Christi, ja, vielleicht sogar mit besserem Recht als jene, die empirisch gleichzeitig mit Jesus gelebt haben. Hier tritt eine andere Zeitgenossenschaft in Erscheinung, nicht in der Zeit, sondern in der Ewigkeit. Da, wo die Ewigkeit die Zeit durchbricht, ist sie Zeitgenosse ihrer selbst.

Noch ein philosophisch wichtiger Punkt: In der ›Abschließenden unwissenschaftlichen Nachschrift‹ vergleicht Kierkegaard die Rolle, die *Sokrates* bei seinen Schülern gespielt hat, mit der Rolle *Christi* für seine Jünger. Kierkegaard nennt Sokrates den Lehrer, der für seine Schüler der Anstoß zur Entdeckung der Wahrheit ist, und er nennt Christus den Gott, der das Wesen dieser Entdeckung selbst ist. Wir versuchen das zu erklären.

Zunächst wollen wir festhalten, daß Kierkegaard in diesem Vergleich Sokrates keineswegs herabsetzen will, für den er die größte Bewunderung hegt und von dem er mit herrlichen Worten gesprochen hat. Sokrates ist der Lehrer, der seine Schüler nicht belehren will, sondern der ihnen die Methode zeigt, selber die Wahrheit zu finden. Seine Größe besteht darin, daß er durch seine Fragen den Schülern hilft, in sich selbst die Wahrheit zu suchen und zu finden – eine Wahrheit, die vorher schon in ihnen da war, die sie nur nicht herauslesen konnten und die von ihrem Leben ganz unabhängig ist. Sokrates bringt sie dazu, diese innere Wahrheit zu entdecken; er ist also nur *die Gelegenheit,* der Anstoß zu dieser Entdeckung. Und sobald die Schüler so weit sind, daß sie das Wahre selbst finden können, kann er sich zurückziehen – und er hat sich auch faktisch zurückgezogen. Das gerade ist seine Größe: Er vermittelt keine Lehre, er beherrscht den Geist des Schülers keineswegs, er arbeitet mit dem Schüler darauf hin, daß dieser ihn entbehren kann. Und damit hat Kierkegaard das tiefste Wesen der Pädagogik bezeichnet.

Der Unterschied zwischen Sokrates und Christus besteht für Kierkegaard darin, daß Christus seine Jünger nicht nur die Wahrheit lehrt, sondern daß er die Wahrheit *ist*. Damit kommt eine andere Dimension ins Spiel: die Dimension des Glaubens. Christus *ist* die Wahrheit, die er lehrt, er ist, wie Kierkegaard sagt, »der Gott«. Also darf er gar nicht sich zurückziehen und verschwinden. Er ist eben nicht, wie Sokrates, »der Anstoß«, sondern er ist *»der Gott«*, den es zu finden und mit dem es zu leben gilt.

Wir sehen also, wie komplex die Idee der Wahrheit ist, die man oft so billig verkauft und so leichthin behandelt. Jeder glaubt zu wissen, was das ist. Seit es Philosophie gibt, werden dicke Bücher darüber geschrieben. Man tut es heute noch und wird es weiter tun, ohne das Problem zu erschöpfen. Wahrheit ist ein einheitlicher und zugleich vielfältiger Begriff, weil Wahrheit sich auf verschiedenen Ebenen unseres Seins und unseres Denkens vollzieht. Alle diese Ebenen hängen zusammen, so daß eine Einheit besteht. Zugleich jedoch entsteht wegen der Heterogenität der Ebenen eine Diskontinuität in der Wahrheit, je nach der Natur der Ebene: Was auf der einen Ebene Wahrheit ist, wird auf einer anderen Falschheit, Lüge, weil man den Seinsmodus verkennt, um den es sich handelt. Das zu verstehen ist entscheidend.

Für Kierkegaard ist es unerläßlich, Christ zu sein – andererseits aber besteht hier die Dimension des Unmöglichen. Niemand kann wahrhaft Christ sein, und in Kierkegaards Augen machen sich manchmal gerade die offiziellen Vertreter der Kirche der schwersten Profanierung schuldig, wenn sie sich als die befriedigende Verkörperung dieses Christentums betrachten.

Das Christentum ist also zugleich notwendig und unmöglich. Diese Verfahrensweise der negativen Theologie hat Kierkegaard wohl wieder der Dialektik Hegels entnommen, also diesem Spiel zwischen den Gegensätzen, das bei Hegel in eine Synthese mündet. Bei Kierkegaard aber ist es eine negative Dialektik, die das Wesentliche des Christentums nicht durch Synthese oder Versöhnung offenbart, sondern durch Scheitern und durch die Unmöglichkeit, in die sie den Menschen treibt.

Was wir mit negativer Dialektik meinen, ist bei Kierkegaard in seinem Traktat über die Verzweiflung, betitelt ›Die Krankheit zum Tode‹, zu lesen. Kierkegaard zeigt darin, wie sich die Seele in Verzweiflung ganz verlieren kann. Andererseits aber ist eine Seele, die aufgehört hat zu verzweifeln und in der sich Selbstzufriedenheit breitgemacht hat, in der Verzweiflung nicht mehr wirkt, in Gefahr, sich selbst mangels Verzweiflung zu verlieren. Diese Widersprüche auszutragen ist für Kierkegaard eine tragische geistliche Übung. Er lädt den Leser ein, sie nicht nur *einmal* zu machen, sondern immer wieder aufs neue. Nicht umsonst heißt eines seiner Bücher ›Die Wiederholung‹.

Ewigkeit ist für ihn eben keine endlose Zeit, die verfließt, sie ist vielmehr eine Art stillstehende Wiederholung des Augenblicks, in dem der Glaubensakt immer wieder die Substanz des Glaubens durch wiederholte geistliche Übung schafft. Es ist die Wiederholung eines eigentlich unmöglichen Aktes, der einen in die Verzweiflung treibt. Verzweiflung ist eine tödliche Krankheit der Seele, aber als Möglichkeit des Heils eine unumgängliche Krankheit – die einzig mögliche Beziehung zum Christentum.

Nun unterscheidet Kierkegaard drei Stadien der Existenz. Diese drei Stadien sind *das ästhetische, das ethische* und *das religiöse Stadium.*

Das ästhetische Stadium ist im Grunde jenes, in dem Don Juan herrscht, es ist das Stadium der punktuell gesteigerten Intensität, des Lebens in Momenten, in zusammenhanglosen Erlebnissen.

Hier herrscht der Paroxysmus und nicht die Treue, Paroxysmus im Wechsel, Paroxysmus in der Intensität. Wir vereinfachen natürlich, Kierkegaard aber analysiert das ästhetische Stadium sehr weitläufig, er kannte es als Versuchung gut und fand darin vieles, was er liebte. Als Schriftsteller und Dichter war er für alles Ästhetische empfänglich. Das ästhetische Stadium unterscheidet sich vom ethischen dadurch, daß es kein Engagement mit sich bringt – ein wundervolles Stadium, weil in ihm die Freiheit punktuell hervorbricht, ohne diese Augenblicke je mit dem ihnen gemeinsamen Ursprung transzendierend zu verbinden – wie wir es später im religiösen Stadium finden werden.

Das ethische Stadium steht im stärksten Gegensatz zum ästhetischen. Hier liegt eine fast Hegelsche dialektische Bewegung vor, und man sieht gut, wie Kierkegaard seinen Weg über Hegel genommen hat. Das ethische Stadium ist das *des Engagements und der Treue.* Es ist zum

Beispiel das Stadium der Ehe und nicht das des Don Juan. Wer aber das Ethische mit dem Religiösen verwechselt, wird aus Mangel an Verzweiflung für die tiefere Verzweiflung, die »Krankheit zum Tode«, anfällig.

Das dritte Stadium schließlich, das *religiöse,* bewahrt gewisse Elemente des ersten und zweiten, aber so, daß es das eine durch das andere umstürzt.

Das religiöse Stadium ist die Intensität des Augenblicks, der aber die Zeit in seine totale, absolute Einheit zusammenfaßt. Dieser Augenblick ist das Absolute, das die Zeit durchquert und sie dank der Wiederholung transzendiert, um das zu erreichen, was uns versagt ist: das Ewige. Die Einheit der Zeit ist die Ewigkeit, und zwischen dem Augenblick und der Ewigkeit entsteht durch die Wiederholung ein dialektischer Bezug. Wir leben in der Zeit, und das religiöse Stadium ist uns zugleich geboten und verwehrt.

Kierkegaard zeigt, daß die Menschen, die alles verwerfen, was nicht das Absolute ist, um sich ausschließlich dem Religiösen zu widmen, im allgemeinen nicht mit dem Absoluten zu tun haben, sondern mit Nachahmungen, bei denen sie sich über das Stadium täuschen und in jämmerlichen Aspekten des ästhetischen Stadiums steckenbleiben.

In diesem Zusammenhang kann man den *Begriff der Ironie* am besten verstehen: Kierkegaard legt auf die Ironie und auf den Humor großen Wert. Die Ironie ermöglicht ihm, nicht zu lügen, wenn er von dem redet, wovon man gar nicht reden kann. Wer nämlich da redet, wo das Reden unmöglich ist, der kann die Lüge nicht vermeiden.

Gabriel Marcel pflegte zu sagen, wenn man von Gott spreche, spreche man meistens gar nicht von ihm. Auch Kierkegaard war überzeugt, daß man dann, wenn man von Gott spricht – vor allem im Brustton der Überzeugung –, schon nicht mehr von Gott spreche. Darum sagt er – wenn er es überhaupt wagt, von Gott zu sprechen – mitunter oft *der* Gott und schreibt »gott« mit kleinem Anfangsbuchstaben. Wenn er eben den in Christus fleischgewordenen Gott Sokrates gegenüberstellt, spricht er von dem gott, um ihm nicht zu nahe zu treten, um Distanz zu wahren.

In der Sprache Kierkegaards dient die Ironie der Wahrheit, oder sie dient jedenfalls dazu, seinen Anteil an der Lüge zu vermindern. Darum hat er so viele verschiedene Rollen angenommen und, zum Teil komische, Pseudonyme, gerade um sich zu verbergen, um verschiedene Standpunkte einzunehmen, damit man fühle, daß er sich niemals des Wesentlichen, des Religiösen bemächtige. Es gibt da ein Element fundamentaler Abwehr in seiner Ironie, die für Echtheit und Wahrhaftigkeit zeugt.

Der Humor hinwieder dient dazu, das zu wahren, was Kierkegaard *das Inkognito* des Religiösen nennt. Das Inkognito des Religiösen bedeutet, daß wir nie das Religiöse auf die Ebene einer empirischen Person herunterziehen dürfen, auf die Psychologie irgendeines Menschen mit seinen Eigenarten, der zu uns über das Religiöse redete; das Religiöse spricht zu uns durch das Inkognito hindurch. Kierkegaard ist gegenüber bestimmten religiösen Äußerungen sehr streng. Solche Ergüsse sind für ihn leicht mit einer gewissen Selbstdarstellung oder auch Schamlosigkeit verbunden. Im religiösen Bereich hat Kierkegaard das Mißtrauen einer Schlange, er mißtraut dem, was er sagt, dem, was die anderen sagen, er hat Angst vor dem Sakrileg, das Absolute in das Relative menschlicher Rede bannen zu wollen. Durch den Humor wahrt Kierkegaard also das Inkognito des Religiösen; er sagt, er wolle »der Dichter des Religiösen« sein, einer, der nicht wörtlich, sondern verhüllt sagt, was er sagen will. Wer fassen will, was Kierkegaard sagt, muß gleichzeitig selber den religiösen Akt vollziehen. Sonst sei die religiöse Sprache stumm oder pervers.

Jeder von uns muß – meint Kierkegaard – unaufhörlich daran arbeiten, *noch subjektiver zu werden.* Soll das bedeuten, daß wir wissenschaftliche Objektivität sentimentalen oder anderen unklaren Ansichten opfern sollen? Nein. Es hat nichts mit Psychologie, Propaganda oder Polemik zu tun.

Subjektiv werden heißt, dem Ursprung näherzukommen, durch den Gott uns das Menschsein schenkte: unserer Freiheit. Ihr verdanken wir, daß wir als Subjekte jeweils subjektiv »*ich*« sagen können.

In dem Maße, wie man fähig ist, solcherart subjektiv zu werden, geschieht eine völlige Umwandlung der Existenz, weil diese, statt sich in sich selbst zu verschließen, sich als Geschenk des Gottes, als Beziehung zu Christus, als religiöse Wiederholung wiedererkennt.

Nur wenige Denker geben so sehr Anlaß zu Mißverständnissen und sind auch so dafür verantwortlich wie Nietzsche. Er ist heutzutage sehr populär, jeder spricht von ihm; Linke und Rechte berufen sich auf ihn. Wie schon gesagt, stellte Jaspers Kierkegaard und Nietzsche nebeneinander und betrachtete sie beide als die »Ausnahmen«, zwei große, mythische Figuren an der Schwelle der Moderne. Er war der Ansicht, daß niemand heutzutage sie ignorieren kann, ohne unehrlich zu werden, daß aber niemand ohne katastrophale Folgen sie zum Vorbild nehmen kann.

Sie haben viel Gemeinsames und viel Gegensätzliches. Sie sind nicht eigentlich Zeitgenossen. Nietzsche wurde elf Jahre vor Kierkegaards Tod geboren. Kierkegaard gehört – grob gesagt – in die erste Hälfte des 19. Jahrhunderts, Nietzsche in die zweite, das ergibt immerhin einen Abstand. Nietzsche hat 56 Jahre gelebt, Kierkegaard nur 42. Die letzten zehn Jahre Nietzsches zählen allerdings kaum; er litt bekanntlich an einer ihn völlig zerstörenden Geisteskrankheit. Zieht man diese zehn Jahre ab, so ist die Lebensdauer der beiden vergleichbar. Nietzsche wurde in Deutschland in einem Pfarrhaus geboren. Sein Vater war Pastor, und es gab Pastoren in beiden Linien seiner Vorfahren. Er war fünf Jahre alt, als sein Vater starb. Hier ist also ein wesentlicher Unterschied zu Kierkegaard, dessen Leben von der Vatergestalt beherrscht war. Nietzsche wurde auch nicht von seiner Mutter erzogen, sondern zusammen mit seiner Schwester von verschiedenen weiblichen Verwandten, in einem völlig weiblichen Milieu. Er hat seine Studien, insbesondere im Griechischen, mit Auszeichnung absolviert, war klassischer Philologe und so brillant, daß er noch vor Abschluß seiner Studien einen Ruf an die Universität Basel erhielt. Sein Philologieprofessor hat den Vierundzwanzigjährigen folgendermaßen charakterisiert: ein Phänomen, das Idol aller jungen Leute und zugleich liebenswürdig und bescheiden.

Als Professor der griechischen Literatur an der Universität Basel von 1869 bis 1879 trat er in Beziehung zu den glänzendsten Geistern der Zeit wie *Jacob Burckhardt* und *J. J. Bachofen*. Zwischen 1869 und 1872 war er mit *Richard* und *Cosima Wagner* befreundet, die er oft in Triebschen bei Luzern besuchte. Ab 1873 traten die ersten Krankheitszeichen bei ihm auf; sein Geist war völlig klar, aber er litt unter heftigen Kopfschmerzen. 1879 zwang ihn die Krankheit, seine Professur in Basel aufzugeben.

Es folgten zehn Jahre unsteten Wanderlebens. Nietzsche floh vor sich selbst, vor seinen Schmerzen, vor seiner Krankheit. Wo immer er war, fühlte er sich unwohl, reiste anderswohin, und dort ging es ihm nicht besser. Den Winter verbrachte er meist an der Riviera, in Nizza, den Sommer im Engadin, in Sils-Maria; dazwischen unternahm er auch Reisen nach Italien. Dabei lebte er bescheiden. Seine ersten Schriften hatten Aufsehen erregt; nach und nach vergaß man ihn, gegen Ende mußte er seine Bücher auf eigene Kosten veröffentlichen. 1889 – er war 45 Jahre alt – brach eine organische Gehirnkrankheit aus, und er mußte interniert werden. Er starb elf Jahre später.

Schon aus dieser Lebensgeschichte dürfte ein wenig hervorgehen, warum Jaspers Nietzsche als eine Ausnahme betrachtete. Die Krankheit, die ihn ständig bedroht und in Alarmzustand hält, das Unvermögen, an irgend etwas Gefallen zu finden, das Verhängnis, wie ein gehetztes Wild zu sein, das immer neu versuchen muß zu leben, ohne doch recht leben zu können: das ist sein Schicksal. Wir stoßen bei ihm – wenn auch in einer ganz anderen Weise – auf dieselbe Unfähigkeit, sich in einem innerlich bejahten Leben einzurichten, wie bei Kierkegaard. Bei Kierkegaard hieß es: Niemand kann wirklich Christ sein, niemand seine subjektive Einzigkeit leben, niemand wahrhaftig im christlichen Sinn an Gott glauben. Wie soll man leben, wenn man so glauben soll, jedoch nicht kann? In Nietzsche sehen wir einen Menschen unter dem ständigen Druck der Krankheit, die Schmerzen sind unerträglich, »Gott ist tot« – und trotzdem mußte er leben.

Der Mensch steht im Mittelpunkt seines Denkens; wie bei Kierkegaard ist für ihn der Mensch als undenkbare Subjektivität zentral. Nietzsche geht es im wesentlichen um den Menschen in seiner Unzulänglichkeit, im Grunde um den Menschen als ein Wesen an der Grenze, das sich moralisch selbst erzeugen sollte.

Nun, ganz so ist es aber nicht, es ist immer schon etwas da im Menschen. Um mit Nietzsche zu sprechen, ist aber der Mensch nie »leicht« genug.

»Leicht« bedeutet allerdings nicht, daß sich Nietzsche an das ästhetische Stadium Kierkegaards hielte. Für ihn ist der Mensch niemals leicht genug in dem Sinne, daß er niemals frei genug ist in seiner Beziehung zu dem, was in den Bereich der Tatsachen fällt, von denen er immer schicksalhaft abhängt. Es gibt bei Menschen eine Forderung und zugleich eine Ohnmacht der Freiheit; daher heißt *Mensch sein* für Nietzsche das, was man ist, unaufhörlich zu akzeptieren und zugleich überwinden zu wollen. Dementsprechend herrscht in ihm eine fundamentale Ablehnung der Faktizität als solcher vor, eine Weigerung, die Dinge so anzunehmen, wie sie sind – und doch werden wir bei ihm den gleich fundamentalen *»amor fati«* zu besprechen haben. Die Dinge sind für den Menschen nicht einfach das, was sie sind; und auch *ich* bin nicht einfach das, was ich bin.

Sartre wird später erklären, das Subjekt sei das, was nicht ist, und sei nicht das, was es ist, wobei er den Akzent gerade auf diese Erzeugung des Subjekts durch sich selbst legte, das infolgedessen in jedem Augenblick seine Faktizität überwindet. Wenn ich sage, ich bin ein Feigling, sagt Sartre, so ist das schon ein Schritt, die Feigheit auf Distanz zu setzen und sich ihr so zu entziehen.

Hier begegnen wir dem so oft mit fatalen Mißverständnissen, ja, mit schrecklichem Widersinn verwendeten Begriff des *Übermenschen.* Der Übermensch ist, nach Nietzsche, ein Mensch, der aus immer neuer Schöpferkraft unaufhörlich seine Faktizität und seine Grenzen überschreitet. Der Mensch ist für ihn eben kein Mensch, wenn er sich nicht bemüht, auch das zu sein, was er nicht sein kann, also ein Übermensch. Das ist ein vorantreibender Begriff. Mitleidloses Überschreiten des Gegebenen, ständiges Ballastabwerfen um der schöpferischen Freiheit willen, das ist das Thema des Übermenschen, in gewissem Sinne ein prometheisches Thema – ein Anspruch, der immer wieder von der Philosophie erhoben und bekämpft wurde: Denn – so wird gedacht – wer Übermensch sein will, verpaßt die echten Möglichkeiten, die ihm als Menschen offenstehen; er ist nicht einmal der Mensch, der er sein könnte und sollte. Zu gleicher Zeit aber ist er kein Mensch, wenn er nicht versucht, mehr als ein Mensch zu sein. Hier haben wir ein Thema der Moderne, das dem nahekommt, was wir bei *Kafka* lesen: Der moderne Mensch, der auf einem Balken über einen Teich geht, auf einem Balken aber, der vorher noch nicht existiert, sondern den er mit seinen Füßen erst mit jedem Schritt formen, zusammenpressen muß; es gibt keinen vorgebahnten Weg.

Nietzsches Begriff des Übermenschen hat eben diese Bedeutung: Der Mensch gibt sich mit dem, was er ist, nicht zufrieden, er macht Geschichte. Er erfindet sich selbst über das hinaus, was er ist, indem er das, was er ist, verwirft. Der Begriff des Übermenschen gehört bekanntlich zu den meistmißbrauchten der Geschichte. Als die Nazis ihn benutzten, um damit ihre sogenannte Herrenrasse zu charakterisieren, die allen anderen Menschenrassen überlegen sein sollte, gaben sie diesem Begriff eine positivistische und naturalistische Deutung, die sich auf eine angebliche Überlegenheit im Faktischen stützte. Sich für einen Übermenschen zu halten, noch dazu für einen solchen von Natur aus, ist jedoch im Denken Nietzsches ein absoluter Widersinn: Für ihn ist ja der Mensch gerade im Gegenteil der, der sich nie selbst genug ist. Er muß sich immer neu erzeugen, über das hinaus, was er jeweils aus sich gemacht hat, was er auf der Ebene der Tatsachen schon geworden ist. Immer muß er überschreiten, was schon realisiert ist. Der Begriff des Übermenschen ist also ein Ausdruck des Ungenügens, der Unzufriedenheit mit dem, was ist, Ausdruck einer nie zu überwindenden, wesentlich zum Menschen gehörenden Sehnsucht. Nichts ist also weniger rassistisch und positivistisch als dieser Begriff.

Es muß allerdings zugegeben werden: Nietzsche ist ein Autor, der sich immer wieder von Formeln und Gedanken verführen läßt, manchmal auch von ihrer Härte, ihrer unbarmherzigen Pracht, ihrem immoralistischen oder anti-moralischen Glanz, ihrem atheistischen Trotz. Er leistet sich das poetische Vergnügen, solche Ausdrücke zu gebrauchen, ohne die Verantwortung für die Auslegung zu übernehmen, die dem, was er schreibt, gegeben werden könnte. Zum Beispiel *der Wille zur Macht,* ein Begriff, auf den wir zurückkommen werden. Man hat ihn als Appell gedeutet, immer mächtiger zu werden, als eine Rechtfertigung für den Gebrauch aller Mittel und Waffen im Dienste der eigenen Macht, so daß die Macht zum Merkmal des höchsten Wertes wird. *Das* hat Nietzsche nicht gemeint, aber er ist ein Autor, der poetisch verführt und verführen will. Er gehört nicht zu jenen, die sich gegen Verführung wappnen, wie etwa Kierkegaard.

Nietzsches berühmtestes Werk, ›Also sprach Zarathustra‹, ist das dichterisch stärkste, das schönste im Ausdruck. Nietzsche gebraucht darin eine quasi prophetische Sprache. Er hat es in den Jahren geschrieben, die bereits von der Krankheit gezeichnet waren, in denen Phasen tiefster Verzweiflung mit außerordentlicher Euphorie wechselten. Es ist ein dionysisches Buch, erfüllt von Höhen und Tiefen, aus jener Zeit, da er an die Grenzen menschlichen Bewußtseins und Lebens vorstieß, zur Euphorie, zum Aufschwung und zur Einheit – oder zum Gegenteil, zur Niederlage, zum Zusammenbruch angesichts der Unmöglichkeit, diese unbegrenzte Überschreitung vollziehen zu können, von der er dachte, daß man erst durch sie zum Menschen werde.

Die dichterische Verführung Nietzsches ändert nichts daran, daß der *Wille zur Wahrheit* für ihn eine verzehrende Leidenschaft war. Aber für ihn wie für Kierkegaard geht es darum, eine Wahrheit zu retten und zu rehabilitieren, die jenseits des objektiven Wahrheitsbegriffes liegt, wie ihn die wissenschaftliche Forschung kennt. Er will die objektive oder rationale Wahrheit der Wissenschaft nicht abwerten oder entwerten. Sie ist aber nach Nietzsche nie voraussetzungslos und nicht die ganze Wahrheit. Die philosophische Wahrheit zielt über diese vordergründige, einfachere Wahrheit hinaus. Nietzsche legte das Gewicht auf die Interpretation, *die Auslegung,* und das ist mit ein Grund für die Hochschätzung, die man ihm heute entgegenbringt. Man ist heute so weit gegangen zu sagen, es gäbe überhaupt keine Wahrheit, nur Auslegung, nur Auslegung von Auslegungen, so weit das Auge reicht. Es sei, so kann man hören, ein naives Bestreben, bei der Deutung eines Textes auf das treffen zu wollen, was der Autor darin wahrhaft auszudrücken versuchte. Denn einen eigentlich ursprünglichen Text gebe es gar nicht, und einen ursprünglichen Sinn noch weniger. Nietzsche gehört nicht zu diesen Leuten, er ist aber sicher einer der Autoren, die die Entwicklung in dieser Richtung am meisten gefördert haben. Alles Wissen ist, ihm zufolge, Auslegung des Seins durch ein erkennendes, lebendes Subjekt.
Die Wahrheit kann also nicht als etwas Festes und vom Subjekt Unabhängiges bestehen. Sie ist immer schon Auslegung. In seiner *auslegenden Theorie der Wahrheit* hat Nietzsche diesen tiefen Zweifel ausgesprochen, der im Zentrum der wahrheitssuchenden Vernunft wie ein Stachel steckenblieb. Er erlebte dabei eine unüberwindbare Grenze für das Bewußtsein und gleichzeitig einen existentiellen Anspruch auf ein »Darüberhinaus«.
Wahrheit steht uns nie klar gegenüber. Wir bemühen uns, sie zu

erfassen, wie sie ist, also unabhängig von uns. Es besteht aber eine wesentliche Beziehung zwischen der Wahrheit, die man erkennen will, und dem, der sie erkennt. Die Qualität dieser Beziehung zwischen einem Subjekt und der ihm gegebenen Realität ist selbst ein Bestandteil, ist mitkonstitutiv an der Wahrheit, die es sucht. Folglich ist jede Interpretation, jede Auslegung zugleich objektiv und subjektiv; es gibt keine reine Objektivität, die völlig außerhalb des Subjekts zu suchen und von ihm völlig unabhängig wäre. Es kann sich nur um eine vermittelte Objektivität handeln, vom Leben dessen durchdrungen, der sie entwickelt, und gebunden an seine Subjektivität. Wir stoßen hier wieder auf die Subjektivität, deren Bedeutung für die religiöse Erfahrung wir bei Kierkegaard gesehen haben. Hier aber, bei Nietzsche, geht es um die philosophische Wahrheit selbst, so wie sie, auch von jedem Glauben unabhängig, zu erreichen oder besser: *nie* direkt zu erreichen ist.

Man darf allerdings nicht annehmen, Nietzsche stelle aufgrund der Subjektivität geringere Anforderungen an die Wahrheit. Es ist ein tiefes Mißverständnis, wenn viele unserer Zeitgenossen, zu bequem oder zu befangen, um nach der objektiven Wahrheit zu suchen, sich auf Nietzsche berufen, mit dem Argument, daß die Zustimmung des Subjekts die Wahrheit ausmache. Nein. Wenn Nietzsche diese Theorie entwickelt hat, so gerade weil er eine viel anspruchsvollere und tiefere Vorstellung von der Wahrheit hatte als die, die sich mit der objektiven Gegebenheit begnügt.

Aus Leidenschaft für die Wahrheit nun mußte Nietzsche fragen: Wie konstituiert sich Wahrheit? Wie erreichen wir sie? – Wenn man diesen Weg einschlägt, so entdeckt man, daß die Wahrheit nie ganz in Besitz genommen werden kann. Damit stoßen wir wieder auf das Thema des Überschreitens. Die Suche nach der Wahrheit ist eine unendliche Aufgabe, sie verlangt einen unbegrenzten, nie zu stillenden Willen zur Wahrheit, und die Wahrheit selbst lebt im Überschreiten jeder vermeintlichen Wahrheit.

Angesichts Nietzsches berühmter Angriffe gegen den Rationalismus und die Vernunft muß man verstehen, daß diese auch im Namen der *Vernunft*, einer tieferen Vernunft, geschehen. Es geht nicht darum, eine leichtfertigere Haltung einzunehmen, die Kriterien der Vernunft zu durchstoßen, die Vernunft durch Vernunft zu überschreiten. Das Verlangen nach Wahrheit selbst verpflichtet dazu, die Bedingungen der Rationalität zu überwinden.

Eine solche Wahrheitsauffassung schließt einen Bruch in sich ein, einen Bruch mit dem, was einfach als Phänomen da ist. Wer sich der Wahrheit nähern will, ist verpflichtet, sie »transzendierend« zu suchen.

Es ist aber merkwürdig: Man könnte glauben, Nietzsche, der die unvermeidlichen Grenzen und Brüche im menschlichen Erkennen der Wahrheit, des Bewußtseins, der Vernunft immer wieder betonte, wäre jeder Art von umfassender Theorie aus dem Weg gegangen. Dennoch hat er eine Gesamtauffassung des Lebens, eine Metaphysik der Welt und schließlich des Seins selbst entwickelt. Und hier kommen wir auf den *Willen zur Macht* zu sprechen.

Der Wille zur Macht ist einer jener Ausdrücke, die leider beim breiten Publikum eine ganz bestimmte und begrenzte Bedeutung bekommen haben.

Seit dem Beginn der Philosophiegeschichte haben die Denker versucht zu sagen, was die Welt sei: Wasser, Luft, Gegensätzlichkeit, Zahlen, später Gesetze, Leben oder Wille. Nietzsche hat vor einer solchen Deutung gewarnt – und doch vollzieht er seinerseits eine Gesamtauslegung: Die Welt ist Leben, das Leben ist Wille zur Macht, so ist die Welt selbst mit allem, was sie enthält, nichts anderes als Wille zur Macht. Und das betrifft nicht nur die Welt – sondern auch das Sein selbst.

Was meint Nietzsche damit? Zunächst meint er weder den unmittelbar menschlichen, noch den biologischen Sinn. Er sagt selbst, der Begriff sei »unergündlich«. In der Tat bezeichnet er je nach der Gelegenheit Verschiedenes, und manchmal Entgegengesetztes damit: Zum einen Wachsenwollen, Mehrwerdenwollen, Kämpfen und Siegen, aber auch: Sich-selbst-Überwinden, Versuchen, Suchen. Andererseits kann der Wille zur Macht zur Gefahr drängen, zur Kurzlebigkeit, denn er ruft nicht unbedingt zur Dauer, sondern zum Augenblick (und zur Ewigkeit). Wille zur Macht kann – aufgrund von Selbstüberwindung – Freude an der erkannten Notwendigkeit bedeuten. Der Wille zur Macht ordnet, Nietzsche zufolge, das Leben unter als etwas, das preiszugeben ist für das eigentliche Sein. Immer ist der Wille zur Macht perspektivisch bedingt, und er ist es, der die jeweilige »Welt« auslegt. Wenn sich die Metaphysik des Willens zur Macht auf das Sein schlechthin erweitert, wird für sie alles Seiende, wie in einer Auslegung, Zeichen: mit einer unendlichen Anzahl möglicher Bedeutungen.

Dieser Wille zur Macht ist, wie man sieht, weit davon entfernt, immer denselben Sinn zu haben. Macht ist zweideutig, bei Nietzsche nicht immer »wert«-voll. Man kann den Willen zur Macht nicht mit Trieben identifizieren, die ein Machtgefühl erwecken. Nietzsche erhebt den Anspruch, ihn auch in unzähligen Verkleidungen zu erkennen.

Hier wieder sind bei Nietzsche Mißverständnisse aller Art möglich, und die Wahl der Worte, die bestechenden Beispiele, verführen dazu. Der Begriff kann zur Apologie des Kampfes und seiner Mittel dienen. Oberflächlich verstanden, ähnelt diese Metaphysik des Willens zur Macht einer früheren dogmatischen Metaphysik, die nun zu wissen glaubt, was Welt als Ganzes und Sein als solches ist.

Doch nach all dem, was wir schon von Nietzsche wissen, können wir sicher sein, daß er etwas anderes gemeint und gewollt hat. Nietzsche weiß, daß der Wille zur Macht in allem Geschehen im Grunde »unbekannt« bleibt: ihn zu nennen heißt nicht, ihn zu kennen. Er weiß wohl, daß er keine neue Erklärung des zugrundeliegenden Seins gefunden hat, sondern daß er das sucht, »an dem sich Alles als mit ihm verwandt wiedererkennt«. Dazu kommt noch, daß in seiner Theorie das Denken dieser Metaphysik selbst als Akt des Willens zur Macht begriffen wird, und so öffnet sich der Raum des philosophisch unendlichen Fragens wieder. Dennoch bleiben wir in der radikalen Immanenz, jede Transzendenz ist versagt.

Nur ist es immer bei Nietzsche so: Er erfindet keine Lehre, der er sich selbst unterwirft. Die Grenzen seiner Metaphysik des Willens zur Macht werden schon durch ihn entdeckt, in seinem eigenen Werkzeug, etwa wenn er diese Metaphysik in ein polares Verhältnis zu seiner Vorstellung des Lebens bringt und wenn er sie in Beziehung setzt zur Lehre der ewigen Wiederkehr.

Man kann Nietzsche immer wieder brauchen oder mißbrauchen, den oder jenen Satz oder Abschnitt einzeln zitieren und sagen: *Das* ist Nietzsche, *so* denkt er. Dann aber kommen wieder radikal entgegengesetzte Stellen, so daß man Nietzsche für verantwortungslos halten könnte. Die wirkliche Erklärung für diesen Sachverhalt ist, daß keine Aussage als solche gilt. Keine Aussage darf statisch genommen werden, sie hat eine bestimmte dynamische Funktion in einem Kontext zu erfüllen, die der Autor ihr verliehen hat. Und die Aussage ist wahr oder nicht wahr, je nachdem wie der Leser die Beziehung zwischen ihr und ihrem Umfeld innerlich vollzieht.

Ein Beispiel: Nietzsche hat *das Christentum* aufs brutalste bekämpft, man hat ihn sogar als eine Art Antichrist betrachtet. Er vertrat die Ansicht, das Christentum sei vor allem eine Erfindung der Schwachen, die Verherrlichung der Feigheit, der Niederlage, des Leidens und des Todes, während es doch in seinen Augen im Gegenteil darauf ankommt, den Willen zur Macht wachsen zu lassen. Für Nietzsche muß der Mensch vom Willen zur Macht beseelt sein, durch ihn entfaltet sich seine Freiheit, sein Stolz. Er ist ein Appell an das, was zur Größe, zum Adel strebt, was die bequemen Kompromisse des kleinen Lebens und der kleinen Befriedigungen verwirft. Nietzsche vollzieht tatsächlich eine Art Zerstörung des gekreuzigten Christus, der ihm als Symbol alles dessen gilt, was er im Menschen haßt: Schwäche, Unterwerfung, das »Dein Wille geschehe«, verstanden als Aufhebung, Rückgabe des menschlichen Willens – während der Mensch doch für Nietzsche seine Freiheit anspannen und der Welt aufzwingen soll, wenn er nicht deren Notwendigkeit stoisch und mit Freude bejaht.

Andererseits findet man aber bei Nietzsche Stellen voller Bewunderung für die Persönlichkeit Christi, Stellen, in denen er die Barmherzigkeit, die Sanftmut, die Demut, die Liebe preist. Schwäche ist bei ihm nicht immer das Gegenteil des Willens zur Macht: In gewissen Grenzfällen scheint der Wille zur Macht mit der äußersten Schwäche zusammenzufallen, wenn sie nämlich nicht aus Feigheit stammt, sondern eine gewählte, gewollte Haltung ist. Nietzsche bleibt ein höchst zweideutiger Autor, bei dem man sich fortwährend mit Zitaten schlagen kann, ohne daß das viel zu bedeuten hat.

»Dein Wille geschehe« kann der Ausdruck bloßer Abdankung sein; und nichts verabscheut Nietzsche mehr als das. Andererseits finden wir bei Nietzsche, an hervorragender Stelle und immer wieder, das Thema des *amor fati,* das heißt, der Liebe zur Notwendigkeit des Geschicks, gegen das man nichts mehr vermag. Wie soll man das in Einklang bringen mit dem, was wir bisher gesehen haben? Für Nietzsche ist das eine Frage des Niveaus. Wenn ich mich aus Feigheit unterwerfe, bin ich ein Unter-Mensch; wenn ich mich unterwerfe aus innerer Unabhängigkeit wie die Stoiker, die er so sehr bewunderte, dann ist das menschliche Größe.

Vielleicht wollte Nietzsche mit der Vorstellung des *amor fati* im Überschreiten selbst noch etwas überschreiten: die menschliche, allzu menschliche Vorstellung eines Fortschritts, eines in der Zukunft zu erreichenden Endzwecks.

Er schenkt uns nicht in erster Linie eine Lehre, sondern eine Stärkung in der Selbstüberwindung, in der Anstrengung zum wesentlichen Mut, in dem die Freiheit sich behauptet und sich selbst übertrifft. Solches Überschreiten kann alle Formen annehmen, auch die widersprüchlichsten.

Freilich finden wir bei Nietzsche eine Theorie der Welt als reine Immanenz, die jede Transzendenz ausschließt.

»Gott ist tot.« Nietzsche verkündet die Nachricht. Und nun können die Menschen auch in der äußersten Not – gerade in der äußersten Not – sich nie mehr auf Gott beziehen, weder um bei ihm eine Erklärung zu suchen, noch um einen Sinn in ihm zu gründen. Nun wird der Mensch gezwungen, in der Leere, ohne Hoffnung (jedenfalls ohne begründete Hoffnung) sich selbst allein zu tragen, in sich seinen Willen zur Macht selbst wach und stark zu halten. Oft hat man da den prometheischen Trotz herausgelesen, den Ehrgeiz eines Menschen, der unter dem Tarnwort »Übermensch« eigentlich Gott sein wollte.

Wer aber Nietzsche liest, bekommt immer wieder ganz andere Eindrücke. Gottes Tod, Gottes *Abwesenheit* hat in diesem Werk eine mächtigere *Gegenwart* als in vielen Theodizeen. Diese Abwesenheit ist unendlich vielfältig, und der Mensch wird durch sie ständig herausgefordert, auf immer neue Weise auf sie schmerzlich und heroisch dadurch zu antworten, daß er sich selbst überschreitet. Es ist, als wäre die Immanenz an sich nichts anderes als die Absage an die Transzendenz, als schriebe Nietzsche unter dem abwesenden Auge Gottes, und vielleicht nur für ihn, den toten Gott, seine Zeilen, und das Überschreiten durch den Willen zur Macht wird jeweils im »Raum« der verneinten Transzendenz vollzogen.

Das Thema des Sich-selbst-Überschreitens schließt ein, daß im Zentrum von Nietzsches Denken die grundlegende *Erfahrung des Werdens* steht. Alles ist fortwährendes Werden. Aber die immer neue, schöpferische Geschichte müssen wir mit der unbeweglichen Idee des *amor fati* vereinigen. Man findet bei Nietzsche großartige Stellen über die ewige Stille oder über die unbewegliche Ewigkeit. Beide Themen, das des Werdens und das der ewigen Unbeweglichkeit, sind in ihrer Radikalität für den Menschen unerträglich. Wir Menschen neigen zu einem gemilderten Werden und einer Ewigkeit, in die ein wenig Zeitlichkeit eingeht. Nietzsche aber geht in beidem bis zum unerträglichen Äußersten.

Nun hat Nietzsche in Sils-Maria eine seltsame Erfahrung gemacht. Dort gibt es einen wundervollen Felsen, und an diesem Felsen hatte er die Intuition der »ewigen Wiederkehr«. Dieses Thema der ewigen Wiederkehr haben wir schon bei den alten Griechen angetroffen, und Nietzsche kannte es gut: das große zyklische Jahr, das immer wieder neu anfängt. Aber in Sils-Maria hat er plötzlich erfaßt, was das als Erlebnis bedeuten konnte.

Das war ein aufwühlendes Erlebnis. Er war tränenüberströmt, zerschmettert von einem Gefühl, von dem er nicht wußte, ob es tiefster Schmerz, höchste Freude oder heiterste Gelassenheit sei. Es war ein Zustand, in dem die Affektivität, die sich vom zeitlichen Werden nährt, und der Sinn für die Tiefe des Beständigen, der im Ewigen wurzelt, plötzlich geheimnisvoll miteinander verschmölzen. Die ewige Wiederkehr bewirkt im Bewußtsein den Zusammenfall des Vorübergehenden, Flüchtigen, all dessen, was unsere Sehnsucht, unser affektives Leben nährt, mit dem, was alles in einer Art phantastischer, kontemplativer Größe erstarren läßt. Eine unaussprechliche Erfahrung.

Nietzsche, als Denker des Unmöglichen an der Grenze des Menschlichen, läßt sich nicht festhalten. Eines hat er sein ganzes Leben lang verworfen: das, was er *den Geist der Schwere* nannte. Damit meinte er die Verfassung jener, die sich an feste Verhaltensregeln, genaue Vorschriften oder auch an vorgebliches Wissen halten. Sie setzen nichts mehr in Frage, nehmen alles, was sie zu wissen glauben, als letzte Wahrheit ernst, aus der sie nun einen Besitz machen. Sie belasten sich also geistig mit Besitz und Gepäck – gerade da, wo es darauf ankommt, nichts zu besitzen, ein Reisender ohne Gepäck zu sein, der durch seine Leichtigkeit alles überwindet, was Geist und Freiheit einkerkern möchte. Nietzsche verwirft den Geist der Schwere und lädt den Menschen *zum Tanz* ein.

Dieses Thema des Tanzes ist für Nietzsche außerordentlich wichtig. Es führt uns zurück zum Bewußtsein der dionysischen Kräfte, die wir angesichts der apollinischen Formen, der Rationalität, zu vergessen drohen. Der Tanz führt uns zurück zum dionysischen Grund der Existenz, zurück zu dem, was wir durch *Sokrates* verloren haben.

Sokrates ist für Nietzsche derjenige, der uns durch die Entwicklung der Rationalität und des klaren apollinischen Denkens um den tiefen Sinn des Dionysischen gebracht hat, den die Vorsokratiker besaßen. Der

Geist des Tanzes ist ein leichter Geist, der Ballast über Bord wirft. Er gestaltet mit jedem Schritt den gegenwärtigen Augenblick. Wir sehen hier etwas, das wir bei *Kierkegaard* als »Augenblick« getroffen haben, das der Moderne entspricht, wie die ganze existentielle Strömung. Der Begriff der Existenz, der Punkt, aus dem bei Kierkegaard die Freiheit entspringt, ist die Verherrlichung des Augenblicks gegen die Totalität. Nietzsche ist wie Kierkegaard kein Denker der Totalität, er läßt im Gegenteil jede Totalität explodieren. Er stellt den schöpferischen Augenblick wieder her, aus dem die Leichtigkeit entspringt. Das tanzende Werden in der Ewigen Wiederkehr, verbunden mit fortwährendem Überwinden: Dadurch erscheint am Horizont etwas Ewiges, das sich in der Leichtigkeit des Tänzers durch den *amor fati* ausdrückt. Das ist Nietzsche.

Leider ist neben diesem lebendigen Nietzsche, dessen Ruf uns als mit nichts zu vergleichender Stachel stets erreichen sollte, der Nietzsche-Mythos entstanden. Ein Mythos, gegen den sich Nietzsche selbst nicht genügend gewappnet hat; und so konnten sich viele auf ihn berufen, die das absolute Gegenteil von all dem waren, was er wirklich wollte.

Kierkegaard und Nietzsche weisen parallele Züge auf. Erstens – und das betont Jaspers –: weder Kierkegaard noch Nietzsche können Jünger haben. Man spricht wohl von Leuten, die »Kierkegaardianer« oder »Nietzscheaner« seien; man hat zum Beispiel Karl Barth für einen Kierkegaardianer gehalten. Man versucht, Verwandtschaften zu finden. Aber die Weise des Philosophierens: daß sowohl Kierkegaard wie Nietzsche real ihr Leben für das Abenteuer ihres Denkens eingesetzt haben, das kann weder geschult noch nachgeahmt werden. Beide haben ihr Leben in einer Atmosphäre totalen Scheiterns beendet. Ihre Existenz stand in ihrem Denken auf dem Spiel.

Nun müssen wir aber sofort eine Einschränkung machen: Man soll, im Gegensatz zu dem eben Gesagten, nicht glauben, daß die früheren Philosophen auf eine Weise philosophiert und nachgedacht hätten, die von ihrem Leben losgelöst und ganz unabhängig war, und daß ihr Leben von ihrem Denken unberührt geblieben wäre. Das meine ich nicht. Bei jedem echten Philosophieren ist die Existenz mitbetroffen, jedoch nicht so wie bei Kierkegaard und Nietzsche. Der Grund für diesen Unterschied liegt wohl in der Zeit und der Welt, die sie umgab. Zur Zeit Kierkegaards und Nietzsches vermochte die sie umgebende Welt nicht mehr, irgend jemanden zu tragen, ihm in seinem Wagnis eine bestimmte Sicherheit zu bieten – im Augenblick, wo der Gedanke alles riskiert und der Denker sich selber in seinem kühnen Vorstoß noch nicht zu halten vermag. Denken wir dagegen an den hyperbolischen Zweifel Descartes', bevor er das »*Cogito, ergo sum*« erreichte: Zwar war auch das in seiner Umwelt ein äußerst gewagtes philosophisches Unternehmen. Dennoch lebte Descartes in einer festgefügten Welt, die in ihrer Tiefe noch nicht in Frage gestellt war und wo jeder das Gefühl hatte, seinen Platz zu besitzen. Man war geistig nicht so vom Schiffbruch bedroht wie die beiden Denker Kierkegaard und Nietzsche. Diese fühlten, fast wie in einer Vorahnung – bevor unser Europa so grundlegend erschüttert wurde –, wie es dann kommen sollte. Mit sicheren Antennen erspürten sie eine noch verborgene, lauernde Katastrophe. Und doch brachten sie sich vor ihr nicht in Sicherheit, sondern stellten ihre Fragen, dachten ihre Gedanken bis zu Ende, bis ins Extrem, und warnten. Kierkegaard als Christ legt offen, daß es einerseits unmöglich ist zu leben, ohne Christ zu sein, und daß andererseits Christ zu sein unmöglich ist. Nietzsche erfaßt die lebendigste Wurzel, den Ursprung des Gedankens, des Staunens, der Verwunderung, der absoluten Verantwortung – den Willen zur Macht – und gleichzeitig die Bejahung eines absoluten Fatums, einer ewigen Wiederkehr, der er sich unterwirft, auch wenn »Gott tot« ist. Beide sind durch ihr Denken zum Unmöglichen gelangt. Jaspers sagte, weder der eine noch der andere könne für andere ein Vorbild sein, dem es zu folgen gelte. Sie appellieren philosophisch an uns; sie nachahmen zu wollen wäre sinnwidrig. Man kann keine allgemeine Kategorie des Geistes schaffen für Leute, die so denken wie Nietzsche oder wie Kierkegaard. Man kann aber auch nicht philosophieren, wie wenn dieser Schrei nicht ausgestoßen worden wäre. Es ist ein Schrei, und wenn man ihn überhört, gerät man in eine verlogene Situation. Es wäre, wie wenn man zu philosophieren fortführe und bewußt etwas verschwiege, was existiert und gedacht werden muß. Es hat nun einmal diese beiden Denker, dieses Zerreißen gegeben; was heißt das? Das heißt, daß nach ihnen die philosophische Aufgabe darin besteht, so weit zu gehen, wie sie gegangen sind, und Wege zu finden, um hindurch-, um darüber hinauszugehen.

In einer etwas klareren Sprache ausgedrückt bedeutet das: Es gibt kein modernes Denken, das nicht durch den *Nihilismus* hindurchzugehen oder das in der Philosophie nicht *das Unmögliche* zu durchqueren hätte. Man kann sich nicht auf halbem Weg einrichten. Diese Denker sind also nicht Vorbilder, die man nachahmen müßte, sie sind Appelle, die man vernehmen, oder besser, Forderungen, auf die man antworten muß. Und deshalb ist, nach Kierkegaard, nach Nietzsche, eine gewisse Freiheit – die nicht nur die Fähigkeit ist, zu entscheiden, sondern die Fähigkeit, zu erkennen, zu überschreiten – für die philosophische Reflexion absolut notwendig. Ich glaube, man macht sich heute die Sache zu leicht, wenn man sich gleich mit einem gewissen Behagen oder zumindest mit einer gewissen Trägheit in einem Grundpessimismus einrichtet, der unsere abendländische Welt als sinnlos und wertlos verdammt. Und dann richtet man sich darin ein und fühlt sich über alles erhaben. Es gibt jedoch keinen, der über diese Situation nachdrücklicher, radikaler als Nietzsche und Kierkegaard, jeder auf seine Weise, ein Urteil fällen könnte. Dieses Urteil einfach zu wiederholen bedeutet überhaupt nichts. Was aber nötig ist, das ist, es zu verstehen, ernst zu nehmen und zu überschreiten; zu versuchen, ob man darüber hinausgehen kann. Um die echte Freiheit des Menschen jenseits der Erkenntnisse von Kierkegaard und Nietzsche zu verankern, muß man den Nihilismus durch- und überschreiten.

Vom religiösen Standpunkt aus stehen wir hier vor Widersprüchlichem. Kierkegaard ist der verzweifelt glaubende Christ, Nietzsche der Dichter des Übermenschlichen und des toten Gottes. Indem jedoch Kierkegaard die Unmöglichkeit zeigt, ehrlich Christ zu sein, schließt er das Christentum, so wie es erlebt wird, faktisch aus. Und bei Nietzsche, der sein transzendierendes Denken in die Leere, die Abwesenheit richtet, die Gottes Tod überall hinterlassen hat, flackert die tiefste religiöse Sehnsucht, sei es in der Form der Revolte, sei es als *amor fati,* wieder auf. Das heißt also: Wer noch religiös sein will, muß wahrhaft durch das, was man unmöglich akzeptieren kann, hindurch und darüber hinaus. Die Welt, das Menschsein, so wie sie eben sind, im Rahmen der existierenden Religionen ganz einfach anzunehmen, so daß es genügt, sich in bestimmte Regeln zu fügen, das ist nicht mehr möglich. Das Argument mancher Theologen, wonach es ohne Gott nicht geht, mit Gott aber viel besser, ist nach Nietzsche und Kierkegaard nicht mehr erträglich. Die Religion kann nicht eine Religion der Bequemlichkeit sein, im Gegenteil: Sie stellt eine absolute Forderung auf, die niemals völlig erfüllt werden kann.

EDMUND HUSSERL (1859–1938)

Nach Nietzsche und Kierkegaard entwickelt sich das philosophische Denken in drei Hauptrichtungen. Eine Richtung ist die der *Phänomenologie,* deren Begründer der deutsche Philosoph Edmund Husserl war. Die zweite Richtung ist die *Philosophie der Existenz* oder der *Existentialismus.* Bei der dritten Richtung, von der wir nur den Anfang andeuten wollen, handelt es sich nicht um Philosophie im eigentlichen Sinne, sondern sie zerstreut sich, sie spaltet sich – wie es scheint – gewissermaßen in die verschiedenen *Geistes- und Sozialwissenschaften* auf.

Husserl hat mit seiner Phänomenologie einen entscheidenden Einfluß auf die verschiedenen Sparten der heutigen Forschung ausgeübt. Bei ihm, wie bei den anderen zeitgenössischen Denkern, muß ich etwas ausführlicher über ihr Leben sprechen. Denn die Philosophen, die uns zeitlich nahe stehen, müssen wir wohl in bezug auf die geschichtlichen Ereignisse situieren. Husserl wurde 1859, also in der zweiten Hälfte des 19. Jahrhunderts, in Mähren, als Sohn einer jüdischen Kaufmannsfamilie geboren. Er studierte Astronomie, Mathematik, Physik; sein Hauptinteresse aber galt der Logik. Seine ersten Überlegungen entstammen also der wissenschaftlichen Erfahrung, vor allem der abstrakten Wissenschaft. Sehr stark beeinflußte ihn der Philosoph *Franz Brentano,* dessen Themen von Husserl entscheidend ausgearbeitet worden sind und viel an Anregung zu dem beigetragen haben, was man später Phänomenologie nennen wird.

Husserl hat sich mit 27 Jahren zur protestantischen Religion bekehrt, allerdings ohne große Folgen für sein Werk. Es ist aber auffallend, daß unter denen, die sich nach seinem Tode am intensivsten mit seinem Werk und der Bearbeitung seines Nachlasses beschäftigt haben, überwiegend Katholiken, ja Angehörige des Klerus zu finden sind. In Löwen sind Husserls Werke besonders studiert, bewahrt und bearbeitet worden.

Husserl heiratete eine junge Jüdin, die ebenfalls konvertiert hatte. Er ist 55 Jahre alt, als der Erste Weltkrieg ausbricht. Er hat drei Kinder. Zwei Söhne sind im Krieg, einer fällt; seine Tochter wird Krankenpflegerin. Husserl empfindet in dieser Zeit eine große Bewunderung für alles Preußische. Er vertritt wie viele deutsche Juden damals einen lebhaften deutschen Nationalismus. 1916 wird er Professor in Freiburg im Breisgau. Dort wird, nicht viel später, Martin Heidegger sein Kollege.

Im Januar 1933 kam Hitler an die Macht. Den Juden wurde untersagt, die Universitätsgebäude, die Bibliothek zu betreten. Wir müssen uns die Lage vorstellen. Husserl fand sich von der Universitätsbibliothek ausgeschlossen, als Heidegger Rektor unter dem neuen Regime war. Er wurde, ebenfalls unter dem Rektorat Heideggers, seines Kollegen und – mehr oder weniger – Schülers, der ihm soviel verdankte, aus dem Kreis der Professoren ausgeschlossen. Später ging es Husserl, dank Protektion, wieder besser. Husserl reiste nicht ab, er verließ Deutschland nicht, aber er versuchte – wie er selber sagte –, eine geistige Mauer um sich zu errichten. Mehr denn je unternahm er es, den »Rationalismus«, wie er ihn verstand, zu verteidigen, entgegen den irrationalen Tendenzen, die während des Nationalsozialismus sich entfesselten und zur Herrschaft gelangten. Er starb 1938 mit 79 Jahren, also noch vor dem Zweiten Weltkrieg.

Begonnen hatte Husserl damit, im Sinn einer philosophischen Kritik, über Arithmetik und Logik zu schreiben. 1900–1901 erschienen die zwei Bände seiner ›Logischen Untersuchungen‹ und im Jahr 1907 seine Vorlesungen über ›Die Idee der Phänomenologie‹. 1929 veröffentlichte er seine berühmten, an der Sorbonne gehaltenen Vorträge, die ›Cartesischen Meditationen‹, und dann 1935, drei Jahre vor seinem Tod, die ›Krisis der europäischen Wissenschaften‹.
Husserl erlebte noch die große Ausbreitung der Phänomenologie, dieser Lehre, die er selbst begründet hatte. Er selber hatte wohl das Gefühl, daß man das Wort oft mißbrauchte, um Dinge zu bezeichnen, die grundverschieden voneinander waren, und das erklärt vielleicht, daß er trotz des Erfolgs immer unbefriedigt geblieben ist. Gegen Ende seines Lebens empfand er ein starkes Gefühl der Einsamkeit und des Unverstandenseins. Besonders gelitten hat er wohl unter der fortschreitenden Entfremdung zwischen ihm und Heidegger.

Durch sein Staunen ist Husserl mit Kant und mit Descartes von ferne verwandt. *Descartes'* Ausgangspunkt war das Staunen darüber, wie es zugehe, daß wir einer Sache gewiß sein können, denn wir haben allen Grund zu zweifeln. Wo finden wir den ersten Grund für unsere Gewißheit? Dieses Staunen über die Gewißheit führte ihn dazu, alles in Zweifel zu ziehen, um die Begründung der Gewißheit selbst zu suchen. *Kants* Staunen war – wie wir sahen – das Staunen über die Tatsache der Existenz der Wissenschaft. Wie kommt es, daß es Wissenschaft gibt, da es in der Erfahrung nichts Notwendiges und Allgemeingültiges geben kann? Wie können wir empirische Wissenschaften haben, deren Aussagen notwendig und allgemeingültig sind?

Nun fragt *Husserl*: Wie kommt es, daß wir überhaupt gewiß sein können? Anders gefragt: Was für eine Beziehung gibt es zwischen Bewußtsein und Welt?

Er geht von der ursprünglichen *Gewißheit* aus, die wir haben, daß wir da sind mit einer Welt um uns herum. Und darüber staunt er. Ohne gleich die Husserlsche Sprache zu gebrauchen, versuchen wir, sein erstes Staunen nachzuvollziehen. Er hat Mathematik und Logik studiert; er weiß, was eine Gewißheit im Reinzustand ist, denn nirgends ist sie so frei von jedem Zweifel wie in der Logik oder Mathematik: gleichsam die Quintessenz der Gewißheit. Und er staunt über jene unmittelbare Gewißheit. Kants Auffassung empfindet er als störend, weil bei ihm die Problematik der Gewißheit mit Elementen beschwert wird, die ihm überflüssig erscheinen, so das Ding an sich, das nicht zur unmittelbaren Gewißheit gehört, die wir von der Welt haben – oder das Apriori, jene Struktur, die jeder Erfahrung vorausgeht und von der wir auch keine Gewißheit haben. Beides trübt die Gewißheit. Wir sollen eher von ihr selbst, von ihrer *Unmittelbarkeit,* ausgehen.

Das ist wohl der Ausgangspunkt. Von da aus kämpft und wehrt sich Husserl in drei Richtungen.

Erstens kämpft er *gegen die Psychologie* und die Introspektion. Er will keinesfalls auf irgendeine Art verwechselt werden mit denen, die vorgeben, den Grund der Gewißheit in der Beschreibung innerer Bewußtseinszustände zu finden. Er betont mit allem Nachdruck – und wir glauben, zu recht –, daß die psychischen Zustände, die wir beobachten können, etwa durch Intrispektion, ebensogut Objekte sind wie die der Außenwelt; es sind zwar psychische Objekte, aber jedenfalls Objekte. Da ist er noch Kant treu, denn auch für Kant ist alles, was wir vom Bewußtsein beschreiben können, schon objektiviertes Bewußtsein. Es ist jedenfalls kein Apriori. Husserl will nicht zu denen gehören, die sich mit introspektiven Beschreibungen des Psychischen zufriedenge- ben. Das führt dazu, daß man im Subjektivismus untergeht, das heißt in einer Art Empirismus. Dann landet man bald wie die englischen Empiristen im Idealismus. Denken wir an Berkeley. Husserl hat mit einer Objektivierung des Bewußtseins und überhaupt mit Psycho- logie nichts im Sinn. Was er sucht, soll unmittelbar und ursprünglich sein.

Zweitens wehrt er sich *gegen Descartes,* auch wenn er für ihn die größte Bewunderung hegt – man denke nur an die ›Cartesischen Meditationen‹. Dem Descartschen Vorgehen wirft er vor, das *»cogito«* von allem anderen zunächst abstrakt abzuschneiden, so daß dann jener große Umweg über die Vollkommenheit Gottes nötig ist, um die Welt der Dinge wiederzugewinnen. Das *cogito* gibt es als Erlebtes nie allein, sondern immer nur als *ego cogito cogitatum,* also: Ein Subjekt (ein Ich) denkt *etwas,* das heißt einen Gegenstand, eine Sache. Das ist das im Denken unmittelbar und ursprünglich Erlebte. Und darauf will Husserl seine Gewißheit gründen, indem er das ursprünglich Gedachte des Denkens nur *beschreibt.*

Drittens wehrt er sich *gegen Kant und den Kantianismus,* gerade weil er keine verschleiernden Elemente zulassen will. Wir haben schon gesehen: Kants Dualismus: Phänomen-Ding an sich anerkennt er nicht, da er ja das Apriori als Konstruktion verwirft. Die Auffassung Kants, nach der die Erkenntnis nur in bezug auf Phänomene gilt, ist für Husserl eine Art Relativismus und entspricht der Forderung nach absoluter Begründung für die Gewißheit nicht. Von diesem philosophischen Zweck will sich Husserl durch nichts abbringen lassen. Er will – wie fast alle großen Philosophen – nichts weniger als *die* wahre Philosophie, also *die* Gewißheit, endlich begründen.

Fassen wir nun seine Lehre kurz zusammen. Husserl geht von einer Untersuchung des Bewußtseins aus. Warum? Weil alles, was dem Bewußtsein gegeben ist, ihm nur durch *die Konstitution des Sinnes,* durch das Bewußtsein selbst, zugänglich wird. Diese Sinnkonstitution variiert je nach der *Sphäre* (Region) des Seienden, auf die das Bewußtsein gerichtet ist. Der Philosoph soll nicht auf die Dinge der Welt gerichtet sein, sondern auf *die Art der Gegebenheit der Dinge,* das heißt auf die

Dinge als *Phänomene.* Deswegen wählt Husserl den Terminus *Phäno-menologie* zur Kennzeichnung seiner Philosophie.

Durch die Methode der *Reduktion* wird die Welt *ausgeklammert.* Der Blick des Philosophen wird auf das Bewußtsein zurückgelenkt, in dem sich jeglicher Sinn bildet. Husserl nimmt bei seinen Analysen mit Vorliebe Beispiele aus der Sphäre der *Wahrnehmung,* weil für ihn eine primäre Sinnkonstitution unserer Umwelt in der Wahrnehmung vollzogen wird.

Im Zurückblicken auf das Subjekt genügt es aber nicht, die Tätigkeit des Bewußtseins einfach zu *beschreiben,* sondern es gilt herauszustellen, was *das Wesen* der Wahrnehmung oder der Erinnerung oder der Imagination usw. ist, und jeweils zu zeigen, wie *der entsprechende intentionale Gegenstand* (also *das Bewußtseins-Korrelat)* beschaffen ist. Erst durch diese Klärung der Aktivitäten des Bewußtseins in der reflektiven Einstellung können wir auch begreifen, wie es zu der entsprechenden Gegenständlichkeit kommt.

Husserl war von der Konstitution der mathematischen Gegenstände zur Untersuchung der logischen Gegenstände übergegangen (›logische Untersuchungen‹), um anschließend die Dingkonstitution zu analysieren, so wie auch die Konstitution der höheren Gebilde, bei denen verschiedene Sinnschichten aufweisbar sind.

Sein Losungswort *»Zu den Sachen selbst!«* bedeutet keineswegs einen naiven Realismus, sondern meint die Notwendigkeit, das Wesen des Bewußtseins zu erfassen, um freilegen zu können, wie jegliches Seiende *im intentionalen Bewußtsein* zugänglich wird.

In seinem Spätwerk ›Die Krisis der europäischen Wissenschaften und die transzendentale Phänomenologie‹ macht Husserl die europäische Geschichte zum Thema und versucht, die Krise Europas aufzudecken. Er sieht in dieser Geschichte eine Entfaltung der Herrschaft der Vernunft und betrachtet sie insofern als einen Abkömmling der gesamten rationalistischen Tradition auf der Suche nach der einzigen universalen Philosophie. Alle Wissenschaften sind allerdings – nach Husserl – in eine rätselhafte Krise geraten. Diese Krise richtet sich keineswegs gegen die Erfolge in den Einzelwissenschaften, sondern von Grund auf gegen die philosophische Bedeutung der ihnen gemeinsam zugrundeliegenden Wahrheit.

Es ist in den Texten von Husserl auffallend, wie zahlreich die abwehrenden Sätze sind: man soll nicht glauben . . ., mich nicht so verstehen . . . usw. Ständig ist er bemüht, sozusagen »den Ort« seiner Gedanken zu definieren, um sie gegen den Psychologismus, den Cartesianismus und den Kantianismus abzugrenzen.

Einige Aspekte dieser Lehre sollen noch etwas näher betrachtet werden. Was ist nun *die Phänomenologie?* Innerhalb dieses Begriffs besteht eine Zweideutigkeit zwischen *Methode und Lehre.*

Handelt es sich um eine Methode, eine Weise, die Probleme anzugehen, oder um eine systematische Doktrin? Ein echter Husserlianer wird gerade diese Alternative ablehnen, und zwar deshalb, weil für ihn die Methode eben eine Doktrin ist. Methode und Doktrin werden eins, die Gewißheit gründet sich im Akt der Methode selber. Die phänomenologische Methode ist eben nicht nur ein Weg, um zu einer Doktrin zu gelangen, sondern sie ist zur Doktrin erhoben, weil sie die Bewegung der ersten intentionalen Gewißheit mitvollzieht.

Nur erhebt sich die Frage, ob aufgrund dieser Identifikation der Methode mit der Doktrin manche Begriffe bei Husserl nicht mißverstanden werden. Etliche Leser, die meinen, sie hätten Husserl verstanden, oder die selbst die Husserlsche Sprache sprechen, geraten vielleicht in die Falle, wo man die Worte mal im traditionellen Sinn, mal in der Husserlschen Sprache gebraucht. Ein Beispiel: Das Wort Phänomen – wir haben es bei Kant gesehen – heißt, daß das, was erscheint, gerade nicht das Ding an sich ist. Bei Husserl besteht aber die Methode darin, daß das Phänomen als eigentliches Korrelat des Bewußtseins betrachtet wird, daß es also keine Dualität gibt. Ohne die Dualität: Phänomen-Ding an sich erhält das Wort »Phänomen« einen völlig anderen Sinn.

Viele Begriffe müssen nun aus ihrem herkömmlichen Sinn transponiert werden, und es ist schwierig, sie klar zu denken, in einem Reflexionsbereich, der die Dualität ausschließt.

Man kann sich fragen, ob Husserl die traditionellen Alternativen wie Realismus/Idealismus, Realismus/Nominalismus, Rationalismus/Empirismus wirklich überschritten hat – wie er vorgibt und wie er hofft –, um tiefer einzudringen, oder ob er dadurch, daß bei ihm Methode und Lehre eins werden, diese Alternative einfach verwischt.

Allem Anschein nach übt Husserl methodologische Askese. Er schließt vielerlei aus, zum Beispiel – wie wir sahen– das Ding an sich und das Apriori. Er versucht, sich ausschließlich an die unmittelbare Erfahrung des Bewußtseins zu halten. Er weigert sich zu konstruieren – er will beschreiben. Kant wirft er gerade seinen Konstruktivismus der Erfahrung vor mit all den Kategorien, dem Erkenntnisapparat. Er, Husserl, will nur *beschreiben,* wie die Phänomene uns gegeben werden.

Wir könnten meinen, es gehe darum, diesen Tisch zu beschreiben; es geht aber gar nicht darum. Husserl will *die Phänomenalität,* die Gegebenheit des Phänomens beschreiben, also die Weise, wie der Tisch mir in der Erfahrung gegeben wird. Das ist die Aufgabe der Phänomenologie. Sie soll das Erleben des Bewußtseinsaktes analysieren, in dem uns ein Phänomen gegeben ist. Es ist eine Art reflexiver Beschreibung.
Wir sehen nun, warum Husserl sich gegen die Introspektion wehrt: gerade weil die reflexive Beschreibung und die Introspektion sehr leicht ineinandergleiten. Was Husserl sucht, ist sozusagen eine unmittelbare Analyse, eine beschreibende Reflexion der-erlebten-Erfahrung-des-Phänomens – dabei muß man eben zwischen die Worte lauter Bindestriche setzen.

Die phänomenologische Reduktion – wie Husserl selbst seine Methode nennt, besteht darin, daß der phänomenologisch Denkende sich von der Grundthese jeder Erfahrung sozusagen durch eine methodologische Umkehr befreit. Diese Grundthese ist die der Wirklichkeit der Welt. Jede natürliche Erfahrung enthält unmittelbar diese These einer existierenden umfassenden Wirklichkeit – die nicht explizit ausgesprochene *These* der gegenwärtigen, wirklichen Welt.
Nun will der phänomenologische Denker diese »These« gar nicht leugnen – das würde ihn zu einem reinen Idealismus verurteilen (die Welt existiere nur im Bewußtsein). Er will sie nur »*ausklammern*« – was seiner absoluten Freiheit jederzeit möglich ist –, womit er sie, ohne sie zu leugnen, »außerhalb« der Phänomene versetzt, so daß sie in seiner Analyse der Phänomene keine Rolle mehr spielt. Die Welt wird also weder negiert noch bezweifelt – der Phänomenologe verbietet sich einfach jedes Urteil über ihre Wirklichkeit. Gleichzeitig mit dieser Ausklammerung der »These« werden auch alle Wissenschaften, die die Natur betreffen, ausgeklammert, insofern sie den Anspruch erheben, etwas Wahres über *die Wirklichkeit* dieser Welt zu sagen.
Was nun übrig bleibt, von der phänomenologischen Reduktion unberührt, ist das Bewußtsein, das eine grundsätzlich eigentümliche

Gegend des Seins bildet und das das Feld einer neuen Wissenschaft werden kann – nämlich der Phänomenologie.

Diese »Gegend des Seins« können wir vielleicht mit einem Bild verdeutlichen. Nehmen wir ein Blatt Papier. Auf einer Seite dieses Blattes befinden sich die erfahrenen Phänomene, auf der anderen Seite das, was im Bewußtsein geschieht. Wir sind geneigt, entweder die eine oder die andere Seite des Papiers in Betracht zu ziehen. In der phänomenologischen Methode Husserls aber geht es um das, was sozusagen im Inneren des Papierblattes vor sich geht, also um *die Gegebenheit* selbst der Phänomene, um *die Aktivität* des Bewußtseins, die diese Gegebenheit ermöglicht.

Die Methode der Reduktion bedeutet in der Husserlschen Lehre eine Rückkehr des Bewußtseins zu sich selber, nicht aber wie zu einer permanenten Substanz, sondern zu seiner sinngebenden und die Dinge konstituierenden Intentionalität. Das Faszinierende ist hier, daß gerade die Evidenz des intentionalen Bewußtseins ein Rätsel ist – und, meiner Meinung nach, ein Rätsel bleibt.

Die Phänomenologie soll nun die Aktivität des intentionalen Bewußtseins analysieren. Der Grundzug des Bewußtseins ist es, daß es *nach außen*, auf den Gegenstand hin, gerichtet ist (der Gegenstand ist, als dessen eigentliches Korrelat, das, was dem Bewußtsein »gegenübersteht«). Das Bewußtsein »transzendiert sich« in Richtung auf seinen Gegenstand und soll durch dessen Intuition erfüllt werden. Es ist sinngebend auf das gerichtet, was seine Tätigkeit vollenden kann, das heißt auf das Wesen, auf das es zielt. Das Bewußtsein als *Intentionalität* hat in der Folge der Geschichte der Philosophie eine entscheidende Rolle gespielt. Dank diesem Begriff vollzog sich bei mehreren Denkern eine Verbindung von Phänomenologie und Philosophie der Existenz. Der berühmteste unter ihnen war *Martin Heidegger*.

Versuchen wir nun die Methode der Reduktion mit der Lehre der Intentionalität zu verbinden. Durch die Reduktion wird die »These der Welt« in Klammern gesetzt, aber das Bewußtsein bleibt intentional. Was heißt das? Das bedeutet folgendes: Wenn die Wirklichkeit der natürlichen Objektivität und mit ihr das praktische Verhältnis zu den lebenswichtigen Gegenständen durch Ausklammern suspendiert wird, dann wird ein anderer Blick, eine andere *Schau* möglich – nämlich gerade die phänomenologische, die für das Erscheinen der Phänomene offen ist.

Vielleicht ist hier Husserls Reduktion nicht weit entfernt von der Umkehrung, die bei Bergson dann die reine Intuition ermöglicht, wenn der Instinkt »desinteressiert« ist. Statt vital oder triebmäßig zu reagieren, entsteht für das Bewußtsein eine neue Art, das Ursprüngliche zu *sehen*.

Wenn ein Stein uns auf den Kopf zu fallen droht, machen wir schnell eine Bewegung, um ihm auszuweichen, ohne uns zu fragen, ob der Stein auch wirklich ist. Wenn wir aber durch einen Akt unserer Freiheit diese Gewißheit der Realität der Welt thematisieren und sie dann durch die Methode der Reduktion in Klammern setzen, dann können wir eine phänomenologische Haltung erfahren, die der ästhetischen nahekommt: Das intentionale Bewußtsein erfährt die Gegebenheit der Phänomene sinngebend in sich selbst.

In der phänomenologischen Schau geht es gar nicht darum, die Dinge zu durchqueren, zu überschreiten, in ihnen eine Transzendenz zu fassen. Das einzige Absolute, das da erreicht wird, ist das phänomenologische Bewußtsein selbst. Denn durch die Reduktion erfahren wir folgendes: Wir können wohl die These der Wirklickheit der Welt in Klammern setzen und ihr Wirken aufheben; niemals aber können wir die Wirklichkeit des intentionalen Bewußtseins ausklammern. Was also in der Schau erscheint, bleibt immer kontingent, während das intentionale Bewußtsein *absolut* ist. Dieses Bewußtsein ist keiner Konstituierung unterworfen, im Gegenteil: Es konstituiert als sinngebend die Phänomene, seine Korrelate.

Husserl schildert diese Konstituierung der Phänomene durch das intentionale Bewußtsein an Hand der *Wahrnehmung*.

Die wahrgenommene Sache ist weder das Ding an sich noch dieses (empirische) Heft. Wir erhalten von ihr eine Vielheit von »Profilen«, und sie ist ein komplexes System von verschiedenartigen Erscheinungen, das wir durch die Wahrnehmung erfassen.

Wenn wir uns vor einen Gegenstand versetzen, sehen wir ihn unter einem bestimmten Gesichtswinkel, dann unter einem anderen und noch einem weiteren, in der einen Beleuchtung, in einer anderen, neben dieser oder jener Farbe, mit diesem oder jenem Reflex, diesem oder jenem Profil – wir haben davon schon gesprochen: Nie sehen wir den konkreten Würfel mit allen seinen gleichen Seiten. Wir sehen folglich Aspekte, Erscheinungen, Umrisse – und die wahrgenommene Sache ist das komplexe System dieser ununterbrochenen Mannigfaltigkeit von

Erscheinungen und Entwürfen, die wir in der unmittelbaren Erfahrung haben. Das, was wir wahrgenommene Sache nennen, ist nichts anderes als das, was wir wahrnehmen. Es ist dieses komplexe System, von dem wir nie die Totalität besitzen, das aber wirklich aus dem besteht, was wir tatsächlich aus dieser ganzen Mannigfaltigkeit wahrgenommen haben. Und nach Husserl ist es absurd, an eine reale und wahre Sache zu glauben, die hinter den Erscheinungen läge. Das Sein des Phänomens ist sein Erscheinen, beides ist ein und dasselbe.

Und doch schöpft die Erfahrung das Sein der Sache nicht aus. Weil es immer noch unbegrenzte Möglichkeiten anderer Gesichtswinkel, anderer Perspektiven, anderer Aspekte, anderer Entwürfe gibt.

Die Sache ist immer reicher als das, was ich von ihr in der Wahrnehmung erfaßt habe, und doch besteht sie aus diesen Wahrnehmungen. Da es nun immer andere Möglichkeiten gibt, bleibt die objektive Realität auch immer zufällig: Es besteht immer die Möglichkeit, daß Aspekte und Entwürfe nicht zueinander passen, nicht miteinander übereinstimmen. Hier wieder trifft sich Husserl mit dem wissenschaftlichen Denken und mit der Kunst der Moderne: nämlich darin, daß es keine sichere Kohärenz gibt. In der Vergangenheit hatte sich die Wissenschaft mit einer Quasi-Sicherheit auf die Kohärenz der Welt verlassen, sie hatte mit dieser Kohärenz gerechnet. Nicht daß sie sich schon in deren Besitz wähnte, aber man hielt es für möglich, diese Kohärenz zu erreichen. Hier nun, bei Husserl, tritt der Gedanke hervor, kein Fortschritt der Wissenschaft könne uns je die Garantie dafür liefern, daß es schließlich wirklich einen Kosmos gibt, also eine kohärente Einheit aller möglichen Aspekte und Entwürfe. Husserl spricht sogar von der Möglichkeit einer Nicht-Welt.

Denken wir nun an die Malerei, wie sie sich in unserer Zeit entwickelt hat, mit diesen kieferlosen Köpfen, diesen Gesichtern, diesen Körpern, deren Züge und Glieder auseinandergenommen und dann willkürlich zusammengesetzt werden: Sie spiegelt diese Möglichkeit einer letzten Zusammenhanglosigkeit, einer letzten Willkür im Wesen der Welt, wider. Es hat sich da eine Öffnung vollzogen, die grundverschieden ist von der im 16. Jahrhundert erlebten, als man von der geschlossenen Welt zum unendlichen Universum überging: Damals hatte man keinen festen *Ort* mehr, aber die Einheit der Welt blieb Voraussetzung und impliziert. Jetzt hingegen eröffnen Wissenschaft, Philosophie, Kunst, gewissermaßen die Möglichkeit einer Nicht-Welt, eines Un-Sinns.

Husserl bezeichnet seine Philosophie als *strenge Wissenschaft*. Dabei erhebt er den Anspruch, sie jeglicher Anwendung der Kausalität zu entziehen. Die Phänomenologie analysiert ja das Bewußtsein, und das Bewußtsein ist Intentionalität, die keine Kausalität zuläßt. Husserl richtet sich gegen den objektivierenden Psychologismus, welcher das Bewußtsein kausal durch äußere Gegebenheiten zu erklären sucht, so wie auch gegen den introspektiven Psychologismus, der das Bewußtsein auf seine eigenen inneren kausalen Ableitungen reduzieren will. Die Kausalität ist eine Kategorie, die sich nach Husserl nicht auf das Bewußtsein anwenden läßt.

Diese radikale Abwehr gegen die Beschlagnahme der Intentionalität durch die wissenschaftliche Kausalität ist für jene Zeit sehr charakteristisch. Auf der anderen Seite besteht hier eine deutliche Verwandtschaft zwischen Husserl und Leibniz, zwischen der Intentionalität des Bewußtseins und der inneren Appetition der Monade – und Husserl selbst hat sich oft auf Leibniz berufen.

Hinter einer solchen Lehre des intentionalen Bewußtseins mit der Möglichkeit einer Nicht-Welt lauert immer die Drohung des Solipsismus, denn es gibt ja jeweils nur ein einziges Bewußtsein, damit stellt sich mit einer besonderen Dringlichkeit das Problem des anderen Menschen, des anderen Bewußtseins. Was mag unter der phänomenologischen Reduktion *der andere* sein?

Der andere – ein *alter ego* – wird im Bewußtsein konstituiert als dem *ego* analog und gleichzeitig als dem eigenen Bewußtsein fremd. Aus diesem Widerspruch ergibt sich bei Husserl eine Auffassung der *transzendentalen Intersubjektivität,* die ich allerdings hier nicht weiter ausführen werde.

Der Leser wird gespürt haben, daß es mir in der Darstellung des Husserlschen Denkens nicht gelungen ist, dieselbe Klarheit zu erreichen wie bei anderen Philosophen. Husserl ist nicht »mein« Philosoph. Für mich schillert sein Philosophieren zu sehr, sein Anspruch auf Unmittelbarkeit drückt sich in zu vielen und zu komplizierten Worten aus, und manchmal weiß ich nicht, ob ich es mit Tiefe oder mit »Schall und Rauch« zu tun habe.

Am liebsten hätte ich ihn – da bei der Konzeption dieses Buchs Unvollständigkeit und Diskontinuität in Kauf genommen wurden – einfach beiseite gelassen. Aber das ist nicht möglich: Sein Einfluß auf die zeitgenössische Philosophie sowie auch auf verschiedene Geisteswissenschaften ist zu offensichtlich und tiefgreifend. Ich habe also versucht, mein Bestes zu tun. Aber ich warne den Leser: einen Philosophen versteht man – wie ich schon andeutete – nur, wenn es einem gelungen ist, mit ihm zu denken. Hier ist mir das kaum möglich gewesen.

Husserl erhebt den Anspruch, mit seiner Phänomenologie die herkömmlichen Alternativen der Philosophie zu überschreiten: Empirismus und Rationalismus, Realismus und Idealismus, Nominalismus und Ideen- oder Essenzenlehre. Ich zweifle, ob es ihm gelungen ist: Hat er nicht eher diese Alternativen verdunkelt oder verwischt?

»Zu den Sachen selbst!« war die Parole. Aber dann ist das Bewußtsein das Für-mich-Sein des Objekts. Eine andere Parole ist: »Zurück zum Bewußtsein!« Denn erst durch seine Sinngebung und Intentionalität auf das Wesen hin ist ein Phänomen gegeben, so daß man es mit einer Art transzendentalem Idealismus zu tun hat. Weiter ist die Wahrnehmung in eine unendliche Zahl möglicher »Profile« zersplittert, und nur das Absolute des intentionalen Bewußtseins hält der Kontingenz der Dinge gegenüber stand. Letztlich entwickelt sich eine Art Ideentheorie im Kantischen Sinne, da die Einheit des Objekts eine Vorausnahme des Bewußtseins sein muß – aufgegeben, und nicht gegeben wie bei Kant.

Hinzu kommt die Tatsache, daß die verschiedenen Interpretationen und Kommentare bei Husserls treuesten Schülern auseinandergehen. Jeder hat seinen Husserl, so daß die Husserlsche Phänomenologie sich oft in eine Vielheit von verschiedenen philosophischen Profilen aufzulösen scheint – analog dem Prozeß, den Husserl zufolge die »Sachen« in der Wahrnehmung durchmachen.

Und doch: Husserl scheint überall gegenwärtig zu sein. Vielleicht hat sogar seine Mehrdeutigkeit den Einfluß seines Werkes vervielfältigt. Husserl hat Heidegger und Sartre entscheidend beeinflußt – aber auch viele andere zeitgenössische Philosophen, deren Arbeit ohne ihn überhaupt nicht denkbar wäre, ganz besonders im Bereich der Ästhetik, wie etwa den Polen Ingarden. Husserl hat die philosophische Sprache neu geprägt – nicht immer zu ihrem Besten, denn in der Anstrengung, das Unmittelbare zu treffen, ist sie viel komplizierter, weniger klar, weniger allgemeinverständlich geworden. Die Probleme jedoch, die er neu oder auf eine erneute Weise aufgewiesen hat, haben bei den späteren Philosophen das tiefste und fruchtbarste Staunen erweckt und sind in deren Werken an zentralen Stellen behandelt.

Aber nicht nur in der Philosophie und in manchen Geisteswissenschaften wirken seine Fragestellungen weiter, sondern auch in der zeitgenössischen Kunst. Es ist schwierig zu erkennen, ob man hier von einem Einfluß seinerseits sprechen kann. Oder hat sich nicht viel eher, wie ich meine, dieselbe Wende im allgemeinen Denken ereignet, die zugleich die Husserlsche Phänomenologie und »die moderne Kunst« hervorgerufen hat?

Ein Beispiel: Neulich fand in Paris eine Picasso-Ausstellung aus allen Schaffenszeiten statt. Man hatte da den deutlichen Eindruck, daß Picasso in jeder Periode, ja, fast in jedem Bild, versucht, nach einem inneren »Befehl« zu malen. Er läßt sich die Probleme nicht von der Außenwelt stellen. Der »Befehl« ist jeweils neu und willkürlich, und es ist die Aufgabe des Malers, ihn durch die Ausführung notwendig zu machen, damit ein Kunstwerk entstehen kann. Dieses Herausarbeiten des Notwendigen, ausgehend von einem willkürlichen Befehl, läßt mich an das Vorgehen Husserls denken. Eine Art Vorgehen von fast demiurgischer Art, wo der Mensch sich weigert, ein Gegebenes zu empfangen, wo er sich einsam aufrichtet und wo er später doch anderen seinen Platz räumen muß. Mit diesem Problem schlägt er sich herum. Die Wirklichkeit der Welt, die ihn umgibt, erkennt er nur auf eine ganz besondere Art an, die diese Welt in eine Unzahl von sukzessiven, fragmentarischen Aspekten zersetzt, so daß er sie wieder neu nach seinem inneren Befehl, jedoch niemals vollendet aufbauen muß. Viele dieser Themen sind in Husserls Phänomenologie zu finden.

Heidegger war ein Süddeutscher, und er blieb in der Gegend verwurzelt, in der er geboren war. In Freiburg im Breisgau, wo er studiert hatte, war er Privatdozent und wurde dort (nach einer kurzen Zwischenzeit an der Universität von Marburg) Professor. Dort habe ich während eines Semesters bei ihm gehört – ein Semester, das ich nicht vergessen werde. Es war Frühling 1933, Hitler kam an die Macht, und Heidegger wurde Rektor der Universität. Knapp ein Jahr lang blieb er Rektor. Dann gab er dieses Amt auf und blieb politisch stumm.

Den größten Teil seiner Zeit verbrachte er im Schwarzwald. Er hatte dort sein Haus, und dort besuchte man ihn. Kein Zufall, daß eines seiner berühmtesten Werke ›Holzwege‹ heißt – also Wege, die von den Holzfällern zum Schlagen der Bäume angelegt werden. Man denkt, diese Wege führten irgendwohin – sie führen aber nirgends hin, nur vielleicht bis zu einer Lichtung –, und wir werden sehen, daß auch dieses Wort *Lichtung* in der eigentümlichen philosophischen Sprache Heideggers sehr bedeutsam ist.

Heidegger war von kleiner Statur, vierschrötig, untersetzt. Er trug mit Vorliebe eine eigentümliche Joppe, die etwas Militärisches oder Pfadfinderhaftes an sich hatte; sie ging bis zum Hals, mit breiten, geraden Revers zu beiden Seiten, und so erschien er mit einer Art Trotz, Selbstbehauptung und Abwehr unter den Menschen, als wäre er immer auf einen bevorstehenden Angriff gefaßt.

Er hatte schwarze, festhaltende und zugleich abweisende Augen, als wollten sie diese von der Sonne hell beleuchtete Umwelt nicht sehen. Er schien nicht viel Kontakte zu haben. Aber er hatte Schüler. Einmal, 1955, wurde eine Woche lang in einem Schloß in Nordfrankreich ein Seminar der Philosophie Heideggers gewidmet, und er nahm mit einer Gruppe französischer und deutscher Schüler daran teil. Er stand in ihrer Mitte, klein, wie er war, wie mitten in einem ihn bergenden Turm. Nach einigen Tagen rebellierten die Teilnehmer gegen diese zu treue Garde, und Heidegger mußte aus seinem Turm heraus.

Heidegger war bestimmt kein Mensch des Dialogs. Er zog sich auf sich selbst zurück, in einen meditativen Monolog, in dem es viele Wiederholungen gab, so daß die Formeln, die er mit Vorliebe brauchte, den Eindruck erweckten, als sei er der erste Priester einer neuen, oder der letzte einer vergessenen Liturgie.

Das Verhältnis von Heidegger zur *Sprache* ist so eigentümlich, daß man seine »Grundgedanken« oder »Grundlehre« wirklich getreu nur *in seinen Worten* wiedergeben könnte. Er hat so viele Worte geprägt oder anders gebraucht als im gewöhnlichen Umgang oder in der Tradition, daß es unmöglich ist, sie in Kürze verständlich zu machen. Seine Worte lassen sich nicht übersetzen, sie lassen sich keineswegs von der philosophischen Bewegung trennen, die sich durch sie und in ihnen vollzieht. In dieser Unmöglichkeit spüre ich wieder die Heideggersche Abwehr: Seine Gedanken lassen sich nicht ohne ihren Wortpanzer anrühren. Im Grunde ist diese Abwehr *keine philosophische* (denn ein Philosoph versucht immer wieder, das Gedachte neu, anders, auszudrücken), sondern eine *dichterische:* Es ist eine Grundeigenschaft jeder Dichtung, *so* zu sein, wie sie ist, und nicht anders sein zu können – sie läßt sich weder übersetzen noch umschreiben.

Heidegger hat sich oft bemüht, den Eindruck zu erwecken, daß er seine Gedanken sozusagen aus der Tiefe der Sprache herausgelesen habe, als seien sie im griechischen oder deutschen Wortschatz schon von jeher in den Urwurzeln der Worte schlummernd vorhanden gewesen. Und dazu kommen noch die vielen virtuosen Variationen mit den Präfixen und Suffixen (etwa: *bergen, verbergen, Verborgenheit, Entborgenheit, Unverborgenheit, Verbergung,* etc.). Man kann sich aber fragen, ob es nicht vielleicht gerade umgekehrt ist: Ob Heideggers Denken die Sprache nicht gerade zwingt, entgegen ihrem eigenen Hang, seinem despotischen und oft willkürlichen Befehl, seiner eigenen dichterischen Macht nachzugeben. Heideggers Behauptung, der schöpferische Mensch sei notwendig *»gewalt-tätig«,* könnte sehr wohl auch für ihn gelten.

Ähnliches könnte man von den Einflüssen sagen, die für Heidegger dem Schein nach die entscheidenden gewesen sind: Hegel, Kierkegaard, Husserl. Wenn man Heidegger liest, und vor allem die Schriften, wo er andere Denker, Kant etwa, zu kommentieren vorgibt, so hat man immer den Eindruck, als ob er die Texte der anderen nur brauche, um seine eigenen Gedanken auszudrücken – nicht dadurch, daß er sich ihnen entgegenstellt, sondern durch die Weise, wie er sie deutet –, als sei von jeher ihr verborgener Sinn derjenige gewesen, den nun er in ihnen zu entdecken meint.

Vielleicht hat er mit solcher Vorliebe die griechischen Vorsokratiker »kommentiert«, weil er in deren übrig gebliebene Fragmente am ehesten seine eigenen Grundgedanken hineindichten konnte.

Die echtesten und wohl tiefsten Einflüsse, die er, neben den Griechen, wirklich erlebte, kamen von zwei Dichtern: Hölderlin und Nietzsche.

Nun wollen wir an Hand von einigen Themen der Heideggerschen Philosophie versuchen, die Art seines Denkens zu charakterisieren.

Der tiefste Drang in seinem philosophischen Denken scheint mir der nach der *Ur*sprünglichkeit zu sein. Mit anderen Worten: Alle philosophischen Fragen sind für ihn mit zu vielen Voraussetzungen beladen. Sie sind ihm nie »nackt« genug. Er möchte *die Ur*frage stellen, die allererste, die Frage, die, in allen anderen Fragen verborgen, schon enthalten ist, als wäre sie beantwortet. Das Unwahre ist für ihn das angeblich Selbstverständliche. Dieses Bedürfnis gab es schon bei Husserl. Aber bei Husserl bezog sich die Frage auf die Erfahrung der »Sachen«. Heidegger stellt immer wieder *die Seinsfrage,* die für ihn *die* Frage der Fragen, die erste und letzte aller Fragen ist.

Heidegger fragt nach dem Sein des Seienden. Die zugrundeliegende und immer wiederkehrende ist die Frage *nach dem Sein des Seienden.*

Das philosophische Staunen Heideggers ist wahrscheinlich das Echteste und Hartnäckigste in seinem Denken. Heidegger staunt: *Warum gibt es etwas und nicht nichts?* Das ist wohl der Grundzug bei ihm: Sein »Warum« betrifft nicht das Nichts, sondern das Sein. (Im Gegensatz dazu könnte man Bergson nennen; der sich fragte, ob und wie das Nichts überhaupt denkbar ist.)

Aus diesem Staunen erst ist *die Frage nach dem Sein des Seienden* zu verstehen. In diesem »sein« ist eine Art »Handlung« enthalten, durch die das Seiende seine Gegenwart bekommt. Sein ist hier ein Verbum, nicht Substantiv.

Heidegger unterscheidet also zwischen *»Seiendem«* und *»Sein«.* Seiendes verdankt sein Sein dem Sein, und Sein ist nur als Seiendes. Doch – und das ist entscheidend – »verbirgt« das Seiende das Sein. Nehmen wir ein Beispiel: Hier liegt ein Bleistift auf dem Tisch; er ist aus Holz, gelb, hat eine goldene Spitze und schreibt schwarz. Der Bleistift ist ein Seiendes, aber sein Sein ist weder aus Holz, noch gelb, noch golden, und man kann mit seinem Sein nicht schreiben. Nun ist sein Sein auch nicht etwas, das dann, wenn man das Holz, die gelbe Farbe, die goldene Spitze, die schwarze Schrift beiseite läßt, übrigbleibt. Das Sein ist kein »Rest«. Es würde mit all den sinnlichen Eigenschaften und der Nützlichkeit des Bleistiftes selbst verschwinden, und doch ist es »etwas anderes« als diese Eigenschaften und diese Nützlichkeit. In diesem Sinne kann man sagen, daß die Eigenschaften und die Nützlichkeiten des Seienden dessen Sein *verbergen.*

Zu dem, was dazu beiträgt, das Sein des Seienden – und den Sinn der Frage nach ihm – zu verbergen oder zu verdunkeln, rechnet Heidegger auch die Gewohnheit, und vor allem die »selbstverständliche«, »fraglose« Gewohnheit, das Seiende seiner Nützlichkeit gemäß zu gebrauchen, also die ganze Welt *der Technik* so wie auch die exakten Wissenschaften. In solchen Aktivitäten verliert sich das Subjekt in der Anonymität des unpersönlichen »man« und verschließt sich jedem Zugang zur echten Frage nach dem Sein des Seienden.

Erst durch die Entdeckung des echten Sinnes dieser Urfrage wird ein Streben nach *Wahrheit* möglich.

Wahrheit erklärt Heidegger mit Hilfe des griechischen Wortes *aletheia*: das, was nicht mehr verborgen ist. Er übersetzt es u. a. mit *Entschleierung* und meint dabei die Entschleierung des Seins. Für ihn ist Wahrheit nie eine rationale Kohärenz, sondern ein »Sehen« des zunächst von den »zuhandenen Werkzeugen« verschleierten, und nun durch die Urfrage entschleierten Seins.

Auffallend ist, daß bei Heidegger das Objekt, die Objektivität, das objektive Wissen überhaupt, immer als das Hindernis in dieser Suche nach dem Sein erscheint. Freilich sind große Mystiker ähnlich verfahren: etwa Johannes vom Kreuz mit seinem »Ôtez tout, que j'y voie«. Die Frage ist, was sich jenseits der Objektivität nun als Sein zeigt. Vor dem Sein haben die meisten dann geschwiegen.

Paradoxerweise entdeckt aber Heidegger, jenseits des »zuhandenen«, das Sein verschleiernden Seienden *die Sprache,* mit ihrer Fülle von Wörtern und Wortbildungsmöglichkeiten. Das Sein »entschleiert« sich ihm in den Möglichkeiten der Sprache – und ich möchte hinzufügen – in den möglichen Wort*spielen.*

Bergson empfand die feste Struktur der Worte als eine Schwierigkeit des philosophischen Ausdrucks, denn für ihn war alles wesentliche im Fluß. Heidegger ist hingegen ein Denker der Erde; er gräbt und grübelt in den geologischen Schichten der Worte. Nicht umsonst jedoch sprach ich eben von »Wortspielen«. Für ihn sind die Wörter ein gültiger Ersatz des Seins. Wenn aber Wörter das Sein ersetzen, schwindet die Verantwortung.

Das ursprüngliche Staunen gilt also dem Sein des Seienden. Aber dieses Sein des Seienden soll man nicht durch einen Vernunftschluß erfassen, vorausgesetzt, daß man Erfahrung nicht im wissenschaftlichen Sinn versteht. Es ist ein Ergreifen oder ein Ergriffenwerden nötig, das »vor« allem Urteilen sich vollzieht. Nicht das Urteilen führt dahin, im Gegenteil: von da aus werden Schlüsse möglich. Es geht also um ein existentielles Ergreifen: Ich staune über das Sein von Seiendem, wenn Existenz erwacht ist.

Was ist denn *Existenz*? Wir haben von Existenz ausführlich schon anläßlich Kierkegaards gesprochen. Nun haben wir es mit Heidegger, und dann mit Jaspers zu tun, zwei Philosophen, die sich ausdrücklich auf die Existenz bezogen, die eine Philosophie der Existenz ausgearbeitet haben, obwohl sie immer das Etikett »Existentialisten« abgelehnt haben.

Heidegger erklärt den Terminus Existenz durch die Wurzel des Wortes »existere«, *ek-sistere,* was heißt: auftauchen aus . . . , emporsteigen aus . . .

Existenz ist zunächst also ein Entreißen, ein Entreißen woraus? Bei Heidegger ein Losreißen aus dem Selbstverständlichen, Gewöhnlichen, aus dem »Nützlichkeitsbezug«, aus der Werkzeug-Beziehung, Zuhandenheit mit der Welt, die uns umgibt. Los von der selbstverständlichen Beziehung, die uns die Grundfrage nach dem Sein des Seienden verbirgt. Statt im Werkzeugartig-Zuhandenen haften zu bleiben, reißt sich Existenz los, und nun gibt es für sie die *Möglichkeit.* Die Möglichkeit ist für Heidegger eine wesentliche Kategorie. Existenz ist das, was in sich Möglichkeiten hat.

Der Existierende hat also Möglichkeiten. Unter diesen Möglichkeiten ist eine entscheidend, es ist die jeweilige Möglichkeit und schließlich das Verhängnis seines Todes. Der Existierende entdeckt sein Sein als *Sein zum Tode.*

Für Heidegger ist der Tod – und das zu verstehen ist sehr wichtig – nicht bloß ein zukünftiges Ereignis, ist nicht etwas, das eventuell auf uns lauert, der Tod ist nicht bevorstehend. *Er ist als Möglichkeit schon jetzt für den Existierenden konstitutiv.* Eigentlich ist es *das Sein-zum-Tode,* das dem Existierenden Möglichkeiten gibt. Sonst würde er ganz der Werkzeughaftigkeit des Seienden zugehören, es gäbe für ihn keine Möglichkeiten und keine Existenz.

Es geht nicht darum, daß der Existierende über den Tod nachdenkt, sondern es geht um ein Besitzergreifen: Der Existierende übernimmt sein eigenes Nichts als Sein zum Tode und reißt sich dadurch aus dem dumpfen, opaken Gewebe der »Zuhandenheit« im täglichen banalen Leben los, welches das Staunen vor dem Sein des Seienden erstickt.

In diesem »Sich-Losreißen« entdeckt der Existierende nicht nur das eigene Sein-zum-Tode, sondern überhaupt, daß er sich in einer besonderen, bestimmten Situation, in einem Ort, in einer Zeit, *befindet*. Diese Befindlichkeit spielt bei Heidegger eine große Rolle. Der Existierende entdeckt, daß er sich in der Welt befindet (das nennt Heidegger *das In-der-Welt-sein),* immer unter ganz bestimmten Zeit- und Ortumständen, die in der alltäglichen Zuhandenheit keine Rechtfertigung finden und die er nicht gewählt hat. Diese Befindlichkeit in der Welt nennt Heidegger *die Geworfenheit;* damit drückt er die Tatsache aus, daß *die Faktizität* der angetroffenen Situation dem Existierenden zunächst grundfremd ist.

Hier muß ich einen zentralen Begriff Heideggers einführen, den *des Daseins.* Ich tue es ungern, denn dieses Wort spielt sowohl bei Heidegger wie bei Jaspers eine entscheidende Rolle, wobei der Sinn bei beiden Denkern ganz verschieden, fast entgegengesetzt ist, was immer wieder zu schweren Mißverständnissen führt.

Das Dasein wird von Heidegger beschrieben als das Seiende, dem das Dasein in seinem Sein überantwortet wurde als dem Sein, das es existierend zu sein hat. Die Wiederholung des zu erklärenden Begriffs im erklärenden Satz selbst ist schwerwiegend: Es geht um zwei verschiedene Momente.

Dasein ist fast gleichbedeutend mit »Mensch«, d. h. zunächst, das Seiende, das entdeckt, daß es *da-ist:* in die Welt, an einen Ort, in eine Situation geworfen. Das ist das erste Moment, das *phänomenologische:* Es *beschreibt.* Das zweite Moment ist *existentiell: Es appelliert an eine Möglichkeit* des Daseins, das »existierend« (also: als Freiheit) sein (eigentliches) Sein *zu sein hat* (also: eine Aufgabe).

Zur Faktizität des Daseins gehört beides: die Geworfenheit in der Welt und das Sein-zum-Tode. Durch beides ist das Sein des Daseins konstituiert, so daß es ihm möglich ist, sich loszureißen und Möglichkeiten zu haben. Es ist also die Faktizität des Daseins selbst, die, wenn sie übernommen wird, ihm die Möglichkeit der Existenz eröffnet.

Um übernommen zu werden, muß aber diese Faktizität irgendeine »Gegenwart« im Dasein selbst haben, sie kann nicht nur eine äußere Gegebenheit sein. Heidegger erklärt, daß der Begriff »Da« eine wesenhafte *Erschlossenheit* des Daseins meint: Erschlossenheit für das eigene *Da,* und für *die Welt,* in der es da ist. Das Dasein ist »als In-der-Welt-sein gelichtet«, nicht durch ein anderes Seiendes, sondern es ist selbst *»die Lichtung«.* (Hier ein für Heidegger charakteristisches, dichterisches Wortspiel, mit seiner eigentümlichen verdunkelnden Klarheit.)

Nun muß man etwas Wichtiges verstehen: Mit dem Dasein als In-der-Welt-sein ist nicht einerseits ein Gegebenes, andererseits eine durch dieses Gegebene eingeschränkte Freiheit gemeint, sondern ein Sich-selbst-Aneignen des Daseins als Erschlossenheit für die Welt und für das eigene Sein-zum-Tode. Der aus seiner angeeigneten Faktizität Existierende wird fähig, das Sein des Seienden zu »verkünden«.

Das erste große Werk von Heidegger, das trotz aller späteren Veröffentlichungen sein Hauptwerk geblieben ist, heißt ›Sein und Zeit‹. Wie stellt nun Heidegger die Konjunktion zwischen Sein und Zeit her? Die Grunddimension der Zeitlichkeit ist bei ihm *die Zukunft.* Zum Sein des Daseins gehört ja das Sein-zum-Tode, und dieser Tod ist nur als zukünftiger möglich. Heidegger fügt gleich hinzu: Zukunft meint hier nicht ein Jetzt, das noch nicht »wirklich« geworden, einmal erst sein wird, sondern »die Kunft«, in der das Dasein auf sich zukommt. Wesentlich ist hier also, gleich zu verstehen, daß die Zeit für Heidegger keineswegs eine äußere Dimension darstellt, in der nun das Dasein sich auf irgendeine Weise »entwickeln« und endlich »sterben« würde, sondern eine innere Verfassung, eine Struktur des Seins des Daseins selbst. »Das Vorlaufen« des Daseins als Sein-zum-Tode macht es, daß das Dasein als Seiendes überhaupt in seinem Sein zukünftig ist.

Ähnlich verfährt Heidegger mit der Vergangenheit, die er *»Gewesenheit«* nennt und die als solche »der Zukunft entspringt«: Das Dasein übernimmt existierend die Geworfenheit, die es als In-der-Welt-seiend je schon war, so daß das künftige Dasein dieses »Wie-es-je-schon-war«, also sein eigenstes »Gewesen«, sein kann.

Nun bleibt die Gegenwart, die jeweilige Situation des *Da:* Die Existenz ergreift handelnd das faktisch umweltlich Zuhandene.

Man sieht an diesen kurzen und vereinfachten Beispielen, wie sich in diesem Denken die phänomenologische Methode mit der existentiellen Analyse vermischt. Sein und Zeit leiten sich durch Existenz voneinander ab und beleben sich gegenseitig, und daraus ergibt sich eine Art *reflexive Ontologie,* die keine Rede über das Sein ist, sondern die Analyse einer Rückkehr des Daseins zu sich selbst.

Hier müßte ich noch eine ganze Reihe für das Verstehen Heideggers unentbehrlicher Begriffe erklären, wie etwa *»Entschlossenheit«, »Schuldigkeit«, »Sorge«, »Furcht«, »Angst«,* usw. Ich muß aber darauf verzichten. Behalten wir nur diesen Grundzug: Das Wesentliche des Seins ist hier nicht mehr, wie in den vielen Gestalten der Überlieferung, die Ewigkeit, sondern *der Augenblick,* die Dimension der Zeit, wo die Gegenwart einem Existierenden gegenwärtig wird.

Sein und Zeit erscheinen als ineinander verschränkt, aufeinander bezogen. Das Seiende entdeckt den Sinn seines Seins, indem es die Einheit der Sorgestruktur in der Zeitlichkeit entfaltet – und umgekehrt. Die üblichen Vorstellungen von Zukunft, Gegenwart und Vergangenheit werden, als der uneigentlichen Zeitlichkeit zugehörend, verworfen. In der *eigentlichen Zeitlichkeit* sind sie nur in ihrem existentiellen Sinn zugelassen. Ursprünglich ist hier also die Zukunft, und diese ist, wegen des Seins-zum-Tode, als eigentliche Zukunft, endlich. Ihr setzt Heidegger die unendliche Zukunft entgegen, in der etwas anderes immer noch geschehen kann und die der kontinuierlichen, uneigentlichen Zeitlichkeit gehört. Die zweite wird aus der ersten erst abgeleitet.

Heidegger spricht von der Ausbildung der vulgären und traditionellen Zeitbegriffe. Sie gehören zur uneigentlichen Welt des »Man«, der im Grunde niemand ist und also nicht »zum-Tode« ist. So kann es eine Vorstellung der – uneigentlichen, anonymen – endlosen Zukunft geben.

Die exakten Wissenschaften der Natur wenden gerade die uneigentliche Zeitlichkeit an. Dabei verbergen sie die Wahrheit, statt sie zu entschleiern. Sie machen es unmöglich, die Frage nach dem Sein des Seienden zu stellen. Noch mehr aber tut dies die Philosophie, wenn sie im selben Sinn »wissenschaftlich« sein will. Sie vertuscht sogar den Sinn der Frage, die die eigentlich *menschliche* ist, die Frage, die nur das Dasein als ein Existierendes stellen kann.

Die Grundfrage nach dem Sein des Seienden ist in anderen Worten die Frage nach der Wahrheit, und sie ist im Grunde die einzige, die Heidegger je hat stellen wollen. Dabei erlegte er sich drei Regeln auf:

Strenge des Denkens, Sorgfalt des Sagens, Sparsamkeit des Wortes. Diese Regeln haben aber keinen allgemeingültigen Sinn, und Heideggers Philosophie läßt keine sachlichen Kriterien zu. Was diese Regeln fordern, ergibt sich aus dem Werk selbst.

Traditionell hat man es immer für eine elementare Vorbedingung und Pflicht jedes Wahrheitssuchenden gehalten, sich durch innere Unparteilichkeit auf den Empfang der Wahrheit vorzubereiten. Er sollte sich von seinen Leidenschaften, Gefühlen, subjektiven Regungen befreien, um für die Objektivität frei und offen zu sein. Und was bedeutete diese »Objektivität«? Meistens – aber nicht unbedingt – den sachlichen Zustand der Dinge, so wie sie sich eben in der *ihm gegenüber* seienden Wirklichkeit zeigten. Nicht unbedingt: Es konnte sich auch um vergangene Sachverhalte handeln, um historische Handlungen und Ereignisse, die so und nicht anders gewesen waren und die man als solche anerkennen mußte – ob es dem Forscher gefiel oder nicht. – Dann gab es noch jene andere »Objektivität«, die vielmehr ein Verstehen, Nachahmen oder Nachvollziehen einer fremden Subjektivität verlangt, wie etwa, wenn der Wahrheitssuchende die Gründe einer geschichtlichen Entscheidung, die geistige Entwicklung eines Dichters oder den psychischen Prozeß einer Geisteskranken mit Hilfe der eigenen »Subjektivität« so zu deuten versucht, wie sie jeweils wirklich erlebt worden waren. – Selbst im religiösen Bereich – auch in der Mystik – herrschte noch jene Forderung nach innerer Stille und Unparteilichkeit als Vorbedingung für das Wirken der transzendenten Eingebung – man denke zum Beispiel an eines der *exercitia spiritualia* von *Ignatius,* bei denen die Übung darin besteht, den Willen horizontal wie einen Waagbalken in der Schwebe zu halten, damit die Seele für die Wahrheit empfänglich wird. In all diesen Beispielen *ist* die Wahrheit »gegenüber«, und die Forderung nach »Objektivität« und »Unparteilichkeit« bezieht sich auf den Suchenden, der fähig sein soll, diese Wahrheit, ohne sie zu ändern oder zu trüben, herauszulesen und zu empfangen. Der Suchende hatte seine Stütze in der von ihm unabhängigen »Wirklichkeit«, und die Wahrheit, die er schließlich auszusprechen hoffte, sollte der alten überlieferten Definition entsprechen: *adaequatio intellectus et rei.*

Für Heidegger gehört solches Verfahren, das sich am deutlichsten in der wissenschaftlichen Naturforschung zeigt, dem Bereich *der Uneigentlichkeit* an: Der Suchende bewegt sich nur unter Seiendem, ohne überhaupt nach dem Sein des Seienden zu fragen, also ohne sich die in seinem Suchen implizit gegenwärtigen Voraussetzungen bewußt zu machen, um sie in Frage stellen zu können. Da kann von Wahrheit keine Rede sein. Die Frage nach der Wahrheit darf sich nicht mit einer *adaequatio* einem Seienden gegenüber begnügen; sie muß *aletheia* sein, also eine Entschleierung jener impliziten Voraussetzungen, die das Suchen schon bestimmen. Diese Voraussetzungen aber können erst durch eine Analyse des fragenden oder suchenden Seienden, also, in Heideggers Worten, des Daseins, in Frage gestellt werden – eine Analyse, durch die das Dasein selbst aufs Spiel gesetzt wird.

Kant hatte in der ›Kritik der reinen Vernunft‹ die subjektiven allgemeingültigen Vorbedingungen jeder Erfahrung und jeder Wissenschaft ans Licht gebracht. Nun sucht Heidegger im Dasein die Vorbedingungen jeder eigentlichen Frage nach der Wahrheit als Frage nach dem Sein des Seienden. Da das Dasein selbst dabei auf dem Spiel steht, entwickelt Heidegger eine Art *reflexive Analyse der transzendentalen Affektivität,* wonach die Frage nach der Wahrheit in ihrer Eigentlichkeit erst dann gestellt sein kann, wenn das sie stellende Dasein durch die Übernahme seines Zum-Tode-Seins, seines Projekts und seiner Angst den Durchbruch zur Existenz vollzogen hat.

In dieser transzendentalen Affektivität spielt der Tod eine entscheidende Rolle – nicht als zukünftiges Ereignis (was »uneigentlich« wäre), sondern als jeweils imminente Möglichkeit, die jedem Augenblick seine Einzigartigkeit schenkt und als Nichts ständig das Sein des Daseins nichtet; das Sein und dessen Projekt, das, dem Tode entgegenlaufend, die Umwelt als zuhandene braucht, indem einerseits die Sorge, andererseits die Angst von eigentlicher Existenz zeugen. Und dazu kommt noch die *Schuldigkeit,* ein ferner Widerhall der Erbsünde, die immer schon da ist, als Zeichen des Nichtens durch den am Werk gegenwärtigen Tod.

Heidegger und seine Schüler behaupten mit empörter Stimme, daß in dieser Fundamentalanalyse als Einleitung zur Frage nach dem Sinn von Sein all diese pathetischen Gefühlsworte *keineswegs* in psychologischem Sinne gebraucht werden. Wir befinden uns ja in einer ontologischen Untersuchung. Immerhin: Wenn man an die Sprache so glaubt wie Heidegger, wenn man sie so ernst nimmt wie er, kann man die Atmosphäre und die Nebentöne eines solchen Wortschatzes nicht außer acht lassen. Sie sind eben da, und sie wirken weiter. Man versteht natürlich, daß diese Worte keine »subjektiven« Gefühlszustände bezeichnen. Wir sagten: Es handelt sich um eine transzendentale Affektivität. Trotzdem bezeichnen diese Worte Affekte – oder aber sie haben überhaupt keinen Sinn.

Zu aller Affektgeladenheit der Sprache und zu der Tatsache, daß die Bedingungen und die Kriterien rationalen oder verstehenden Denkens als zum Uneigentlichen des naiven, die Umwelt fraglos hinnehmenden Bewußtseins gehörend abgetan werden, tritt der seltsam autoritäre Ton dieses Philosophierens. Die Gedanken oder die Einstellungen werden dem Leser nicht vorgeschlagen, sondern ihm ohne Begründung als die einzig möglichen vorgelegt. Man wird nie aufgefordert, zu prüfen oder zu unterscheiden. Etwas Prophetisches wird ausgesagt: Entweder anerkennt man die prophetische Aussage, und man ist einer der Auserwählten, ein existierendes Dasein, das die Frage nach der Wahrheit als Sinn des Seins in der Eigentlichkeit stellen kann – oder man bleibt draußen, unter den zahllosen, anonymen »Man«, die in der Uneigent-lichkeit keine »Lichtung« sind, keine »Lichtung« treffen und sozusagen keine Menschen sind.

Wahrscheinlich gibt es einen Zusammenhang zwischen dieser versteck-ten Drohung, dieser beschwörenden Sprache, die die dichterischen Formeln wie in einer Liturgie wiederholt, als wollte sie geheime Mächte heraufbeschwören – und der Verirrung Heideggers im Nationalsozialis-mus, als er 1933 unter der neuen Regierung Rektor wurde, unter dessen Autorität sein Lehrer Husserl als Jude von der Universität und der Bibliothek ausgeschlossen wurde – Husserl, dem er sein Werk ›Sein und Zeit‹ in Verehrung und Freundschaft zugeeignet hatte.

Trotzdem: Heidegger ist ohne Zweifel »ein Philosoph von Rang« – »der einzige unter den Zeitgenossen«, pflegte Jaspers zu sagen, der trotz einer sehr langen Freundschaft mit Heidegger in dessen Denken immer eine bestimmte Leere, ein Nachgeben, eine Schwäche der Verantwortung gespürt hat.

Philosophie ist weder Wissenschaft noch Dichtung. Das gestattet dem Philosophen aber keineswegs, die Kriterien strenger Wissenschaftlich-keit als »uneigentlich« zu verwerfen, noch die Dichtung bis zu einer Art Magie oder Verkündung zu treiben. Um so weniger, wenn es um existentielle Freiheit geht. Für den späten Heidegger stand der Existierende nicht mehr im Zentrum, und er ist von der Fundamental-analyse des Daseins zur Theorie des Seins übergegangen. Da hat er eine Art Theologie des poetischen Wortes entwickelt.

Karl Jaspers stammte aus Norddeutschland – war in Oldenburg geboren –, und er sprach sein Leben lang dieses trockene Deutsch, wo man s-pielen und nicht sch-pielen sagt; wo Konsonanten einer vom andern unterschieden bleiben. Das verlieh seinem Sprechen eine große Deutlichkeit; man sah durch seine Aussprache hindurch das geschriebene Wort. Er hatte zunächst Jura studiert, aber nach einigen Semestern begann er mit Medizin. Jaspers hat nie im klassischen Sinne Philosophie studiert. Durch die Medizin kam er zur Psychiatrie, war mehrere Jahre lang Assistent an der psychiatrischen Klinik von Heidelberg, wo er mit hervorragenden Psychiatern arbeitete. Er war also Arzt, war jahrelang in Laboratorien und danach in einer Klinik tätig; seine Ausbildung war wissenschaftlich und medizinisch. Er schrieb seine Dissertation auf dem Gebiet der Psychiatrie. Dann unterrichtete er eine Zeitlang Psychologie an der philosophischen Fakultät der Universität Heidelberg, und schließlich wurde er dort Professor für Philosophie.

Warum hat er nicht gleich Philosophie studiert? Sein ganzes Leben war von der Liebe zur Philosophie, von der Ehrfurcht vor der Philosophie geprägt. Als er ganz jung war, erklärte er in einem Brief an die Eltern, was er am liebsten tun würde: Am liebsten würde er sich mit Philosophie beschäftigen; er fühle aber in sich nicht die Weite, die Würde, die Größe eines Philosophen; deshalb und aus dem Wunsch heraus, den Menschen zu nützen, wolle er Arzt werden.

Als er nun, viel später, im Jahr 1921, auf einen Lehrstuhl für Philosophie an der Universität Heidelberg berufen wurde, hielt er sich für gar nicht darauf vorbereitet, obschon er immerfort für sich selber Philosophie getrieben hatte. Er begann nun, sich von Grund auf philosophisch auszubilden.

1937 wurde ihm das Recht, an einer deutschen Universität zu lehren, von der nationalsozialistischen Regierung entzogen. Das geschah aus zwei Gründen, von denen jeder für sich genügt hätte: zunächst wegen seiner philosophischen Einstellung selbst, und dann, weil er eine Jüdin geheiratet hatte, was damals als Verbrechen der »Rassenschande« galt.

Seinen Lehrstuhl erhielt er erst 1945 wieder, als Heidelberg durch die Amerikaner befreit wurde. Deutschland lag in Ruinen, die Hörer an der Universität waren größtenteils Soldaten, von der Front zurück, mitten in einer physisch und seelisch zusammengebrochenen Welt bombardierter Städte und zahlloser Opfer des unsäglichen Greuels.

Gleich im ersten Semester, als er wieder lehren durfte, packte Jaspers den Stier bei den Hörnern: In dieser Situation und vor diesen verzweifelten Menschen galt seine Vorlesung der »Schuldfrage«. Sie ist unter demselben Titel veröffentlicht worden. Sie enthält eine Analyse der verschiedenen Ebenen, die zu untersuchen sind in bezug auf die Schuld jedes einzelnen Deutschen und der Deutschen als Volk. Das Schema dieser Analyse ist nicht nur für die damalige Situation gültig, sondern auch für alle vergangenen und zukünftigen Situationen, wenn Menschen sich nach einem Kollektivverbrechen einer Gewissensprüfung unterziehen müssen. Für eine solche Gewissenserforschung, die ohne Nachsicht und ohne Masochismus, ohne Gefallsucht wie auch ohne lyrisch vereinfachende Schuldbekenntnisrhetorik durchgeführt werden soll, findet man in diesem Buch das Schema, das zur Klarheit verhilft. Dieses kleine Werk, genau datiert, genau an ein historisches Ereignis gebunden, gehört gerade darum zu denen, die universell gültig bleiben.

In den Jahren des Nationalsozialismus in Deutschland, die Jaspers mit seiner jüdischen Frau erlebte, konnte er die Feigheit der meisten Menschen kennenlernen; er erfuhr, wie Freunde und Kollegen keinen Kontakt mehr mit ihnen zu haben wagten, nicht etwa, weil sie ihnen feindlich gesinnt waren – sondern aus Feigheit, was viel schlimmer war. Dazu kam die Erfahrung des Krieges, wobei sie beide von Anfang an glühend die Niederlage ihres eigenen Landes zu dessen Heil wünschen mußten, was ein schreckliches Erlebnis war. Schon einige Jahre vor dem Krieg, als 1936 alle Länder der Welt ihre Athleten zu den Olympischen Spielen nach Berlin entsandten, fühlten sich Jaspers und seine Frau – wie er später oft erzählte – wegen all derer, die nach Deutschland kamen, »von der ganzen Welt verlassen«.

Dabei waren beide mit ihrer Heimat aufs innigste verbunden. Gertrud Jaspers stammte aus einer jüdischen Familie, die schon seit Jahrhunderten in Deutschland ansässig war, und sie hing mit allen Fasern am traditionellen Deutschland. Von der Erfahrung jener Jahre konnte sie sich nach dem Krieg nie wirklich erholen, das war für Jaspers wohl der entscheidende Grund, daß er die Einladung der Universität Basel, dort zu lehren, annahm. Er ging 1948 und lehrte dort weit über das Alter, in dem man normalerweise emeritiert wird, hinaus. Er fühlte sich in Basel wohl. Dort wurde Deutsch gesprochen, aber darüber hinaus spürte er in Basel, in der Stadt und im Kanton, etwas von der Atmosphäre jener Kleinstaaten des alten Deutschlands; und er glaubte, daß in Basel jene freiheitliche Tradition kleiner Gemeinwesen sich besser erhalten hatte als anderswo. Er wurde auch gegen Ende seines Lebens Schweizer und Basler, ohne je aufzuhören, ein Deutscher zu sein.

Er starb im Alter von 86 Jahren. Als er aber noch ein Kind war, wurde bei ihm eine Krankheit festgestellt, die ihm nach der Voraussage der Ärzte mit zwanzig oder höchstens dreißig Jahren den Tod bringen würde. Wie schaffte er es, 86 Jahre alt zu werden? Er lernte, seine Krankheit zu zähmen, er war ja Arzt und behandelte sich selbst. Sein Leben lang rechnete er mit seiner Krankheit. Er nahm sie in Kauf, ohne sich ihr zu unterwerfen, damit er sein Leben in den Dienst seines Werkes und seiner Studenten stellen konnte, also in den Dienst der Philosophie. Er unterwarf sich strenger Disziplin: Alle eineinhalb Stunden unterbrach er seine Arbeit, legte sich hin, ruhte einen Augenblick, hustete und trank etwas Milch – all das regelmäßig. So meisterte er seine Krankheit und sein Leben. Wenn man ihn fragte: »Was tun Sie jetzt?«, sagte er: »Ich arbeite, sonst tu ich nichts.« Dieses Leben in der Arbeit ermöglichte es ihm, ein umfangreiches Werk zu schreiben, das veröffentlicht wurde; dazu einen beträchtlichen, unveröffentlichten Nachlaß, der von der Jaspers-Stiftung in Basel gesichtet und teilweise herausgegeben wird.

Jaspers zitierte gern ein chinesisches Sprichwort: Man muß krank sein, um alt zu werden. Ich glaube, daß er aus Treue so alt wurde: Treue zunächst zu seiner Frau, die ihn nicht sehr lange überlebte; Treue dann zu seinem Werk, zur Philosophie, zu all dem, dem er sich verpflichtet fühlte, dem er sich durch sein Leben verbunden hatte. Treue war ein wesentlicher Zug seines Denkens und seiner philosophischen Haltung. Das Werk und der Mensch sind bei ihm eins. Sein Werk zeugt von seiner Tiefe, seiner wissenschaftlichen Strenge, von seiner Forderung nach Klarheit, selbst da, wo sein Sinn für die Dichte der Nacht und für die verborgene Transzendenz sich behauptet. Es zeugt von der unbarmherzigen Forderung, die er auch an sich selbst in seinem Leben stellte.

Von seiner Frau sagte Jaspers, sie hätte ihn immer wach, im Licht der absoluten Forderung gehalten. Das darf nicht falsch verstanden werden:

Die Strenge gehört eben bei Jaspers zum »liebenden Kampf« der »Kommunikation«.

Der unerbittliche Ernst, in dem sie lebten, war der unaufhörliche Stachel für seine philosophische Arbeit, und gleichzeitig eine unerschöpfliche Quelle von Mut und Heiterkeit. Sich auf die Wahrheit zu stützen, das ist etwas, das ich Jaspers gegenüber selber erlebt habe. Viel später habe ich etwas Analoges in den Werken von Solschenizyn gefunden: eine Art von Heiterkeit, von Triumph, fast von Freude über die Tatsache, daß man, wenn man sich auf die Wahrheit stützt, jenseits der Angst lebt, so daß nichts Böses einen mehr berühren kann, auch wenn das Schlimmste eintrifft.

Jaspers hatte eine naturwissenschaftliche Ausbildung; das Nachdenken über das Wesen der Philosophie erfolgte gleichsam in Absetzung gegen das naturwissenschaftliche Denken. Viele Naturwissenschaftler nehmen die Philosophie in ihr naturwissenschaftliches Weltbild hinein und legen an sie die Kriterien, Methoden und Wahrnehmungsart an, welche sie in der Naturwissenschaft anwenden; sie verkennen dabei die Eigenart der Philosophie. Viele Philosophen hingegen haben keine wissenschaftliche Ausbildung und philosophieren weiter, als ob die Epoche überhaupt nicht vom Geist der Naturwissenschaft angerührt sei. Jaspers aber kannte aus eigener Übung das Vorgehen, die Methoden der Wissenschaft, war gewohnt, die Kriterien wissenschaftlicher Arbeit anzuwenden, und kannte die Strenge ihrer Forderung.

Während der bittersten Jahre, die er unter dem Nationalsozialismus in Deutschland durchlebte, fand er die Ruhe – wie er selbst sagte –, um sich in das scheinbar abstrakteste Problem der Welt zu vertiefen: Er versuchte, das Problem der Wahrheit zu klären, und entwickelte eine *»philosophische Logik«*. Er untersuchte die Voraussetzungen der allgemeinen Denkmethoden, vom Standpunkt und in der Perspektive der Philosophie. Es handelte sich für ihn darum, zugleich klarer und kritischer zu erkennen, was die Rationalität der Naturwissenschaften ist, und dank dieser Klärung die Beziehung dieser Rationalität zur philosophischen Reflexion und zum philosophischen Glauben zu erhellen. So zeigte er, was das fundamentale Paradox der Philosophie ausmacht: In den Wissenschaften hat man immer einen Forschungsgegenstand, in der Philosophie aber hat man keinen. Warum nicht? Weil das, wonach die Philosophie im Grunde sucht, *das Sein* selber ist. – Hier finden wir eine kantische Wurzel, und Jaspers ist tief kantisch: Wir erinnern an *die Subjekt-Objekt-Spaltung*. In der Wissenschaft herrscht sie durchgehend, sie ist klar: Der Forscher untersucht eine Realität, die sich ihm gegenüber befindet, die für ihn *objektiv* ist. Die Philosophie aber fragt: Was ist Sein? Das Sein ist weder subjektiv noch objektiv, oder es ist beides. Wenn ich versuche, eine Synthese von Subjekt und Objekt zu denken – so gelingt es mir nicht, immer ist es das Subjekt, das ich bin, welches ein Objekt denkt, und sei es irgend etwas im eigenen Bewußtsein. Die Philosophie hat kein Objekt; sie ist dieses besondere Denken, das kein Objekt hat. Das Sein umgreift Subjekt und Objekt, es ist, wie Jaspers sagt, *ein Umgreifendes*.

Was kann aber die Rechtfertigung für ein Denken sein, das keinen Gegenstand hat? In der Wissenschaft wird die Hypothese verifiziert, in der Logik prüft man den Beweisgang, aber was kann man in der Philosophie tun?

Jaspers hat den prekären Charakter der philosophischen Reflexion keineswegs geleugnet, sondern im Gegenteil ans Licht gebracht. Er hat erkannt: in der Tat ist sie weder »zwingend« noch »allgemeingültig«. Sie ist etwas anderes und folglich etwas Prekäres. Man kann sie immer zurückweisen, weil sie »keine wahre Wissenschaft« ist, weil der Philosoph das, was er behauptet, nie restlos beweisen kann.

Wie hat sich nun die Philosophie durch die Jahrtausende hindurch immer weiter lebendig erhalten? Um am Leben zu bleiben, braucht sie die Zustimmung des Schülers. Dieser soll keineswegs dasselbe denken wie der Lehrer; er muß sich aber zunächst auf jene *Art* des Denkens einlassen, die die philosophische ist. Dann findet er selbst, in der Übung der Philosophie, die *existentielle* Rechtfertigung dieses Denkens.

Das logische Denken bleibt für die Philosophie unerläßlich. Jaspers macht davon Gebrauch und führt es bis zu den Grenzen weiter, wo es an der Ungegenständlichkeit des umgreifenden philosophischen Zieles scheitert – oder bis zum unbedingten Ursprung, wo die Kategorien des Verstandes sich selbst in logischen (hier unvermeidlichen) »Fehlern« wie Tautologien, Widersprüchen, Zirkelschlüssen auflösen oder aufheben.

Wir werden später sehen, wie Jaspers zur Religion stand und was er mit seinem »philosophischen Glauben« meinte. Hier möchte ich nur eines vorwegnehmen: Seine eigenste religiöse »Heimat« war nicht die eine oder andere Kirche oder Konfession. Es war die Überlieferung der großen Philosophen. Da erlebte er immer wieder, in Andacht und Bewunderung, in der Vielgestalt der Geschichte, den philosophischen Glauben an den verborgenen Gott.

Bevor wir zu den wichtigsten Punkten seiner Lehre übergehen, möchte ich noch einige Worte darüber sagen, was für ihn *die Universität* bedeutet hat. Er hat eine Schrift verfaßt, ›Die Idee der Universität‹, wobei »Idee« hier im Kantischen, fast sogar Platonischen Sinn zu verstehen ist. Wovon er spricht, ist nicht die reale Universität, wie sie ist, sondern gewissermaßen das Modell, das unaufhörlich im Geist der Professoren und Studenten lebendig sein sollte als etwas, das es im Universitätsalltag zu verwirklichen gilt.

Jaspers hatte von der Universität die allerhöchste Vorstellung, und er hat es immer als ein pflichtenschweres Privileg betrachtet, in seinem Beruf die Aufgabe des freiheitlichen Philosophierens an einer Universität zu haben. Aus mehreren Gründen: Der erste Grund war die vollkommene geistige Freiheit, die dieser Beruf ihm ließ und – nach ihm – einem immer lassen muß. Für ihn war es einfach unvorstellbar, daß das Lehren an der Universität irgendeiner Dogmatik dienstpflichtig unterjocht sein sollte. An einer Universität zu arbeiten bedeutete für ihn, den Sinn für das Wahre in der Wissenschaft zu erwerben, also die Kenntnis der Methoden und ihrer rechten Tragweite, ebenso wie der Grenzen der Tragweite der Wissenschaften. In der Universität entwickelt man den philosophischen Sinn für das Wahre, das erreicht werden kann, und den transzendierenden Sinn für die Wahrheit, die Ziel des philosophischen Glaubens ist. Die Universität als ganze muß von diesem kompromißlosen Forschen leben, das sich selbst nur vor der Vernunft und vor den Kriterien des Wahren verantwortet. Daher war sie für ihn der Zufluchtsort der Gedankenfreiheit, der verantwortlichen Freiheit des Geistes. Und die Vorstellung, die Universität könnte als Propagandainstrument gebraucht werden, war für ihn der schlimmste Verrat.

Dazu kommt noch etwas, wovon wir noch nicht gesprochen haben und was eine sehr große Rolle in seiner Philosophie und in seinem Leben gespielt hat: die Kommunikation. Für ihn war echte Kommunikation zwischen zwei Menschen entscheidend, und die Universität als Ort der Freiheit bot die Möglichkeit echter Kommunikation zwischen Professoren und Studenten, zwischen Studenten untereinander und womöglich zwischen Professoren. Was dieses Wort »Kommunikation« in seiner Philosophie bedeutet, wird noch etwas später erklärt.

Die Kommunikation ist nicht in erster Linie ein gegenseitiges Verstehen, sondern eine gemeinsame Ausrichtung derer, die – auf dem Wege zur Wahrheit – miteinander sprechen, miteinander suchen. In diesem Sinne ist die Universität als Ort des Forschens und Lehrens ein Ort der Kommunikation.

Jaspers gebrauchte häufig das Verb »appellieren«, mit einem Wink des Fingers, der das Appellieren verdeutlichte; es hieß: die Existenz beim Gesprächspartner aufwecken, damit sie im Suchen des Wahren gegenwärtig sei, falls sie schlummert oder stumpf ist. Auch in dieser Hinsicht pflegte er den philosophischen Glauben: Er hätte nie zugelassen, daß von jemandem gesagt wurde: Man kann nicht an ihn appellieren, er hat nicht die inneren Möglichkeiten. Wenn man Jaspers folgt, gibt es bei jedem Menschen diese Möglichkeit der *Existenz,* man kann immer an sie appellieren, und das ist für einen philosophischen Lehrer das Wesentliche seines Tuns. Wenn er zum Beispiel einen Gedanken – wie ich es hier zu tun versuchte – eines großen Philosophen der Vergangenheit entwickelt, so appelliert er dadurch an die Fähigkeit des Hörers zum philosophischen Glauben. Selbstverständlich muß auch der Einwand, die Ablehnung entgegengenommen werden. Worauf es ankommt, ist nicht das Rechthaben, sondern das Suchen des Wahren.

Es herrschte bei Jaspers eine Demut, die keine psychologische Haltung war; eine tiefere Demut, eine Demut, der es um die Erforschung des Menschseins selber geht: Wir stoßen an Erkenntnisgrenzen, weil das Erkennen in der Welt von Subjekt-Objekt geschieht, während das, was wir noch letztlich suchen, weder Subjekt noch Objekt ist.

Wir wollen nur einige Züge von Jaspers als *Psychiater* zeigen und seiner Stellung zur *Psychoanalyse.*

Seine frühesten Werke – das versteht sich aus seiner Biographie – sind psychiatrische Werke. Seine umfangreiche ›Allgemeine Psychopathologie‹ ist ein klassisches Werk geblieben, das bis heute im Gebrauch ist; Jaspers hat es periodisch auf den neuesten Stand gebracht.

Er hat zunächst eine wichtige Unterscheidung zwischen *erklärender* und *verstehender Psychologie* gemacht. Die Psychiater gebrauchen sie bis heute. Es ist wichtig, daß wir begreifen, worauf es hier ankommt. Ein psychischer Zustand oder psychische Störungen werden *erklärt,* wenn ihre *Ursachen* entweder im Psychischen selber oder physiologisch, etwa im Gehirn, gefunden werden. Zum Beispiel können sie chemischen oder physiologischen Ursprungs sein, wenn ein gewisser Stoff im Gehirn fehlt oder wenn irgendwo eine Gehirnverletzung besteht. In diesem Fall haben wir es mit einem Zweig der positiven Wissenschaft zu tun, die eine kausale Beziehung zwischen den Phänomenen herstellt.

Den anderen Typus von Psychologie nennt Jaspers die »verstehende«: Wir verstehen einen Bewußtseinszustand oder das Verhalten eines psychischen Subjekts, wenn der Zusammenhang von psychischen Erscheinungen durch den Rückgriff auf *Motive* hergestellt wird. Der Verstehende begreift aufgrund seiner subjektiven Erfahrung, wie aus Eindrücken Gefühlszustände, und aus diesen Hoffnungen, Wahnvorstellungen oder Angst entstehen.

In der erklärenden Psychologie schreitet man durch Ursachen fort. In der verstehenden Psychologie bezieht sich der Verstehende auf die Erfahrung seiner eigenen Subjektivität. Er weiß, was es heißt, zielgerichtet zu leben oder Dinge zu begehren; und so kann er nachvollziehen, was im anderen vor sich geht.

Beide Richtungen sind legitim. Sie verfolgen ganz unterschiedliche Ziele. Der Irrtum beginnt dort, wo die eine behauptet, die andere zu ersetzen, und wo man die Schlußfolgerungen der einen auf die andere überträgt. Der Psychoanalyse wirft Jaspers vor, daß sie nicht zwischen beiden Richtungen unterscheidet, ja daß sie dazu neigt, sie zu vermengen.

Jaspers sagt folgendes: Freud hat, getragen von der naturwissenschaftlichen Strömung seiner Zeit, die sich auf die kausale Erklärung stützte, behauptet, er habe in der Psychoanalyse eine wissenschaftliche Theorie entfaltet, die seelische Störungen durch frühere Ursachen erkläre. Diese Ursachen seien frühere Störungen, deren Wurzel es wieder aufzufinden gelte, um zu erkennen, warum ein Patient sich zur Zeit so und so verhalte oder psychische Zustände in dieser oder jener Verknüpfung aufweise. Was er also durch die Psychoanalyse zu erreichen hoffte, war eine kausale Erklärung. Und deshalb versuchte er einen gewissermaßen stereotypen Erklärungsmodus aufzustellen, den ihm heute viele vorwerfen. Dieser stereotype Charakter der Freudschen Interpretationen ist gerade auf seine Absicht zurückzuführen, Erklärungen wissenschaftlicher Art zu geben, das heißt analog denen, deren man sich in der Naturforschung bedient und die repetitiv sein müssen: Sie müssen sich ja durch Wiederholung verifizieren lassen. Es handelt sich – kurz gesagt

– um eine kausale Relation. Was Jaspers nun deutlich macht, ist, daß diese Erklärungen der Psychoanalyse nur scheinbar kausal sind. Es ging Freud ja darum, indirekt Licht auf verborgene Faktoren in der Vergangenheit der Person des Patienten zu werfen. Und weil diese Faktoren dem Bewußtsein verborgen waren und ihr Zusammenhang mit dem gegenwärtigen Zustand nicht sichtbar, das lebendige Erleben unterbrochen und die Spur verloren, war es möglich, aus jenen Faktoren eine Art Ursachen zu machen und damit eine Kausalerklärung zu liefern. In Wirklichkeit aber, wenn man auf diese Weise einen Bewußtseinszustand durch ein vergessenes und ins Unbewußte gesunkenes Erlebnis der frühesten Kindheit *erklärt*, liefert ein solches unbewußt gewordenes Ereignis uns nur insofern eine Erklärung, als wir fähig sind, zu *verstehen*: Wir müssen verstehen, welches die Grundbedürfnisse des Patienten waren, warum dieses Ereignis für ihn einen ganz bestimmten Schock bedeutete; wie dieser sich auf seine tiefsten Bedürfnisse auswirkte, auf seine Erwartungen, sein Verlangen, sein Glück, seine Strebungen, seinen Instinkt. Also vollzieht man eben trotz allem die Subjektivität des Patienten nach, obschon man vorgibt, eine rein kausale Erklärung aufgestellt zu haben.

Kurz: Jaspers deckt in der Psychoanalyse, die eine Wissenschaft sein soll, eine Mischung auf, in der die Kausalität der erklärenden Psychologie und das Nachvollziehen der verstehenden Psychologie untrennbar miteinander verflochten sind, so daß die eine sehr oft an die Stelle der anderen tritt.

Man kann sich fragen, ob die Wirksamkeit der Psychoanalyse nicht eben von ihrer methodologischen Unreinheit, das heißt von ihrem Mischcharakter herrührt. Vielleicht könnte man dann auch eher begreifen, warum manche psychoanalytischen Diagnosen, wahrscheinlich unabhängig davon, ob sie mit der erlebten Vergangenheit des Patienten übereinstimmen, faktisch wirksam sind.

Wir sehen also, was für Probleme hier aufgeworfen werden, Probleme ethischer Art für den Arzt und Psychoanalytiker insofern er behauptet, seinen Patienten durch eine wissenschaftlich kausale Methode zu heilen, während er doch in Wirklichkeit ein nachvollziehendes und verstehendes Element einführt, das subjektiver Art ist und einer ganz anderen Wirklichkeit angehört.

Jaspers war der Ansicht, daß dieser Mischcharakter der Psychoanalyse oft dazu diene, den Patienten abhängig zu machen, und deshalb war er dagegen. Es war für ihn ein Glaubenssatz, daß jeder Mensch – unabhängig von irgendeiner Diagnose, und ein Geisteskranker ebenso wie jeder andere – als ein potentiell freies Wesen betrachtet werden müsse. Es geht bei einer Geistesstörung gerade darum, dem Kranken zu helfen, seine Freiheit wiederzuerlangen.

Nun kommen wir zu Jaspers' eigentlicher »Philosophie«. Sie ist eine rationale Besinnung auf die Grenzen der »*conditio humana*«.

Jaspers denkt bis an die Grenzen, und dabei geht es *zunächst* um die *Situation* des Denkenden *in der Welt*, um seine *Gegenwart unter anderen Menschen* und um seine mögliche Freiheit *der Transzendenz* gegenüber.

Der Mensch, dessen Bewußtsein erwacht, findet sich zunächst von einer bestimmten Realität umgeben, die *Welt* heißt. Unerschöpflich an Gegebenheiten ist sie für ihn zunächst die Gesamtheit all dessen, was ist, also das Sein. Er sucht sie zu erkennen, wie sie ist. Die Welt ist für ihn gerade insofern das Sein, als sie nicht von ihm abhängt, als sie für ihn und für die anderen zwingend *so* ist. *Die Objektivität* ist daher viel mehr als nur eine wissenschaftliche Forderung: Sie ist ontologischer Natur.

Gerade deswegen möchte der Mensch die Welt objektiv als *Totalität* erfassen. Er kann aber der fundamentalen Situation allen Denkens nicht entgehen: daß er als denkendes *Subjekt* einer *Objekt*-Realität gegenübersteht, die er zur Totalität zu erheben versucht. Und hier staunt er: Eben das ist unmöglich. In dieser vermeintlichen Totalität kann er niemals enthalten sein, da er sie als Subjekt denkt. Die Welt wird sich für ihn nie zu einer Ganzheit zusammenschließen.

Darüber hinaus entdeckt der Mensch, daß, je nach der Art, wie er die Welt nach ihrem Sein befragt, je nach der Denkmethode, mit deren Hilfe er eine Antwort auf sein Fragen zu bekommen sucht, unüberwindliche *Brüche in der Welt* entstehen, etwa: zwischen Unbelebtem und Lebendigem, zwischen Lebendigem und Geistigem.

Der Denkende bleibt also immer in der kantischen Subjekt-Objekt-Spaltung und in einer Welt, die für ihn nie zur Einheit und zur Totalität werden kann. Zur Kenntnis der Totalität können wir nicht gelangen. Wir können zwar immer weiter fortschreiten auf einen Horizont zu, der immerfort das, was wir schon kennen, übersteigt; wir können aber nie eine Erkenntnis verkünden mit dem Anspruch, sie beziehe sich auf die

Totalität; denn die Totalität ist uns durch unsere Situation als »Erkennende« versagt.

Die Grundfrage aller großen Philosophen, soweit wir ihrem Staunen nachgingen, war: Was ist Sein? In bezug auf diese Frage kann man von der Philosophie Jaspers' sagen: *Sie ist die Entfaltung des Scheiterns einer Ontologie.*

Ontologie ist die Wissenschaft vom Sein. Die Philosophie von Jaspers stellt die Frage nach dem Sein so weit, daß sie uns vor ein fundamentales Scheitern stellt, und durch dieses Scheitern hindurch gelingt es ihr, etwas über das Sein auszusagen. Wir haben kein Wissen, aber es gelingt uns, im Scheitern selbst etwas vom Sein zu erfahren. Jaspers' Philosophie ist also ein Scheitern der Ontologie, das über das Sein etwas aussagt.

Existenzerhellung: Das Subjekt hat versucht, sich in der Welt zu orientieren, um seinen Ort in dem Ganzen zu finden. Doch ist das Ganze in der Vielfalt der unendlichen, unabgeschlossenen Forschungsperspektiven verlorengegangen. Die zerrissene Welt verweist das Subjekt auf sich selber zurück, denn erst im Verhältnis zu ihm erhalten die Perspektiven jene Kohärenz, dank derer das Wort »Welt« einen Sinn behält.

Das Subjekt findet sich also auf sich selbst als Subjekt zurückgeworfen. Entscheidend ist hier das Selbst des Ich *als Subjekt* und nicht als Objekt einer Innenschau oder Introspektion.

Wir werden damit von der äußersten Grenze der objektiven Suche nach Orientierung in der Welt zurückgeworfen auf den Ursprung dieser wissenschaftlichen Anstrengung, auf den Ursprung dieses Wissenwollens. Und dieser Ursprung heißt bei Jaspers *Existenz.*

Da Existenz nicht zum Bereich der Tatsachen, sondern zum Bereich der Freiheit gehört, spricht Jaspers eher von »*möglicher Existenz*«. Und aus demselben Grund geht es nicht darum, ein Wissen von Existenz zu erwerben – sie ist kein objektiver Gegenstand –, sondern darum, sie nach Möglichkeit zu *erhellen* und dadurch sie als Freiheit zu fördern, zu erweitern, zu echter Verwirklichung aufzurufen.

Nun kann das Denken, welches Existenz erhellen möchte, selbst nur ein »existentielles« sein und muß sich grundlegend von dem Denken unterscheiden, das in der Weltorientierung die Erfahrung in Gesetzen und Theorien rationalisiert. Auch seine *Methoden* und seine *Sprache* werden anders sein.

Sie sind nicht direkt, sondern *indirekt*. Sie haben einen Sinn nur für den, der aus eigener Existenz in diesen Methoden, in diesen Worten etwas wiedererkennt und der bereit ist, sie an die eigene Freiheit appellieren zu lassen.

Hier berühren wir einen ganz wesentlichen Charakter der Philosophie, und das ist der Grund, warum bestimmte Philosophen von bestimmten anderen nichts verstehen: In dem Maße, wie die Philosophie auf mögliche Existenz, das heißt auf die Freiheit, zielt, braucht sie eine indirekte Sprache, die ein anderer versteht oder nicht versteht. Diese Sprachen kann man nicht objektiv aneinanderreihen oder miteinander vergleichen. Manche Philosophen erwidern, das sei eine Art, jedem Kriterium auszuweichen, das sei reiner Subjektivismus. Meiner Ansicht nach weigern sie sich einfach, das Menschsein so zu sehen, wie es ist und wie es nicht Jaspers, nicht die Philosophie geschaffen hat: Wenn der Mensch als mögliche Freiheit versucht, Existenz zu erhellen, verfügt er nicht über eine direkte, allgemeingültige Sprache, die objektiv sein müßte. Folglich greift er zu einer indirekten Sprache, deren Tragweite sich an ihrer Wirksamkeit mißt; sie ist weder technisch noch objektiv, sie weckt die Freiheit, indem sie von dieser verstanden wird.

Die wissenschaftliche Sprache ist zwingend allgemeingültig nur im Bezug zum Gesichtspunkt, zur Methode und zum Stadium der Wissenschaft in dem bestimmten Augenblick. Ihr Inhalt ist also für jeden normalen Geist zwingend, aber relativ, während die existenzerhellende Sprache nie allgemeingültig und zwingend ist, da sie sich an die Freiheit des anderen richtet, sich aber auf das Absolute bezieht.

Wenn man also einen Philosophen verstehen will, ist es sinnlos, ihn gleich abzulehnen. Um ihn zu verstehen, muß man zunächst *mit ihm* denken, ihm die eigene Freiheit »leihen«. Wenn die Freiheit sich ihm versagt, wird man ihn nicht verstehen. Wir treffen bei Jaspers zwei entgegengesetzte Pole, den der zwingenden, aber relativen Gültigkeit und den anderen, den erhellenden des Absoluten. Die Relativität steht auf der Seite der zwingenden Gültigkeit, und das Absolute steht auf der Seite der Erhellung, die niemals zwingt.

Das sind die beiden Pole dieser Philosophie. Nun stellt sich die Frage: Warum haben die Philosophen, durch die ganze Geschichte der Philosophie hindurch, dennoch immer argumentiert, logische Schlüsse gezogen? Sie versuchten, sich selbst nicht zu widersprechen, gültige Beweisgänge zu geben, die folgerichtig und zusammenhängend waren,

Kant vor allen anderen. Wenn man aber genau zusieht, wie diese Gedankengänge gemacht sind, so sind sie derartig, daß sie außer ihrem Versuch, stringent, gültig zu sein, eine andere Wirksamkeit haben, die den Geist dessen, der sie liest, verändert. Wir erinnern uns – wir haben es anläßlich Platons gesagt: Wenn wir einen Dialog Platons lesen, so sind wir am Ende nicht dieselben, die wir am Anfang waren.

Die Philosophie ist ein seltsames Gebiet: Sie argumentiert zwar, indem sie ihre Stützpunkte in der Objektivität und in der Rationalität sucht, und doch erwartet sie, gerade durch ihre Argumentation, von einer möglichen Freiheit, von einer Existenz verstanden zu werden, die ihr Vorgehen nachvollzieht, um in sich etwas zu erfassen oder zu werden, was wesentlicher ist als dieses Vorgehen selbst. Und wir glauben, daß sie auf diese zweifache Beziehung nicht verzichten kann, gerade weil diese zweifache Beziehung der Situation des Menschen entspricht. Wenn der Mensch das Wahre sucht, so sucht er das absolut Wahre, aber das absolut Wahre zu suchen, bedeutet für den Menschen, sich auf die Objektivität und die Rationalität zu stützen, und gleichzeitig heißt es zu erkennen, daß die Bedingungen in der Subjekt-Objekt-Spaltung gefangen sind, was wiederum heißt, daß das Sein nicht auf diese Art von Erkenntnis reduziert werden kann.

Der Bezug auf das Absolute oder Unbedingte kompensiert gewissermaßen in der Philosophie den Mangel an zwingender Beweiskraft. Warum kommen wir hier auf das Absolute? Nach Jaspers wurzelt Existenz als einmalige, konkrete, in einer konkreten Situation befindliche, im Absoluten oder Unbedingten. Man kann sie nur erhellen, wenn man sie in Beziehung zu diesem Absoluten setzt, das Jaspers *Transzendenz* nennt. Existenz ist die Fähigkeit, frei eine unbedingte Entscheidung zu treffen, eine Entscheidung, die durch die Zeit hindurch zur Ewigkeit dringt.

Ewigkeit ist für Jaspers weder die Dauer aller Zeit, noch ist sie Zeitlosigkeit. Sie wird in einem Durchbrechen der Zeit erreicht, das dem existentiellen Augenblick sein unbedingtes Gewicht verleiht. Sie ist weder ein Jenseitiges noch eine Dauer, und sie ist der Geschichte nicht fremd. Sie ist innerhalb der Zeit das, was die Zeit transzendiert. Jaspers nennt sie: Transzendenz – manchmal: Gott.

Existenz ist nur möglich im Bezug zur Transzendenz. Transzendenz hat nur für Existenz einen Sinn. Das Absolute steht in der Zeit auf dem Spiel, unter empirischen Realitäten und besonderen Umständen, durch die freie, geschichtlich gebundene Tat. Quelle und Sinn dieser Tat liegen jedoch außerhalb.

Existenz weiß, daß sie sich nicht selber geschaffen hat. Sie ist für sich selbst ein Geschenk der Transzendenz. Sie erfaßt sich unmittelbar in ihrer Endlichkeit, als nicht überall, nicht alles seiend, sondern im Gegenteil: irgendwo, in einem Raum, in einer Zeit. Sie befindet sich in einer gegebenen *Situation*.

Die Situation, im existentiellen Sinn, umfaßt die konkreten räumlichen und geschichtlichen Gegebenheiten, in denen sich das Subjekt befindet. Existenz entzieht sich jeder Verallgemeinerung, denn wenn sie einerseits dem Unbedingten der Transzendenz gegenübersteht, ist sie andererseits jeweils in einer einmaligen Situation verwurzelt, im *hic et nunc*. Sie ist also nie absoluter Anfang, totale Freiheit innerhalb einer Leere, in der alles, wie im Nichts, möglich wäre. Sie ist im Gegenteil, unaufhebbar, die Gefangene einer Reihe von Vorbedingungen, die sie nicht gewählt hat und dennoch auf sich nehmen muß. Diese Gegebenheiten, die kein Mensch wählen kann und denen er doch existentiell einen Sinn zu geben hat, nennt Jaspers *Grenzsituationen*. Etwa: die Zeit und das Milieu, in die er hineingeboren wurde; die Eltern, die er nicht gewählt hat; das Leiden, da nichts von dem, was er liebt und genießt, der Vergänglichkeit enthoben wird; der eigene Tod.

Diese Grenzsituationen haben bei Jaspers durchaus nicht nur eine negative Funktion. Existenz bemüht sich, deren Sinn durch eigene Erfahrung zu ergründen, um jede leere Abstraktheit zu vermeiden und in der Konkretheit ihrer Situation echt zu sein. Denn im Anspruch auf totale Freiheit verliert sich Existenz ins Grenzenlose.

Bis jetzt war hier nur vom isolierten Menschen die Rede, seiner Situation in der Welt, seinen Bestimmungen, seinen Grenzen, seiner von der Transzendenz geschenkten Existenz. Nach Jaspers gibt es jedoch keine Existenz ohne *Kommunikation* mit anderer Existenz. Kommunikation ist für ihn ein ebenso zentraler Begriff wie Existenz.

Er unterscheidet zwischen *Mitteilung* und *Kommunikation*. *Die Mitteilung* ermöglicht den Menschen die Koordination ihres Handelns in der Welt, in der sich ihre gemeinsame Erfahrung abspielt, in der sie sich ernähren und um ihr Überleben kämpfen. Diese Ebene des Menschseins nennt Jaspers *Dasein*. Der Mensch als Dasein ist ein vitales Subjekt, das unter ganz bestimmten Gegebenheiten, in Verbindung mit anderen oder im Kampf gegen sie, auf der praktischen Ebene der Alltagsrealität seine Lebensinteressen zu verteidigen hat. Die Klarheit der ausgetauschten Worte ergibt sich aus der Eindeutigkeit objektiver Gegebenheiten, der empirischen Realität, auf die sich alle beziehen. Die Mitteilung ist um so eindeutiger, je mehr geschichtliche, existentielle Motive aus dem Spiel gelassen werden, und je anonymer die Sprechenden sind.

Eine verwandte Art von Mitteilung findet in der Wissenschaft statt. Auch dort vollzieht sie sich auf einer unpersönlichen Ebene, doch ist der gemeinsame Bezug ein anderer: Es ist, was Jaspers *Bewußtsein überhaupt* nennt. Bewußtsein überhaupt nennt Jaspers die Ebene des Menschseins, wo der Mensch mittels der Rationalität und Objektivität nach Wahrheit in der Form zwingender Allgemeingültigkeit strebt. Apodiktizität, zwingende Evidenz haben in der Wissenschaft Allgemeingültigkeit, nicht aber einen absoluten Wert.

Weder in der »praktischen« Mitteilung des Alltags auf der Ebene des Daseins noch in der wissenschaftlichen Mitteilung auf der Ebene des Bewußtseins überhaupt sind die miteinander redenden Subjekte existentiell betroffen. Was sie einander mitteilen, ist nicht, was sie selbst sind, sondern objektive Feststellungen, die unabhängig von ihnen gelten.

Die eigentliche Kommunikation ist etwas anderes. Sie ist *Kommunikation einer Existenz mit einer anderen.* Hier kommt es nicht mehr auf das empirisch Objektive oder das Allgemeingültige an, sondern auf Existenz, ihre Möglichkeiten, ihre Wahrheit, ihre Situation, ihren Ursprung, ihre Unbedingtheit. Selbst wenn die Rede scheinbar auf objektive Gegebenheiten zurückgreift, so sind diese doch nur Ausdrucksmittel, so etwas wie eine Prüfung, welcher eine Existenz die andere unterzieht und durch die sie sich selbst befragt.

Die existentielle Kommunikation ist von der empirischen oder rationalen Mitteilung ebenso weit entfernt wie von einem Machtwillen, durch den das Subjekt sich dem anderen zu unterwerfen trachtet. Während das Bewußtsein überhaupt sich mit Objektivitäten befaßt, kennt Existenz nur Überzeugungen. Sie lebt für sie, und zuweilen stirbt sie für sie. Wären diese Überzeugungen durch zwingende Rationalität durchsetzbar, so würden sie ihre existentielle Wahrheit einbüßen, denn Sinn und Wahrheit haben sie nur für Existenz in ihrer Freiheit, und jeder physische oder logische Zwang würde sie verfälschen.

Überzeugungen, die Existenz im Leben und im Tod an das Unbedingte binden, sind nur in einem Austausch kommunizierbar, für den die Freiheit – und damit der Widerstand – des anderen, sein irreduzibles Anderssein, zugleich ständiges Hindernis und unerläßliche Bedingung sind. Diesen Austauschprozeß nennt Jaspers »*liebenden Kampf*«.

Es handelt sich wirklich um einen Kampf, denn die Kommunikation geschieht von Existenz zu Existenz, also als wirkungsvolle Beziehung zwischen zwei Absoluten. Dieser Kampf ist ein »liebender«, weil Existenz darin nicht den Sieg sucht, sondern die Wahrheit, für den anderen und für sich. Da jedoch jede Existenz nur für das Absolute, an das sie sich bindet, sie selbst ist, ist ihr Widerstand gegenüber dem anderen ebenso absolut wie ihre Offenheit ihm gegenüber.

Der »liebende Kampf« hat also bei Jaspers wenig mit dem zu tun, was man gemeinhin »Toleranz« nennt. Die »Offenheit« der Existenz ist keine »geistige Offenheit«. Existenz öffnet sich nicht für »Ideen«, um sie dann widerstandslos den eigenen einzureihen. Sie öffnet sich der anderen Existenz, dem Absoluten, aus dem diese lebt, und sie öffnet sich nicht nur – sie versucht, sie eignet an, sie kämpft, denn es geht um ihr eigenes Absolute, wenn sie dem Absoluten des anderen begegnet. Die existentielle Kommunikation ist deshalb, wie Jaspers sagt, ein vorbehaltloser, uneingeschränkter und rücksichtsloser Kampf, wobei es um die Existenz des anderen geht, durch die meine eigene Existenz sich verwirklicht.

Ein Beispiel solcher Kommunikation war Jaspers' Ehe. Ein anderes Beispiel eine Diskussion zwischen Jaspers und einem überzeugten und loyalen katholischen Theologen. Die Scheidewand zwischen ihnen blieb bei der größten Offenheit unübersteigbar. Jaspers lehnte aus seinem absoluten Engagement für die freie Wahrheit des philosophischen Glaubens alle Offenbarung ab, vor der man sich ohne Prüfung der Vernunft zu beugen hätte; während der Theologe den Absolutheitsanspruch dieser Offenbarung gegen den philosophischen Glauben behauptete und gleichsam diesen in seinen Offenbarungsglauben hineinnehmen wollte. Der Konflikt war unlösbar, und doch wurde die Scheidewand immer dünner, immer durchscheinender, wenn sie auch letzten Endes unüberwindlich blieb.

Die Unbedingtheit der Suche nach Wahrheit in existentieller Kommunikation hat bei Jaspers keineswegs eine Entwertung wissenschaftlicher Forschung, auf der Ebene des Bewußtseins überhaupt, zur Folge. Im Gegenteil: Sie ist es in der Tat, diese existentielle und transzendente

Wahrheit, die die zwingende Wahrheit der Wissenschaft trägt und nährt – der gegenüber sie gleichwohl so wehrlos und zerbrechlich erscheint. Sie ist es, die bei wissenschaftlichem Forschen die *existentielle* Forderung unpersönlicher Gewißheit und antisubjektiver Askese wachhält. Die geduldige Eroberung partieller und relativer Kenntnisse im objektiven Wissen wird vom Verlangen nach absoluter Wahrheit getragen und erhält daher ihren Wert. Große Gelehrte wissen aus Erfahrung davon.

In der *Metaphysik* bemüht sich das Denken, den Ursprung der Existenz zu »erkennen«: *die Transzendenz*. Das metaphysische Denken ist ein sonderbares, ein Staunen erweckendes Denken.
Es zielt auf die Transzendenz, die als Subjekt und Objekt Umgreifendes kein Objekt für das Denken sein kann.
Jaspers befindet sich hier in einer ähnlichen Situation wie Kant bei dem Versuch, das Noumenon zu fassen, von dem er nichts wissen kann, außer, daß es undenkbar ist. So ist der Ausdruck »Ding an sich« ein Widerspruch in sich, denn das »an sich« kann gerade auf keinen Fall »ein Ding« sein. Was aber die Sprache durch die Gewalt, die ihr auf diese Weise angetan wird, begreiflich macht, ist eben diese Unmöglichkeit.
Jaspers verfährt genauso, und er kann gar nicht anders. Allerdings beobachtet man bei ihm zwei abweichende Eigenheiten. Einmal macht er diese unüberwindliche Schwierigkeit zu einem der Themen seiner metaphysischen Reflexion, was Kant fast nie tut. Zum anderen ist Jaspers' Darstellungsmethode dynamischer, sie ist unterwegs, sie schreitet fort. Jaspers nimmt den Leser mit bis zu dem Punkt, wo dieser *mit ihm* die Erfahrung eines Scheiterns an der Grenze macht. Man muß diesen Weg (*via negationis*) wirklich beschreiten, seine geistigen Operationen wirklich vollziehen – und wenn Existenz sich in diesen Operationen wirklich aufs Spiel gesetzt hat, dann vermag die Erfahrung der Grenze ihr etwas von der Transzendenz *anzudeuten*. So ist das metaphysische Denken.
Jaspers hat Transzendenz öfters Gott genannt. Es ist dann *ein verborgener Gott* (*deus absconditus*), der sich nicht offenbart – jedenfalls nicht in einer allgemeingültigen, ausschließlichen Offenbarung. Transzendenz ist für Existenz als erlebte und empfundene Gegenwart wirklich nur in dem Maße, wie Existenz sich absolut bindet. Wenn es um den absoluten Grund jeglicher Gewißheit geht, ist keine objektive

Gewißheit möglich. Die Frage, ob Gott existiert, hat keinen Sinn, wenn Gott die Transzendenz des Seins ist, die Bedingung der Sinnhaftigkeit einer jeglichen Frage nach der Existenz. Eines von beiden: Entweder wird die Frage aus dem Grund der Transzendenz des Seins gestellt, und dann kann die Antwort nur eine bejahende Tautologie sein; oder sie wird auf der Ebene der empirischen Wirklichkeit gestellt, und dann kann die Antwort nur eine Verneinung sein, die nicht weiß, was sie verneint.

Transzendenz kann weder gezeigt noch bewiesen, und nichts kann über sie in direkter Sprache mitgeteilt werden. Trotzdem ist sie von der empirischen Wirklichkeit nicht getrennt, da Existenz eben in dieser Wirklichkeit situationsgebunden auf ihre Grenzsituationen stößt, sich in ihrer Einmaligkeit verwirklicht, sich verpflichtet, wagt und entscheidet. In der empirischen Wirklichkeit findet Existenz jene Zeichen, die zu ihr von der Transzendenz sprechen und die Jaspers *Chiffren* oder *Chiffreschrift* der Transzendenz nennt.

Man kann unmöglich sagen, welches Naturschauspiel, welches Kunstwerk, welche psychologische Erfahrung, welches menschliche Verhalten oder welcher philosophische Gedanke *Chiffre* ist oder sein kann. Keines ist es, jedes kann es sein. Von der Transzendenz sprechen die Chiffren nur zur Existenz, also zur Freiheit. Nur diese macht sie zu Chiffren, indem sie sie »entziffert«.

Es gibt unzählige mögliche Chiffren. Ihre Zweideutigkeit ist unüberwindbar und gleichzeitig für die Unbedingtheit des existentiellen »Lesens« notwendig. Dieses Lesen ist, wie Jaspers sagt, »*ein inneres Handeln*«, ein Prozeß, in dem man entscheidet, was man sein will, ein Selbstwerden, das eins ist mit dem Horchen auf Transzendenz.

Immer wieder geht Jaspers gegen die Verirrung an, die Chiffre oder gar ihre Deutung für die Transzendenz selbst zu nehmen. An allen Fronten kämpft er, gegen alle Formen der Vergötzung und des Aberglaubens. »Damit der Mensch die Gottheit nicht antaste und, was er soll, selbst sein könne, muß er die Transzendenz rein erhalten in ihrer Verborgenheit, Ferne und Fremdheit.«

Existenz bleibt also, auf Transzendenz bezogen, in der Welt. *Das Scheitern* in der Welt ist die entscheidende Chiffre der Transzendenz, und nicht nur wegen der Vergänglichkeit alles dessen, was wir antreffen. So zum Beispiel steht das logische Denken, wenn es an seinen Grenzen angelangt ist, vor den unüberwindbaren Antinomien, die seinem

Grundprinzip der Widerspruchslosigkeit widersprechen – dahinter taucht dann das Umgreifende der nicht mehr rationalen Wahrheit auf. Die Fortschritte des Wissens lassen die Welt nicht zu einem geschlossenen Ganzen werden. Dort, wo Existenz eigentlich sie selbst ist, ist sie nicht mehr sie selbst. Und Transzendenz verbirgt sich hinter den nie eindeutig lesbaren Chiffren, die immer »in der Schwebe« bleiben.

Dieses Scheitern ist nicht nur unvermeidlich: Es ist für Existenz die notwendige Chiffre der Transzendenz. Ebenso wäre die Dauer ohne Ende in der Zeit nur toter Bestand. Damit für Existenz die zwar unerkennbare, aber eigentliche Wahrheit des Seins durchbreche, muß der logische Bestand in Antinomien scheitern. Das Sein als Freiheit kann sich niemals als Bestand und Dauer verwirklichen. Es ist, indem es sich erwirbt, und erlischt, wenn es in seinem Gewordensein dauern möchte.

Doch kann sich der empirische Mensch nie mit dem existentiellen Augenblick begnügen. Im empirischen Menschen steckt, nach Jaspers, eine ungeheure Chiffre: Menschsein ist gleichzeitig *Natur* und *Freiheit*. Freiheit ist erst durch Natur möglich. Die Ausschweifungen, die die Natur bewirkt (und die Existenz als Sünde verurteilt und als Aufgabe auf sich nimmt), stammen aus dem gleichen Grund wie Existenz. Für das Wesen des Menschen entstehen *Sünde und Freiheit* gleichzeitig, und sie bleiben untrennbar miteinander verbunden.

Transzendenz ist nicht nur in der Freiheit, sondern durch diese hindurch auch in der Natur. Das ist *die Antinomie der Freiheit*: Wird sie mit der Natur eins, so vernichtet sie sich als Freiheit; verstößt sie gegen die Natur, so scheitert sie am realen Dasein.

Das Dasein, das vitale Subjekt, will Dauer in der Natur. Existenz will Unbedingtheit. Menschsein ist beides. Daher sind in der Welt zwei *Gestalten des Ethos*. Die eine, mit Anspruch auf Allgemeingültigkeit, pflegt den Sinn für Maß und Relativität, Vorsicht und Klugheit, und für sie hat Scheitern keinen Sinn. Die andere, von der Unbedingtheit der Freiheit ergriffen, hält alles für möglich und ergibt sich der Chiffre des Scheiterns. Beide fordern sich gegenseitig und begrenzen einander. Die Ethik des Maßes hat relative Gültigkeit insofern, als sie in der Regel Dauer und Bestand sichert und so im Dasein Gegenwart und Ausübung der Freiheit ermöglicht. Die Ethik der Unbedingtheit wird relativ innerhalb einer Realität, die ihr einen Platz als »Ausnahme« einräumt, und ihr »Anderssein« leuchtet erst dann auf, wenn sie vernichtet wird.

In ihrer Unbedingtheit will Existenz Unmögliches. Als endliches Dasein muß sie die anderen und das andere der Natur anerkennen. Ihr höchstes Maß hat kein Maß mehr. Darum muß sie scheitern. Der Fragmentcharakter ihrer empirischen Gegenwart und ihres Werkes wird für andere Existenz zur Chiffre der Transzendenz.

Jaspers war überzeugt, daß man in einer Zeit wie der unseren, nach *Nietzsche*, nachdem *der Nihilismus* zum Grund des Denkens geworden ist, den Nihilismus nicht mehr anders überwinden könne als dadurch, daß man durch den Nihilismus hindurchgeht.

Für den, der wirklich sieht, was ist, der sich den Illusionen versagt, stellt das starre Dunkel des Nichts unablässig in Frage, was die Philosophie durch ihre Deutungen wiederzugewinnen und zu retten versucht. Das Scheitern ist dann nur noch Sein des Nichts, nicht mehr Chiffre. Die äußerste Drohung geht von diesem Nichts aus, das jeden Sinn leugnet, das alles zerstört, was man zu erbauen oder an Wertvollem zu erschaffen versucht haben mag. Wie kann man da noch leben?

Man kann nicht wissen, warum die Welt ist. Ihren Daseinsgrund kann man in der echten, »die Zeit tilgenden« Erfahrung des Scheiterns nur erfahren, aber nicht sagen. Mit dem Denken hört die Sprache auf. Angesichts des Schweigens der Welt bleibt nur *das Schweigen*. Wagt trotz allem jemand, dieses Schweigen zu brechen, so wird sein Wort sich entfalten, ohne wirklich etwas zu sagen: »Es ist«, oder »Sein ist«. Die Aussage bleibt leer, entspricht aber dem einfachen Bewußtsein des Daseins.

Angesichts der im Keim zerstörten Möglichkeiten möchte Schweigen *das Sein vor der Zeit* hören, worin *ist*, was nicht wirklich wurde. Oder: Für das Schweigen gehört, was unwiderbringlich *im Vergessen* verloren wurde, nicht zu dem, was Existenz Sein nennt, sondern nur zum empirischen Dasein. Für das Schweigen ist in der Transzendenz nur verloren, was nie in ihr war.

Für das Wissen ist jedes Ende *in* der Welt und *in* der Zeit, niemals ein Ende *der* Welt und *der* Zeit. Doch für das Schweigen ist, jenseits jeglicher Deutung, vor der unentzifferbaren Chiffre des universalen Scheiterns, dem Sein der Transzendenz gegenüber, die Welt selbst *vergangen*.

Nach Jaspers sagt keine diese Formeln etwas. Jede sagt dasselbe. Alle sagen: *Sein*. Sie brechen ein Schweigen, das nicht gebrochen werden kann.

Auf der Ebene des Wissens scheint nur *die Angst* zu bleiben, die sich für das letzte hält und aus der kein Weg mehr ist, die einzig ehrliche Form der Absage. Der Sprung aus ihr in ein angstloses Sein scheint nur eine leere Möglichkeit zu sein, ein bloßer Wunsch, fast wie eine Anziehungskraft des Bodenlosen. Und doch kann dieser unmögliche Sprung gelingen.

Die Gewißheit, welche eine wahrhafte *Ruhe* gibt, ohne sich je die Wirklichkeit zu verschleiern, ist an die Gegenwart der Existenz gebunden. Sie wird nie zur objektiven Garantie, sie ist stets im Verschwinden. Doch ist sie da, so kann nichts sie erschüttern. Jaspers interpretierte häufig Jeremias: Daß Gott ist, ist genug.

Was bleibt: im Scheitern das Sein erfahren.

Bevor ich diese sehr begrenzte Darstellung von Jaspers' Werk schließe, möchte ich noch einige Grundzüge betonen, die unbedingt zum Bild gehören.

Jaspers' Philosophieren, wie schon betont wurde, war nie von seiner Stellungnahme zu zeitgenössischen Gegebenheiten und Problemen getrennt.

Aus seinem Sinn für das Menschsein als solches und aus seiner Offenheit dem menschlichen Anderssein gegenüber hat er auf allen Gebieten das Überschreiten des national Begrenzten zu weltweiten Beziehungen begrüßt. Als er nach Ursprung und Ziel der Geschichte suchte, behandelte er *die Weltgeschichte* als solche, und aus seinem Einheitswillen heraus entwickelte er die Hypothese einer allen Kulturen gemeinsamen, für die Menschwerdung der ganzen Menschheit entscheidenden »*Achsenzeit*«.

In bezug auf die Philosophiegeschichte war er überzeugt, dem Übergang von der europäischen zur *Weltphilosophie* beizuwohnen, deren Grundzüge er skizzieren sollte.

In der Zeit nach dem Kriege hat sich Jaspers mehrmals in die öffentliche politische Diskussion eingeschaltet. Er bemühte sich jedesmal, zur Klärung und zur richtigen Einschätzung der verschiedenen Argumente beizutragen, wobei *die demokratischen Möglichkeiten der Freiheit* für möglichst viele Menschen ihm als das Wichtigste galten. So hat er die

Wiedervereinigung Deutschlands (als nationalistische Finalität) der möglichen Befreiung der Bürger (als transzendente Finalität) immer mit großer Entschiedenheit untergeordnet.

Der Friede war für ihn seit der Produktion der Atombombe eine Frage von Leben oder Tod für die Menschheit. Jedoch glaubte er nicht an billige, bequeme Wege, die zum Frieden führen würden. Der Friede konnte in seinen Augen nur durch die *Herrschaft des Rechts über die Nationen* gesichert werden, für die die Errichtung einer gegenseitigen Waffenkontrolle ein Ansatzpunkt sein könnte. Sollte die Menschheit nicht untergehen, dann müßten – nach Jaspers – die Staaten sich entschließen, ihre Souveränität einzuschränken und eine internationale, vertraglich gesicherte Rechtsordnung schaffen.

Nichts dergleichen deutet sich bislang an. Deswegen müssen wir über das Politische hinaus auf die Ebene uns begeben, auf der die Propheten des Alten Testaments ihre Antwort gegeben haben: In unserer sittlichen Haltung, unserer Denkweise, unserem Willen müssen wir *eine sittlich-politische Umkehr* vollziehen, ohne die das Leben der Menschen verloren ist.

Die Atomwaffen veranlassen uns, nach Jaspers, eine seltsame Frage an unser Gewissen zu richten: Ist eine menschliche Handlung, die zur vollständigen Vernichtung der Menschheit führen kann, deshalb absolut schlecht? Gibt es eine Grenze, an der das Recht oder die Pflicht, das Leben aufs Spiel zu setzen, endet?

Angesichts einer (möglicherweise) totalen Bedrohung des Lebens *oder* der Freiheit schwindet die einmütige Ablehnung der Bombe dahin. Man kann die Frage nicht im vorhinein beantworten, aber sie muß geklärt werden, damit man nicht unversehens gezwungen wird, sich blind zu entscheiden. Nur Klarheit über das, was auf dem Spiel steht, kann die aktuelle Politik präventiv beeinflussen.

Die vorletzte Hoffnung unserer Vernunft ist ihr Vertrauen in die Vernunft der anderen Menschen. Aber dieses Vertrauen kann scheitern.

In dieser äußersten Möglichkeit ist das Absolute (der kategorische Imperativ, das Unbedingte) niemals aufgehoben. Mut besteht nicht darin, einen fatalen Ausgang vorauszusagen, sondern, im Wissen und Nichtwissen, das Mögliche zu tun und dabei bis zum letzten Atemzug die Hoffnung zu bewahren.

Sollen wir an dieser Stelle noch einige Worte über unsere philosophische Gegenwart sagen? Heute leben, schreiben und lehren so viele Philosophen, daß es kaum möglich ist zu bestimmen, welche unter ihnen auch später noch – unabhängig von der schnellen Aufeinanderfolge von Modewellen – als große Denker anerkannt sein werden – jene Denker, deren Staunen tief genug ist, um durch die Jahrhunderte wirksam und schöpferisch zu bleiben.

Auch sind die verschiedenen Strömungen des zeitgenössischen Denkens so divers, die Gegensätze haben sich so verschärft und vervielfacht, daß die Denker nicht nur gegeneinander argumentieren, wie sie es jederzeit getan haben, sie sind darüber hinaus überzeugt, das, was die anderen betreiben, sei gar keine Philosophie. Ein Bild der heutigen Philosophie müßte fast unvermeidlich ebenso willkürlich wie oberflächlich sein.

Außerdem würde eine solche Überschau zu diesem Buch nicht passen. Bislang haben wir die Geschichte der Philosophie nicht aus der Distanz betrachtet, sondern wir haben versucht, einige Weisen philosophischen Staunens, Fragens und Antwortens herauszugreifen und nachzuvollziehen. Philosophie ohne eigenes Philosophieren ist ja sinnlos; deswegen ist jeder Versuch, sich der Geschichte der Philosophie zu nähern, notwendigerweise ein Versuch des Nachvollzugs und der Auseinandersetzung, also eine Übung der Vernunft und der eigenen Freiheit.

Ich möchte also mit einigen Betrachtungen über die Situation der Philosophie heute und über die Aufgaben, die sich für sie aus dieser Situation ergeben, schließen.

Die zeitgenössische Philosophie hat, wie mir scheint, etwas versäumt: Sie hat über die Fortschritte der Wissenschaft und der Technik weder tief genug noch genau genug nachgedacht. Entweder aus Überheblichkeit oder aus Minderwertigkeitsgefühlen hat sie nicht genügend dazu beigetragen, daß die Zeitgenossen sich dieses Fortschritts, der ihre Welt und Gesellschaft verändert hat, auf geistiger und kultureller Ebene bewußt wurden, daß sie ihn verstehen und verarbeiten lernten.

Statt dessen entwickelten sich die verschiedenen Geistes- und Sozialwissenschaften, die den Menschen, die Gesellschaft und die Geschichte zum Gegenstand haben. Nicht den Menschen, der nur Teil der Natur ist und damit Gegenstand der Biologie, sondern den geschichtlichen Menschen, der seine Gesellschaft mitgestaltet, der ein Bewußtsein seiner selbst hat, der weiß, daß er sterben wird, der über sein Geschick staunt und nachdenkt.

Diese Sozialwissenschaften neideten den Naturwissenschaften die exakten Methoden, die zwingenden Ergebnisse, ihren stetig voranschreitenden Fortschritt. Sie bemühten sich, Methoden von vergleichbarer Genauigkeit zu finden. Dabei erwies sich alles, was am Menschen, seiner Gesellschaft, seiner Geschichte, zur physikalischen oder biologischen Natur gehört, einer exakten und quantifizierbaren Erforschung am zugänglichsten. Nicht erfaßbar blieb alles, was das Wesen des Menschen ausmacht: Selbstbewußtsein, Gewissen, Werte, Verantwortung, Freiheit, Sinn.

Die Wissenschaftler bemühten sich also, entweder diese spezifisch menschliche Wirklichkeit bei ihren Untersuchungen beiseite zu lassen oder sie so umzudeuten und zu übertragen, daß sie sich auf faktische Gegebenheiten *reduzieren* ließ.

So entstanden etwa die Theorien, wonach die individuellen oder kollektiven Wertvorstellungen auf den Zwang elementarer Bedürfnisse zurückzuführen sind oder wonach schöpferische, kulturelle Leistungen nichts anderes sind als die Sublimierung sexueller Triebe oder das Ergebnis sozio-ökonomischer Bedingtheiten. Zwar brachten diese Forschungen fruchtbare Methoden und Hypothesen hervor, denn sie entwickelten sich auf Ebenen, die es im Menschen auch gibt. Sie verstellten aber dadurch, daß sie auf eine reduzierende, verabsolutierende Weise vorgingen, die alles andere im Menschsein auszuschließen schien, den Blick auf das eigentliche Wesen des Menschen.

Neben Wirtschaftswissenschaft, Soziologie, Psychologie traten nun Ethnologie und Linguistik. Die Ethnologen, die sich der Vielheit und Verschiedenheit gesellschaftlicher Formen, Strukturen und Werte gegenüberfanden, relativierten sie schließlich alle. Man lernte zwar die unterschiedlichsten Wertvorstellungen zu akzeptieren. Aber man verlor darüber die Fähigkeit zu begreifen, wie ein Wert an sich überhaupt noch als Wert wirksam sein kann. Werte erschienen oft als längst überholter Aberglaube.

Die Linguisten haben ihrerseits zusammen mit den Hermeneutikern die Sprache, ihre Bedeutungen und Strukturen – und damit die Ebene des Sinnes – zu ihrem Forschungsfeld gemacht. Dabei haben sie die Ebene des Sinnes, wie ihn Menschen konkret erleben, nicht gerettet. Vielmehr setzten sie oft die Worte und Strukturen der Sprache an die Stelle dessen, was sie bezeichnen sollten, und behandelten sie, als seien sie die eigentliche Wirklichkeit. In der Hermeneutik wiederum verschwand der Bezug auf einen Urtext, dessen Bedeutung es zu verstehen galt, so daß jede Deutung Selbstzweck wurde oder Ausgangspunkt für irgendeine andere, ebenso willkürliche Deutung.

Was dabei verschwindet, ist das Sein und der mögliche Bezug auf das Sein – also die Wahrheit.

Gleichzeitig verbreiteten sich Theorien, nach denen die Grundprobleme der *philosophia perennis* eigentlich gar keine wirklichen Probleme seien: Vielmehr ergäben sie sich nur aus der Sprache, ließen sich restlos auf unterschiedliche Ausdrucksweisen zurückführen, womit sie ihre Wirklichkeit verlieren.

Diese Entwicklung bezieht sich nicht nur auf die Probleme der Philosophie: Was die Menschen bis jetzt für ihre »gegebene« Welt hielten, gibt es nicht mehr. Es gibt nur Interpretationen oder Konventionen in bezug auf diese Welt, die sich aus den unterschiedlichen natürlichen oder den von den Wissenschaften geschaffenen künstlichen Sprachen ergeben. Jenseits des sprachlichen Ausdrucks gibt es keine Wirklichkeit, und »die Probleme« stellen sich demnach nicht.

Dabei wirken diese Geistes- und Sozialwissenschaften wie Termiten im Holz: Sie höhlen die Philosophie von innen aus und zermahlen ihre Problemstellungen, die Frage nach der Sinnhaftigkeit zu Staub. Sie lösen die Probleme nicht, sondern lösen sie auf, indem sie die Wirklichkeit, das Sein selbst auflösen. Die Möglichkeit, diese Frage zu stellen, verschwindet mit dem Sinn für Wahrheit.

Die Gründe dafür sind ebenso zahlreich wie unterschiedlich. Einer scheint mir offensichtlich zu sein: Je fortgeschrittener eine Zivilisation ist, desto mehr gewinnen in ihr die Sprache und die Fachsprachen an Gewicht. In unserer Gesellschaft erlebt der »gebildete« Mensch den größten Teil seines Lebens in der Sprache. Er spricht zu den anderen, zu sich selbst, er befindet sich immer innerhalb der Sprache. Die Folge ist, daß wir die Ausdrucksweisen für das Leben selbst nehmen.

Schließlich verbreiten sich noch jene Theorien, wonach niemand mehr spricht – *es* spricht nur durch jeden von uns. *Es* spricht. Die Sprache spricht. Sie braucht unsere Stimmbänder, um hörbar zu werden, sonst braucht sie uns nicht. So entsteht eine »Welt« entmenschlichter, sinnloser Mitteilung, die von »Botschaften« und »Programmierungen« wimmelt, die von niemandem kommen und an niemanden gerichtet sind – die aber *wirken*.

Nehmen wir ein Beispiel, an dem man eine Wechselwirkung zwischen Linguistik und Biologie beobachten kann. Die Biologen sprechen von dem genetischen *Code*, den es zu *decodieren* gilt, der aus einem Alphabet besteht, usw.

Alphabet, Code, decodieren, das alles sind Sprachelemente. Hier können diese Begriffe nur Metapher sein. Wie kann es einen Code, ein Alphabet und Buchstaben geben, da, wo *niemand* sich ausdrückt? Ist es etwa die Sprache Gottes? Danach sieht es in der modernen Biologie nicht aus: Es spricht in Wirklichkeit niemand. In dieser Situation kann man die traditionelle Frage, ob es sich dabei um *mechanistische* oder um *finalistische* Vorstellungen handle, gar nicht mehr stellen, und doch bleibt sie ungelöst: Man erstickt sie mit dem Wort »*Information*«.

Was ist Information? Mechanistisch? Finalistisch? Spricht die Sprache allein (»*es* spricht«), so ist es mechanistisch. Hat dieses »Sprechen« nicht nur Wirkung, sondern auch *Sinn*, dann ist da eine Finalität. Man spielt also auf einer Konfusion beider Ebenen.

Die Geschichte der Wissenschaften hat erwiesen, daß eine gewisse philosophische Konfusion heuristisch fruchtbar und weiterem Forschen förderlich sein kann. Unter einer Bedingung: Die Forscher selbst müssen dabei ihren klaren Kopf bewahren, wissen, was sie tun, und sich selbst durch die methodisch fruchtbare Unklarheit nicht irreführen lassen: Die Probleme stellen sich weiter. Sonst wird die Frage nach dem Sinn verwischt, und mit ihr der Sinn für das Menschsein.

Es ist also eine grundlegende Aufgabe der Philosophie heute, die Methoden und Begriffe der Wissenschaften, die die Natur oder den Menschen, die Gesellschaft oder die Geschichte zu ihrem Gegenstand machen, ausreichend zu verstehen, um auf ihr Selbstverständnis und auf das Verständnis, das die Nichtwissenschaftler von ihnen haben, klärend zu wirken. Die Fragen der *philosophia perennis* sollen wieder zu ihrem Recht kommen. Die Wahrheit soll sich wieder auf das Sein beziehen können und für die menschliche Freiheit entscheidend sein. Die zwingenden Resultate und die klare Sprache der Wissenschaften sollen nicht dazu führen, daß die letzten Fragen, die der philosophierende Mensch stellt, durch Scheinlösungen verschleiert werden. Auch die erlebte Zeit der kollektiven und der individuellen Geschichte soll für den Menschen ihre Bedeutung zurückerlangen, indem er entdeckt, daß die erlebte Zeit – als Gegenwart zwischen Vergangenheit und Zukunft – für die existentielle Verflechtung von Wahrheit und Freiheit zwar verfließt, aber zugleich auch bleibt. Die menschliche Zeit bezieht sich auf etwas, was quer zur Zeit die Zeit überschreitet – sonst ist sie nicht mehr die Zeit. Man spricht viel von Geschichte. Wer aber Geschichte sagt, meint auch den Sinn der Geschichte – einen Sinn, den wir aus ihr herauszulesen versuchen oder den wir uns bemühen, ihr zu geben. Sonst ist sie keine Geschichte, sondern nur eine Aufeinanderfolge von Epochen und Zeiten. Heute neigen jedoch viele dazu, die Geschichte zu verabsolutieren, indem sie den Anspruch erheben, das Ziel der Geschichte in der Zeit zu kennen. Solche Verabsolutierungen des Relativen entstehen immer da, wo die Beziehung zum transzendenten Absoluten abgebrochen ist.

Das Menschsein ist heute auf verschiedene Weise bedroht. Viele Zeitgenossen ahnen diese Bedrohung, ohne die philosophische Tradition zu kennen, die ihnen helfen könnte, dieser Bedrohung Widerstand zu leisten. Dieses Buch möchte eine Hinführung zu den großen Denkern der Vergangenheit sein, die, jeder auf seine Weise, sich bemühten – mit ihrer Vernunft und ihrer Freiheit –, die unerschöpflichen Probleme unseres Menschseins klarer zu sehen, sie zu verstehen, zu ertragen und zu lieben. Denn ohne diese Probleme, die wir oft vergessen oder leugnen möchten, wären wir keine Menschen: Wir hätten weder die Möglichkeit noch die Pflicht, verantwortliche, freie Wesen zu werden. Daß wir diese Möglichkeit und diese Pflicht haben, erfahren wir am besten durch die vielen Weisen philosophischen Staunens.

Auf eine ausführliche Literaturliste wurde bei diesem Buch bewußt verzichtet. Für die Leser, die hier behandelte Philosophen aus deren eigenen Werken näher kennenlernen wollen, werden im folgenden die Titel genannt, die sich nach Meinung der Autorin dafür besonders gut eignen.

Da von den meisten dieser Werke mehrere Ausgaben existieren, werden nur Autor und Titel genannt. Dem Leser bleibt überlassen, welche Ausgabe er benützen will.

Antike Philosophie

Platon: Apologie des Sokrates – Gastmahl – Kriton – Phädon – Phädros – Theätet – Der Staat. Über das Gerechte

Aristoteles: Metaphysik – Die Nikomachische Ethik – Politik – Physik – Logik – Von der Seele

Lukrez: De rerum natura (Von der Natur der Dinge)

Marcus Tullius Cicero: Gedanken über Tod und Unsterblichkeit. Somnium Scipionis

Plotin: Enneaden

Christliche Philosophie

Aurelius Augustinus: Confessiones (Bekenntnisse) – De civitate Dei (Der Gottesstaat)

Anselm von Canterbury: Monologion – Proslogion

Thomas von Aquin: Summa theologica

Nicolaus Cusanus: De docta ignorantia (Vom Wissen des Nichtwissens)

Philosophie der Renaissance

Giordano Bruno: Zwiegespräche vom unendlichen All und den Welten

Francis Bacon: Neues Organon der Wissenschaften

    Über die Renaissance: Alexandre Koyré,: Von der geschlossenen Welt zum unendlichen Universum

Philosophie der Neuzeit

René Descartes: Von der Methode des richtigen Vernunftgebrauchs und der wissenschaftlichen Forschung (Discours de la Méthode)
– Meditationen über die Erste Philosophie – Meditationen über die Grundlagen der Philosophie

Baruch de Spinoza: Die Ethik

Gottfried Wilhelm v. Leibniz: Neue Abhandlungen über den menschlichen Verstand – Monadologie

John Locke: Über den menschlichen Verstand

George Berkeley: Eine Abhandlung über die Prinzipien der menschlichen Erkenntnis

David Hume: Essays – Traktat über die menschliche Natur. Erstes Buch: Über den Verstand. Zweites Buch: Über die Affekte. Drittes Buch: Über Moral

Immanuel Kant: Kritik der reinen Vernunft – Kritik der praktischen Vernunft – Kritik der Urteilskraft

Johann Gottlieb Fichte: Wissenschaftslehre

Friedrich Wilhelm Joseph von Schelling: System des transzendentalen Idealismus

Georg Wilhelm Friedrich Hegel: Phänomenologie des Geistes – Wissenschaft der Logik, I und II – Enzyklopädie der philosophischen Wissenschaften, I, II, III – Vorlesungen über die Philosophie der Geschichte – Vorlesungen über die Ästhetik

Arthur Schopenhauer: Die Welt als Wille und Vorstellung

Auguste Comte: Die positive Philosophie

John Stuart Mill: Das System der deduktiven und induktiven Logik

Karl Marx: Das Kapital – Dialektischer und historischer Materialismus

Karl Marx und Friedrich Engels: Manifest der kommunistischen Partei – Die deutsche Ideologie – Über historischen Materialismus

Über Marx und den Marxismus: Leszek Kolakowski: Die Hauptströmungen des Marxismus. Entstehung – Entwicklung – Zerfall. 3 Bde.

Sören Kierkegaard: Entweder-Oder – Die Krankheit zum Tode – Philosophische Brocken – Abschließende unwissenschaftliche Nachschrift

Edmund Husserl: Cartesianische Meditationen, Eine Einleitung in die Phänomenologie – Die Krisis der europäischen Wissenschaften und die transzendentale Phänomenologie – Eine Einleitung in die phänomenologische Philosophie – Logische Untersuchungen – Philosophie als strenge Wissenschaft

Martin Heidegger: Sein und Zeit – Vom Wesen des Grundes – Was ist Metaphysik? – Vom Wesen der Wahrheit – Holzwege

Karl Jaspers: Einführung in die Philosophie – Philosophie, 3 Bde. – Vernunft und Existenz – Von der Wahrheit – Der philosophische Glaube angesichts der Offenbarung – Die Idee der Universität

Über Karl Jaspers: Jeanne Hersch: Karl Jaspers, Eine Einführung in sein Werk.

Philosophie bei Piper

PIPER

Philosophie bei Piper

Hannah Arendt
Wahrheit und Lüge in der Politik
Zwei Essays. 93 Seiten. Serie Piper 36

Iring Fetscher
Der Marxismus
Seine Geschichte in Dokumenten. Philosophie, Ideologie, Ökonomie,
Soziologie, Politik.
960 Seiten. Serie Piper 296

Jeanne Hersch
Die Ideologien und die Wirklichkeit
Versuch einer politischen Orientierung. Aus dem Französischen von
Ernst von Schenk.
376 Seiten. Geb.

Jeanne Hersch
Karl Jaspers
Eine Einführung in sein Werk. Aus dem Französischen von Friedrich Griese.
149 Seiten. Serie Piper 195

Leszek Kolakowski
Die Gegenwärtigkeit des Mythos
Aus dem Polnischen von Peter Lachmann. 169 Seiten. Serie Piper 49

Die Suche nach der verlorenen Gewißheit
Denk-Wege mit Edmund Husserl.
Aus dem Englischen von Jürgen Söring.
99 Seiten. Serie Piper 535

Hannah Arendt / Karl Jaspers

Briefwechsel 1926–1985

Herausgegeben von Lotte Köhler und Hans Saner.
859 Seiten. Leinen im Schuber

In der Geschichte des Denkens ist dies die bisher einzige umfangreiche Korrespondenz zwischen einer Philosophin und einem Philosophen, die veröffentlicht wird. Sie umfaßt 29 Briefe aus der Vorkriegszeit (1926–38) und 403 aus der Zeit von 1945 bis 1969, dem Todesjahr von Karl Jaspers. Mit Ausnahme weniger Briefe, die z. Z. als verloren gelten müssen, ist die Korrespondenz vollständig. Sie wird durch wenige Briefe der beiden Ehepartner – Gertrud Jaspers und Heinrich Blücher – ergänzt, wo die Gesprächslage es erfordert. Ein umfangreicher Anhang bringt die nötigen Erklärungen über Personen und Ereignisse, auf die Bezug genommen wird; ein Personen- und ein Werkregister schlüsseln die Ausgabe auf.

Man darf ohne Übertreibung sagen, daß dieser Briefwechsel eines der großen Dokumente unserer Zeit ist. In ihm spiegelt sich die Zeitgeschichte der ersten Nachkriegsjahrzehnte: der Berliner Aufstand, die ungarische Revolution, der Mauerbau, der Eichmann-Prozeß, die Kubakrise, die Ermordung Kennedys, der Vietnamkrieg, der 7-Tage-Krieg Israels bis hin zu den weltweiten Studentenunruhen von Berkeley bis Berlin. Problemkomplexe der deutschen und internationalen Geschichte und Politik – die deutsche Schuldfrage, der Widerstand gegen den Nationalsozialismus, die Atombombe, die amerikanischen Verhältnisse, die Anerkennung der DDR, die Berlinfrage, das Judentum und Israel, der Ost-West-Konflikt – werden ausführlich erörtert.

Zugleich wird die Lebensgeschichte zweier Menschen bis ins Detail sichtbar, die das Stigma der Zeit – die nationale Bodenlosigkeit – als Chance bejahen. Die Freundschaft wurde im Laufe der Jahre so verläßlich, daß beide Partner einander nichts verschweigen mußten. Die Offenheit einer sehr klugen, oft visionären Frau von hinreißendem Temperament und die eines in der Unbestechlichkeit rücksichtslosen, aber in der Vernunft kommunikativen Denkers begegnen einander und werden sich zu einer Art Heimat.

Der Briefwechsel zeichnet das Persönlichkeitsprofil der beiden Gestalten direkt und indirekt mit verläßlicher Exaktheit auf, er wird zu einem vielfältigen Spiegel der in Einzelheiten so verschiedenen und letztlich doch verwandten Denkungsarten. Darüberhinaus ist er ein wirkliches Lesevergnügen: belehrend, unterhaltend und beeindruckend zugleich für jeden, der sich für die kulturelle und politische Geschichte unseres Jahrhunderts interessiert.

Piper

Karl Jaspers

Der Arzt im technischen Zeitalter
Technik und Medizin, Arzt und Patient, Kritik der Psychotherapie.
122 Seiten. Serie Piper 441

Die Atombombe und die Zukunft des Menschen
Politisches Bewußtsein in unserer Zeit.
505 Seiten. Serie Piper 237

Augustin
86 Seiten. Serie Piper 143

Chiffren der Transzendenz
Hrsg. von Hans Saner. 111 Seiten. Serie Piper 7

Denkwege
Ein Lesebuch.
Auswahl und Zusammenstellung der Texte von Hans Saner.
157 Seiten. Serie Piper 385

Einführung in die Philosophie
Zwölf Radiovorträge. 128 Seiten. Serie Piper 13

Die großen Philosophen
968 Seiten. Serie Piper 1002

Die großen Philosophen
2 Bde. Hrsg. von Hans Saner unter Mitarbeit von Raphael Bielander.
Zus. 1246 Seiten. Leinen

Kant
Leben, Werk, Wirkung.
230 Seiten. Serie Piper 124

Kleine Schule des philosophischen Denkens
183 Seiten. Serie Piper 54

PIPER

Karl Jaspers

Die maßgebenden Menschen
Sokrates, Buddha, Konfuzius, Jesus. 210 Seiten. Serie Piper 126

Notizen zu Martin Heidegger
Hrsg. von Hans Saner. 351 Seiten. Serie Piper 1048

Nicolaus Cusanus
271 Seiten. Serie Piper 660

Nietzsche und das Christentum
73 Seiten. Serie Piper 278

Philosoph, Arzt, politischer Denker
Symposium zum 100. Geburtstag in Basel und Heidelberg.
Hrsg. von Jeanne Hersch, Jan Milič Lochmann und Reiner Wiehl.
308 Seiten. Serie Piper 679

Philosophische Autobiographie
136 Seiten. Serie Piper 150

Der philosophische Glaube
136 Seiten. Serie Piper 69

Der philosophische Glaube angesichts der Offenbarung
576 Seiten. Leinen

Plato
96 Seiten. Serie Piper 47

Psychologie der Weltanschauungen
515 Seiten. Serie Piper 393

Schelling
Größe und Verhängnis. 350 Seiten. Serie Piper 341

Piper 18/4b

PIPER

Karl Jaspers

Die Schuldfrage
Zur politischen Haftung Deutschlands.
89 Seiten. Serie Piper 698

Spinoza
154 Seiten. Serie Piper 172

Vernunft und Existenz
Fünf Vorlesungen.
127 Seiten. Serie Piper 57

Vom Ursprung und Ziel der Geschichte
349 Seiten. Serie Piper 198

Von der Wahrheit
Philosophische Logik.
Erster Band. XXIII, 1103 Seiten. Leinen

Wahrheit und Bewährung
Philosophieren für die Praxis.
244 Seiten. Serie Piper 268

Max Weber
Gesammelte Schriften
Mit einer Einführung von Dieter Henrich.
128 Seiten. Serie Piper 799

Weltgeschichte der Philosophie
Einleitung.
Aus dem Nachlaß herausgegeben von Hans Saner.
192 Seiten. Leinen

Wohin treibt die Bundesrepublik?
Tatsachen, Gefahren, Chancen. Einführung von Kurt Sontheimer.
281 Seiten. Serie Piper 849

Piper 18/3 c

PIPER

Arthur Schopenhauer

»Die Philosophie ist der absolute philosophische Ausdruck
für den inneren Zustand des modernen Menschen.« (Georg Simmel)

Schopenhauers große Vorlesung von 1820 ist eine didaktisch aufbereitete
Fassung seines Hauptwerks »Die Welt als Wille und Vorstellung« und damit
zugleich der Königsweg in das Zentrum seiner Philosophie.
In keiner anderen Edition von Schopenhauers handschriftlichem
Nachlaß erhältlich sind seine jahrzehntelang vergriffenen
»Philosophischen Vorlesungen«

Theorie des gesammten Vorstellens, Denkens und Erkennens

Philosophische Vorlesungen Teil I. Aus dem handschriftlichen Nachlaß.
Hrsg. und eingeleitet von Volker Spierling. 573 Seiten.
Serie Piper 498

Metaphysik der Natur

Philosophische Vorlesungen Teil II. Aus dem handschriftlichen Nachlaß.
Hrsg. und eingeleitet von Volker Spierling. 212 Seiten.
Serie Piper 362

Methaphysik des Schönen

Philosophische Vorlesungen Teil III. Aus dem handschriftlichen Nachlaß.
Hrsg. und eingeleitet von Volker Spierling. 229 Seiten.
Serie Piper 415

Metaphysik der Sitten

Philosophische Vorlesungen Teil IV. Aus dem handschriftlichen Nachlaß.
Hrsg. und eingeleitet von Volker Spierling. 273 Seiten.
Serie Piper 463

PIPER

Schopenhauer im Denken der Gegenwart

23 Beiträge zu seiner Aktualität.
Herausgegeben von Volker Spierling. 337 Seiten. Leinen

Der Einfluß der Philosophie Schopenhauers, dessen Geburtstag
sich im Februar 1988 zum zweihundertstenmal jährte, reicht weit
über die philosophischen Fachkreise hinaus. Dies dokumentieren
die namhaften Autoren des Jubiläumsbandes in ihren
Originalbeiträgen auf überraschend vielfältige Weise: Der
literarisch-belletristische Text steht neben dem juristischen, der
kunstgeschichtliche neben dem psychologischen, der
philosophische neben dem politikwissenschaftlichen, der
indologische neben dem pädagogischen.
Schopenhauer gehört zu den wirkungsgeschichtlich bedeutenden
Klassikern der Philosophie, dessen Einfluß gerade in den letzten
Jahren wieder zugenommen hat und weit über die
philosophischen Fachkreise hinausreicht. Zugleich aber zählt er
zu den umstrittensten Philosophen, zu den »Querköpfen« und
»Sonderlingen«. Die Problematik der möglichen
Selbstzerstörung des Menschen durch seine instrumentelle
Handhabung der (menschlichen) Natur stellt die Philosophie
Schopenhauers in neue Zusammenhänge der Interpretation und
Diskussion.

»Die Philosophie Schopenhauers ist der absolute philosophische
Ausdruck für den inneren Zustand des modernen Menschen.«
Georg Simmel

PIPER